왜 창업인가?
창업국가·일자리 국가로 가는 길

왜 창업인가?

백필규 지음

백문
백답

들어가는 말

나는 왜 이 책을 썼는가?

　청년들이 힘들다. 좋은 직장에 취업하겠다는 희망을 갖고 열심히 노력했는데 취업할 일자리가 별로 없다. 대출받은 학자금도 상환해야 하는데 취업이 안 되니 자칫 신용불량자가 될 처지다. 연애, 결혼은 엄두도 내기 어렵다. 실낱같은 희망으로 암호화폐에 투자도 해보지만 이마저도 잘 안 돼 상처가 더 깊어진다. 스스로를 '5포세대'라 자조하며 '헬조선' '이생망'이라고 한탄한다.

　386 세대와 베이비부머 세대도 힘들다. 60세 정년을 채우지 못하고 직장을 나온 사람도 많지만 정년을 채운다 해도 평균수명 100세 시대에 남은 기간이 너무 길다. 돈 쓸 일은 많고 노후대책은 안 되어 있어 일자리를 찾아보지만 경력을 전혀 살릴 수 없고 급여도 형편없는 일자리에 한숨만 나온다.

　자영업자도 힘들다. 직장에서 밀려나 혹은 직장을 잡지 못해 시작한 사업이지만 준비를 제대로 안 한데다가 너나없이 뛰어드는 생계형 사업이 많다보니 돈 벌기는 너무 어렵고 몇 년 안 되어 폐업하는 경우도 비일비재하다.

　나라도 힘들다. 새 정부 들어 서민의 생활수준을 높이고 불평등과 양극화를 개선하기 위해 최저임금 인상을 통한 소득주도성장정책이 실시되었지만 일자리는 늘지 않았다. 임금부담이 늘어난 고용주들이 줄인 만큼의 일자리가 새롭게 생겨나지 않기 때문이다.

모두가 일자리가 없어 힘들어하고 있는 모습이다. 해법은 무엇인가? 일자리가 없어 힘들다면 일자리를 만드는 것, 즉 창업이 해법이 아니겠는가? 누군가가 창업해야 누군가가 취업할 수 있을 테니 말이다.

그렇다. 창업은 우리 모두의 절실한 관심사인 일자리를 만들어낼 수 있는 가장 강력하고 확실한 방법이다. 그런데도 우리는 창업이라는 말을 들으면 어떤 생각을 할까? 두려움, 실패, 나락, 신용불량이라는 말이 먼저 떠오르는 건 아닐까? 그래서 창업은 기피의 대상이 되고 나와는 관계없는 남의 일이 되어버린다. 대신 취업전쟁과 공무원시험에 매달리지만 일자리 자체가 많지 않다보니 살아남는 사람은 많지 않다.

이제 우리는 현실을 똑바로 직시해야 한다.

청년들의 아픔을 치유해줄 수 있는 방법은 어설픈 위로가 아니라 일자리를 만드는 창업에 있다는 것을.

386 세대와 베이비부머 세대들의 노후대책은 얼마 되지 않는 연금이 아니라 오랫동안 일할 수 있는 일자리에 있다는 것을.

자영업이 일자리 없는 사람들이 가는 무덤이 되지 않게 하려면 제대로 된 창업이 이루어져야 한다는 것을.

소득주도성장이 서민의 삶을 보살펴주는 따뜻한 성장이 되려면 제대로 된 창업으로 좋은 일자리를 많이 만들어야 한다는 것을.

창업이 이렇게 중요한데도 우리는 어떤 준비와 노력을 하고 있나?

청년들은 창업과는 거리가 먼 취업스펙쌓기나 공무원시험에 몰두하고 있지 않은가?

386 세대와 베이비부머 세대는 몇 십년 쌓아온 경력을 살리지 못하고 허드렛일이나 생계형 자영업을 찾아 헤매고 있지 않은가?

엄마들은 아이들의 미래 일자리에 별로 도움되지 않는 스펙을 위한 교육에 정신을 빼앗기고 있지 않은가?

교육기관도 모험을 하고 문제를 해결해가는 창업형 인재를 육성하기보다는 주어진 정답만 찾는 취업형 인간의 교육에만 매몰되어 있지 않은가?

기업도 기업가정신을 발휘하여 미개척의 영역에서 창업을 하기보다는 현실에 안주하거나 약자에 갑질하는 행동을 하고 있지 않은가?

정부도 창업보다는 규제에 더 집착하고 기업이 만드는 일자리보다 세금이 만드는 일자리에 더 관심을 갖고 있지 않은가?

이래서는 안 된다. 일자리 문제를 해결하기 위해서는 기존의 관행과 패러다임을 완전히 바꾸지 않으면 안 된다.

청년은 '아프니까 청춘'이 아니라 '아프니까 창업'을 해야 한다. 일자리를 찾을 수 없는 취업마인드를 일자리를 만드는 창업마인드로 엎어야만 한다. '아프니까 청춘'이 아니라 '엎으니까 청춘'인 것이다.

386 세대와 베이비부머 세대도 나이 탓을 하며 뒤로 물러서기보다는 오랜 경력을 살려 창업에 도전할 필요가 있다. 혼자의 힘만으로 부족하다면 패기와 아이디어가 넘치는 청년을 경험과 네트워크로 보완해주는 세대간 융합창업에도 적극적인 관심을 가질 필요가 있다.

엄마들도 지금 없는 일자리를 갖게 될 아이의 미래 일자리에 별로 도움이 되지 않는 스펙만들기 교육보다는 새로운 일자리를 만드는 창업교육에 훨씬 더 많은 관심을 기울일 필요가 있다.

교육기관도 일자리를 찾지 못하는 주입식의 경쟁중심, 취업중심의 교육보다는 일자리를 만드는 문제해결식의 협력중심, 창업중심으로 교육 패러다임을 바꾸어야 한다.

기업은 기업가정신을 발휘하여 좋은 일자리를 만드는 창업의 주역이 되고 창업전사를 배출하는 장이 되어야 한다.

정부도 일자리 문제의 해결을 위해 창업국가 건설에 전력투구해야 한다. 창업정신으로 무장한 정책담당자가 선봉에 서서 우리나라의 모든 시스템을 창업지향적으로 바꾸어 창업을 선도하는 10만 전사가 나올 수 있도록 해야 한다.

2016년 말에 일어난 촛불혁명은 창업정신이 사라지면서 일자리도 만들지 못할 정도로 허약해지고, 불공정과 불공평이 갈수록 심화되어 한계에 이른 나라를 재창업하라는 국민의 준엄한 메시지였다. 이런 촛불혁명의 메시지를 받들어 나는 일자리를 만들지 못하는 나라를 일자리가 넘치는 나라로 재창업해야 한다는 문제의식을 갖고 이 책을 썼다. 이 책이 우리나라가 창업국가, 일자리국가로 가는 길의 초석이 될 수 있으면 좋겠다.

마지막으로 특별히 감사와 양해의 말씀을 드리고 싶은 분들이 있다. 이 책에서는 창업의 필요성과 창업 패러다임의 변화, 창업국가와 일자리 국가의 실현을 위한 각 주체별 과제를 생생하고 설득력있게 전달하기 위해 수많은 책과 언론매체 기사를 인용하고 있다. 이들 책과 기사가 없었다면 이 책은 나올 수 없었을 것이다.

책을 집필하면서 새삼 느낀 것은 창업에 관해 정말 진지한 고민을 하면서 좋은 책을 쓰신 저자들이 많이 있다는 것, 그리고 언론매체에 계신 분들이 발로 뛰어 매일매일 전하고 있는 정보가 정말 유용하고 소중하다는 것이었다. 이런 책과 기사들을 인용할 때는 당연히 감사의 말씀과 함께 인용 허락을 받아야 하지만, 워낙 많은 책과 기사를 인용하다 보니 시간에 쫓겨 일일이 감사와 인용 허락 요청을 드리지 못한 것도 있다는 점, 이 자리를 빌어 책과 기사의 저자, 출판사, 언론매체 분들께 감사의 말씀과 함께 널리 이해를 구한다는 말씀을 드리고 싶다.

아울러 각 목차별로 『책속의 메시지』로 소개되고 있는 책들은 수많은 책들 중에서도 창업에 관심있는 분들이 읽어보시면 정말 크게 도움이 될 것으로 생각되는 책들을 선별하여 소개한 것인만큼 독자 여러분들도 많은 관심을 가져주시면 좋겠다.

이 책은 창업에 바로 도움이 되는 실용적 지식과 정보를 전달하기보다는, 창업에 대한 기존의 생각과 마인드를 근본적으로 바꾸고 우리나라를 창업국가, 일자리 국가로 바꾸기 위해 우리 각자 자신이 무엇을 준비해야 하는가에 초점을 맞춘 창업 입문서의 성격을 갖고 있다.

일자리 변동이 격심해질 인공지능 시대, 일자리 없이는 생존조차 기약하기 어려운 100세 시대에 품위있게 살아남고 행복한 인생을 가꾸어 나가는데 조금이라도 도움이 되는 책으로 읽힐 수 있었으면 하는 바램으로 쓰인 책이다. 이 책을 일자리가 없어 힘들어하시는 모든 분들, 그리고 일자리를 만들기 위해 분투노력하시는 창업전사 모든 분들께 바친다.

2020년 2월 백필규

목차

들어가는 말
나는 왜 이 책을 썼는가?

1. 왜 창업인가?

- 아침 새벽에 출근해보고 싶다　　　　　　　　　　　　　　016
- 누군가가 창업해야 누군가가 취업할 수 있다　　　　　　　022
- 망하지 않는 창업만이 일자리를 만들 수 있다　　　　　　025
- 창업해봐야 일자리 만드는 창업자의 위대함을 알 수 있다　029
- 아프니까 청춘이라고? 아프니까 창업이다　　　　　　　　034
- '88만원 세대'를 벗어나는 길은 창업밖에 없다　　　　　　039
- 100세 시대, 일생에 한번은 창업해야 한다　　　　　　　　042
- 인공지능시대, 창업자와 창업컨설턴트만이 살아남을 수 있다　048
- 즐겁게 살 수 있는 업을 찾는 것이 창업이다　　　　　　　052
- 가정을 재창업해야 저출산공화국 엎을 수 있다　　　　　　058
- 창업자가 존경받아야 스펙공화국 엎을 수 있다　　　　　　062
- 창업국가 되어야 386 꼰대공화국 엎을 수 있다　　　　　　068
- 여성창업 활발해져야 마초공화국 엎을 수 있다　　　　　　075
- 벤처창업국가 만들어야 재벌공화국 엎을 수 있다　　　　　080
- 벤처창업국가 만들어야 부동산공화국 엎을 수 있다　　　　088
- 창업중심대학 만들어야 교육세습의 스카이캐슬 엎을 수 있다　097
- 공무원 창업마인드로 무장해야 규제공화국 엎을 수 있다　　104
- 소셜벤처 창업 붐이 일어나야 양극화 사회 엎을 수 있다　　109
- 제2창업이 기업과 나라의 제2도약을 이끈다　　　　　　　117
- 일자리를 만드는 창업이 뒷받침되어야 소득주도성장 가능하다　124
- 창업국가 만들어야 장인국가 일본을 이길 수 있다　　　　128
- 촛불혁명은 새로운 사회와 경제를 만드는 나라재창업이다　134
- 창업국가로 가는 길이 통일한국으로 가는 가장 빠른 길이다　144

2. 창업이 두렵고 어렵다고?

- 창업에 목숨을 걸라고? ... 154
- 창업은 전업으로만 해야 한다고? ... 159
- 취업보다 창업이 어렵다고? ... 163
- 나이가 많아 창업할 수 없다고? ... 167
- 돈이 없어서 창업할 수 없다고? ... 172
- 사람이 없어 창업할 수 없다고? ... 178
- 기술이 없어서 창업할 수 없다고? ... 183
- 시장이 없어서 창업할 수 없다고? ... 187
- 규제 때문에 창업할 수 없다고? ... 191
- '기울어진 운동장'이라 창업할 수 없다고? ... 196
- 무거운 창업에서 가벼운 창업으로, 가벼운 준비에서 무거운 준비로 ... 202

3. 창업자는 타고난다고?

- 창업자는 타고 나는가? 훈련으로 만들어지는가? ... 210
- 창업성공에 필요한 7가지 조건 : 긍정적 사고 ... 214
- 창업성공에 필요한 7가지 조건 : 리스크관리 ... 220
- 창업성공에 필요한 7가지 조건 : 열정 ... 225
- 창업성공에 필요한 7가지 조건 : 네트워킹 ... 230
- 창업성공에 필요한 7가지 조건 : 길거리 지식 ... 234
- 창업성공에 필요한 7가지 조건 : 창의성 ... 241
- 창업성공에 필요한 7가지 조건 : 리더십 ... 247
- 창업은 마라톤, 영어공부, 디지털 카메라와 비슷하다 ... 254

4. 창업, 어떻게 준비할 것인가?

- 창업 아이템을 찾는다 260
- 사업계획서를 만든다 265
- 창업에 필요한 훈련과 경험을 쌓는다 269
- 고객을 찾는다 273
- 함께 성장할 수 있는 파트너를 찾는다 280
- 정부와 민간의 창업지원기관을 최대한 활용한다 286
- 나 없이도 경영할 수 있는 시스템을 만든다 292
- 경영능력을 키운다 296
- 실패에 대비한다 302
- 시작은 미약하였지만 끝은 창대하리라 308

5. 창업국가, 일자리 국가로 가는 길

- 엎으니까 청년이다, 청년의 도전과 분노가 세상을 바꾼다 318
- 전태일의 창업정신으로 헬조선을 엎어버리자 327
- 좌뇌에 취업, 우뇌에 창업 : 취업하여 창업훈련 332
- 공시족을 창업전사로, 공시촌을 창업밸리로 336
- 386 세대와 베이비부머 세대를 창업부머세대로 343
- 스펙에 미친 엄마를 창업교육에 미친 엄마로 348
- 취업졸병을 만드는 교육에서 창업전사를 키우는 교육으로 353
- 기업을 창업사관학교로 358
- 점포형, 생계형 자영업에서 지식형, 사업형 자영업으로 363
- 창업기업, 독일의 히든챔피언을 뛰어넘어 오픈챔피언으로 369
- 방탄소년단은 미래창업과 창업한류의 모델이다 375
- 생계형 창업자도 오픈챔피언이 될 수 있다 379
- 정책의 설계와 집행은 창업마인드로 383
- 창업국가의 비전과 목표를 명확히 하자 389
- 창업지원 정책의 패러다임을 바꾸자 392
- 창업이 두렵지 않은 안전망을 만들자 395
- 양질의 일자리 개념을 바꾸자 400
- 공정사회, 오픈사회 되어야 창업국가로 가는 길이 열린다 405
- 물꼬만 트이면 고인 물은 폭포로 바뀔 수 있다 410

나가는 말
우리 앞에 놓인 두갈래 길
창업코리아 · 성장코리아 vs 실업코리아 · 송장코리아

1장

왜 창업인가?

아침 새벽에
출근해보고 싶다

저는 아침 새벽에 출근해보는 것이 소원이에요. 아침에 일어나도 갈 곳이 없다는 게 얼마나 참담한지 직장 다니는 사람들은 잘 모를걸요.

미국에서 10여 년 간 유학하고 돌아와서도 직장을 갖지 못한 후배의 이야기이다.

지난해 지방 국립대 공대를 졸업한 조모(29)씨는 지난 2년간 공기업·대기업·중견기업 수백 군데에 원서를 넣었지만 단 한 군데도 합격하지 못했다. 취업에 필요한 학점과 어학 성적, 자격증을 평균 이상 갖췄다고 자부했지만, 돌아온 것은 불합격 통보뿐이었다. 조씨는 "재학 중에 생활비를 마련하느라 인턴 대신 알바를 했는데 면접관이 '왜 인턴 경험이 없냐'고 따져 물으니 할 말이 없더라"며 "2년이나 도전했는데 받아주는 데가 한 곳도 없으니 이제 뭘 더 할 수 있을지 모르겠다"고 고개를 숙였다.[1]

수백 군데에 원서를 넣었지만 취업에 실패한 지방대 졸업생의 이야기다.

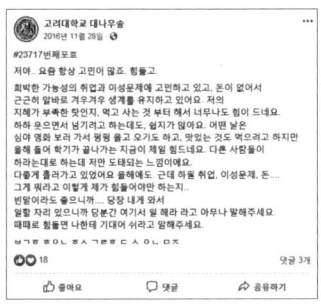

"요즘 항상 고민이 많죠. 힘들고, 희박한 가능성의 취업과 이성문제에 고민하고 있고, 돈이 없어서 근근이 알바로 겨우겨우 생계를 유지하고 있어요.…(중략)… 취업, 이성문제, 돈…그게 뭐라고 이렇게 제가 힘들어야만 하는지. 빈말이라도 좋으니까, 당장 내게 와서 일할 자리 있으니까 당분간 여기서 일해라 라고 아무나 말해주세요. 때때로 힘들면 나한테 기대어 쉬라고 말해주세요."

2016년 11월 고려대학교 익명게시판 '대나무숲'에 올라온 글이다.

"이제 전문대 졸업하고 취업 준비하고 있는 취준생입니다. 나이는 20대 중반인데 취업이 너무 어려워요. 입사지원 150군데 정도 넣었는데 연락은 많이 안 오고 경력직만 다들 뽑으려고 하는데 저같은 신입은 경력을 어디서 쌓나요.… (중략)… 돈이 중요한 것도 아니고 그냥 배우고 싶어요. 차근차근 배워가며 꾸준히 한군데 오래 일하고 싶은데 뽑아주질 않으니 어떻게 시작을 못하네요….."

2015년 4월 IT노조 게시판에 올라온 글이다.

새벽 홀로 일하던 비정규직 노동자 김용균씨가 충남 태안화력발전소 컨베이어벨트에 끼어 숨진 뒤 5시간 넘게 방치된 사실이 알려지면서, 노동계에서는 하청 노동자를 죽음으로 몰아넣는 '위험의 외주화'를 중단하라는 외침이 거세지고 있다.

이날 기자회견에 나온 김씨의 어머니는 내내 "어떻게 이렇게 우리에게 가혹한 건지…." 울먹이며 겨우 말을 이어갔다. "우리 아들이 하청업체로 가게 된 이유는 단 한가지예요. 고용이 안 됐어요. 여기저기 서류를…. 반년 이상 헤맸어요. 그러다 찾은 게 여기예요. 대통령께서 얘기하셨잖아요. 고용 책임지겠다고. 나는 우리 아들밖에 보고 살지 않았어요. 다른 욕심도 없었는데. 왜 내가 이런 일을 겪어야 하는지…. 정말 알 수가 없어요." 어머니는 말하는 내내 흐느꼈다.[2]

태안화력발전소 하청업체에 취직했다가 사고로 컨베이어벨트에 끼어 숨진 24살 청년 김용균씨의 이야기다.

"언젠가 퇴직한다는 걸 머리로는 알고 있었지만 막상 이렇게 퇴직하니 적응이 쉽진 않아. 그렇게 긴 시간을 회사에 쏟았는데, 직장을 나오고 나니 남은 게 하나도 없네. 퇴직금만으로 남은 30~40년을 어떻게 버티나 앞이 캄캄하고, 우리 애가 직업 없는 아빠를 부끄러워할까 위축도 되고…(중략)… 또 한번은 당신이 "돈은 언제 다시 벌려고?"라고 조심스레 물었지. 솔직히 '나는 평생 가장이라는 짐을 벗어버릴 수 없는 건가' 싶어 마음이 무거웠어…은퇴 후 경제적인 문제는 우리가 함께 해결해야 하지 않을까. 나도 열심히 일자리를 알아볼테니, 당신도 함께 방법을 고민해주면 좋겠어."[3]

퇴직한 남편이 아내에게 보내는 편지다.

"50대 중반인데 누가 일꾼으로 쓰겠어요. 30년 다닌 직장에서 해고된 뒤 먹고 살기 위해 어쩔 수 없이 자영업에 뛰어들었죠. 말이 좋아 사장이지 일용직 노동자나 진배 없어요." 서울 마포구에서 김밥집을 운영하는 김모(54)씨 부부는 하루에 15시간 이상 일한다. 오전 6시30분부터 저녁 9시까지. 장사가 크게 잘 되는 것도 아니지만 다른 일자리를 찾기 어려워 자영업을 유지하고 있다. 김씨는 "쪽잠 자면서 일하는데 체력도 달리고 힘들어 죽겠다"면서도 "자녀들이 대학 졸업 후 취직도 못해서 죽기살기로 하고 있지만 솔직히 요즘 같아선 모두 내려놓고 싶다"고 하소연했다."[4]

일자리가 없어 자영업에 내몰린 50대의 이야기다.

2009년 4월 8일 전날 쌍용차 노조가 자구안을 발표했는데도 사측은 전체 노동자 37%에 이르는 2천646명 감원계획을 밝혔다. 사측의 정리해고 계획에 대해 쌍용차 노조는 조합원 총회를 개최하여 압도적 찬성률로 총파업을 결의한다. 같은 날 쌍용자동차 비정규직 노동자 오창석씨가 스스로 목숨을 끊었다. 반쪽짜리 노동자로 살아온 비정규직 노동자에게 정리해고는 남은 반쪽마저 뺏기는 고통이었을 것이다…(중략)…쌍용자동차 해고자 임성준씨는 평소처럼 아침 일찍 일어났으나 갈 곳이 없었다. 그래도 아침을 먹고 난 그는 "다녀올게"라는 말을 남기고 나갔다. 어디 일용직에라도 나가는 모양이었다. 그러나 가지고 들어오는 돈은 생활비로는 너무 적었다. 적금을 깨고 보험을 해약하고 차를 팔고 아이들 돌반지, 결혼 때 받은 목걸이까지 팔았다. 그래도 돈은 모자랐다. 그러나 문제가 돈만이라면 어쩌면 견딜 수 있었을지도 모른다. 실은 아무 희망이 없었다…(중략)…임성준씨의 부인 서미영씨는 남편에게 전화를 걸어 오늘 일찍 들어와 달라고 부탁을 했다. 서둘러 집에 돌아온 임성준씨는 옷을 갈아입으러 안방으로 들어갔다. 아이들은 거실에서 텔레비전을 보고 있었다. 서미영씨는 무심한 걸음걸이로 베란다로 다가가 문을 열고 그대로 나갔다. 그녀의 몸은 허공에서 한 바퀴를 돌아 아파트 아래 콘크리트 바닥으로 떨어졌다…그로부터 1년이 채 지나지 않은 2011년 2월 아이들은 언제나 일찍 일어나 밥을 챙겨주던 아빠가 늦잠을 자는 것을 이상하게 생각하고 방문을 열었다. 아빠는 엎드린 채였다. 아빠가 피곤한가 싶어 더 자게 내버려두고 싶었지만 무언가 이상한 느낌이 들었다. 딸은 아빠의 등에 손을 댔다. 아빠의 등은 딱딱하게 굳어 있었다. 아빠가 남기고 간 통장의 잔액은 4만 원…. 150만 원의 카드빚 청구서도 아빠의 죽음 뒤에 날아왔다. 쌍용자동차 정리해고가 시작된 이래 13번째 죽음이었다.[5]

일자리가 없어 심각한 고통과 후유증을 겪는 몇 가지 사례와 기사들이다. 여기에서 알 수 있는 것처럼 일자리 없는 고통은 청년, 베이비부머, 여성, 자영업자, 해고자를 가리지 않는다. 일자리가 없으면 얼마나 마음이 불안해지고 황폐해지는지 일자리 없는 고통을 겪어보지 않은 사람이 알 수 있을까? 아침 새벽에 출근해보고 싶은 마음, 영혼이라도 팔아 취업하고 싶은 마음을 일자리 대책 담당자들이 절실하게 느낄 수 있을까?

많은 사람들을 힘들게 하고 있지만 좀처럼 풀리지 않는 일자리 문제, 이제 여기서 문제의 원인이 어디에 있고 대책은 무엇인지를 차근차근 살펴보기로 한다.

책 속의 메시지

"잘못인줄 알았지만 영혼이라도 팔아 취직하고 싶었습니다."

돈을 주고 기아자동차 광주공장에 입사한 혐의로 검찰 조사를 받고 나온 생산계약직 김모(29)씨는 고개를 떨군 채 "죄송하다"는 말만 연신 토해냈다. 김씨는 "구직자 사이에 기아차에 들어가려면 돈을 줘야 한다는 것은 공공연한 비밀이었다"며 "자격요건도 되고 실력도 믿었지만 나보다 똑똑한 친구들이 돈을 주지 않아 떨어지는 것을 보고 지푸라기라도 잡고 싶은 심정에 이런 일을 저질렀다"고 털어놓았다.

— 『영혼이라도 팔아 취직하고 싶다 : 한국 실업의 역사』 강준만, 개마고원, 2010

누군가가 창업해야
누군가가 취업할 수 있다

    일자리 이야기가 나오면 자주 나오는 말이 있다. 일자리는 널려 있는데 구직자의 눈높이가 높아 웬만한 일자리에는 가지 않으려고 해 빈 일자리가 많이 있다고. 특히 청년에 대해 이런 이야기를 많이 한다.

    정말 그럴까? 실제로 빈 일자리가 어느 정도 있는지 살펴보자. 고용노동부는 매년 상반기와 하반기에 「직종별사업체노동력조사 보고서」를 통해 상용근로자 5인 이상 사업체의 부족인원과 미충원인원을 발표하고 있다. 먼저 2019년 4월 1일 기준 부족인원을 보면 23만 5천명이고 이중 300인 미만 규모 중소사업체의 부족인원은 21만 3천명이다. 그런데 '부족인원'은 채용여부나 채용계획과 무관하게 사업체의 정상적인 경영을 위해 더 필요한 인원으로, 적극적 구인에도 불구하고 채용하지 못한 인원으로 정의되는 '미충원인원'이 기업현장에서의 인력부족의 현실에 보다 근접한 지표라고 할 수 있다.

    그래서 미충원인원을 보면 2019년도 1분기에 7만 6천명 수준으로 이

중 300인 미만 규모 중소사업체의 미충원인원은 7만 1천명이다. 이 인원조차 3분의 2는 저수준의 숙련을 요하는 일자리이고 대졸 청년인력이 희망하는 사무관리직이나 기술직 등 고수준의 일자리에 대한 미충원인원은 3만 명을 넘지 않는 것으로 나타난다.

반면 일자리를 구하는 사람들은 어느 정도 있는가? 먼저 공식통계로 나타난 실업자를 보자. 통계청이 매월 공표하는 「고용동향」에 따르면 2019년 4월 실업자는 124만 5천명이다. 그런데 공식통계상의 실업자는 조사시점에 일자리가 없으면서 일자리를 구하는 활동을 한 사람이다. 이런 의미의 실업자 외에 일을 희망하고 일이 주어지면 할 수 있지만 구직활동을 하지 않아 실업자 조건에 부합하지 않아 비경제활동인구로 분류된 잠재경제활동인구를 포함하면 실업자는 거의 3백만 명에 이르는 것으로 나타난다. 이들 실업자들이 눈높이를 낮춰 빈 일자리로 간다고 해도, 빈 일자리는 앞서 살펴본 것처럼 최대치인 부족인원으로 계산해도 24만 명 미만이기 때문에 일자리는 여전히 크게 부족한 것으로 나온다.

이 부족한 일자리를 어디서 어떻게 만들 것인가? 쉬운 방법이 있다. 합법, 불법으로 들어와 있는 1백만 명 이상으로 추정되는 외국인 근로자들을 내쫓는 것이다. 현재 외국인 근로자들은 저임금 저숙련 업종을 중심으로 국내 인력들을 몰아내고 일자리를 잠식해가고 있어 큰 문제로 부각되고 있다. 그렇다고 이들 외국인 근로자들을 몰아내는 게 가능할까? 이미 외국인 근로자 없이는 기업운영이 안 되는 현실에서 기껏 가능하다고 하면 외국인 근로자가 더 이상 늘어나지 않도록 하는 정도일 것이다.

일자리나누기라는 방식을 통해 일자리를 만드는 것은 어떨까? 일자리나누기는 보통 근로시간 단축을 통해 새로운 일자리를 만든다. 그러나 독일, 영국, 프랑스 등 선진국의 사례를 보면 근로시간 단축은 일자리 창출에 긍정적 영향을 미치지 못하는 것으로 나타났다. 이론적으로는 근로시간이 짧아진 만큼 임금을 낮추면 추가 고용 여력이 생기지만, 현실에서는 임금 삭감이 쉽지 않고 근로시간이 줄면 직원을 추가로 고용하기보다는 자동화 시설을 도입하는 등 근로자를 대체할 수단을 찾기 때문이다.[6]

그렇다면 일자리 만들기는 어떻게 해야 할 것인가? 답은 창업밖에 없다. 누군가가 창업해야 누군가가 취업할 수 있기 때문이다.

책 속의 메시지

4차산업혁명 시대의 새로운 성장 동력 기술혁신형 중소벤처기업

아이디어만 있으면 누구나 창업할 수 있는 나라, 실패해도 다시 도전할 수 있는 나라, 기술력과 시장가치를 알아보고 금융이 먼저 투자하는 나라가 우리가 만들어가야 할 미래다. 기술혁신형 중소벤처의 창업이 활성화되어야 양질의 일자리를 만들 수 있다. 창업 성공사례가 많아야 사회 전반에 혁신을 향한 문화가 확산된다. 그러려면 사회 안전망이 확충되어야 하고 창업하기 좋은 환경이 만들어져야 한다.

— 「구직 대신 창직하라 : 4차산업혁명 시대의 일자리 해법」 김진표, 매일경제신문사, 2019

망하지 않는 창업만이
일자리를 만들 수 있다

'기승전 치킨집'이라는 말이 있다. 우리나라에서는 인생을 어떻게 시작해도 결국 치킨집으로 귀착된다는 것이다. 아래 그림은 현실을 과도하게 단순화한 것이긴 하지만 우리나라 창업의 핵심 문제를 보여주고 있다.

첫째 창업은 일자리가 없어져서 선택하는, 떠밀린 창업인 경우가 많다. 떠밀린 창업이다보니 창업 준비가 제대로 되어 있지 않고 실패확률이 높다.

둘째 문과든 이과든 경력과 무관한 창업을 하는 경우가 많다. 대부분 생계형 창업이고 벤처나 기술창업은 드물다.

셋째 문과도 이과도 별다른 숙련이 필요 없는 치킨집과 같은 업종으로 창업하다보니 차별화가 어렵고 과당경쟁이 되어 생존이 쉽지 않다.

창업하면 일자리가 만들어지는가? 답은 Yes일수도 No일수도 있다. 창업한 기업이 살아남아 계속 성장하면 일자리가 만들어진다. 그러나 창업한 기업이 얼마 되지 않아 폐업한다면 생겼던 일자리가 사라진다. 창

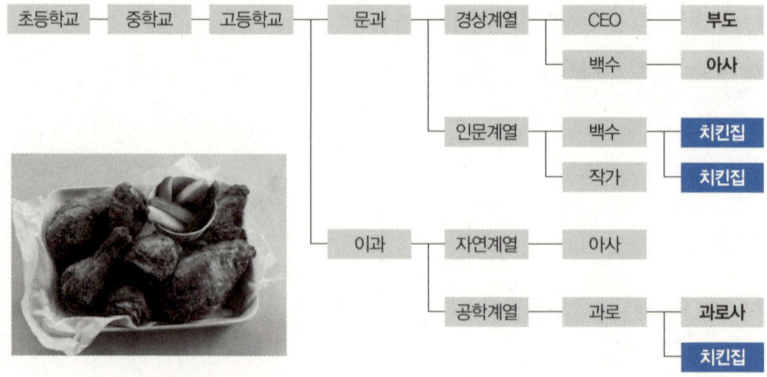

업해도 생존하고 성장해야만 일자리가 만들어진다는 것이다. 따라서 창업기업의 생존율이 높으면 일자리가 만들어질 확률도 높고 생존율이 낮으면 일자리가 만들어질 확률도 낮다고 할 수 있다.

　우리나라 창업기업의 생존율은 어느 정도일까? 통계청의 「2018년 기준 기업생멸행정통계」에 따르면 2018년에 활동하고 있는 기업은 625만 개인데 이중 새로 생긴 신생기업은 92만개였다. 활동기업수 대비 신생기업수로 본 신생률은 14.7%로 상당히 높은 수준이다. 그런데 신생기업 못지 않게 소멸기업도 적지 않다. 2017년 소멸한 기업은 69만 8천개로 활동기업수 대비 소멸기업수로 본 소멸률은 11.5%에 이르고 있다. 신생기업들의 생존율을 연도별로 보면 1년 후 65.0%, 2년 후 52.8%, 3년 후 42.5%, 4년 후 35.6%, 5년 후 29.2%인 것으로 나타났다. 창업해서 2년 만에 절반이 폐업하고 5년 후에는 열 개 중에 세 개도 살아남지 못한다는 것이다. 산업별로 보면 전기가스수도, 운수, 제조업 등은 비교적 생존율이 높지만 숙박 및 음식점업이나 도소매업 등 생계형 업종은 생존율이 낮게 나타난다.

우리나라 창업기업 생존율은 다른 나라와 비교하면 어떤 수준일까? 창업진흥원의 「주요 선진국 창업·벤처통계 비교 분석」에 따르면, 2014년 기준 창업 후 3년차 생존율은 38.8%로 미국(66.3%), 영국(58.5%), 독일(52.1%) 등 주요 선진국에 비해 상당히 낮은 수준에 있는 것으로 나타났다. 요컨대 창업은 활발하게 이루어지는 편인데, 폐업도 많고 생존율이 낮아 가성비가 높지 않다는 것이다.

왜 그럴까? 제대로 된 창업이 아니기 때문이다. 우리나라의 창업은 준비되지 않은 창업, 생계형 창업, 나홀로 창업이라는 특징을 갖고 있다.

첫째 준비되지 않은 창업이 많다. 창업은 신대륙을 향해 망망대해를 나서는 배와 같다. 가는 도중에 미처 알지 못하는 암초와 풍랑이 곳곳에 있다. 충분히 준비하지 않으면 침몰하여 죽을 수도 있다. 그런데도 창업준비는 고작 몇 개월인 경우가 대부분이다. 취업보다 창업이 훨씬 더 어렵다고 생각하면서도 창업준비는 취업준비의 절반도 하지 않는 경우가 많다.

둘째 최근 벤처지원정책에 힘입어 호전되고 있지만 생계형 창업의 비중이 여전히 높다. 2019년 1월 발표된 「글로벌기업가정신연구」(GEM)에 따르면 한국의 생계형 창업 비율은 21.0%로 독일(16.7%), 영국(12.9%), 이탈리아(11.4%), 미국(8.1%)에 비해 높은 수준이다. 생계형 업종의 창업은 진입장벽이 낮고 과당경쟁이 이루어져 생존율이 낮을 수밖에 없다. 앞의 '주요 선진국 창업·벤처통계 비교 분석'에 따르면, 제조업 등 '기술기반업종'의 생존율은 한국이 창업선진국에 비해 14%P 낮은 수준이나, 도·소매업이나 숙박·음식점업 등 '생계형 업종'의 생존율은 창업선진국에 비해 약 25%P 낮은 수준을 보이고 있다.

셋째 나홀로 창업의 비중도 매우 높다. 앞의 「2018년 기준 기업생멸행정통계」에 따르면 2018년에 새로 생긴 신생기업 92만개 중 종사자수 1인 기업은 82만 1천개로 전체 신생기업의 89.3%였고, 2017년 소멸한 기업 69만 8천개 중 종사자수 1인 기업은 64만 4천개로 전체 소멸기업의 92.2%를 차지했다. 그런데 「주요 선진국 창업·벤처통계 비교 분석」에 따르면, 한국의 경우, 종사자수 2인 이상 창업기업의 생존율은 창업선진국과 대등한 수준이나, 1인 창업기업의 생존율은 창업선진국에 비해 매우 저조하여 한국의 전체 창업 생존율을 저하시키는 주요 요인인 것으로 나타났다.

이처럼 우리나라의 창업은 준비 안 된 창업, 생계형 창업, 나홀로 창업이라는 부실한 창업이다보니 일자리 창출의 가성비가 높지 않다. 따라서 우리나라가 진정한 창업국가, 일자리 국가로 가기 위해서는 창업의 패러다임을 바꾸어야 한다. 준비 안 된 창업은 훈련 후 창업이나 경력형 창업 등 준비된 창업으로, 생계형 창업은 기술형 창업이나 사업형 창업 등 혁신형 창업으로, 나홀로 창업은 동업 창업이나 협업 창업 등 힘모아 창업으로 바꾸어야 한다.

책 속의 메시지

망하지 않는 창업이 되기 위해 준비해야 할 7가지
- 성공으로 가는 창업마인드를 가지고 있는가?
- 명확하게 설정한 주 고객층이 있는가?
- 성장기 중심에 있고 성숙기는 먼 아이템이 있는가?
- 구체적인 자금계획과 여유자금이 있는가?
- 결심과 실천이 농축된 사업계획서가 있는가?
- 창업에 동의하는 가족 또는 지인이 있는가?
- 희소가치 있는 경쟁력이 있는가?

이 7가지 중 부족한 것이 있다고 생각되면 7개월을 더 준비하고 창업하자. 어쩌면 7년의 손해를 줄여줄 수도 있다.

― 「망하지 않는 창업」 심재수·윤준식, 오후의책, 2016

창업해봐야 일자리 만드는
창업자의 위대함을 알 수 있다

우리는 스스로 자신의 일자리가 얼마나 소중한지 잘 안다. 일자리를 잃는 순간 자신과 가족의 인생이 하루아침에 뒤흔들린다는 공포를 안고 산다. 수십 명의 희생자를 낸 쌍용자동차 사태에서도 '해고는 살인'이라고 하지 않았던가? 이렇게 일자리는 중요하다고 생각하면서도 일자리를 만드는 사람에 대한 존경과 감사는 별로 없다. 자신의 일자리 하나도 지키기 어려운 것이 현실인데 남에게까지 일자리를 만들어주는 사람이라면 그 자체로 대단하고 위대한 일이 아닌가?

유시민 작가가 소득주도성장을 둘러싼 토론회에서 최저임금 인상으로 30년 동안 근무했던 사람을 눈물을 머금고 해고할 수밖에 없었다는 자영업자의 읍소에 어떻게 30년 동안 최저임금만 주었냐고 면박하는 장면이 있었다. 최저임금이라도 30년 동안 적지 않은 사람에게 일자리를 만들어준 자영업자라면 한 사람에게도 일자리를 만들어주지 못한 사람보다는 훨씬 위대하지 않은가?

일자리를 한번도 만들어보지 않은 사람들이 일자리를 좋은 일자리, 나쁜 일자리로 멋대로 구분하고 나쁜 일자리를 만든 사람들을 악덕기업주로 매도한다. 여기서 좋은 일자리는 고용도 임금도 양호한 수준에 있는 일자리이고 고용과 임금 어느 한쪽만 열악해도 나쁜 일자리로 간주된다. 비정규직은 고용도 임금도 열악하니 나쁜 일자리이고 그래서 비정규직을 정규직화해야 한다는 '선의의 정책'이 나온다.

그런데 그런 정책을 소리높여 주장하는 전문가나 정책담당자에게 "당신이 만약 당신 돈으로 기업을 운영한다면 기업경영상태에 관계없이 정규직만으로 운영하겠느냐"고 묻는다면 뭐라고 대답할까? 한치 앞을 내다보기 어려운 치열한 경쟁에서 살아남기 위해 유사시 조정이 가능한 비정규직을 사용하려고 하지 않을까?

실제로 기업도 아닌 공공기관에서 그것도 비정규직의 정규직화를 발의했던 국회에서, 비정규직의 인권을 보호한다는 국가인권위원회에서 비정규직이 정규직화되는 요건인 근무기간 2년이 되기 전에 해고하는 사태가 일어나기도 했다. 자신의 이해가 걸려 있으면 선의와 무관한 이기심이나 시장원리에 따라 행동한다는 것을 보여주는 당연하면서도 씁쓸한 사례이다.

최저임금 인상으로 최저임금도 제대로 주지 못하는 나쁜 일자리가 다수 사라지면서 알바 구하기도 어려운 '고용대란'이 일어났다. 정부는 최저임금도 주지 못하는 나쁜 일자리는 사라져야 한다고 하면서 일자리 감소는 새로운 경제로 탈바꿈하기 위해 불가피하게 치러야 할 진통이라고 했다. 물론 나쁜 일자리가 사라지고 그 이상으로 좋은 일자리가 생긴다면 더없이 좋은 일이다. 그러나 좋은 일자리는 생기지 않는데 나쁜 일자리만 사라진다면 나쁜 일자리라도 취업하고 싶어했던 사람들은 어디로 가야 하나? 그것은 내가 알 바 아니고 기업들은 무조건 좋은 일자리를 만들어야 한다고 압박만 하면 좋은 일자리가 만들어질까?

기업들이 좋은 일자리를 만들지 않는다면 국민세금으로라도 공공부문에 좋은 일자리를 만들면 된다고 생각할지도 모르겠다. 그런데 그런 일자리의 혜택을 보는 사람들이 얼마나 되고 음성적인 채용특혜가 여전히 횡행하고 있는 상황에서 누가 혜택을 볼까?

이렇게 일자리에 대한 관념적 지식인이나 정책담당자의 생각과 현실과의 괴리가 큰 것은 지식인이나 정책담당자들이 한번도 제대로 일자리를 만들어보는 경험을 하지 않은 것에 기인한 바도 크다.

창업경험을 통해 자신의 일자리 하나 만드는 것조차 얼마나 어렵고 직원에게 한 달에 한 번씩 월급을 주는 것이 얼마나 두려운 일인지를 안다면, 최저임금을 매년 연속 두자릿수로 올려서 있던 일자리마저 줄이는 정책, 겉포장만 바꾼 수십 차례의 대책에 수십 조 원의 예산을 쏟아붓는데도 일자리가 생겨나지 않는 정책, 비정규직을 일률적으로 정규직화하라고 압박하여 새로운 일자리를 만들 여력을 줄이는 것과 같은 정책대신 보다 현실적인 대안을 고민해야 하지 않을까?

기술혁신으로 기존의 일자리가 사라지는 시대에 새로운 일자리를 만드는 창업자는 이제 가장 존경받는 사람이 되어야 한다. 창업자까지 되지는 못하더라도 우리는 창업과 일자리 만들기에 대한 경험과 배움을 통해 일자리를 만드는 창업자의 노력과 어려움을 충분히 이해하고 감사하는 마음을 가져야 한다.

안도현 시인의 '너에게 묻는다'라는 시가 있다.

연탄재 함부로 발로 차지 마라
너는 누구에게 한번이라도 뜨거운 사람이었느냐

이 시를 패러디해 한마디 덧붙인다.

일자리 만드는 창업자 함부로 발로 차지 마라
너는 일생에 한번이라도 자신의 돈으로 사람을 고용해본
적이 있느냐

책 속의 메시지

한국 벤처의 선구자이자 나침반 이민화 회장

한평생 벤처계의 선구자 길을 걸어온 고 이민화 회장은 1985년 7월 의료기기 벤처 메디슨을 창업하여 5년 만에 성공신화를 만들어냈다. 창업벤처 메디슨에서 기업가 100명 이상이 독립했고, 7개 사내 벤처기업이 상장했다.
1995년 벤처기업협회를 설립했고 이후 코스닥 설립과 벤처기업특별법 제정을 통하여 한국의 벤처 붐을 주도했다. 2009년 기업호민관으로 중소벤처기업의 규제 해소를 위해 다수의 정책을 입안했다. 이런 노력에 힘입어 한국 벤처는 현재 경제성장과 일자리 문제의 가장 강력한 해결 대안으로 인식되고 있다.
- 「끝나지 않은 도전 : 벤처 선구자 이민화 자서전」, 이민화, 창조경제연구회, 2019

창업자 어록

이병철(1910~1987)
1938년 28세때 자본금 3만원으로 시작한 삼성상회를 국내 최고기업으로 만들고 반도체산업 진출 결단 등을 통해 2019년 시가총액 435조 원의 글로벌기업으로 성장시키는 기반을 만든 삼성그룹의 창업자

- 나에겐 꿈이 있어. 나는 이 가난한 나라를 부자 나라로 만들고 싶어. 그게 가난한 나라에 태어난 기업가의 사명이지
- 기업의 성패를 좌우하는 것은 사람이다. 따라서 기업가는 인재 양성에 온갖 정성을 쏟아야 한다. 내 일생의 80%는 인재를 모으고 교육시키는 일에 시간을 보냈다
- 의심나는 자는 쓰지 말며 기용한 자는 의심하지 말라
- 반도체는 다음 세대에게 물려줄 나의 꿈이라네. 이 정도로 중도에 포기할 거였으면 처음부터 시작하지도 않았어. 설사 삼성 전체가 망한다고 해도 나는 여기서 그만두지 않을 것일세. 이제 곧 반도체의 세상이 오는 것이 눈에 보이는데 어찌 여기서 그만둘 수 있겠나? 우리 끝까지 함께 가보세

창업자 어록

정주영(1915~2001)
1947년 현대토건사를 시작으로 한국의 중화학공업화와 경제발전을 주도해온 현대그룹의 창업자이자 무에서 유를 창조해낸 우리나라 기업가정신의 상징

- 길이 안 보이고 막막한가? 할 수 있다고 생각하고 다시 봐라
  안 보이던 길이 보일 것이다
- 할 일이 힘들고 어렵나? 그만큼 가치있고 보람있는 일이란 증거다
  쉬운 일로는 성공에 이르지 못한다
- 실패가 두려운가? 실패는 성공의 뿌리 내리기다
  비바람을 겪지 않고 자란 나무는 강풍이 불면 제일 먼저 뽑힌다
- 지치고 낙담하고 있나? 운명의 갈림길이다
  결연히 일어서라. 아니면 도태된다

아프니까 청춘이라고?
아프니까 창업이다

　서울대 김난도 교수가 청춘을 위로하기 위해 쓴 『아프니까 청춘이다』가 공전의 히트를 친 베스트셀러가 되었다. 그만큼 청춘의 상처가 크다는 것을 말해주는 것이리라. 그러나 공감의 한편으로 위로만으로 청년의 문제가 해결되기 어렵다는 비판도 제기되었다. 아프면 병원에 가야 하지 않느냐는 것이다. 병원에 가서 아픈 이유를 정확히 진단하고 그에 대한 맞춤형 처방을 해야 청춘의 아픔이 치유될 수 있다는 지적이다.
　우리나라 청춘들은 지금 자신의 삶과 사회에 대해 어떤 생각을 하고 있을까? 청춘이라고 해도 워낙 다양한 사람들이 있으니 일률적으로 말하기는 어렵지만 한겨레경제사회연구원과 마크로밀 엠브레인이 2016년 12월 19~34살 청년 1천명을 대상으로 실시한 '청년 의식조사' 내용을 살펴보도록 하자.
　이에 따르면 '현재 내 삶은 불안하다'에 '그렇다'고 응답한 청년은 63.6%로 '안정돼 있다'라고 응답한 청년 36.4%보다 훨씬 높은 것으로

출처 : 「배곯는 청춘… 영하4도 새벽, 무료급식소 100명 줄섰다」, 중앙일보, 2019.12.1

나타났다. '대한민국은 살기 어려운 나라다'에 '그렇다'고 응답한 청년은 72.9%로 '살기 좋은 나라다'라고 응답한 청년 27.1%보다 훨씬 높았다. '미래는 희망적이지 않다'에 응답한 청년도 52.4%로 '희망적이다'에 응답한 청년 47.6%보다 높았다.

아울러 각 항목에 대해 청년들의 주관적 계층 인식에 따른 응답 차이를 보면, 중간층 이상에 속한다고 생각하는 청년은 긍정적 응답의 비율이 높고 중하층 이하에 속한다고 생각하는 청년은 부정적 응답의 비율이 높은 것으로 나타났다. 또 '우리 사회는 한번 실패해도 다시 일어설 수 있는 기회가 있다'에 '그렇다'고 응답한 청년은 34.9%로 '한번 실패하면 다시 일어서기 어렵다'에 응답한 청년 65.1%보다 크게 낮았다. '열심히 일하면 지금보다 더 나은 계층으로 올라갈 수 있다'에 '그렇다'고 응답한 청년도 22.7%, '우리 사회는 노력에 따른 공정한 대가가 제공된다'에 응답한 청년도 13.9%에 불과했다.

마크로밀 엠브레인이 2015년 7월 19~59세 2천명을 대상으로 실시한 청년 세대와 베이비부머 세대에 대한 인식조사에서도 비슷한 결과가 나타났다. 이에 따르면 '앞으로 2030세대가 지금보다 나아질 것이라는 희망이 있다'고 보는 비율은 응답자의 38.2%에 불과한데, 특히 2030세대 자신이 더 부정적이었다(20대 26.2%, 30대 32%, 40대 41%, 50대 53.6%). '현재의 2030세대는 역사상 유례가 없는 불행한 세대이다'에 '그렇다'고 응답한 비율은 44.3%인데, 역시 2030세대(20대 58.2%, 30대 50%, 40대 34.2%, 50대 34.8%)가 자신들의 불행을 훨씬 크게 인식하는 모습이었다.

청년세대를 지칭하는 용어로 연애와 결혼, 출산, 내집 마련과 인간관계까지 포기한다는 의미의 '5포세대가 적절한가'에 대해서는 청년, 베이비부머 공통적으로 표현의 적절성에 동의하는 비율이 높은 것으로 나타났다(20대 77.4%, 30대 72%, 40대 61.8%, 50대 57.2%). 청년세대의 현실이 팍팍하다는 것에 모든 세대가 공감하고 있는 것이다.

그렇다면 이렇게 심각해진 청년세대의 아픔의 원인은 어디에 있을까? 마크로밀의 조사결과(중복응답)를 보면 그 원인이 '우리 사회의 구조적인 문제'(68.8%)와 '불안정한 고용구조'(62.2%), '어려운 취업 시장'(52.9%), '넘쳐나는 고스펙 경쟁자들'(52.8%), '좋은 직업만 가지려는 청년세대 자신'(48.4%)의 순으로 나타났다. 청년세대의 아픔의 원인은 다양하지만 우리 사회의 구조적인 문제를 별도로 한다면 결국 청년들의 취업이 어려워지면서 생긴 문제라고 할 수 있다.

청년들의 취업이 어떤 상태에 있길래 이렇게 청년들을 힘들게 하는 것일까? 「2018년 5월 경제활동인구조사 청년층 부가조사」 결과를 살펴보자. 이 조사에 따르면, 20~29세 청년층은 638만 명이다. 이중 취업해 있는 청년은 58%인 370만 명이다. 실업자는 44만 명이고 비경제활동인구는 224만 명이다. 비경제활동인구에서 재학자와 휴학자 187만 명을 빼면 37만 명이 일자리가 없는 청년이다. 공식 실업자는 44만 명이지만 여기에 숨어있는 실업자를 더하면 81만 명이 실업자인 것이다.

취업한 청년의 직장도 안정적이지 못하다. 첫 일자리가 계약기간을 정하지 않은 비정규직인 비율은 25%에 이르고 취업할 당시 임금은 100만 원 미만이 17.7%, 100만~150만 원 미만이 31.1%이다. 대부분이 대졸이고 취업에 많은 시간과 비용을 들인 청년들 입장에서는 기대에 크게 못 미치는 수준이다.

청년들의 아픔은 취업에만 있는 게 아니다. 학자금 대출에, 취업이 안 되어 받은 생계비 대출이 누적되어 청년들의 삶을 짓누르고 있다. 일자리를 찾지 못하면 채무를 상환할 수 없어 신용불량자가 된다. 청년들이 스스로를 '실신 실업+신용불량 세대'라 부르는 이유다. 신용불량으로 은행 대출이 안 되어 비은행 금융기관을 이용하면서 채무가 눈덩이처럼 불어나 빚의 굴레에서 벗어나지 못하는 청년들도 크게 늘어나고 있다.

청년들은 이런 고통을 피하기 위해 다단계에 빠지기도 한다. 몇 년 전에 합숙을 하면서 다단계활동을 했던 거마대학생의 피해사례가 크게 논란이 되었지만 지금도 이런 다단계의 유혹은 적지 않다.

청년들은 또한 비트코인 투기에 빠지기도 한다. 비트코인이 투기광풍에 빠지면서 커다란 피해가 예상되자 정부는 규제를 크게 강화했다. 이에 대해 청년들은 "지금까지 우리에게 꿈을 한번이라도 줘본 적이 있느냐"며 격렬하게 반발하기도 했지만 결국 반토막이 나면서 피해만 더욱 커졌다.

  이렇게 아픔만 커져가고 있는 청년들에게 탈출구는 무엇일까? 모든 문제가 결국 청년들이 좋은 일자리를 찾지 못한데서 생기는 것이라면, 답은 창업에서 찾을 수밖에 없다. 창업은 더 이상 선택의 문제가 아니라 피해갈 수 없는 절체절명의 과제로 다가와 있다. 다만 백수가 될 것이냐, 준비되지 않은 창업을 할 것이냐, 준비된 창업을 할 것이냐의 선택지만 있을 뿐이다.

책 속의 메시지

'내 일(My Job)'이 없으면 '내일(Tomorrow)'도 없다

일자리를 찾지 못해 수많은 청춘이 좌절하고 있다. 결국 일자리다. 현재 대한민국이 직면한 핵심적인 난제들, 복지, 교육, 경제, 청년문제 해결의 중심에 "어떻게 좋은 일자리를 많이 만들어낼 것인가?"라는 질문이 있다.

『아프니까 청춘이다』에서 나는 이렇게 썼다. "알은 스스로 깨면 생명이 되지만, 남이 깨면 요릿감이 된다. '내 일(My Job)'을 하라. 그리고 '내일(Tomorrow)'이 이끄는 삶을 살라."

청년들이여, 이제 나만의 일을 찾아나서라. 나만의 내일을 위해.

    – 『김난도의 내일 : 내 일을 잡으려는 청춘들이 알아야 할 11가지 키워드』
김난도·이재혁·오우아, 2013

88만원 세대를 벗어나는 길은 창업 밖에 없다

2007년 우석훈 박사와 박권일 기자가 공동집필한 『88만원 세대』라는 책은 10대와 20대 청년의 암울한 미래를 그린 책으로 많은 관심과 뜨거운 논쟁을 불러일으켰다. 여기서 88만원은 비정규직 평균임금 119만원에 전체 평균임금 대비 20대 청년 평균임금 비율인 74%를 곱해 나온 수치로, '88만원 세대'는 세대내 경쟁의 함정에 빠져 자신의 목소리를 내지 못하고 기득권을 차지한 힘 있는 기성세대에 밀려 열악한 일자리로 내몰리는 청년세대를 상징하는 말이었다. 이 책에서 우석훈은 '88만원 세대'가 자신의 삶을 개선하기 위해서는 토플 대신 바리케이드와 짱돌을 준비해야 한다고 말했다. 공저자인 박권일은 '자녀 세대를 위한 부모 세대의 구체적이고 물질적인 양보'를 호소했다.[7]

그러나 지난 10년 동안 청년들은 바리케이드를 치거나 짱돌을 들지 않았고, 기성세대도 청년세대에 대한 배려나 양보의 노력을 별로 하지 않았다. 청년들은 동일세대 집단으로 저항하기보다는 '너죽고 나살기'식의 스펙쌓기 경쟁에 올인하거나 공무원 시험을 준비하거나 비트코인에 인생을 걸거나 이도저도 아니면 '헬조선'과 '이생망'의 한탄만 내뱉었다. 학창시절 민주화운동에 청춘을 바쳤던 386세대나 베이비부머 세대도 졸업후 제도권 사회에 편입된 후에는 기득권세력이 되어 자신의 이익을 적극적으로 추구하거나 같은 세대내의 경쟁에서 도태되지 않기 위해 앞만 보고 달려가다보니 청년 세대에 관심을 둘만한 여력도 의지도 없었다.

그렇게 해서 지나온 10여 년, 현재의 상황은 어떨까? 청년실업률은 7%대에서 10% 가까이 올라가고 다른 연령 세대와 청년 세대와의 임금 격차는 더 커지고 청년 비정규직 비율도 높아지고 있다. 『88만원 세대』가 그린 청년들의 암울한 미래가 점점 더 현실로 되어가고 있는 모습이다.

기성세대는 양보하지 않고 청년들도 짱돌을 들지 않는다면 이 상황은 더욱 고착되고 악화되어 가는 것일까? 그대로 두면 그렇게 될 가능성이 크다. 돌파구는 없을까?

청년들이 집단으로 짱돌을 던지는 대신, 개인으로 혹은 집단으로 창업에 도전해보면 어떨까? 점점 좁아지는 취업의 문 안에서 같은 세대끼리 숨막히는 경쟁을 하기보다 창업으로 스스로의 일자리도 마련하고 취업의 문 자체를 넓혀 청년세대들의 숨통을 틔워보면 어떨까? 편의점에서 공손히 머리숙여 인사하는 알바 청년이 아니라 허리를 꼿꼿이 세우고 당당한 모습으로 청년세대는 물론 386세대나 베이비부머 세대도 고용하는 청년 사장님이 되어보는 것은 어떨까?

물론 창업은 의지와 패기만으로 될 일은 아니다. 실패하지 않기 위해 상당한 준비가 필요하다. 그러나 창업에 필요한 준비는 지금까지 취업에 들였던 준비 정도면 차고 넘친다. 그동안 우리는 취업하기 위해 초등학교 때부터 대학교 때까지 얼마나 많은 비용과 노력을 들였던가? 이러한 비용과 노력을 취업이 아닌 창업을 목표로 투입했다면 자신의 일자리 정도는 거뜬히 만들고 다른 사람의 일자리도 몇 개 정도는 어렵지 않게 만들 수 있지 않을까? 서로 생각이 다른 사람들끼리 모여 집단으로 짱돌을 던지고 한탄과 분노만을 쏟아내기보다는 생각이 비슷한 사람들끼리 모여 창업을 논의하고 사회와 정부에 필요한 지원을 요구하는 것이 청년들이 '88만원 세대'를 벗어날 수 있는 가장 유력하고 현실적인 방법이지 않을까?

책 속의 메시지

영리한 현실주의자를 꿈꿔라!

월 88만원으로 무엇을 할 수 있을까. 이 돈으로는 한 푼도 쓰지 않고 모은다고 해도 평생 집 한 채도 장만하지 못할 것이다. 기성세대들은 거품 경제로 인한 수많은 부채를 보이지 않게 후세대에게 전가하고 있다.

막대한 부채로 떠받치고 있는 기업과 가계의 부담은 88세대의 노동력 착취로 전환된다. 비정규직을 미끼로 새로운 세대들에게 부당한 대우를 하고 있는 것이다. 이런 현실은 쉽게 바뀌지 않을 것이다. 과감히 창업에 도전하라. 그것은 누구에게나 처음에는 힘들고 어려운 선택이다. 하지만 철저히 계획하고 준비하며, 온몸이 땀에 젖을 만큼 최선을 다해 뛰는 사람의 미래는 반드시 눈부신 희망의 빛으로 반짝거릴 것이다.

- 「88세대여, 880만원을 꿈꿔라 : 하루 벌어 하루 먹고 살기도 힘든 현실의 반전」,
한경아, 코리아하우스, 2010

100세 시대,
일생에 한번은 창업해야 한다

〈사례〉

집안의 막내딸이라서 '막례'라는 이름을 받았다. 여자라는 이유로 글도 못 배우고 집안일 다 해치우는 일꾼으로 살다가 스무 살에 결혼, 홀로 세 아이들을 키웠다. 막일부터 시작해 과일 장사, 엿 장사, 꽃 장사, 파출부 등을 전전하다 작은 식당을 열고 40년간 매일같이 새벽 4시에 출근했다. 그러던 어느 날, 병원에서 치매 위험 진단을 받았고 할머니를 이대로 내버려둘 수 없다고 생각한 손녀 김유라의 제안에 함께 호주로 떠났다. 그리고 그 여행이 그녀의 인생을 뒤집어버렸다. 손녀 김유라와 함께 71세에 유튜브 채널 '박막례 할머니Korea Grandma'로 데뷔, 현재 구독자 90만 명을 거느린 크리에이터. 호주, 일본, 유럽 등을 누비며 새로운 도전을 하는 데 거침없는 시니어 스타. 유튜브 CEO부터 구글 CEO까지 만나고 싶다 러브콜을 보내오는 인플루언서. 유튜브 수입 추정 사이트인 소셜블레이드는 박씨의 월간 소득을 최고 4만6700달러(약 5000만 원)로 추정했다.[8]

⟨사례⟩

2017년 7월 애플에서 매년 개최하는 세계개발자회의에 한 노년의 일본인 여성이 등장했다. 애플의 팀 쿡 CEO가 직접 인터뷰에 나서 전 세계적으로 화제가 된 이 여성의 이름은 와카미야 마사코. 당시 만 82세였던 그녀는 '세계 최고령 앱 개발자'이자 '노인들의 스티브 잡스'로 세상에 소개된다. 그녀는 "노인들도 즐길 수 있는 스마트폰 게임이 있었으면 좋겠다"는 생각을 했고, 그런 걸 대신 만들어줄 사람이 없으니 자신이 해보자 마음먹었다. 그리고 6개월간 코딩을 공부하며 노인들을 위한 스마트폰 게임 앱 '히나단'을 출시했다. 환갑에 처음으로 컴퓨터를 구입할 정도로 컴퓨터와 무관한 삶을 살았던 와카미야 마사코는 디지털 기술이 은퇴 이후 자신의 삶에 날개를 달아주었다고 말한다. 아이패드로 고전악기 연주를 배우고, 엑셀로 자신만의 액세서리를 디자인하고, 페이스북으로 친구를 사귀고, 구글 번역기를 들고 자유여행을 떠나는 생활을 즐기고 있다.[9]

60세가 되는 날 성대한 환갑잔치를 하던 시절이 있었다. 평균수명이 60세도 안 되어 60년 산 것만 해도 축복받을 일이었던 것이다. 1970년대만 해도 평균수명은 남자가 60세, 여자가 65세 정도에 불과했다. 그랬던 것이 2018년 현재 평균수명은 남자 80세, 여자 85세로 크게 늘어났다. 건강을 유지할 수 있다면 한국의 보통 남자는 세 명 중 한 명이, 여자는 두 명 중 한 명이 90세를 넘어서 100세 가까이 살아가는 세상이 되었다.

100세라는 나이는 직장을 다닌다면 정년 60세를 채운다고 해도 무려 40년을 더 살아야 하는 기간이다. 현실에서 느끼는 체감 정년은 50세라고 하는데 그렇다면 더 오랜 기간을 살아야 한다. 이 긴긴 기간을 어떻게 지내야 할까? 정년 이전에 많은 돈을 저축하고 그 돈으로 여생을 보낼 수 있으면 좋겠지만 그럴 수 있는 사람은 많지 않다.

국민연금공단이 2018년 11월 발표한 「노후준비서비스 이용 실태 및 성과 분석」 결과에 따르면, 서비스 이용자들은 월평균 노후생활비를 250만 원으로 예상하고 있으며, 현재 준비하고 있는 수준으로 노후생활비를 확보하기는 어려울 것으로 응답한 사람이 57.1%에 달했다. 노후자금 준비가 부족한 사람들이 은퇴 시부터 사망 시까지 필요한 적정 생활비는 평균 8억 2천만원인데 부족한 금액은 그 절반인 4억 1천만원이었다.[10]

이렇게 노후대책이 되어 있지 않다면 노후가 어떻게 될지는 불보듯 명확하다. 이른바 노인빈곤이나 노인파산으로 이어질 수밖에 없다. 실제로 우리나라의 65세 이상 노인빈곤율(중위소득의 50% 미만 비율)은 45.7%로 OECD 평균 12.9%보다 훨씬 높은 것으로 나타나 있다.[11] 우리나라 노인들이 소득은 적지만 자산 보유비중이 높다는 점을 고려해도 노인빈곤율은 21.1%로 여전히 높다.[12]

따라서 노후대책을 마련하기 위해서는 고령이 되어도 계속 일자리를 찾아야만 한다. 실제로 통계청이 발표한 「2018 고령자 통계」에 따르면 55~79세 중 장래에 일하기를 원하는 이들의 비율은 64.1%로 나타났다. 근로를 희망하는 이유는 '생활비 보탬'이 59%로 가장 많았다. 그 결과 고령자 고용비율도 2017년 65~69세 고용률이 45.5%, 70~74세 고용률은 33.1%로 OECD국가 중 가장 높은 비율을 보이고 있다.

우리나라의 노인 취업률과 노인 빈곤율이 함께 OECD 1위라는 수치를 보여주고 있는 것이다. 노인 취업률이 높은데도 노인 빈곤율도 높은 것은 일자리가 없는 고령층이 여전히 많은 데다 노인 일자리의 상당수가 임시직·일용직 같은 '질 낮은 일자리'여서 일을 해도 빈곤에서 탈출하기 어려운 상황이고 연금을 받는 사람의 비율도 40%대에 그치고 있기 때문이다.[13]

더 심각한 문제는 40~64세의 중·장년층에서도 일자리를 갖지 못한 사람의 비율이 높다는 점이다. 통계청의「2018년 기준 중·장년층 행정통계 결과」에 따르면, 우리나라 중·장년층(40~64세) 인구는 2018년 11월 1일 기준 총 1982만 3천명으로, 전체 인구의 39.7%에 이르고 있는데, 10명 중 4명은 미취업 상태인 것으로 나타났다. 소득이 있는 중·장년층도 10명 중 6명은 연 소득이 3000만원에 못 미쳤고 56%는 가계대출 등 금융권 채무를 가지고 있었다.

중장년층과 고령자들이 노후대책을 마련하고 빈곤에서 탈출하기 위해서는 무엇보다 일자리가 충분히 마련되어야 한다. 또 그러한 일자리들이 적정수준의 보상이 주어지는 일자리가 되어야 한다. 이러한 일자리를 누가 마련해줄 것인가? 답은 역시 창업밖에 없다.

창업은 누가 할 것인가? 청년세대가 창업하고 386 세대나 베이비부머 세대는 청년세대가 만든 일자리에 취업하면 되는가? 그렇게 되면 좋겠지만 지금은 청년세대의 창업도 부진하다. 청년세대의 창업을 기다리다간 노후파산의 가능성은 더욱 높아진다. 이제 일자리를 만드는 창업은 세대 불문하고 자신에게 떨어진 발등의 불이 되었다.

이런 위기의식을 반영하여 실제로 베이비부머 세대의 창업은 빠른 속도로 늘어나고 있다. 통계청이 발표한「2017년 기준 전국사업체조사 잠정결과」에 따르면 2017년에 전국 사업체수가 402만개로 전년보다 7만개 늘었는데, 대표자 연령대가 60대 이상인 사업체가 5만 2천개 증가해 증가분의 4분의 3을 차지한 것으로 나타났다.

그러나 60대 창업의 대부분이 충분한 준비 없이 시작하고 이미 과당 경쟁상태인 음식, 숙박업등 생계형 업종에 몰려있어 실패가능성이 높은 것으로 우려되고 있다. 이런 창업은 100세 시대를 헤쳐 나가기는커녕 노후빈곤을 더욱 악화시키는 악몽의 창업이 될 가능성이 크다. 그렇게 되지 않으려면 어떤 창업을 해야 할까?

무엇보다 경력을 살리는 창업이 되어야 한다. 창업에는 다양한 자원의 준비가 필요한데 경험과 네트워크는 매우 중요한 자원이다. 경험과 네트워크는 경력을 쌓아가면서 생기는 것인데, 이런 경력을 활용하지 않는 창업은 몇 십년 축적한 자원을 활용하지 않는 것이어서 성공가능성이 낮을 수밖에 없다.

물론 경력의 활용이 그대로 창업성공으로 이어지는 것은 아니다. 창업에 성공하기 위해서는 경력을 통해 확보한 자원 외에 별도의 자원이 필요하다. 이러한 자원을 보완하는 노력을 경력기간 중에 혹은 창업준비기간에 충분히 수행할 필요가 있다.

그런데 평균수명 100세 시대와 직무의 변동성이 매우 커지는 인공지능 시대가 겹치는 향후에는 경력의 효용성도 일정기간 밖에 지속되지 않는다는 점에 유의할 필요가 있다. 일생 동안 하나의 직업만 가졌던 과거와는 달리 계속 바뀌는 여러 개의 직업을 수행하게 될 미래에는 이러한 변화에 대한 적응능력이 매우 중요해진다. 『100세 인생』을 쓴 린다 그래튼과 앤드루 스콧은 이것을 변형자산이라 부르면서 부동산이나 금융자산 등 유형자산과 함께 100세 시대에 필요한 무형자산으로 지적한 바 있다.

이런 변형자산을 키우는 방법은 무엇인가? 새로운 업을 창조하는 창업훈련이 가장 좋은 방법일 것이다. 끊임없는 창업훈련과 이를 바탕으로 경력을 살리는 준비된 창업만이 100세 시대를 헤쳐나갈 수 있는 생존의 무기이다.

책 속의 메시지

사람은 나이를 먹어서 늙는 게 아니라 꿈을 잃을 때 비로소 늙는다!

맥도날드의 창업자 레이 크록이 사업을 처음 시작한 나이는 53세였다. 창업 당시 그는 당뇨를 앓고 있었으며 각종 질병에 시달렸지만 매일 아침 직접 청소를 했다. 샘 월튼은 44세에 창업했으며, 커널 샌더스는 65세에 사업에 실패하고 KFC를 창업해 재기에 성공했다. 킹 질레트는 48세에 면도기의 대명사인 질레트를 창업했다. 꿈을 성취하려고 한다면 나이를 먹어도 청년이 되어야 한다.
내가 꿈을 이루면 나는 누군가의 꿈이 된다.

– 「꿈을 이루기에 너무 늦은 나이란 없다」 이형진, 황소북스, 2014

인공지능 시대,
창업자와 창업컨설턴트만이
살아남을 수 있다

인공지능의 쓰나미가 몰려오고 있다. 단순반복작업은 물론 의사, 변호사, 기자, 펀드매니저, 통번역사 등 전문가의 일도 대체하기 시작한 인공지능은 인간만이 갖는 창의성의 영역으로 간주되어 왔던 바둑기사, 작곡가, 시인, 화가, 소설가의 일까지도 거뜬히 해내고 있다. 중국에는 승복을 입고 불경을 외우는 로봇이 인기를 얻고 있고, 독일에서는 5개 국어로 목회를 하는 '블레스유투 BlessU-2'라는 로봇이 등장하여 종교의 영역까지 넘보고 있어, 이런 추세라면 머지않아 인간이 할 수 있는 거의 모든 일들이 대체될 수도 있다는 전망도 나오고 있다. 이렇게 되면 우리의 일자리는 어떻게 될까?

영국 옥스포드 대학의 칼 프레이 교수와 인공지능 전문가 마이클 오스본 교수가 미국의 약 700여 개 직업을 대상으로 인공지능에 의한 대체 가능성에 대해 연구한 바에 따르면, 미국 전체 일자리의 약 47%가 향후 10~20년 내에 인공지능에 의해 대체될 가능성이 높은 것으로 나타났다.

또 구글이 선정한 최고의 미래학자인 토머스 프레이 박사도 2030년까지 20억 개의 일자리가 사라질 것으로 예측했다.[14]

프레이와 오스본의 분석방법을 국내 노동시장에 적용하여 인공지능이 우리나라 일자리에 미칠 영향을 분석해본 결과에서도, 전체 일자리의 43%가 인공지능으로 대체될 위험이 높은 것으로 나타났다.[15] 한국고용정보원도 『기술변화에 따른 일자리 영향 연구』라는 연구보고서에서 2020년에는 1/3이상의 취업자가, 2025년에는 2/3이상의 취업자가 대체될 가능성이 높다고 분석했다.[16] 『사피엔스』의 저자 유발 하라리는 다음과 같이 말한다.

> 산업혁명 이후 200년 넘게 기계에 의해 인간 노동이 대체된다는 예측이 있었지만, 그 예측은 '늑대가 오고 있다'고 외친 양치기 소년의 말과 같았다. 하지만 그 이야기의 결론은 결국엔 늑대가 실제로 왔다는 것이다. 지금이 바로 그 시점이다.[17]

물론 반론도 만만치 않다. 없어지는 일자리 이상으로 새로운 일자리가 생긴다는 것이다. 세계경제포럼은 급격한 기술의 진보로 2025년까지 전 세계적으로 약 1억 3300만개의 일자리가 생기지만 대체되는 것은 7500만개 가량으로 줄어드는 일자리보다 새로 생기는 일자리가 배 가까이 될 것이라고 전망했다.[18] 인공지능 분야를 대표하는 전문가들인 페이스북의 인공지능 연구 책임자 얀 르쿤, 구글 리서치 책임자 피터 노빅, 마이크로소프트연구소 총괄인 에릭 호르비츠 소장도 인공지능이 기존 일자리를 빼앗을 일은 없다고 단언하면서 모든 직업이 인공지능 덕분에 더

효율적으로 변할 것이라고 말했다.[19]

　새로운 일자리가 등장할 수는 있지만 사라질 일자리를 메울 수 있는 정도는 아니어서 결과적으로 일자리 총량이 줄어든다는 주장도 있다. 모셰 바르디 미국 라이스대 컴퓨터과학과 교수는 인공지능 시대, 일자리 감소에 대한 비관론이 제기되면 다수의 경제학자들은 기술이 기존의 일자리를 없애도 새로운 일자리가 더 많이 생겼다는 '러다이트의 오류'를 내세워 반박하지만 산업혁명기와 인공지능 시대의 결정적 차이는 인간을 넘어서는 인공지능의 탄생에 있다고 강조하면서 일자리 총량은 줄어들 것이라고 전망한다.[20] 컨설팅 업체인 액센추어와 세계경제포럼은 자동화와 AI로 없어지는 일자리와 새로 생기는 일자리를 종합적으로 판단했을 때 일자리의 16% 정도가 위험에 처해 있다고 주장했다.[21]

　인공지능이 일자리에 미치는 영향에 관해 이렇게 다양한 논의가 있지만 한가지 확실한 것은 기존의 일자리는 대부분 사라진다는 것이다. 다보스포럼 보고서는 7세 이하 어린이의 65%가 기존에 없는 새로운 직업을 갖게 될 것이라고 전망했다.[22] 토머스 프레이 소장도 10년 후 일자리의 60% 이상은 아직 탄생하지 않은 상태라고 지적한다.[23]

　새로운 일자리가 생기지만 남이 만든 일자리든 스스로 만든 일자리든 새로운 직업은 저절로 생기는 것이 아니라 누군가가 창업이나 창직을 통해 만든 일자리이다. 그 누군가가 자신이 되어야만, 즉 창업과 창직의 주역이 되어야만 안정된 일자리 확보가 가능해지는 것이다. 그 누군가를 다른 사람에게 맡기면 자신의 일자리는 영원히 생기지 않을 수도 있다.

　요컨대 인공지능 시대에 살아남는 일자리는 인공지능이 하지 못하는 일을 하는 창업 혹은 창직에 의한 일자리이다. 취업의 시대는 끝나고 창업, 창직의 시대가 도래한 것이다.

　물론 인공지능이 하지 못하는 일을 찾아내려 하니 창업이 쉬울 리 없다. 용케 그런 일을 찾아낸다 해도 그걸 돈 되는 일로 만드는 것은 더욱 쉽지 않다. 그래서 창업을 돕는 전문 컨설턴트가 필요하다. 창업자와 창업컨설턴트, 인공지능 시대에 최후까지 살아남을 것으로 예상되는 직업 두 가지다.

책 속의 메시지

대량실업이 몰려온다!
과거에도 산업혁명이 일어날 때마다 사라지는 일자리들이 있었다. 하지만 그때마다 신기술의 보급에 따른 새로운 직종이 생겨나고 관련 일자리가 대거 생기면서 전체 일자리 수는 줄어들기보다는 오히려 늘어났다. 하지만 이러한 선순환은 4차산업혁명을 맞이하는 오늘날에는 더 이상 통용되지 않는다.
인공지능과 로봇, 빅데이터, 사물인터넷 등의 결합으로 생겨난 기계들은 점점 더 인간을 대체해 가고 있다. 그 결과 새로 생겨나는 직업보다는 사라지는 직업이 훨씬 더 많아졌다. 한마디로 4차산업혁명 시대의 근간이 되는 기술들은 지금까지 인간의 직업에 도움이 되었던 촉매적 기술보다는 구인을 축소시키는 파괴적 기술에 더 가깝다.
－「4차산업혁명은 일자리를 어떻게 바꾸는가 : 21세기 신기술이 변화시킬 직업의 미래」 손을춘, 을유문화사, 2019

즐겁게 살 수 있는
업을 찾는 것이 창업이다

대리석을 조각하는 세 사람의 석공이 있었다. 무엇 때문에 일을 하는지 세 사람에게 물었다. 첫째 사람은 험상궂은 얼굴에 불평불만이 가득한 어조로,

"죽지 못해서 이놈의 일을 하오"라고 대답한다.

둘째 사람은 심드렁하게 이렇게 말한다.

"돈 벌려고 이 일을 하오."

셋째 사람은 즐거운 표정으로 대답을 한다.

"신의 모습을 만들기 위해 대리석을 조각하고 있다오."

왜 일하는가라는 질문에 대한 서로 다른 생각을 보여주는 것으로 자주 인용되는 일화다. 우리는 어떤 마음으로 일하고 있는가? 대부분 첫째나 둘째 아닐까? 일은 먹고살기 위해 하는 것이고 노동시간은 괴로운 시간이다. 그러다 보니 직장인들은 월요병에 빠지고 불금(불타는 금요일)을 기다린다.

ISSP라는 국제사회조사프로그램이 직장인을 대상으로 직무만족도와 직무스트레스 비율을 조사한 결과에 따르면 '하는 일에 만족한다'는 직무만족도 비율은 우리나라가 69%로, OECD 평균인 81%보다 크게 낮았고, '일할 때 스트레스를 느낀다'는 직무스트레스 비율은 우리나라가 87%로 1위였다.[24]

커다란 화제를 불러일으켰던 TV 드라마 '미생'에서는 직장인의 삶을 '밖은 전쟁 안은 지옥'이라고 표현했다. 이런 직장인의 삶을 적어도 20, 30년 지속하고 그 이후에도 원하는 삶을 살기 어렵다면 일생동안 괴로운 인생을 살 수밖에 없다. 이런 소외된 노동, 소외된 인생에서 벗어날 수 있는 방법은 없을까?

답은 창업에 있다. 창업은 타인이 아니라 자신이 관심을 갖는 일을 주도적으로 설계하고 실행해가는 과정이다. 내가 하고 싶은 일, 내가 즐거운 일, 내가 의미를 부여하는 일을 하는 것이다. 그러니 행복하지 않겠는가? 주도적으로 사는 삶이야말로 행복의 원천이다.

창업 선배들의 이야기에 귀를 기울여보자. '국민 메신저' 카카오톡을 만든 벤처 신화의 대명사 김범수 카카오 의장은 창업해 많은 고생을 했지만 사서 고생을 하는 이유에 대해 "창업이야말로 가슴 설레는 일"이라고 말한다. 넥슨의 김정주 대표도 창업은 하고 싶은 일을 할 수 있는 기회가 많아지기 때문에 "창업은 곧 행복"이라고 정의한다.[25] 또 김범수 의장은 "100세 수명 시대에 하나의 직업으로 평생을 살아갈 수 있는 것도 아니다"면서 이제 질문도 '커서 뭐가 되고 싶으냐'(직업·職業)가 아니라 '뭘 하고 싶으냐'(업·業)로 바꿔야 한다"고 말한다.[26] 성공한 연쇄창업자이자 스타트업 멘토인 권도균 프라이머 대표는 "젊은시절 창업의 가장 중요한 목적은 성공도 실패도 아닌 '경험'에 있는 것"이라고 역설하면서 책이나 공부, 시험, 면접으로는 확인하기 어려운 '나 자신의 발견'이 창업에서는 가능하다고 말한다.[27]

성공한 외식사업가로 유명한 백종원 더본코리아 대표도 청년들에게 한 번쯤 창업해보기를 권하는 이유가 돈을 벌라는 게 아니라 "삶의 경험치를 쌓으라"는 의미라고 말한다. 자기 돈으로 창업을 해서 밤잠도 설쳐보고 고개도 숙여보고 욕도 먹어보고 하다 보면 내가 좋아하는 게 무엇인지, 내가 어떻게 세상과 부딪쳐야 할지가 선명하게 보인다는 것이다.[28]

16살 중학생 때 첫 창업을 한 청년창업자 표철민은 『제발 그대로 살아도 괜찮아』라는 책에서 남들이 가지 않은 자신만의 분야를 찾아가는 길을 가도 절대 망하지 않으니 "네가 꿈꾸던 20대를 그대로 살아봐"라고 하면서 다음과 같이 말한다.

> 내가 몇 차례 겪어본 창업이라는 다른 길은 마치 단옷날 널뛰기 하는 것과 같다. 마음의 준비를 하고 널을 힘껏 뛰어보지 않으면 담장 너머로 어떤 세상이 펼쳐져 있는지 알지 못한다. 하지만 용기를 갖고 널을 힘차게 뛰어오르는 순간, 담장 너머로 내가 상상하지도 못했던 새로운 세상이 펼쳐지는 것이다. 창업이라는 다른 길을 걷는다는 것은 널을 뛰지 않는 다른 사람들은 절대로 볼 수 없는 새로운 세상이 그곳 담장 너머에 있음을 깨닫는 유일한 길이다. 이 얼마나 가슴 뛰는 일인가? 아직 세상을 바꿔볼 준비가 안 되어 있을지라도 다른 길을 택하는 것만으로 우리는 새로운 세상을 볼 기회를 얻을 수 있다.[29]

좋아하는 일에 미친 '덕후'들이 취미를 넘어 창업을 통해 '덕업일치'를 실현해가는 사례도 크게 늘어나고 있다. '덕후'란 좋아하는 일에 집중하고 몰두하는 것을 뜻하는 '덕질'을 하는 마니아를 말하는데, 이렇게 좋아하는 일과 자신의 생업이 일치하는 '덕업일치'가 새로운 창업 패러다임으로 떠오르고 있다. 다음 사례들을 살펴보자.

〈사례〉

프리랜서 클라리넷 연주자였던 한 청년은 공연이 점점 줄면서 생계가 곤란해지자 8년간 해왔던 음악을 그만두기로 결심한다. 순회공연을 다닐 때마다 악기 가방에 직접 볶은 커피를 갖고 다닐 정도로 '커피 덕후'였던 그는 평소 좋아하던 커피 일에 무작정 뛰어든다. 가진 돈이 없어 시작은 초라했지만 최적의 로스팅 정도를 찾기 위해 20초 간격으로 시간을 달리해가며 원두를 볶았고, 고객 취향에 맞는 맞춤형 원두를 일일이 집까지 가져가 즉석에서 커피를 내려주는 수고를 마다하지 않았다. 대형 커피 체인점의 빠른 서빙에 익숙해진 소비자들을 상대로 15분 이상 걸리는 드립커피를 추구했던 그의 고집에 사람들은 미쳤다는 시선을 보냈지만, 커피 덕후의 열정이 만들어낸 커피맛에 사람들은 열광하며 긴 줄 서는 것을 마다하지 않았다. 설립 10년 만에 기업가치 7000억원, 전 세계 단 68개 매장만으로 2만8000여 개의 매장을 가진 스타벅스의 경쟁자로 부상한 '블루보틀' 창업자 제임스 프리먼의 얘기다.[30]

〈사례〉

유난히 신발을 좋아하던 한 고등학생이 3학년 때인 2001년 온라인 커뮤니티 프리챌에 운동화 마니아들을 위한 동호회를 열었다. 회원들이 구한 운동화를 자랑하고 후기와 정보를 나누는 공간이었다. 커뮤니티 이름은 무신사

(MUSINSA). '무지하게 신발 사진이 많은 곳'이란 뜻이었다. 온라인 커뮤니티 무신사는 운동화 마니아들 사이에서 인기를 끌었다. 유명 스포츠 브랜드인 나이키 아디다스 등의 한정판 신발과 '희귀템' 패션 정보를 빠르게 접할 수 있는 곳으로 1020 세대의 입소문을 타면서다. 커뮤니티 주인 조만호는 2005년 패션 스타일링 정보를 제공하는 '무신사 닷컴'을 개설했다. 이어 2009년엔 '무신사 스토어'를 열어 직접 옷과 신발을 팔기 시작했다. 무신사에서 처음 소개한 신생 브랜드들은 젊은 층 사이에서 유행 아이템이 됐다. 이 같은 인기에 힘입어 고교생이 만든 '신발 덕후' 커뮤니티는 웹진, 이커머스로 영역을 넓혀 국내 1위 온라인 패션 플랫폼으로 성장해 2019년 한국에서 열 번째로 기업가치가 1조 원이 넘는 유니콘 기업이 되었다.[31]

물론 창업에는 실패의 리스크가 있다. 과거에는 이 실패의 리스크에 따른 비용이 너무 커서 창업에 뛰어들기 어려웠다. 그러나 이제는 창업 환경이 크게 좋아져 실패비용이 현저히 낮아졌다. 창업준비만 제대로 한다면 하고 싶은 일 하면서 세상을 즐겁게 하고 돈도 벌 수 있는 세상이 된 것이다. 이렇게 확 뒤바뀐 세상을 모르고 창업은 어렵고 나와는 관계없는 일이라고만 생각한다면 바로 내 곁에 숨어 있는 즐거움과 돈과 행복을 모두 놓치는 것이 되지 않을까?

창업을 돈되는 일로만 생각할 필요도 없다. 자신에게 재미있거나 의미있는 일로 새로 시작하는 일이라면 어떤 일도 자신을 바꾸는 창업이라고 말할 수 있다. 그 일이 남에게 도움되는 일이라면 세상을 바꾸는 창업이 된다. 어제보다 나은 오늘을 만들고 오늘보다 나은 내일을 만든다면 성공한 창업이다. 미국의 철학자 랄프 왈도 에머슨은 '성공이란 무엇인가'라는 시에서 다음과 같이 말한다.

한 떼기 정원을 가꾸든 사회환경을 개선하든
자신이 태어나기 전보다 세상을 조금이라도
살기 좋은 곳으로 만들어 놓고 떠나는 것…
이것이 진정한 성공이다.

책 속의 메시지

하고 싶은 일이란 무엇일까?
하고 싶은 일이 무엇인지 선생님이 가르쳐주지 않는다. 겁내지 말고 자꾸 새로운 일을 시도해야 한다. 스스로 시도하고 체험해보지 않으면 그것이 내게 맞는지 아닌지, 하고 싶은 일인지 아닌지 알 수 없다. 하고 싶은 일을 찾았으니 그 일을 한다는 것이 아니라 하고 싶은 일을 발견하기 위해 무슨 일이든 해야 하는 것이다. 어찌됐든 새로운 일을 시도해보라. 그러면 내가 정말 하고 싶은 일을 찾을 수 있다(고시바 마사토시 인용).
재미있어서 하기보다는 하다보니 재미있어지는 경우가 더 많다(데라다 도라히코 인용).

— 「내가 일하는 이유」 도다 도모히로, 와이즈베리, 2015

가정을 재창업해야
저출산공화국 엎을 수 있다

150조원의 엄청난 예산을 쏟아부은 저출산대책에도 불구하고 우리나라는 세계에서 가장 출산율이 낮은 나라가 되었다. 2018년에는 1.0 이하를 기록했다. 부부가 평균적으로 한 명의 자녀도 채 낳지 않는다는 뜻이다. 왜 이렇게 출산율이 낮은가? 이유는 크게 보면 결혼하지 않는 것과 결혼해도 아이를 낳지 않는 것 때문이다.

왜 결혼하지 않는가? 왜 결혼해도 아이를 낳지 않으려 하는가? 여기에는 경제적 요인과 가정내적 요인이 겹쳐 있다. 먼저 경제적 요인부터 살펴보자. 결혼에는 상당한 비용이 들어간다. 웨딩컨설팅업체 듀오웨드가 최근 2년 이내 결혼한 신혼부부 1000명을 대상으로 결혼비용 실태를 조사한 「2018 결혼비용보고서」에 따르면 평균 결혼비용은 2억 3085만 원이었으며 이 가운데 주택자금이 1억 6791만 원(72.7%)으로 나타났다.[32] 이 정도의 비용을 부담하고 결혼을 할 수 있는 청춘남녀는 어느 정도나 될까? 한국노동사회연구소가 2016년 펴낸 「저출산과 청년 일자리」

보고서를 보면, 2016년 3월 기준 20~30대 남성 노동자 가운데 기혼자 비율은 임금 상위 10%에선 82.5%인 반면 하위 10%는 6.9%에 불과했다. 임금이 낮고 고용이 불안정한 청년들은 결혼을 못하는 '유전결혼 무전미혼'의 현실이다.

　육아비용은 어떤가? 여성가족부가 자녀를 둔 어머니와 임산부 등을 대상으로 한 「2016년 육아 문화 인식 조사」에 따르면, 월평균 육아비용 지출액은 107만 2천원으로 응답자 가구의 월평균 소비지출액 345만8천원의 31%에 이르는 것으로 나타났다.[33] 이 정도의 비용부담이라면 결혼해서 아이를 낳아도 괜찮을까?

　취업포털 잡코리아의 조사에 따르면 2016년 대기업 신입직의 연봉은 평균 3893만 원, 중소기업은 2455만 원이었는데,[34] 대기업 근로자라면 육아비용이 부담가능한 수준이겠지만 중소기업 근로자라면 상당한 부담을 느낄 수준이다. 실제로 앞의 조사에서 대다수의 부모는 '육아비용이 부담된다'고 응답한 것으로 나타났다.[35] 시장조사 전문기관 마크로밀엠브레인이 2014년 2월 19~39세 성인 남녀를 대상으로 실시한 설문조사에서도 전세금이 비싸서(52.1%) 결혼을 포기하고, 맞벌이를 해도 육아 비용이 부담스러워(70.7%) 출산을 포기한 것으로 나타났다.[36]

　결혼과 출산에 영향을 미치는 가정내적 요인은 어떤가? 먼저 몇 가지 조사를 살펴보자. 「2017년 저출산·고령화에 대한 국민 인식조사」에 따르면 '전통적인 고정관념을 바꿔 남성도 육아 및 가사에 참여해야 한다'에 82.4%가 '그렇다'고 답했다. 그런데 실제로 초등학교 미만 자녀를 둔 부모가 평일에 아이를 돌보는 시간을 보면 아내는 남편보다 휴일엔 2배, 평일엔 5배의 시간을 자녀 돌보는데 쓰고 있는 것으로 나타났다.[37]

맞벌이 부부는 더 심각하다. 통계청의 「2014년 생활시간조사」 자료에 따르면 맞벌이 부부 중 여성의 하루 평균 가사노동 시간은 158분인데 비해 남성은 28분에 불과하여 여성이 남성보다 하루 2시간 10분이나 집안일을 더 하고 있는 것으로 나타났다.[38] 기혼 남성들이 집안일을 분담하지 않는 이유는 다양하지만 여성에게 가사 일을 전담시키는 전통적인 남자 중심의 가부장적 문화와 관행이 가장 큰 이유라고 할 수 있다.

조남주의 소설 『82년생 김지영』은 이러한 가부장적 문화와 관행의 실태와 문제점을 생생하게 묘사하여 커다란 사회적 관심을 불러일으키기도 했다. 우리나라가 미국이나 유럽에 비해 비혼과 저출산의 경향이 훨씬 높게 나타나고 있는 것도 이러한 가부장적 문화와 밀접한 관련이 있다. 이런 상황은 그렇잖아도 힘든 경제적 요인에 더하여 여성들의 비혼, 저출산을 더욱 심화시키는 요인으로 작용하고 있다.

그렇다면 이러한 문제들은 어떻게 해야 개선할 수 있을까? 먼저 경제적 원인으로 인한 비혼과 저출산은 좋은 일자리를 만드는 것 이외의 대안은 없다. 제대로 된 창업을 통해 청춘들에 결혼비용, 출산비용을 충분히 감당할 수 있을만한 수입을 줄 수 있고 미래비전을 가질 수 있는 일자리를 만들어내야 한다.

아울러 가정내 원인으로 인한 비혼과 저출산 문제를 개선하기 위해서는 전면적인 가정의 재창업이 필요하다. 결혼은 창업의 관점에서 보면 '화성에서 온 남자'와 '금성에서 온 여자'의 공동창업이고, 가정은 이렇게 결혼한 남자와 여자의 동업관계라고 할 수 있다. 그런데 우리나라에서는 동업을 기피하거나 아주 어려워한다. 동업에 필요한 협력에 대한 훈련을 받아본 적이 없고 성공경험도 거의 없어 익숙하지 않기 때문이다.

가정도 남성중심의 가부장적 문화가 지배적이어서 부부가 책임과 성과를 공정하게 나누는 대등하고 수평적인 문화는 아직 정착되어 있지 않은 상황이다. 이제는 공동창업과 동업의 훈련을 결혼과 가정에서부터 시작해야 한다. 비혼과 저출산을 심화시키는 가부장적 문화는 가정의 재창업을 통해 대등하고 수평적이면서도 협력적인 문화로 바꾸어야 한다. 창업준비와 훈련은 가정을 바꾸는 것으로부터 시작되어야 한다.

책 속의 메시지

한국 여자의 인생 현장 보고서!
"죽을 만큼 아프면서 아이를 낳았고, 내 생활도, 일도, 꿈도, 내 인생, 나 자신을 전부 포기하고 아이를 키웠어. 그랬더니 벌레가 됐어. 난 이제 어떻게 해야 돼?"
"그놈의 돕는다 소리 좀 그만할 수 없어? 살림도 돕겠다, 애 키우는 것도 돕겠다, 내가 일하는 것도 돕겠다. 이 집 오빠 집 아니야? 오빠 살림 아니야? 애는 오빠 애 아니야? 그리고 내가 일하면, 그 돈은 나만 써? 왜 남의 일에 선심 쓰는 것처럼 그렇게 말해?"

- 『82년생 김지영』 조남주, 민음사, 2016

창업자가 존경받아야
스펙공화국 엎을 수 있다

우리나라 청년들이 단군 이래 최고의 스펙을 갖고서도 취업을 하지 못하고 있다. 스펙은 영어단어 'Specification'의 준말로 원래는 제품 특징을 가리킬 때 사용되는 말이나, 마치 제품 특징처럼 구직자들이 취직하기 위해서 갖춰야 할 자신의 능력을 증명할 수 있는 학력, 자격증이나 시험 점수 등을 가리키는 말로 확대되어 사용되기 시작하였다.

2014년 대통령 직속 청년위원회는 조사를 통해 '취업을 위해서 쌓아야 하는 스펙 9종'을 발표했는데, 기존의 학벌, 학점, 토익, 어학연수, 자격증 등 5종 세트에 더하여 공모전 입상, 인턴 경력, 사회봉사, 성형 등이 추가되었다.

스펙 중 가장 중요한 것은 학벌이다. 우리나라에서는 일단 대학교를 나와야 한다. 대학을 나오지 않으면 사회적 차별이 만만치 않기 때문이다. 1980년대만 해도 30%대에 불과했던 대학진학률은 대학설립이 자유화되면서 2000년대 들어 80%대로까지 급격히 높아졌다. 경제적 여건만

되면 누구나 대학생이 될 수 있는 시대가 된 것이다.

누구나 대학생이 되면 대학 졸업장만으로는 더 이상 변별력 있는 스펙이 될 수 없다. 이제는 일류대학, 적어도 서울시에 있는 대학에 들어가기 위한 경쟁이 치열해졌다. 좋은 대학교에 들어가기 위해 아이들은 초등학교 때부터 남보다 조금이라도 등수가 앞서기 위한 피나는 노력을 해야 했고 부모들은 노후대책까지 희생해가면서 사교육에 커다란 비용을 지불했다. 대학에 입학한 후에도 보다 좋은 취업처를 가기 위한 경쟁은 계속되었다. 스펙의 종류가 계속 확대되어 9종으로까지 늘어난 이유이다.

문제는 이러한 스펙이 일자리를 마련해주지 못하고 있다는 점이다. 스펙에 투자된 비용이 막대하고 눈높이는 크게 높아졌는데 성장이 정체되고 '고용없는 성장' 추세가 가속화되면서 일자리는 별로 늘어나지 않았기 때문이다.

스펙 쌓기에 들인 시간과 비용은 얼마나 될까? NH투자증권 100세시대연구소가 자녀 1명이 대학을 졸업 때까지 들어가는 교육비를 조사한 결과에 따르면, 유치원부터 대학졸업까지 공교육, 사교육 포함해 최소 9000만원, 최고 3억 1400만원의 비용이 든다고 한다. 이렇게 많은 시간과 비용을 들였는데 일자리도 못구한다면 너무 허망한 일 아닌가? 만약 이 시간과 비용을 취업을 위한 스펙이 아니라 창업훈련에 투자했다면 어떻게 됐을까? 본인의 일자리는 물론 10명, 100명에게 일자리를 만들어주는 창업전사들이 많이 나오지 않았을까?

우리나라에서 이런 창업전사들이 나오지 않는 이유는 무엇일까? 다양한 이유가 있지만 창업자가 롤모델로 박수받지 못하는 것도 중요한 이유 중의 하나라고 할 수 있다.

왜 창업자가 롤모델이 되지 못했는가? 첫째, 그동안 창업의 실패확률이 매우 높았다. 취업은 열심히 공부하여 남보다 앞서기만 하면 의사든 변호사든 공무원이든 대기업 직원이든 매우 높은 확률로 꿈을 실현할 수 있었다. 그러나 창업은 2년 후에 절반이 실패하고 5년 후에는 10명중 3명도 살아남지 못하는 아주 위험한 게임이었다. 물론 창업해서 성공하면 대박을 터뜨릴 수도 있지만 살아남을 확률 자체가 높지 않은 상태에서는 창업자가 롤모델이 되기는 어려웠다.

둘째, 창업하여 살아남는 경우에도 창업의 대부분은 생계형 자영업이라는 이미지가 강했다. 1년 365일 내내 쉬지도 못하고 죽도록 일하면서도 생계를 유지하기에도 벅찬 수입밖에 벌지 못하고 그마저 언제 문을 닫을지 모르는 불안한 모습이 주변에서 창업하는 사람들의 일반적 모습이었다. 반면 의사나 공무원, 대기업 직원의 삶은 경제적으로 안정적이고 사회적으로도 인정받는 삶이었다.

셋째, 생계형 자영업자와 결이 다른 벤처창업도 롤모델이 되기 어려웠다. 벤처라면 혁신적 제품과 서비스로 시장의 판도를 바꾸는 혁신적 기업을 연상하는 경우가 많은데, 우리나라의 벤처는 정부가 만든 인증기준만 충족시키면 벤처로 인증되고 모기업과의 전속거래에만 목을 매는 하청기업 수준인 경우가 많았다. 스스로의 혁신노력 부족과 모기업의 갑질로 경쟁력도 취약하고 불투명 경영과 독불장군식 경영으로 벤처기업들은 예비창업자들에게 설득력있는 미래비전과 롤모델을 제시하지 못했다.

다른 나라들은 어떠한가? 미국은 창업자들이 부와 명예를 상징하는 존재로 존경받고 있다. 애플 창업자인 스티브 잡스는 스탠포드대학에서, 마이크로소프트 창업자인 빌 게이츠와 페이스북 창업자인 마크 저커버그는 하버드 대학에서 모두 대학 중퇴자임에도 불구하고 졸업축사를 할 정도로 대학과 국민의 관심과 사랑을 받고 있다. 창업자가 되는 것에 대한 두려움도 없다. 어린 시절부터 창업을 자연스럽게 받아들이는 문화에서 자라고 학교에서 창업교육과 훈련을 받을 기회가 많기 때문에 졸업 후 진로를 스타트업이나 창업으로 선택하는 경우가 많다. 창업을 지원해주는 플랫폼과 네트워크도 잘 구축되어 있어 실패해도 큰 타격을 입지 않고, 두 세번의 실패는 창업성공을 위해 당연히 거쳐야 할 시행착오로 인식되고 있다.

독일도 오랫동안의 기술축적과 창업훈련을 거친 창업 마이스터 제도가 있어 창업자에 대한 인식이 긍정적이다. 창업 마이스터는 축적된 경험과 기술로 준비된 창업을 하기 때문에 실패확률이 낮고 후배들에게 멘토 역할도 하기 때문에 높은 수준의 경제적 보상과 사회적 인정을 받고 있다.

중국은 창업자를 영웅시하고 창업 열망이 전 세계에서 가장 높게 나타나는 나라로 주목받고 있다. 한국무역협회 국제무역연구원이 발표한 「한중 대학생 창업생태계 비교 연구」에 따르면 2018년 한국 대졸자의 창업률은 0.8%에 그친 반면 중국은 대졸자의 8%가 창업하여 10배의 차이를 보였다. 창업 의향이 있는 대학생도 중국은 89.8%, 한국은 17.4%로 5배 이상의 차이를 보였다. 특히 기술력을 갖춘 한국 이공계 대학원생의 창업 의향은 8.1%에 불과했다. 창업생태계도 이론 중심의 창업교육이 이루어지고 있는 한국과 달리 중국은 시장지향형 실습 중심의 창업교육이 이루어지는 등 중국이 한국에 비해 훨씬 더 시장친화적인 것으로 나

한·중 대학생 창업생태계비교

	한국	중국
대학졸업생 창업률	• 0.8%	• 8.0%
정부정책	• 창업인재 양성 및 일자리 창출이 목표 • 정부주도의 지원·장려 정책	• 창업인재 육성 및 고용 안정 • 정부의 포괄적 정책 • 대학 자율적 지원 정책
대학생 창업의향	• 17.4%	• 89.8%
학사 제도	• 창업휴학, 창업학점제, 창업학점 교류 등 창업친화적 학사제도 조성	
창업교육	• 시장이 배제된 이론 중심 • 내부 교원 강좌 비율 높음	• 시장 지향형 실습 중심 • 외부 전문가 강좌 위주
창업보육	• 창업공간 제공 • 연계 기관 멘토링·컨설팅 • 엑셀러레이팅 기능 미흡	• 1:1 컨설팅 서비스 제공 • 투·융자 지원 연계 • 엑셀러레이팅 기능 활발
창업기구	• 사업에 따라 개별적 운영 • 정부 세부지침에 따른 운영	• 연계·협력적으로 운영 • 학교 주도적 운영
투·융자금	• 정부 모태 펀드 의존 • 균등 지원	• 교우회, 기업 등 민간 의존 • 경쟁 지원
창업문화	• 창업 친화적 문화 조성 미흡 • 창업성공자의 대외활동 기피 • 창업자(기업가) 경시 문화 • 실패를 두려워하는 문화	• 창업 친화적 문화 성숙 • 창업 성공자의 적극적 대외활동으로 예비창업자의 롤모델 역할 • 창업자 존중 문화 조성

출처 : 「한·중 대학생 창업 생태계 비교」 국제무역연구원, 2019

타났다.

우리보다 훨씬 앞서 있는 미국과 독일이 창업정신과 창업능력에서 우리보다 훨씬 뛰어나고, 우리를 무서운 속도로 추격해오고 있는 중국도 창업마인드와 창업생태계에서 우리를 앞선다면 우리의 미래는 암울할 수밖에 없다. 상황이 이렇게 절박한데도 우리나라의 청년들은 일자리 하나 만들지 못하는 스펙 쌓기에만 올인하고 있다.

이제라도 늦지 않았다. 우리는 이제 스펙의 피라미드 쌓기에만 몰입해있는 스카이캐슬에서 뛰쳐나와 창업정신과 창업능력을 높이는데 올인해야 한다. 창업자가 최고로 존경받을 수 있는 시스템을 만들고, 청년들이 스펙이나 취업이 아닌 창업을 목표로 인생을 준비하고, 이런 청년을 부모와 국민과 정부는 전폭적으로 응원하는 사회를 만들어야 한다.

책 속의 메시지

잃을 게 시간 밖에 없다면 무조건 도전하라!

나는 스펙이 없다. 대외활동이나 봉사활동란도 텅텅 비어 있고 남들 다 있는 토익 점수도 없고 명문대는커녕 학력란에 적을 학교조차 없다. 이것이 다른 사람들이 보는 나의 현실이다. 그들의 눈으로 본 나의 이력서는 바늘구멍보다 작다는 취업문 근처에 얼씬도 못할 초라한 이력서지만, 아이러니하게도 나는 내 이력서보다 훨씬 화려한 누군가의 이력서를 보고 그 사람을 뽑는 CEO다. 여러분이 이력서를 위해 택한 '스펙'이라는 두 글자 대신에 내가 택한 '꿈'이라는 한 글자, 나는 지금부터 그 이야기를 하려고 한다.

― 『청춘, 거침없이 달려라』 강남구, 국일미디어, 2013

창업국가 되어야
386 꼰대공화국 엎을 수 있다

"입만 놀리고 손발은 까딱 안 하는 월급 루팡"

"신입은 컴퓨터 활용 자격증에 토익도 만점인 사람만 찾으면서 정작 영어 한마디, 엑셀 한 줄 쓸 줄 모르는 무능력자"

"스펙만 높고 일은 할 줄 모른다고 후배들 야단치면서 일 터지면 정치권 동창에게 전화 돌려 처리하고 법카로 생색내는 구악"

"거악 독재와 싸운 과거 팔아먹고 살면서 생활 속 소악에 침묵하거나 동조하는 이중인격자"

"자기들은 꿀 빨아먹고 헬조선 만든 이들"

온라인 커뮤니티에서 386 세대 혹은 586 세대에 내해 아랫 세대들이 쏟아내는 말들이다.[39] 386 세대란 1960년대에 출생하여 1980년대에 대학생활을 하면서 민주화 운동에 앞장섰고 이 말이 나왔던 1990년대에 30대였던 사람들을 지칭하는 용어로, 지금은 50대가 되었기 때문에 586

세대라고도 불린다.

386 세대가 왜 이렇게 욕을 먹는가? 첫째 정치, 경제, 사회 전분야에 걸친 386 세대의 독식 때문이다. 386 세대는 1980년대 경제호황기에 대학을 졸업해 직장을 골라갈 정도로 취업에 어려움이 없었고, 30대에는 민주화운동에 앞장섰던 공로를 인정받아 정계에 진출했고, 1997년 IMF 위기 때는 정리해고로 윗세대가 사라진 직장에서 입지를 넓히고, 40대에는 연공임금체계하의 고임금과 부동산 투자로 재산을 크게 불려 중산층이 되고, 50대에는 정치, 경제, 사회의 핵심요직을 장악하여 30년 이상 유례없는 장기집권을 하면서 기득권을 누리고 있는 세대이다.

『불평등의 세대』를 쓴 이철승 교수의 분석에 따르면 386 세대는 성장이 둔화되어 파이가 작아지는 경제에서 다른 세대를 압도하는 고위직 장악률과 상층 노동시장 점유율, 최장의 근속연수, 최고 수준의 임금과 소득점유율, 최고의 소득상승률, 세대간 최고의 격차라는 특징을 보인다.

이렇게 된 이유는 386 세대가 다른 세대에게 돌아가야 할 몫을 더 가져갔기 때문인데, 정치권력 및 기업, 노동시장의 최상층을 차지한 386 세대의 이러한 독식은 다음 세대의 희망을 빼앗을 뿐만 아니라 우리 사회에 많은 폐해를 낳아 한국 사회 전체의 비효율을 가져올 수 있다고 이교수는 경고한다.

둘째 경쟁의 룰이 386 세대에게 훨씬 유리한, 불공정한 형태로 되어 있기 때문이다. 이철승 교수의 분석에 따르면 경제협력개발기구 OECD 국가들의 평균 초봉이 100이라고 하면 30년 뒤엔 170 정도인데, 일본은 240, 한국은 350으로 한국은 세계 최고의 연공급제 국가다. 이러한 연공급으로 인한 노동비용의 압박을 회피하기 위해 자본은 신입사원 채용을 줄이고 사내 하청·파견직·비정규직을 확대했다. 그 결과 우리 사회는 정규직 노조와 자본이 연대해서 하청과 비정규직을 착취하는 노동시장의 이중구조문제가 심각해지고 있다.[40] 이러한 이중노동시장하에서 청년은 일자리 기회 자체가 줄어들고 취업가능한 일자리도 영세중소기업이나 비정규직이 대부분인 열악한 일자리가 될 수밖에 없다.

그런데 청년 일자리 문제의 악화는 386세대 입장에서는 자녀 취업이 어려워지는 것을 의미한다. 이에 대해 386세대는 자녀를 양질의 일자리에 취업할 수 있는 좋은 대학에 보내기 위한 편법이나 특혜를 찾거나 네트워크를 활용하여 좋은 일자리를 부탁하는 채용 불공정의 행위도 서슴지 않았다. 그 결과 공정한 경쟁을 통한 계층상승의 기회는 봉쇄되고 교육과 채용에서 불공정이 만연하면서 청년들이 우리나라를 '헬조선'으로 인식하는 경향이 강해졌다.

셋째 386세대의 독선과 위선이 세대간 갈등을 더욱 심화시켰다. 386세대는 독식과 불공정이 비판받는 상황에서도 고도성장기의 자신의 성공체험과 민주화운동을 주도했다는 도덕적 우위를 바탕으로 청년세대의 나약함을 지적하고, 민주주의 교육을 제대로 못받았다고 훈계하면서, 연령과 직위를 앞세워 갑질을 일삼는 꼰대의 모습을 보이는 경우가 많았다. 이에 대해 386세대인 문유석 판사는 2017년 새해에 쓴 칼럼 「전국의 부장님들께 드리는 글」에서 다음과 같이 희화적으로 비판하기도 했다.

> '내가 누군 줄 알아' 하지 마라. 자아는 스스로 탐구해라.
> '우리 때는 말야' 하지 마라.

당신 때였으니까 그 학점 그 스펙으로 취업한 거다.

무엇보다 아직 아무것도 망칠 기회조차 가져보지 못한 젊은이들에게

이래라저래라 하지 마라.

하려면 이미 뭔가를 망치고 있는 이들에게 해라.

꼰대질은 꼰대들에게.

386세대와 청년세대의 갈등은 법무부장관 임명을 둘러싼 '조국사태'에서 가장 첨예하게 나타났다. 청년세대는 조국으로 대표되는 386세대가 겉으로는 정의와 공정을 외치지만 실제로는 자신의 이익수호에만 관심이 있고 이것은 보수와 진보가 다를 바 없다고 생각한다.

이런 386세대의 독식, 불공정, 독선과 위선을 어떻게 바꿀 수 있을까? 『386 세대유감』이라는 책을 공동집필한 김정훈·심나리·김항기는 386세대가 대한민국을 '헬조선'으로 만드는 데 미필적 고의가 있다고 주장하면서, 현재의 상태를 개선하기 위해서는 당사자인 청년의 저항과 함께 모든 세대가 게임체인저가 되어 각자의 임무를 하고 세대를 아우르면서 함께 이익을 나누는 팀플레이가 필요하다고 말한다.[41]

『불평등의 세대』를 쓴 이철승 교수는 다른 세대의 조직력은 386세대 조직력의 100분의 1도 안 되는 만큼, 권력을 가진 386세대가 자식 세대를 생각해서 양보와 희생을 통해 주도적으로 문제를 풀어가야 한다고 말한다. 예컨대 강력한 임금피크제 도입을 통해 절약한 인건비로 기업들이 청년들을 고용하도록 하는 고용협약을 맺는 것, 관대한 실업보조금 지급과 재훈련 시스템, 국가 관리 취업 알선기관 등 유럽보다 더 강력한 고용과 훈련 안전망 시스템을 구축하는 것 등이다. 386세대의 민주화 투쟁이

첫 번째 희생이라면, 지금은 자식 세대의 미래를 위해 '두 번째 희생'이 절실하다는 것이다.[42]

이런 제안이나 대안들은 실현가능하고 지속가능할까? 양보와 희생에 기대를 한다는 건 인간이 자신의 이익을 지키는데 본능적 집착을 갖고 있다는 점을 고려하면 실현가능성도 지속가능성도 크지 않다. 더구나 지금의 386 세대는 부모를 봉양해야 하지만 자녀로부터 봉양은 기대할 수 없는 '낀 세대'로 위기의식과 각자도생의 경향이 강하다. 그렇다면 어떤 대안이 가능할까?

첫째 청년주도의 창업운동이 필요하다. 원하는 일자리를 찾을 수 없는 현재의 청년들로서는 스스로가 살기 위해서라도 창업을 선택할 수밖에 없다. 창업이 피해갈 수 없는 선택이라면, 남은 선택은 준비된 창업이냐, 준비되지 않는 창업이냐일 뿐이다. 창업이라고 하면 실패와 동의어로 생각하는 청년도 있겠지만, 그것은 이 책에서 되풀이 이야기하고 있듯 과거의 이야기다.

단군 이래 최고의 능력을 갖추었다고 평가받는 현재의 청년들이 취업에 들이는 노력만큼 창업에 쏟는다면, 그리고 386 세대가 서슬퍼렇고 가혹했던 독재에 저항하여 민주화운동을 했을 때의 각오로만 임한다면 취업성공 확률보다 훨씬 높은 창업성공 확률을 보일 수 있을 것이다.

청년주도의 창업에서 생긴 일자리는 강요된 비정규직 일자리가 아니라 자신의 꿈을 실현할 수 있는 즐거운 일자리가 될 것이다. 또 더 이상 386 꼰대들의 간섭을 받지 않는 일자리가 될 것이다. 거꾸로 386 꼰대들을 직원으로 두고 일하는 청년창업자가 많이 생겨날 것이다. 청년창업이 386 꼰대공화국과 헬조선을 뒤엎을 것이다.

둘째 386세대도 창업에 적극 관심을 가질 필요가 있다. 민주화운동을 했던 386세대는 독재에 저항하는 투쟁과정에서 그 이전의 박정희로 대표되는 산업화세대에 반감을 갖는 경우가 많았다. 또 고도성장기에 대학을 졸업하여 취업에 어려움이 없었기 때문에 창업에 관심을 갖는 경우는 드물었다. 386세대들이 반기업적이거나 성장보다는 분배, 창업보다는 취업에 더 많은 관심을 보이는 배경이다.

그런데 이제는 환경이 완전히 바뀌었다. 386세대도 퇴직하면 일자리가 없는 현실에 직면하게 될 것이다. 기득권을 유지하기 위해 정년연장 노력 등의 형태로 안간힘을 다하지만 변화의 쓰나미는 막기 어렵다. 386세대가 자신의 일자리를 유지하고 기득권세력이라는 아랫세대의 비판을 헤쳐나가기 위해서는 이제부터라도 창업에 깊은 관심을 기울일 필요가 있다.

혼자만의 창업이 어렵다면 청년들과의 세대융합형 창업도 탐색해보고 엔젤투자 등을 통해 간접적으로 창업기업을 지원하는 방식도 생각해 볼 수 있다. 이러한 386세대의 창업에 대한 관심과 참여는 한정된 일자리를 둘러싼 제로섬게임을 세대간 협력을 통해 함께 일자리를 키우고 나누는 비제로섬 게임으로 바꾸는 핵심동력이 될 것이다.

셋째 정부는 이러한 청년주도 창업과 386세대 창업이나 세대융합형 창업이 활발히 이루어질 수 있도록 모든 시스템을 바꾸어야 한다. 취업교육을 창업교육으로, 정규직화를 창직화로, 정년연장을 경력창업 지원으로, 베이비부머를 창업부머로, 소득주도성장을 창업주도성장으로, 사회안전망을 창업안전망으로, 그리고 명칭도 실체도 불분명한 포용국가의 비전을 창업국가의 비전으로 바꾸어야 한다.

독식과 불공정으로 거대한 기득권 세력이 되어 청년 세대를 절망하게 하고, 세계사에 유례없는 경제 기적을 이루었던 우리나라 국민의 기업가 정신을 추락시키고 양극화의 원흉이 된 386 세대가 지배하는 꼰대공화국을 뒤엎기 위해서는 창업국가를 만드는 것 외에 다른 방법은 없다.

> **책 속의 메시지**
>
>
>
> **386 세대가 만든 오늘날의 대한민국 '헬조선'**
> 20대에 정의를 외치고 민주주의를 향해 싸우다
> 30대에 고임금과 부동산, 두 마리 토끼를 잡아 중산층에 진입하고
> 40대에 경제위기의 파고에도 승승장구해 사회 중추 세력이 되고
> 50대에 우리 모두의 머리 꼭대기에 선 386 세대!
> 386 세대는 공정한가? 정의로운가? 도덕적인가?
> 이제 당신들에게 걸었던 기대를 회수하겠습니다.
> ―「386 세대유감 : 386 세대에게 헬조선의 미필적 고의를 묻다」
> 김정훈·심나리·김항기, 웅진지식하우스, 2019

여성창업 활발해져야
마초공화국 엎을 수 있다

여성의 지위가 많이 좋아졌다. 통계청의 「2019 통계로 보는 여성의 삶」에 따르면, 2018년 전체 공무원 중 여성 비율은 50.6%, 판사 검사 등 법조인은 28.7%, 의사는 26.0%, 약사는 64.6%가 여성이다. 아들에 밀려 딸은 진학을 포기해야 했던 시절은 까마득히 먼 옛날 이야기다. 2018년 여학생의 대학진학률은 73.8%로 남학생(65.9%)보다 훨씬 높다. 2017년 말 청와대가 '블라인드 채용' 방식으로 대통령비서실 전문임기제 공무원을 뽑은 결과에서는 합격자 전원이 여성이었다.

이렇게 각계에서 여성이 약진하고 있지만 기업에서는 조금 사정이 다르다. 중앙SUNDAY·CEO스코어가 30대 그룹 267개사 사업보고서를 분석한 결과에 따르면 상근 임원 중 여성은 3.2%에 불과했고, 글로벌 회계법인 딜로이트가 44개국 대상으로 기업 이사회의 여성 임원 비율을 조사한 결과에서는 한국은 꼴찌에서 두 번째인 43위(2.5%)였다.[43]

대부분의 직장여성은 임원은커녕 중간관리자도 되기 어렵다. 결혼,

출산, 육아 등의 이유로 회사를 그만두어야 하는 경우가 많기 때문이다. 경력단절여성, 줄여서 '경단녀'라고 불리는 이들 비취업여성은 15~59세 기혼여성 중 5분의 1인 180만 명에 이른다. 경단녀는 육아가 끝나면 직장에 다시 돌아가려고 하지만 그녀들에게 주어지는 일자리는 대부분 저임금, 비정규직 일자리뿐이다. 이 때문에 남녀간 평균임금격차도 매우 커 OECD 국가중에서 15년째 계속 1위를 차지하고 있다.

이렇게 여성에게 매우 불리하게 '기울어진 운동장'에서는 여성들이 능력을 발휘하기 어렵다. 공공기관이 아닌 기업에서 육아휴가를 쓰는 것은 업무에 바쁜 동료와 조직에 누를 끼치는 것으로 직장을 그만둘 수밖에 없는 심리적 압박을 느낀다. 직장은 가정을 희생해서 자신의 모든 것을 쏟아부어야 하는 곳으로, 개인이나 가족을 우선하여 직장회식에 빠지거나 직장과 가정의 균형을 꾀하는 '워라밸'을 주장하는 것은 상당한 용기가 필요하다. 또 남성중심적인 기업문화와 접대문화로 성차별, 성희롱, 성폭력도 자주 일어난다. 한마디로 마초공화국으로 되어 있는 우리나라의 현실이 여성의 일자리를 줄이고 높은 잠재력의 발휘를 어렵게 하고 있다.

이런 문제를 해결하기 위해서는 어떤 처방전이 필요할까? 답은 여성창업의 활성화에 있다. 남성중심적인 마초공화국의 기업문화와 관행을 뒤집는 새로운 모델을 여성이 리더로 전면에 나서는 여성창업에 기대하는 것이다.

여성창업은 미래기업의 흐름에 부합한다는 점에서노 매우 중요하다. 미래의 산업은 제조업 중심에서 서비스업 중심으로, 하드웨어 중심에서 소프트웨어 중심으로, 특정 기술에서 융복합 기술 중심으로 바뀐다. 또 모든 정보가 공개되는 디지털시대에는 투명경영도 기업성과에 커다란 영향을 미친다. 이런 기술변화와 경영환경변화는 여성창업에 유리한 요인으로 작용한다. 벤처기업 창업과 대기업 경영을 두루 경험한 여성경영자 신미남은 『여자의 미래』라는 책에서 다음과 같이 말한다.

> 다가올 미래는 여자의 편이다. 여성은 타인에 대한 공감이 뛰어나고, 소통으로써 관계를 맺어나가려는 본성이 있다. 더불어 앞으로의 시장에서는 고객과 조직원의 마음을 얻는 감성 리더십이 요구되는데, 여성은 남성에 비해 훨씬 더 감성적인 성향이 강하다. 필요한 순간에는 단호하고 강직하며 투명하기까지 하다. 여자의 강점이 곧 리더의 강점이다.[44]

여성이 창업하는 기업의 바람직한 모델은 다음과 같은 모습이 될 것이다. 첫째 우수한 여성인력이 결혼이나 출산을 이유로 그만두지 않고 경력을 계속 유지하고 발전시켜갈 수 있다. 둘째 성별에 따른 임금격차가 없다. 임금격차가 있다면 성과에 따른 격차뿐이다. 셋째 성희롱, 성폭력이 발붙일 곳이 없고 수직적 마초적 독불장군식 경영이 아닌 수평적이고 부드러운 소통경영의 문화가 정착된다.

여성창업의 주역은 누가 되어야 할까? 먼저 20~30대 청년여성들이 있다. 남자보다 더 높은 대학진학률로 나타나는 고학력의 2030 청년여성들은 뛰어난 사업능력을 발휘할 수 있는 인재들이 적지 않다. 실제로 최근 2030 청년여성들의 창업성공사례가 주목받고 있다. 전문대를 졸업하고 21살 때 온라인 쇼핑몰로 시작하여 창업 15년 만에 프랑스의 화장품업체 로레알 그룹에 회사를 6000억 원에 매각한 스타일난다의 김소희 대표, 컨설팅회사와 투자은행 등에서 10년 가량 일하다가 창업하여 새벽

배송시장에 돌풍을 일으키고 3년 만에 매출을 60배로 성장시킨 마켓컬리의 김슬아 대표, 국내에서 개인간 P2P 금융사업을 최초로 도입하여 5년 만에 2000억 원이 넘는 누적 대출실적을 보인 8%의 이효진 대표 등 남성창업자보다 훨씬 더 과감한 혁신과 탁월한 성과를 보여주는 2030 여성창업자가 등장하고 있다.

2030 여성 CEO 20인을 인터뷰하여 창업 이야기와 노하우를 담아낸 정민정의 『그녀의 창업을 응원해』에 따르면, 이들 젊은 여성창업자들은 어려운 삶의 탈출구로 창업을 했던 과거의 여성창업자들과 달리 '자아실현'에 대한 열망이 강하고, 이 열망이 개인의 성취만이 아니라 '공공의 가치' 실현을 통해 세상에 이바지하고자 하는 목적으로 창업을 선택한 사람이 많다고 한다.[45]

또 젊은 여성창업자들은 대부분 고학력이긴 하지만 학력에 구애받지도 않는다. 전문대 졸업 학력의 스타일난다의 김소희 대표는 어릴 때부터 엄마가 "꼭 네가 서울대를 갈 필요는 없다. 나중에 서울대를 다니는 사람을 부릴 수 있는 사람이 되면 된다"고 가르쳤다고 한다.[46]

이렇게 새로운 가치관으로 무장한 젊은 여성창업자가 이끄는 기업은 여성에게 좋은 일자리를 제공할 뿐만 아니라 기존의 남성중심적 기업문화 대신 여성친화적 기업문화 구축을 통해 이제 사회발전의 걸림돌이 되어버린 마초공화국을 바꾸는 원동력이 될 수 있다.

180만 명의 경력단절여성도 유력한 여성창업자 후보이다. 경단녀는 창업잠재력이 큰 고학력의 여성이 다수 있고 직장경험도 해본 사람들이다. 경력단절을 통해 우리 사회의 문제점을 가장 절실하게 느끼고도 있다. 경력단절기간에 취업준비가 아닌 창업준비를 한다면 준비된 창업 전사로 변신할 가능성이 크다.

　여성자신을 위한 일자리를 만들기 위해서도, 남성중심적 마초공화국의 기업문화를 바꾸기 위해서도 여성창업이 들불처럼 번져나갈 필요가 있다.

> **창업자 어록**
>
> - 상사가 승진하면 뭐 하겠냐 물어봤다. 1년 동안 똑같은 일을 해도 된다고 하더라. 배울 게 없다고 생각해 창업을 결정했다 – 마켓컬리 김슬아 대표
> - 내가 풀고 싶은 문제가 생기면 이를 증명해내야 한다. 그들이 필요로 하는 것을 만들고 시장을 찾아라 – 박혜린 옴니시스템 대표
> - 우리나라 주부들이 청소기 돌리고 물걸레 청소하고, 이런 부담서 해방시켜야겠다는 사명감이 있었어요. 스팀 청소기를 잘 만들면 할 수 있는 일이었죠 – 한경희 한경희생활과학 대표
> - 나의 행동이 곧 나의 운명이다. Do Action! – 경신 김현숙 회장
> - 누구나 긍정적인 사고 Positive 로 자신감 Pride 을 갖고 포기하지 않으며 Patience 열정 Passion 을 다해 도전하면 성공할 수 있다 – 송주온 BT&I 회장

> **책 속의 메시지**
>
>
>
> **경제적 종속은 관계의 종속을 만든다**
>
> 결혼 후 놀라운 사실 하나를 깨달았어요. "결혼 전에는 자유로왔던 내가 결혼을 하고 전업주부가 된 후 종속된 삶을 살고 있구나!"라는 사실이었습니다. 남편이 날 고의적으로 종속시킨 게 아닌데, 왜 난 눈치를 보며 이렇게 살고 있을까? 경제활동을 하지 않는 전업주부이다 보니 당연히 경제력을 가진 사람의 감정과 분위기를 살피게 되는 것이었습니다. 그래서 사고의 종속으로부터 내 삶이 자율적이려면 자유롭게 할 수 있는 일을 찾아야겠다고 생각했습니다. 그런데 취업을 하면 언젠가는 퇴직을 하고, 그 후엔 또다시 누군가의 눈치를 살펴야 했기에 비록 고생을 할지라도 정년을 내가 정하고, 평생 일을 할 수 있으며, 자유로운 사고와 상상의 날개를 펼칠 수 있는 나만의 일터를 마련해야만 했습니다. 저에겐 그것이 바로 창업이었지요.
>
> 　　　　　– 『여자를 위한 사장 수업 : 교과서도, 정답도 없는 사장의 길을 가는 당신에게』
> 　　　　　김영휴, 다른상상, 2019

벤처창업국가 만들어야
재벌공화국 엎을 수 있다

〈사례〉

현대가 세계 최대 규모의 조선소를 건설하겠다고 했을 때 모두가 불가능한 일이라며 고개를 저었다. 당시만 해도 대한조선공사가 건조한 1만7천톤급 선박이 국내서 가장 큰 배였다. 경험과 기술 없이 26만톤급 초대형 선박을 만드는 조선소를 짓는다는 계획은 무모해보였다.

정주영 창업자는 울산 미포만을 조선소 부지로 선정하고 자금을 조달하기 위해 영국 바클레이 은행과 차관도입을 협의했지만 결국 거절당했다. 정주영은 포기하지 않고 바클레이 은행에 영향력을 행사할 수 있는 업계 거물인 찰스 롱바톰 회장을 찾아갔다. 롱바톰 회장 또한 차관상환능력에 대해 의심을 품고 고개를 가로젓자 정주영은 500원짜리 지폐를 꺼내보였다. 정주영은 지폐에 그려져 있는 거북선을 가리키며 "한국은 영국보다 무려 300년 먼저 16세기에 철갑선을 만들었다"며 롱바톰 회장을 설득했다. 끈질긴 설득 끝에 롱바톰 회장은 현대가 대형조선소를 지어 독자적으로 경쟁력 있는 선박을 건조

할 수 있다는 추천서를 바클레이 은행에 써줬다. 정주영은 이렇게 자금조달문제를 해결했지만 조선소도 없는 상태에서 선박수주를 해야 한다는 또다른 벽에 부닥쳤다. 선박수주를 위해 수소문하던 중 그리스 선박회사의 조지 리바노스 회장이 배를 구하고 있다는 정보를 얻게 된다. 정주영은 유조선 설계도면과 백사장 사진을 갖고 리바노스 회장을 찾아가 설득한 끝에 대형 유조선 2척을 수주하는데 성공했다. 1972년 울산 미포만 백사장에서 울산조선소 기공식이 열렸다. 이날 정주영은 세계 조선 사상 전례가 없는 초대형 조선소와 2척의 유조선을 동시에 건설하겠다는 사업계획을 발표하여 모두를 놀라게 했다. 2년후 약속은 지켜졌다. TV를 통해 울산조선소 준공식 겸 초대형 유조선 2척의 명명식이 생중계됐다. 이 날은 우리나라가 조선 세계 1위 국가의 타이틀을 갖게 된 시발점이 됐다.[47]

〈사례〉

- 2014년 12월 : 뉴욕발 한국행 대한항공 KE086 항공편에 탑승한 총수가족 부사장이 기내 땅콩 제공 서비스를 문제 삼아 사무장을 내리게 하기 위해 공항 활주로로 이동하다가 후진한 땅콩회항 사건 발생
- 2018년 3월 : 총수가족 전무가 광고대행사 직원에게 물컵을 던진 갑질 사건 발생
- 2018년 6월 : 관세청, 해외에서 수백회에 걸쳐 옷과 장난감 등을 계열사 항공기 등을 통해 몰래 들여온 밀수 탈세 혐의로 소환
- 2018년 4월 : 총수부인 추정, 공사 관계자 폭행 영상 공개
- 2018년 6월 : 회장 남매가 선대 회장 해외 보유 자산을 물려 받는 과정에서 상속 신고 및 상속세 내지 않은 혐의와 오너 일가가 '일감 몰아주기'와 '통

행세 가로채기'를 통해 회사에 손해를 끼치고, 차명 약국으로 1000억대 부당 이득을 취득한 혐의 등으로 회장 소환

- 2019년 12월: 경영권을 둘러싸고 '남매의 난' 이어 '모자의 난' 발생 [48]

이 두 사례는 우리나라 재벌의 기업가정신이 크게 달라진 것을 보여주는 상징적 사례들이다. 정주영 현대 창업자는 조선소도 없는 상태에서 선박을 수주하여 조선소 건설과 선박 건조를 동시에 추진하는 세계사에 유례없는 기업가정신을 보여주었다. 이러한 기업가정신이 한국을 조선대국과 경제강국으로 만든 원동력이었음은 두말할 필요가 없다.

반면 막말, 갑질, 밀수, 일감 몰아주기, 부당이득 취득, 경영권 쟁탈 싸움 등을 통해 재벌기업 상속자의 황제경영과 갑질의 적나라한 민낯을 보여준 H그룹 사태는 국민들에게 커다란 충격과 실망을 안겨주었다. 경영학의 대가인 피터 드러커가 세계 최고라고 칭찬했던 흙수저 출신 창업세대의 기업가정신이 금수저 재벌 상속자 3~4세대에 이르러 자신의 이익 수호에만 골몰하는 수준으로 추락하고 있는 것이다. 재벌 대기업 오너의 이러한 기업가정신의 추락을 보면서 향후 우리나라 경제발전에서 재벌 대기업의 역할에 대한 의구심도 커지고 있다.

첫째 6·25 한국전쟁으로 완전히 폐허가 된 나라에서 정주영 회장과 같은 1세대 흙수저 창업자들이 '할 수 있다 can do spirit' 정신과 '해봤어?' 라는 기업가정신으로 미개척의 새로운 영역에 도전하여 문자 그대로 無에서 有를 창조해냈다면, 이미 너무 많은 것을 가져버린 3~4세대 금수저 상속 경영자들은 有를 有로 지키는 수성에만 관심을 가질 뿐 기득권에 안주하여 새로운 도전을 꺼리고 자신의 왕국에서 황제로만 군림하려는

경향이 있다.

둘째 재벌 대기업들은 친족 계열사에 일감 몰아주기, 거래 중소기업에 대한 단가압박과 기술탈취, 골목상권 진입 등으로 그러잖아도 '기울어진 운동장'을 더욱 기울게 만들고 있다. 또 예전에는 재벌 대기업이 성장하면 거래하는 중소기업도 함께 성장하는 낙수효과가 있었지만 이제는 그런 낙수효과는 사라지고 거꾸로 거래 중소기업의 이익이 재벌 대기업으로 빨려들어가는 빨대효과가 더 커지고 있다.

셋째 예전에는 재벌 대기업이 성장하면 좋은 일자리가 많이 생겼지만 최근에는 매출액이 크게 늘어나도 일자리는 별로 늘어나지 않는 '고용없는 성장'의 모습을 보이고 있다. 통계청의 「2017년 영리법인 기업체 행정통계 잠정 결과」에 따르면 2017년에 상호출자제한 기업집단, 즉 재벌기업의 매출액은 전년대비 9.5%, 영업이익은 54.8%나 늘어났지만 종사자 수는 오히려 0.1% 감소했다. 재벌기업을 대기업으로 확대하여 일자리 창출을 살펴봐도 비슷한 결과가 나타난다. 통계청의 「2017년 일자리행정통계 결과」에 따르면 2017년에 기업체 설립 또는 사업 확장으로 생긴 신규 일자리는 302만 개, 기업체 소멸 또는 사업 축소로 사라진 소멸 일자리는 271만 개로 증가한 일자리는 31만 개였다. 이중 중소기업은 16만 개, 비영리기업은 15만 개 증가했지만 대기업의 일자리는 2천 개 감소한 것으로 나타났다.

현재 재벌 대기업의 실상이 이렇다면 경제성장과 일자리 창출의 주역이 되기를 기대하기는 어려울 것이다. 한마디로 재벌 대기업의 국민경제 기여도가 크게 떨어졌다고 할 수 있다. 그동안 재벌 대기업은 굵직굵직한 사업을 벌여 우리나라 경제발전에 크게 기여했지만 이제는 한계에 이르른 것이다.

　재벌 대기업의 역할이 한계에 이르렀다면 이를 대신할 수 있는 새로운 성장동력이 필요하다. 바로 벤처기업이다. 벤처기업은 혁신적 기술과 경영으로 새로운 제품과 서비스를 제시하여 새로운 시장을 창출하는 기업으로, 그 중요성을 보다 구체적으로 살펴보면 다음과 같다.

　첫째 벤처기업은 일자리 창출의 원천이 될 수 있다. 대기업은 앞에서 살펴보았듯 더 이상 일자리 창출의 원천이 되고 있지 못하다. 중소기업도 상당부분이 영세 자영업인만큼 창업만큼이나 폐업도 많아 일자리 창출에 크게 기여하지 못한다. 일자리 창출에 가장 큰 비중을 차지하는 것은 고성장을 하는 벤처기업들이다. 선행연구에 따르면 5~10%의 고성장 기업들이 40~50%의 신규고용을 창출하는 것으로 나와 있다. 우리나라의 벤처기업들은 정부가 정한 기준을 충족해야 벤처기업으로 인증받는 방식으로 되어 있어 시장에서 인정받는 선진국의 벤처기업과는 약간 다르지만 제대로 된 벤처기업이 일자리 창출의 가장 유력한 주체라는 점은 명확하다.

　둘째 벤처기업은 혁신의 원천이기도 하다. 우리나라는 세계적 경영학자 피터 드러커가 세계 최고의 기업가정신을 보여준 나라라고 극찬했던 것처럼 혁신의 나라였다. 물론 여기서 말하는 혁신은 지금까지 없던 새로운 제품이나 서비스를 만들어내는 것과 같은 창조적 혁신이 아니라 세계의 최빈국에서 선진국을 신속하게 따라잡는 모방형 혁신이었다. 이러한 혁신을 주도했던 것은 기업가정신을 가진 재벌 대기업들이었다. 그러한 재벌 대기업들이 창업자 세대에서 3~4세 상속경영자 세대로 바뀌면서 혁신보다는 수성이나 퇴행적 황제경영으로 후퇴하고 있다. 재벌 대기업의 이러한 기업가정신의 후퇴에 제동을 걸고 다시 한번 기업가정신이 넘치는 나라가 되기 위해서는 혁신을 주도하는 벤처기업의 역할과 위상이 대폭 강화될 필요가 있다.

벤처기업은 특히 실패를 통한 혁신역량의 축적에서 매우 중요한 역할을 한다. 『축적의 시간』을 쓴 서울대 이정동 교수는 현재 우리에게 가장 부족한 역량은 '개념설계역량'이라고 말한다. 개념설계역량은 주어진 개념을 효율적으로 실행하는 역량이 아니라 무수한 실패와 시행착오를 통해 새로운 개념을 만들어내는 역량이다. 주어진 개념을 효율적으로 실행하는 역량축적은 대기업이 잘 한다. 반면 무수한 실패와 시행착오를 통해 새로운 개념을 만들어내는 역량은 벤처기업이 담당해야 할 몫이다. 개념설계역량은 또한 무수한 실패와 시행착오가 필요하고 새로운 개념을 만들어낸다는 의미에서 실패를 무릅쓰고 새로운 업에 도전하는 역량, 즉 창업역량과 유사하다. 개념설계역량이 강한 미국, 독일 등에서 창업이 활발한 것도 결코 우연이 아니다. 중국도 남의 것을 모방만 하는 짝퉁국가로 인식되어 왔지만 최근에는 기술축적노력에 실패를 회피하지 않는 창업정신을 접목한 전략으로 선진국을 뛰어넘는 개념설계역량의 성공사례를 보여주고 있다.

요컨대 벤처기업과 창업이 활성화된 벤처창업국가가 되어야 혁신역량이나 개념설계역량의 축적이 가능하다. 이것은 특히 우리나라에서 더욱 절실하다. 선진국이 혁신역량이나 개념설계역량의 축적을 위해 오랜 시간 투자했고, 중국이 광대한 공간과 시장을 무기로 시간을 단축시켰다면, 시간도 공간도 시장도 부족한 우리나라는 우리나라만이 갖고 있는 무기인 특유의 극성 DNA와 '빨리빨리'로 상징되는 스피드로 승부를 걸 수밖에 없다. 극성정신과 스피드를 가장 잘 보여줄 수 있는 게 벤처창업말고 뭐가 있겠는가?

셋째 벤처기업은 대기업과 중소기업간의 '기울어진 운동장'을 바꾸는 데도 중요한 역할을 한다. 대기업과 중소기업간의 '기울어진 운동장'은 대기업의 독점과 갑질이 주요 원인이지만 그러한 독점과 갑질을 가능하게 만드는 중소기업의 취약한 경쟁력에도 원인이 있다. 대기업인 모기업에 종속되어 사업부의 하나처럼 되어버린 하청기업이 아니라 독자적인 경쟁력을 갖고 모기업과 당당히 거래하는 독립기업이 되어야만 대기업과 중소기업간의 불균형 관계를 엎을 수 있다. 이렇게 해서 대기업과 중소기업간 '기울어진 운동장'이 평평해지고 공정경제가 실현되면 중소기업의 지불여력도 개선되어 대기업과 중소기업간 임금격차도 완화될 수 있다.

넷째 벤처기업은 양극화의 개선을 위해서도 중요하다. 벤처기업은 위에서 언급한 '기울어진 운동장'의 개선과 대중소기업간 임금격차 완화를 통해서도 양극화의 개선에 중요한 역할을 하지만 소득주도성장과 혁신주도성장을 연결시키는 가교로서도 양극화 개선에 크게 기여할 수 있다. 최저임금 인상을 통한 소득주도성장과 양질의 고용을 창출하는 혁신주도성장이 비슷한 속도로 추진되면 최저임금 인상으로 영세자영업에서 감소된 열악한 고용이 보다 양질의 벤처기업의 고용으로 이동하여 전체 고용이 감소하지 않으면서 소득이 올라가 소득분배가 개선될 수 있기 때문이다.

다섯째 벤처기업은 재벌중심 경제의 가장 큰 문제라고 할 수 있는 정경유착과 황제경영의 타파를 위해서도 선봉장의 역할을 할 수 있다. 재벌대기업들은 재벌중심 경제의 기득권을 지키고 총수의 황제경영을 유지하기 위해 정치권, 언론, 학계 등 전방위적으로 로비활동을 벌인다. 이러한 활동이 우리나라 경제와 사회의 건강한 발전에 심각한 부정적 영향을 끼치고 반기업정서를 증폭시키고 있는데도 그동안 재벌 대기업을 대신할 대안이 없다는 이유로 묵인되는 경우가 많았다. 그러나 벤처기업들이 우리나라 경제와 사회를 주도할 수 있는 비전과 능력을 가진 세력이 될 수 있다면, 달리 말하면 벤처창업국가가 재벌공화국에 대신하는 대안이 될 수 있다면 재벌 대기업들의 탈법과 횡포에도 불구하고 그들에게 기댈 수 밖에 없는 인질과 같은 슬픈 현실은 더 이상 보지 않아도 될 것이다.

이처럼 벤처창업국가가 되면 일자리 문제가 해결되고 기업가정신이 넘쳐 혁신역량이 축적되고 불공정하게 '기울어진 운동장'도 반듯해지고 갈수록 심화되는 양극화도 개선되고 재벌 대기업의 탈법과 횡포에도 제동이 걸린다면 이 길을 가지 않을 이유가 있을까?

책 속의 메시지

재벌체제는 혁신형 경제와 양립할 수 없다

사회통합적 시장경제의 확립을 위해서는 재벌개혁이 필수적이다. 재벌의 경제력 집중은 정상적인 기업 거버넌스가 작동되지 않는 '황제경영'을 가능하게 할 뿐만 아니라 재화·하도급·노동·금융 시장에서 공정한 경쟁 자체가 이뤄질 수 없도록 만들고 있다. 또한 재벌 세습은 시장경제의 근간이 되는 약자의 재산권, 법의 지배, 주식회사제도를 형해화하고 있다.

따라서 재벌개혁은 시장경제의 기본 질서를 확립하는 것이며, 동시에 기술 탈취-단가 후려치기-노동시장 양극화로 이어지는 악순환의 고리를 끊는 것이다. 결국 재벌개혁은 경제혁신과 사회통합의 선순환 구조를 만드는 사회통합적 시장경제로 이행하기 위한 선결요건이 된다.

- 「왜 지금 재벌개혁인가 : 박정희 개발체제에서 사회통합적 시장경제로」
박상인, 미래를소유한사람들, 2017

벤처창업국가 만들어야
부동산공화국 엎을 수 있다

　부동산은 사놓으면 결코 배신하지 않는다는 '부동산 불패신화'를 철석같이 믿는 나라. '조물주 위에 건물주'라고 하면서 청소년들이 미래의 꿈을 건물주라고 당당하게 말하는 나라. 토지가격이 국내총생산 대비 4.2배로 땅값 비싸기로 유명한 일본(2.2배)보다도 2배 가까이 높은 나라. 전체 가계자산 중 부동산자산의 비중이 70%로 OECD국가 중 가장 높은 나라. 우리나라 부동산공화국의 몇몇 모습들이다.

　우리나라가 이렇게 부동산공화국이 된 이유는 무엇일까? 다른 나라에서는 불황이 오면 부동산시장도 침체되는 경우가 대부분인데 왜 우리나라는 불황에도 부동산가격이 잘 하락하지 않는가? 또 일본이 1990년대부터 시작된 '20년 장기불황'으로 부동산가격이 폭락했는데 비슷한 발전경로를 걸어온 한국의 부동산시장은 꿋꿋한가?

　첫째 저금리로 갈 곳을 잃은 유동자금이 흘러갈 투자처가 부동산밖에 없었다. 저금리하에서 부동산을 대체할만한 투자처로는 주식투자가 있지만 지금까지 우리나라 주식시장은 기관투자자가 아닌 개인들에게는 투자라기보다 투기시장으로 인식되어 왔다. 투자대상은 주로 코스닥에 등록된 벤처기업으로 단기대박을 노리고 들어온 사람들이 많고 장기 가치투자를 하는 경우는 드물어 대부분 수익을 올리는데 실패했다.

2000년대의 벤처붐 때 대부분의 개인투자자가 커다란 손실을 입은 경험이 있고 그 이후에도 재벌 대기업 중심 경제하에서 재벌 대기업의 주가만 올라가고 종속하청의 특성이 강한 벤처기업의 주가는 불안정한 것도 투자실패의 한 요인으로 작용했다. 이런 요인들이 복합적으로 작용하여 개인투자자는 수익을 올리기 어렵다는 인식이 고착되면서 주식시장은 부동산을 대신하는 투자대상으로서의 위상을 확보하지 못했다.

둘째 고도성장의 수혜를 입어 부동산에 대한 투자여력이 있는 베이비부머 세대가 존재했다. 베이비부머 세대가 활발하게 경제활동을 했던 시기는 경제개발이 본격화하면서 매년 국민소득이 7~8%씩 증가한 고도성장기였다. 시중의 돈이 부동산으로 쏠리면서 사놓기만 하면 집값, 땅값은 무조건 뛰어오르던 때였다. 특히 각 연령별로 100만 명에 가까운 대규모 인구집단이던 베이비부머 세대의 주택수요는 주택공급을 훨씬 초과했고 주택가격은 크게 오를 수밖에 없었다. 이들은 이러한 경험을 바탕으로 부동산 불패신화를 철저히 신봉하면서 부동산을 통해 자산을 축적했다.

셋째 자영업 비중이 과도하게 높았던 것도 부동산 불패신화에 일조했다. 우리나라 자영업은 취업자의 25%를 점할 정도로 비중이 매우 높을 뿐만 아니라 음식점, 커피점, 치킨점, 편의점 등 점포입지가 경쟁력의 핵심요소인 업종이 대부분이어서 상가부동산에 대한 수요가 지속적으로 존재했다. 그래서 부동산 투자여력이 있는 사람은 상가를 매입하여 건물주와 임대인이 되고 투자여력이 없는 사람은 상가를 빌려 영업하는 자영업자와 임차인이 되었다. 임차인의 공급이 많다보니 임대인의 갑질이 빈발하고 임대료가 지속적으로 올라가면서 이를 견디지 못한 임차인이 둥지에서 쫓겨나는 '젠트리피케이션' 현상이 일어나게 되었다.

이렇게 만들어진 부동산공화국은 무엇이 문제인가?

첫째 부동산 가격 폭등에 따른 막대한 불로소득은 기업가정신과 근로의욕을 떨어뜨린다. 부동산을 사놓기만 하면 반드시 몇배씩 오르는 상황에서는, 투자해도 언제 수익이 날지 모르는 설비투자나 사람에 대한 투자는 관심이 옅어질 수 밖에 없다. 설비투자나 사람에 대한 투자의 감소는 기업가정신이나 성장률의 저하로 나타나는데, 한국경제연구원의 연구에 따르면 1970년대 평균 131.7 수준이었던 한국의 기업가정신 지수는 2000년대 78.1로, 2013년에는 66.5까지 하락했고, 세계적 경영학자 피터 드러커가 한때 기업가정신이 가장 높은 나라로 극찬했던 한국의 기업가정신은 세계 기업가정신 발전기구 GEDI가 발표한 「2018 글로벌 기업가정신 지수 GEI」에서는 137개국 중 24위에 머무른 것으로 나타났다.[49]

아울러 높은 부동산 투자수익률은 근로의욕에도 부정적 영향을 미친다. 수십년 동안 근면하게 일해도 벌기 어려운 돈을 부동산은 사놓기만 하면 순식간에 거액을 벌 수 있다는 것을 스스로나 주변 사람을 통해 경험하게 되면, 근로 대신 부동산을 통한 일확천금에 더 관심이 갈 수 밖에 없다. 이렇게 기업가도 근로자도 파이를 키우는 생산적 활동 대신 부동산 투자를 통한 불로소득에만 관심을 기울인다면 그런 사회나 경제의 쇠퇴나 추락은 피할 수 없게 될 것이다.

둘째 부동산공화국은 양극화를 심화시키는 핵심요인이기도 하다. 국토교통부가 발표한 2017년 12월말 기준 「토지소유현황 통계」에 따르면 우리나라 전체 5178만 명(주민등록인구) 중 32.6%인 1690만 명이 토지를 소유하고 있는데, 상위 1%인 50만 명의 소유비율은 53.9%, 상위 10%인 500만 명의 소유비율은 96.3%에 이르고 있다. 우리나라에서 매년 발생하는 부동산 불로소득은 매년 국내총생산GDP 30% 수준인데, 부동산이 이렇게 상위 10%에 집중된 현실에서 부동산 불로소득은 소수의 상류계층에게 돌아가고 커다란 소득 불평등으로 이어진다.[50]

셋째 부동산공화국은 나라경제도 위기에 빠뜨릴 수 있다. 부동산대출 비중이 높은 가계부채는 1500조 원을 돌파하여 소비와 성장의 제약요인으로 작용하고 있고, 금리인상 등으로 부동산 거품이 꺼지면 금융시스템 위기를 초래할 수도 있는 뇌관이 되고 있다. 또 높은 주택가격은 결혼과 육아를 어렵게 해 출산율을 세계 최저수준으로 떨어뜨리면서 우리나라의 미래를 어둡게 만들고 있다.

이렇게 기업가정신을 좀먹고 양극화를 심화시키고 나라경제를 위태롭게 하는 부동산공화국을 어떻게 하면 엎을 수 있을까? 결론부터 말하면 벤처창업국가를 만들어야 부동산공화국을 무너뜨릴 수 있다.

첫째 벤처창업투자를 부동산투자 수익률을 능가하는 대체투자처로 만들어야 한다. 만약 벤처나 예비벤처에 대한 투자수익률이 부동산투자 수익보다 안정적으로 높다면 부동산에서 벤처창업투자로의 자금이동은 어렵지 않을 것이다. 그러나 이것은 재벌 대기업 중심 경제가 벤처기업 중심경제로 바뀌어야 가능하다.

둘째 벤처창업국가는 점포나 입지 등 부동산에 대한 의존도가 높은 생계형 자영업 창업 대신 기술이나 지식 등 사람에 대한 의존도가 높은 혁신형 창업을 중심에 두는 국가이다. 따라서 생계형 자영업 창업이 벤처창업으로 바뀌면 상가 부동산수요는 줄어들고 임대료 압박이나 사업장에서 쫓겨나는 젠트리피케이션 문제도 완화될 수 있을 것이다.

셋째 벤처창업국가가 되면 부동산공화국의 근간인 강남공화국의 위상도 뒤바뀔 수 있다. 강남은 지배 엘리트가 모여 있는 곳이고 지배 엘리트가 될 수 있는 일류대학 진학에서 가장 경쟁력이 있는 곳이다. 그래서 사람들은 억만금을 주고서라도 강남에서 살고 싶어한다. 강남 부동산 가격이 오를 수밖에 없는 이유다. 강남 부동산 가격이 오르면 다른 지역도 영향을 받는다. 강남공화국이 부동산공화국으로 연결되어 있는 것이다.

벤처창업국가가 되면 교육의 내용이 창업중심으로 바뀌면서 일류대학 진학 중심의 강남 입지가 흔들릴 수 있다. 기존의 교육이 주입식, 정답찾기식, 서열경쟁식, 취업중심이라면 벤처창업국가의 교육은 프로젝트식, 문제해결식, 융합협력식, 창업중심으로 패러다임이 완전히 바뀐다. 이러한 패러다임의 변화에 강남교육이 성공적으로 적응한다면 부동산공화국의 근간에 있는 강남공화국의 위상이 유지될 수도 있겠지만 그렇지 못할 경우 부동산공화국은 강남에서부터 균열이 시작될 수 있다.

그런데 몇십 년 동안에 걸쳐 부동산 불패신화에 묶여 있는 자금을 아직 검증되지 않은 벤처창업투자로 옮기게 하는 것은 쉬운 일이 아니다. 자금의 물꼬를 바꾸기 위해서는 벤처창업투자 관련 관행과 제도, 정책 모두에서 발상의 전환이 필요하다.

첫째 부동산을 대신할 수 있는 대체투자처로 코스닥이나 코넥스 등 벤처투자시장의 체질을 전면적으로 혁신하여 신뢰도를 대폭 높여야 한다. 벤처투자시장이 투기가 아닌 투자대상으로 되기 위해서는 투기세력의 주가조작 여지를 원천적으로 차단하고 투자자의 가치투자에 필수불가결한 기업정보의 공개를 대폭 강화해야 한다. 벤처투자 활성화의 전제조건으로 정보비대칭을 해소하는 벤처기업의 오픈경영이 필수불가결하다는 것이다.

둘째 개인이 주로 투자하는 코스닥이나 코넥스에 등록하는 벤처기업의 경쟁력 자체를 높여야 한다. 대기업에 하청형태로 종속된 벤처기업의 주가는 불안정할 수밖에 없는 만큼 대기업 중심경제를 벤처기업중심경제로 바꾸어 벤처기업의 독립성과 수익성, 성장가능성을 크게 높여야 투자자도 벤처기업에 대한 중장기 가치투자에 관심을 가질 수 있다.

셋째 벤처투자에 관심을 갖도록 하기 위해서는 M&A의 활성화도 매우 중요하다. M&A가 활성화되어야 기업공개IPO 이전에 투자회수가 가능하고 엔젤투자도 활발히 이루어질 수 있기 때문이다. 이러한 M&A의 필요성에도 불구하고 우리나라에서 M&A가 제대로 이루어지지 않는 것은 다음과 같은 이유 때문이다.

① M&A 대상이 되는 기업의 경영이 불투명하거나 정보가 크게 부족하여 신뢰하기 어렵다.
② M&A의 주요 목적중의 하나인 첨단기술 확보는 대기업과 중소벤처기업이 종속하청인 관계에서는 M&A라는 비용을 치르지 않고 거래관계의 압박만으로도 가능하다.
③ 꼭 필요한 M&A 대상기업이 있어도 M&A 여력이 있는 재벌 대기업은 계열사 규제에 묶여 실행이 어렵다.

따라서 M&A를 활성화하려면 이들 제약요인의 해소가 필요하다. 먼저 M&A 대상기업의 경영 불투명성이나 정보부족에 대해서는 앞에서도 말한 것처럼 투명경영과 정보공개의 획기적 강화라는 오픈경영의 정착이 무엇보다 중요하다. 재벌 대기업부터 자영업에 이르기까지 경영의 투명성과 정보공개도가 낮은 것은 우리나라 기업의 성장을 제약하는 매우 중요한 요인임에도 불구하고 이에 대한 논의는 매우 빈약하다. 여기에서는 M&A뿐만 아니라 기업성장의 모든 단계에서 투명경영과 정보공개라는 오픈경영이 매우 중요하다는 사실을 다시 한번 강조하고자 한다.

M&A의 주요 목적중의 하나인 첨단기술의 확보가 종속하청 관계에서는 M&A없이도 가능하다는 문제점을 개선하기 위해서는 대기업과 중소벤처기업간 관계를 종속하청 관계에서 독립대등 관계로 바꾸어야 한다. 종속하청 관계를 독립대등 관계로 바꾸기 위해서는 개별 중소기업이 종속하청 관계를 독립대등 관계로 바꾸려는 노력을 해야 하는 것은 물론이지만, 정책차원에서도 재벌 대기업중심 경제를 중소벤처기업중심 경제로 바꾸는 큰 틀의 변화도 수반되어야 한다. 중소벤처기업 중심 경제로 가는 길은 창업국가로 가는 길과 표현만 다를 뿐 본질은 다르지 않다.

M&A 여력이 있는 재벌 대기업의 계열사 규제는 원칙적으로는 철폐되어야 하지만 재벌 대기업의 악용 가능성을 배제할 수는 없다. 악용 가능성은 대부분 경영 불투명성과 정보공개 부족에서 생기는 만큼 규제철폐는 오픈경영과 연동하여 이루어져야 할 것이다.

벤처투자의 활성화를 위해서는 창업초기 기업에 대한 엔젤투자의 활성화도 매우 중요하다. 386 세대나 베이비부머 세대가 부동산 투자나 생계형 자영업 대신 미래 유망한 창업기업을 발굴하여 투자한다면 부동산 공화국이나 생계형 자영업공화국을 창업국가로 바꾸는데 중요한 역할을 할 수 있을 것이다. 문제는 리스크가 상당히 큰 엔젤투자에 뛰어들 수 있을 만큼의 인프라가 구축되어 있느냐이다. 다행히 최근 와디즈와 같은 크라우드펀딩 사이트가 엔젤 투자자의 관심을 끌면서 부동산 투자와 생계형 자영업의 대체투자로서의 가능성을 보여주고 있다.

크라우드펀딩이나 엔젤투자가 궤도에 올라 안정적 수익률을 올리게 되면 부동산투자와 생계형 자영업 창업을 동시에 줄이는 효과가 있다. 따라서 크라우드펀딩이나 엔젤투자가 궤도에 오르기 위해서는 이에 대한 인센티브를 대폭 확대해야 한다. 아울러 투자여력이 있는 386 세대나 베이비부머 세대의 발상 전환과 관심도 매우 중요하다. 부동산 불패신화의 주역이었던 386 세대나 베이비부머 세대가 이제는 벤처창업투자에 관심을 돌려 창업부머 세대로 변신해야 할 시점에 와 있다.

이제 다시 한번 '제2 벤처붐'이 필요하다. 희망을 주지 못하는 준비되지 않은 생계형 창업 대신 탄탄한 미래비전을 보여주는 준비된 벤처창업이 중심이 되는 창업붐이 일어나야 한다. 성장과 일자리 창출에서 한계를 드러낸 재벌 대기업중심 경제구조를 벤처기업중심 경제구조로 바꿀 창업붐이 일어나야 한다.

창업자 어록

변대규(1960~)
1989년 셋톱박스 전문기업 휴맥스를 설립하여 매출 1조 원이 넘는 중견기업으로 키워낸 국내 벤처 1세대의 대표주자

- 대기업 가지마라, 배울 것 없다. 반드시 '벤처'하라
- 젊어서 하는 창업은 무조건 남는 장사다. 성공에 대한 기대치를 낮추고 그 과정에서 내공을 쌓으면 언젠가 성공할 수 있다. 실패해 취업을 하더라도 오너 마인드, CEO 마인드로 일하기 때문에 직장생활에서 성공할 확률이 높아진다
- 벤처기업이란 지식을 가지고 상품을 만들고 이익을 내는 회사다. 지식을 만드는 주체가 사람이니까 사람중심 경영을 해야 한다
- 사업을 하기로 한 건 제가 사업을 못할 거라는 증거가 그때까지는 없었기 때문이다
- 개개인이 주체의식을 가진 창업가 Entrepreneur 가 돼야 한다. 그렇게 살아야 나이가 들었을 때도 경쟁에서 살아남을 수 있다
- 시장의 변화를 현장에서 얼마나 빨리 읽어 낼 수 있는지에 벤처의 성공이 달려있다
- 다시 처음부터 사업을 한다면 기술적인 전문성만큼 경영능력을 갖추는데 집중할 것이다
- 기업가는 회사 바깥을 쳐다보는 사람이고 경영자는 회사 내부를 보는 사람이다
- 기업인은 누구든 변곡점을 거친다. 변곡점에서 어떻게 견뎌내느냐가 성패를 가른다

책 속의 메시지

당신의 미래, 시대를 바꾸는 스타트업 투자에 달려 있다!

시대를 바꾸는 혁신과 새로운 부의 창출이 스타트업과 관련된 곳에서 활발히 일어나고 있다. 누구나 창업을 고민하지만 모두가 창업할 필요는 없다. 재테크에 관심있는 투자자라면 이제 당연히 스타트업 투자를 고려해야할 때다. 스타트업에 투자하는 크라우드펀딩은 창업자에게는 자금 조달과 팬을 동시에 확보할 수 있는 방법이고, 투자자에게는 좋아하는 분야에 투자하고 투자 수익은 물론 삶의 만족도까지 높이는 '덕업일치'의 실현수단이다.

– 「새로운 시대에 투자하는 사람들 : 그들은 어디에 투자하나?」 와디즈, 2018

창업중심대학 만들어야
교육세습의 스카이캐슬 엎을 수 있다

수십 억 원도 아끼지 않는 사교육투자로 상류층 세습을 노리는 처절한 모습을 그린 드라마 '스카이캐슬'이 전국민의 폭발적인 관심을 받았다. 스카이캐슬의 스카이SKY는 서울대 고려대 연세대로 상징되는 일류대를 지칭하는 말일 수도 있고, 99%의 보통사람의 삶과 동떨어져 살고 있는 1%의 특별한 상류층 사람들을 상징하는 말일 수도 있다. 이 드라마에서 예서엄마인 주인공 한서진은 딸을 서울대 의대에 입학시키기 위해 수십 억 원의 비용을 들여 입시 코디네이터에게 입학에 필요한 학종학생부 종합전형 관리를 맡긴다. 여기에는 암묵적으로 다음과 같은 연결고리가 숨어 있다.

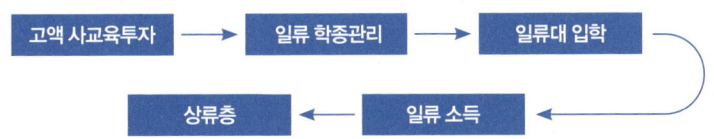

먼저 일류 소득을 얻으면 상류층이 된다는 연결고리부터 논의를 시작해보자. 선진국에서는 중류층이나 중산층의 정의만 해도 우리나라와 크게 다르다. 옥스퍼드대에서 제시한 영국 중산층의 기준은 "페어플레이 할 것, 자신의 주장과 신념을 가질 것, 나만의 독선을 지니지 말 것, 약자를 두둔하고 강자에 대응할 것, 불의 불평 불법에 의연히 대처할 것" 등 경제적 항목은 전혀 없다.

프랑스 퐁피두 전 대통령이 정한 중산층의 기준도 "외국어를 하나 정도 구사하여 폭 넓은 세계 경험을 갖출 것, 한 분야 이상의 스포츠나 악기를 다룰 것, 남들과 다른 맛을 낼 수 있는 별미 하나 정도는 만들어 손님 접대할 줄 알 것, 사회봉사단체에 참여하여 활동할 것, 남의 아이를 내 아이처럼 꾸짖을 수 있을 것" 등이고, 미국 공립학교에서 가르치는 중산층의 기준은 "자신의 주장에 떳떳하고, 사회적 약자를 도와야 하며, 부정과 불법에 저항하고, 테이블 위에 정기적으로 받아보는 비평지가 놓여 있을 것" 등이다.[51]

반면 우리나라에서 상류층이라고 하는 사람들의 행태는 막말하기, 얼굴에 침 뱉기, 명품 밀수입, 직원 무차별 폭행, 음란 영상물 유통, 마약 투약 등 상류층이 아니라 상놈층이라고 말하는 게 더 어울릴 정도이다. 소득이 많다고 상류층이 되는 것은 아니라는 이야기다.

다음에는 일류 직업을 얻으면 일류 소득을 얻는가의 연결고리를 살펴보기로 하자. 일류 직업이란 어떤 직업인가? 보통 사람들이 쉽게 떠올리는 것은 의사 변호사 대기업이나 공기업 임원, 고위 공무원 등이다. 이들 직업은 일류 소득을 얻고 있나? 한국고용정보원이 펴낸 『2016 한국의 직업정보』에 따르면 소득이 가장 높은 직업은 기업 고위임원(1억 4763만

원)이고, 다음으로 국회의원(2위, 1억 4000만원), 도선사(3위, 1억 2623만원), 외과의사(4위, 1억 1007만원), 치과의사(5위, 1억 720만원), 항공기조종사(6위, 1억 471만원), 안과의사(7위, 1억 424만원), 내과의사(8위, 9500만원), 한의사(9위, 9223만원), 행정부 고위공무원(10위, 9201만원), 금융관리자(11위, 8939만원)의 순이고 상위 30위까지에 교수(19위), 변호사(20위), 판사(26위), 회계사(28위)가 포진해있는 것으로 나타났다.

예상대로 일류 직업은 일류 소득을 얻고 있는 것같다. 특히 의사는 소득순위 상위 30개 직업 중 13개를 차지해 압도적 위상을 보이고 있다. 그러니 엄청난 사교육비를 들여서라도 의대 진학을 하는 것이 합리적인 행동이라고 할 수도 있다. 그런데 문제는 앞으로도 이들 일류 직업들이 일류 소득을 지속적으로 얻을 수 있느냐이다. 머지않아 도래할 인공지능 시대에 일류직업들은 어떤 변화를 겪을까?

2017년 한국고용정보원의 『기술변화에 따른 일자리 영향 연구』라는 연구결과에 따르면, 현재 사람이 수행하고 있는 능력의 상당 부분은 미래엔 쓸모없을 것으로 예측된다. 2030년 국내 398개 직업이 요구하는 역량 중 84.7%는 AI가 인간보다 낫거나 같을 것이라는 분석이다. 전문영역으로 꼽혔던 의사(70%), 교수(59.3%), 변호사(48.1%) 등의 역량도 대부분 AI로 대체될 전망이다.[52] 시장조사기관 가트너도 2023년 의사, 변호사, 교수 등 전문직 업무의 3분의 1 이상이 AI로 대체될 것으로 예측했고[53] 하버드대학 경제학 교수 리처드 프리먼은 앞으로 인공지능 등 스마트머신에 잠식당할 가장 위험한 직업군으로 의사와 변호사를 꼽았다.[54] 회계사도 10년 내에 94%가 AI로 대체될 것이라는 전망이 나왔다.[55]

골드만 삭스는 주식트레이딩 AI 플랫폼 '켄쇼'를 도입하여 2000년대 초반 600여 명에 달했던 트레이더 직원을 2명으로 줄였고, 미국 샌프란시스코 병원은 AI 약사 '필픽'을 고용해 병원 및 약국 조제업무의 97%를 자동화했다.[56]

이처럼 일류 직업인 전문직마저 인공지능으로 대체되는 세상에서 살아남기 위해 필요한 역량은 무엇인가? 4차산업혁명이라는 화두를 최초로 제시한 세계경제포럼 World Economic Forum 은 4차산업혁명 시대에 필요한 인재역량으로 복잡한 문제해결, 비판적 사고, 창의력, 사람 관리, 타인과의 조정, 감성 지능, 판단과 의사 결정, 서비스 지향성, 협상능력, 인지적 유연성 등을 꼽았다.[57]

또 중앙일보와 현대차 정몽구재단이 인간 일자리의 상당수가 AI로 대체되는 미래 사회에서 미래 인재가 필수적으로 갖춰야 할 역량이 무엇인지 다양한 전문 직군의 대표자 100명에게 물은 결과에서는 창의력, 인성, 융복합능력, 협업역량, 커뮤니케이션 능력, 유연성과 컴퓨팅, 공감능력과 감수성, 문제해결력과 대인관계능력 등이 중요한 역량으로 제시되었다.[58] 이러한 역량은 한마디로 요약하면 창업에 필요한 역량이라고 할 수 있다. 미래에는 창업역량이 있어야만 살아남을 수 있다는 이야기다.

다음에는 일류 대학에 들어가면 일류 직장으로 들어갈 수 있다는 연결고리에 대해 살펴보자. 예전에 일류 대학만 나오면 기업이 모시고 가던 시절이 있었다. 그때는 일류 대학을 나와야 일류 직장을 간다는 건 너무나도 당연한 상식이었다. 그러나 최근에는 이러한 상식도 깨지고 있다. 먼저 일류 대학을 나와도 일류 직장에 가기는커녕 취업조차 어려워졌다. 2017년 서울대 취업률은 68.3%, 고려대는 68.2%, 연세대는

68.7%에 불과하다.[59] 상당수가 대학원 진학을 하기 때문이지만 진학은 일류 직장으로 가는 길이 아니라 취업이 안되어 유예하거나 도피하기 위한 선택지인 경우가 적지 않다. 특히 문과 졸업자의 취업난은 더욱 심각하다. 교육부 통계에 따르면 2018년 인문계열 취업률은 57.1%로 공학계열(71.7%)보다 무려 14.6%가 낮았다. "문과라서 죄송합니다"를 줄인 '문송'이나 "인문계 졸업생의 90%는 논다"라는 의미의 '인구론'이라는 말이 나오고 있는 배경이다. 어렵게 취업을 한 경우에도 정규직이 아닌 비정규직으로 취업하는 비율이 상당히 높다. 이렇게 일류 대학을 나와도 취업이 어려운 이유는 기업이 필요로 하는 인재상이 달라지고 지식습득 환경이 크게 달라졌기 때문이다.

첫째 산업화시대에는 업무에 필요한 기본지식을 갖추고 성실하게 일하는 인재면 충분했다. 일류 대학을 나온 사람은 기본지식이나 성실성 면에서 일류 대학을 나오지 못한 사람보다 낫다는 암묵적인 전제가 있었기 때문에 기업들은 일류 대학 출신을 선호했다. 그러나 기술발전이 급격한 4차산업혁명 시대에는 습득한 지식의 유효기간이 매우 짧고 환경변화가 매우 크기 때문에 기존의 지식이나 성실성만으로 성과를 내기는 어렵다. 성과를 내기 위해서는 급격하게 변화되는 환경에 유연하게 대응하면서 기회를 발견하는 능력, 즉 창업능력이 중요한데 이러한 능력은 기존의 대학 교육과정에서 습득하기 어려운 능력이다.

둘째 지식습득 환경도 크게 바뀌었다. 과거에는 일류 대학을 가야만 일류 교수로부터 일류의 지식을 전수받을 수 있었지만 이제는 일류 대학 일류 교수의 강의가 온라인에 공개되는 경우가 많아 학습능력과 의지만 있으면 일류 대학을 가지 않아도 얼마든지 일류의 지식을 습득할 수 있게 되었다. 또 지식의 변화속도가 급격하기 때문에 현장과 괴리되기 쉬운, 대학에서 4년 이상에 걸쳐 천천히 배우는 지식보다는 지식창출의 현장에서 필요에 따라 단기로 스피디하게 배우는 지식의 효용성이 더욱 커지고 있다. 이러한 이유로 과거에 비해 최근 대학 진학의 필요성이 크게 감소하고, 일자리를 주지 못하는 대학에 진학하는 대신 일자리를 만들어 낼 수 있는 교육훈련기관에 대한 선호가 높아지고 있다. 이렇게 일류 대학→일류 소득이라는 연결고리가 무너지면 일류 대학을 가기 위한 사교육투자도 의미없는 일이 되어버린다.

그렇다면 앞으로 일류 대학에 가기 위한 사교육은 사라지는 것일까? 그래서 교육세습이 부의 세습과 신분세습으로 이어지는 철옹성같은 스카이캐슬도 무너지는 것일까? 반드시 그렇지는 않을 것이다. 대학이 존재하는 한, 그리고 사람들의 처절한 경쟁의식이 존재하는 한 일시적 혼란과 조정은 있겠지만 사람들은 결국 또다른 형태의 일류 대학을 만들어 낼 것이다. 그러나 이때의 일류 대학은 인공지능 시대의 심각한 일자리 문제의 현실을 반영하여 일자리를 찾는 대학이 아니라 일자리를 만드는 대학이 부각될 것이다.

일자리를 만드는 대학, 그것은 달리 말하면 취업중심대학이 아닌 창업중심대학이다. 일자리를 만드는 창업중심대학은 기존의 취업중심대학과는 입학기준부터 교육과정, 졸업후 진로까지 완전히 다른 내용이 될 것이다. 입학기준은 기본적인 교과목 외에 창업적성검사, 창업관련 교육 이수 정도, 창업관련 경험, 창업계획 등을 핵심지표로 포함시킬 수 있다. 교육과정은 창업관련 과목과 경험을 필수코스로 하고 기존의 주입식 경쟁지상주의적인 교육 대신 소통과 협력을 중시하는 프로젝트 방식으로 교육을 진행한다. 대학내에 기업을 만들어 현장실습을 통한 창업교육도 병행한다.

이런 방식으로 운영되는 창업중심대학이 일류 대학으로 부각되면 어떤 일이 벌어질까? 첫째 준비된 창업전사들이 빠른 속도로 늘어날 것이다. 준비된 창업전사들은 양질의 일자리를 다수 만들어내면서 우리나라를 일자리가 부족한 나라에서 일자리가 넘치는 나라로 바꿀 것이다.

둘째 취업을 위한 경쟁지상주의 교육이 창업을 위한 소통과 협력의 교육으로 바뀔 것이다. 창업중심 일류 대학에 입학하기 위한 사교육이 치열해지면서 창업의 질은 더욱 좋아지고 만들어지는 일자리의 질도 높아질 것이다.

셋째 한정된 일자리를 둘러싼 교육세습과 부와 신분세습의 스카이캐슬이 무너지고 내 일자리도 만들고 다른 사람의 일자리도 만들어주면서 계층이동도 활발하게 이루어지는 상생의 열린 교육시스템과 사회시스템이 만들어질 것이다.

책 속의 메시지

10년 뒤 아이에게 '최소한의 미래'를 보장하려면 무얼 키워줘야 할까?
4차산업혁명 시대를 살아갈 아이들에게 필요한 것은 '야성'과 '자생력', 스스로 삶을 주도하는 '기업가정신'이다! 스카이보다 중요한 것은 창업교육이다.
"지금의 교육과정에서 기술만 배우면 저임금 개발자로 일할 가능성이 크다. 똑같이 코딩을 배우는데, 왜 미국 아이들은 마크 저커버그를 꿈꾸고 한국 아이들은 삼성맨을 꿈꾸는가? 코딩교육 이전에 더 시급한 것이 창업교육이다."
- 『미래를 읽는 부모는 아이를 창업가로 키운다 :
4차 산업형 인재로 키우는 스탠퍼드식 창업교육』, 이민정, 쌤앤파커스, 2019

공무원 창업마인드로 무장해야
규제공화국 엎을 수 있다

　새로운 시장을 개척하고 있는 스타트업 운영자들이 공무원으로부터 가장 많이 들어본 답변은 무엇일까? 한 조사에 따르면 '그건 ○○법과 ○○지침 때문에 안 됩니다'(66.3%, 이하 복수 응답)가 가장 많았고 이어 '그건 저희 소관 업무가 아닙니다', '그런 전례가 없습니다'(각각 56.1%), '담당자가 자리를 비웠습니다'(34.7%), '제가 온 지 얼마 안 돼서요'(12.2%) 등의 순이었다.
　답변이 지연되거나 결정을 미룰 때는 담당공무원이 뭐라고 했을까? '이해 관계자나 관련 협회 이야기를 들어봐야 한다'(50.0%)를 가장 많이 꼽았고 이어 '담당 부처와 협의가 길어졌다'(48.0%), "담당자가 바뀌었다'(26.0%), '잘 모르는 내용이라 검토 시간이 길어졌다'(20.0%), '바빠서 아직 검토를 못 했다'(10.0%) 등의 순이었다. '아예 지연 이유를 설명해주지 않는다'는 응답도 32.0%나 됐다. 사업추진과정에서 이런 답변을 수없이 들은 창업자들은 결국 다음과 같은 결론을 내린다. "내가 직접 만나

봐서 안다. 대통령이 아무리 '규제를 완화하라'고 지시해도 공무원은 바뀌지 않는다."[60]

역대 모든 정부는 소리높여 규제개혁을 외쳤다. 김대중 정부의 대통령 직속 규제개혁위원회 설치, 노무현 정부의 민관 합동 규제개혁 기획단 설치 및 '규제총량제' 추진, 이명박 정부의 '규제 전봇대', 박근혜 정부의 '손톱 밑 가시'에서 문재인 정부의 '규제 샌드박스'에 이르기까지 약 20년 동안 다양한 규제를 개혁하기 위해 노력했다. 그러나 결과는 크게 달라지지 않았고 규제건수의 총량이나 규제를 수반할 수밖에 없는 관련 법안은 오히려 더욱 늘어나는 추세에 있다.[61]

왜 그렇게 역대정부가 강도높게 규제개혁을 외치는데도 현실은 바뀌지 않을까? 이유는 의외로 간단하다. 규제개혁이라는 어려운 과제를 해결하기 위해 노력해야 할 이유가 담당공무원에게는 없기 때문이다. 규제개혁이란 다양한 이해관계집단의 이해가 걸려 있는 기존의 정책이나 제도를 다수 국민의 이익을 위해 새로운 정책이나 제도로 바꾸는 것이다. 기존의 정책이나 제도가 바뀌는 것이다보니 기존의 정책이나 제도에서 이익을 얻고 있던 이해관계자들의 반발이 거세다. 이러한 반발을 무릅쓰고 새로운 정책이나 제도를 만들려면 담당공무원이 창업하는 것과 같은 마인드와 전문성으로 무장해야 한다.

그런데 그런 창업 마인드와 전문성을 갖춘 공무원이 드물다. 게다가 거센 반발을 무릅쓰고 새로운 정책이나 제도를 추진해봤자 개인적으로는 힘들고 위험하기만 할 뿐 돌아오는 보상은 별로 없다. 그러니 규제개혁의 과제가 주어져도 시늉만 하고 별 볼일 없는 규제 몇 개만 없앨 뿐 정부임기나 공무원 본인의 담당기간이 끝날 때까지만 뭉그적거리며 버티는 것이다. 앞의 조사에서 공무원들의 답변을 들여다보면 그런 마인드와 행동이 그대로 나타난다.

그렇다면 규제개혁이라는 시급하고 중차대하면서도 난공불락의 과제에 대한 해법은 무엇일까? 자주 제시되는 해법은 네거티브 시스템을 도입하는 것이다. 네거티브 시스템이란 금지하는 것을 제외하고 원칙적으로 모든 것을 허용하는 규제방식이다. 우리나라 정부도 2017년 9월 「문재인 정부 규제개혁 추진방향」에서 신산업 규제혁신의 새로운 패러다임으로 네거티브 시스템을 제시한 이후 2019년 4월 「경제활력 제고를 위한 포괄적 네거티브 규제 전환방안」등을 통해 후속작업을 이어오고 있다.

그러나 네거티브 시스템을 도입해도 기득권 집단의 반발로 규제개혁이 난관에 봉착하는 경우가 적지 않다. 카풀공유 서비스를 둘러싸고 택시업계의 반발로 혁신모빌리티 서비스의 도입이 지연되고 있는 것이 대표적이다. 이런 반발을 꺾고 규제개혁에서 정말 성과를 내고 싶다면 정책담당자가 규제개혁에 적극적으로 나설 수 있도록 정책추진주체, 정책결정 및 인센티브 시스템을 완전히 바꾸어야 한다.

첫째 혁신창업국가의 비전과 정치력을 겸비한 사람이 장관으로 임명되어야 한다. 기득권 집단의 반발을 꺾고 규제개혁을 실현하기 위해서는 규제개혁 추진주체가 규제개혁에 대한 확고한 철학과 논리로 무장하고 논의를 주도해야 한다. 이런 역할을 공무원들이 할 수 있는가? 공무원들은 이해관계의 충돌이 커지면 뒤로 빠지는 경우가 많다. 충돌이 있어도 뚝심있게 밀어붙일 수 있는 사람은 확고한 창업국가비전과 전략을 갖고 규제개혁을 추진할 수 있는 정치력을 겸비한 장관밖에 없다. 장관부터 창업전사, 규제개혁전사가 되어야 한다는 것이다. 또 그러한 장관이라도 규제개혁을 제대로 수행할 수 있으려면 충분한 자율성과 재직기간을 부여해야 한다.

둘째 규제개혁을 담당하는 실무책임자에도 혁신창업국가에 대한 확고한 비전과 규제개혁에 대한 전문성을 가진 공무원을 배치해야 한다. 이러한 공무원은 순환보직을 통해서는 확보하기 어렵고 공모를 통해 선발해야 한다. 공모에서 적합한 인력을 확보하기 위해서는 충분하고 예측가능한 인센티브가 제시되어야 한다. 규제개혁을 추진할 수 있는 권한, 업무지속기간, 업무수행에 대한 성과평가 기준 및 성과에 따른 보상내용이 명확히 제시될 필요가 있다. 아울러 공무원 조직내에 벤처조직을 만들어 창업전사, 규제개혁전사를 배치할 필요가 있다.

셋째 규제개혁의 내용, 정책담당자, 이해당사자의 대응 등 규제개혁과 관련된 내용을 모두 온라인상에 오픈하고 국민참여를 제도화할 필요가 있다. 이것은 규제개혁 과정의 투명성을 확보하기 위해서 뿐만 아니라 이해당사자가 기득권에 집착하여 비합리적인 주장을 할 경우 다수 국민의 힘으로 제어할 수 있도록 하기 위해서다. 정책담당자에 대한 성과평가도 성과기준에 입각한 객관적 평가와 네티즌의 주관적 평가를 병용하여 집단지성에 의한 개방형 평가시스템을 지향할 필요가 있다.

넷째 규제공화국을 근본적으로 혁신하기 위해서는 충원되는 공무원이 출발부터 창업마인드로 무장해야 한다. 이를 위해 공무원 시험과목을 창업친화적인 방향으로 대폭 바꿀 필요가 있다. 창업에 대해 한번도 생각해본 적 없이 공무원이 된 사람과 창업국가의 비전과 창업개론 정도의 공부라도 하고 공무원이 된 사람이 공무에 임하는 태도는 無와 有의 차이, 숫자로 말하면 0과 0.1의 차이로 나타난다고 할 수 있다. 無나 0에서는 가능성 자체가 보이지 않지만 有나 0.1에서는 당장은 작게 보여도 노력 여하에 따라 100, 1000이 될 수 있는 가능성을 내포하고 있기 때문이다.

창업국가의 비전에 공감하고 창업에 대해 고민해본 공무원이 규제개혁에 임하는 태도와 창업에 대한 고민을 한번도 해보지 않고 창업은 나락으로 빠지는 길이라는 선입관만 가진 공무원이 규제개혁에 임하는 태도는 하늘과 땅 차이가 있지 않겠는가? 기존의 관료공화국의 관행과 시스템을 뒤엎는 발상의 전환과 창업마인드로 무장한 규제개혁전사만이 규제공화국을 엎을 수 있다.

책 속의 메시지

한미 스타트업의 차이

한국 스타트업의 발전을 저해하는 요인 중 하나로 규제를 꼽는다. 미국은 법으로 명확히 금지하지 않으면 사업이 가능한 네거티브(negative) 방식으로, 한국은 법에 명시된 것을 제외하면 모두 할 수 없는 포지티브(positive) 방식으로 규제를 정하는 경향이 있다. 이 때문에 새로운 영역을 혁신하는 스타트업을 하는 데 한국이 다소 힘들다. 또한 기존 규제에 적응한 기득권이 이익을 지키기 위해 규제완화와 변화를 반대하기도 한다.

– 「장병규의 스타트업 한국」, 장병규, 넥서스BIZ, 2018

소셜벤처 창업 붐이 일어나야
양극화 사회 엎을 수 있다

〈사례〉

　　2014년 2월 서울 송파구 석촌동의 단독주택 지하에 세들어 살던 세 모녀 일가족이 자살로 생을 마감했다. 12년 전 아버지가 방광암으로 세상을 떠난 뒤 세 모녀는 어머니의 식당 노동과 작은 딸의 아르바이트로 생활을 이어왔다. 35세, 32세였던 두 딸은 어려운 생활과 지병으로 신용불량자가 되어 있었고, 병원비 부담 때문에 치료조차 포기하고 지내왔다. 60세 어머니는 팔을 다친 뒤 식당 일조차 하지 못했다. 이런 상황에 빠져 있었지만 그들 주변에는 아무도 없었다. 가장 가난한 이들을 위한 최후의 안전망, 기초생활보장제도의 수급 신청조차 하지 않았다고 한다. 유서에는 '마지막 집세와 공과금입니다. 정말 죄송합니다'라고 집 주인에게 쓴 내용이 있었다.[62]

〈사례〉

　　2019년 8월 관악구 봉천동 한 임대아파트에서 탈북여성 한모(42)씨와 아들 김모(6)군이 숨진 채 발견됐다. 발견 당시 집의 냉장고는 텅 빈 채 음식물이 없었고 월세도 16개월이나 밀려 있고 통장 잔고는 '0원'으로 생활고에 시달리다 아사한 것으로 추정된다. 이혼한 한씨에게 수입이라곤 정부가 매달 주는 아동수당 10만 원과 양육수당 10만 원이 전부였던 것으로 알려졌다. 그나마 아들인 김군의 나이가 만 6세가 되며 아동수당 10만 원도 끊겼다. 아파트 주민들은 이들 모자의 얼굴을 한 번도 제대로 본 적이 없고 주변과 전혀 교류가 없이 철저히 이웃과 단절된 삶을 살았다면서 안타까움을 감추지 못했다.[63]

국민소득이 3만 달러에 이르고 세계 11위의 경제대국이 된 한국 사회에서 생활고로 자살하거나 굶어죽는 사람이 생기는 사건이 발생했다. 도대체 무엇이 잘못된걸까? 일자리를 찾지 못해서였을까? 일을 할 수가 없어서였을까? 복지제도 혜택을 받지 못해서였을까? 일자리를 찾지 못했다면 적합한 일자리가 없어서였을까? 일자리 정보를 몰라서였을까? 복지제도 혜택을 받지 못했다면 받을 수 있는 복지제도가 없어서였을까? 몰라서였을까? 경위야 어찌 됐든 위의 사례는 우리 사회의 승자독식에 따른 양극화가 위험수위에 와 있고, 사회의 관심을 받지 못하는 사각지대가 적지 않다는 것을 말해주는 것이라고 할 수 있다.

이러한 사각지대를 어떻게 줄일 것인가? 가장 쉬운 방법은 정부가 개입하는 것이다. 복지예산을 대폭 늘리고 공무원을 크게 늘려 복지전달체계를 강화한다면 어느 정도 문제개선이 될 것이다. 그러나 세상에 공짜는 없다. 복지예산과 공무원을 늘리는데 소요되는 방대한 비용은 결국 국민의 세금으로 부담해야 할 것이다.

또 정부가 개입한다고 해서 결과가 좋게 나온다는 보장도 없다. 일자리 대책이나 저출산 대책에 수십조원의 예산을 쏟아부었지만 가성비가 매우 낮은 것에서 보는 것처럼 '정부실패'도 만만치 않다는 것을 유념할 필요가 있다. '정부실패'를 최소화하면서 갈수록 심각해지고 복잡해지는 사회문제들을 해결하기 위해서는 어떻게 해야 할까? 여기에 '사회적기업' 혹은 '소셜벤처'의 역할이 있다.

'사회적기업'은 다양한 정의가 있지만 간단히 말하면 이윤보다는 사회문제 해결을 목적으로 설립된 기업이다. 법적으로는 우리나라의 경우 사회적기업육성법에서 "취약계층에게 사회서비스 또는 일자리를 제공하거나 지역사회에 공헌함으로써 지역주민의 삶의 질을 높이는 등의 사회적 목적을 추구하면서 재화 및 서비스의 생산·판매 등 영업활동을 하는 기업으로서 사회적기업으로 인증을 받은 자"라고 정의하고 있다. 이렇게 정의된 사회적기업은 2007년 시작하여 2020년 현재 2400여개가 활동하고 있다. 사례를 통해 구체적 모습을 살펴보자.

〈사례〉

'전주 비빔빵'은 사회복지법인 '나누는 사람들'이 할머니들의 일자리를 창출하기 위해 2012년에 문을 연 빵집이다. 할머니들은 소화가 잘 되는 단팥빵을 만들었지만 할머니들의 단팥빵만으로 빵집이 제대로 굴러가기는 애초 어려웠다. 이러던 와중에 2014년 비빔밥 재료를 활용해 비빔빵을 만들어보자는 아이디어가 나왔다. 개발에 나섰으나 실패를 거듭했다. 빵이 제대로 구워지지 않기 때문이다. '나누는 사람들'의 이사로 전북과학대 사회복지학과 교수로 일하던 장윤영 대표는 2015년 7월 빵집 경영을 도와달라는 요청을 받고 떠맡았다.

"누구에게 무엇을 팔 것이냐를 처음부터 다시 생각했어요. 비빔빵 외에는 답이 없었어요. 할머니들과 함께 우리가 가장 잘할 수 있는 것은 빵을 만드는 일이었습니다. 전주에는 전국에 유명한 비빔밥이 있으니 전주와 한국을 상징하는 비빔빵을 만들수만 있다면, 차별화된 아이템으로 새로운 시장을 개척할 수 있는 가능성이 충분히 있었습니다. 그런데 다들 비빔빵은 만들 수가 없다고들 하더군요."

실제로 개발 과정은 험난했다. 100번 넘게 새로운 시도를 하고서야 비빔빵을 구워내는 데 마침내 성공했다. 비빔빵에 들어가는 재료는 소비자의 건강을 우선 고려하고, 반드시 지역사회에서 조달한다는 원칙을 세웠다.

2013년 처음 출범할 때 사회적기업 지원에 적극적인 SK그룹으로부터 자금과 홍보 지원을 받았고 2016년 11월 사회적기업 인증을 받고 정부 지원을 받았다. 현재는 외부 지원을 받지 않는다. 2015년 말부터 비빔빵이 조금씩 알려지기 시작하면서 단골이 생기기 시작했고, 2017년에는 전국에 알려지기 시작하면서 전주를 찾는 관광객들의 필수 구매 품목이 되었다. 온라인 주문도 밀려들었다. 월 500만 원에 그치던 매출이 이제 월 1억원을 웃돈다. 그러나 이윤은 거의 남지 않는다. 다른 사회적기업과 달리, 외부 지원을 받지 않고 전액 인건비를 직접 지출하는 고용인력이 많은 까닭에 전체 비용에서 인건비가 차지하는 비중이 크기 때문이다.

"사람들이 저한테 고용을 위해 빵을 굽는 이상주의자라고 하던데, 앞으로도 계속 그럴 거예요."[64]

이윤을 얻기 위해 빵을 굽는게 아니라 취업하기 어려운 분들에게 일자리를 마련하기 위해 빵을 굽는 사회적 기업의 사례다.

사회적기업은 기업경영방식이라는 시장원리를 접목하여 사회문제를 해결하고자 하는 점에서 직접적인 정부지원방식보다 효율적일 것으로 기대되지만 문제도 적지 않다. 가장 큰 문제는 정부지원 없이도 경쟁력을 확보하고 지속가능한가이다. 사회적기업육성법에서는 사회서비스를 제공하는 사회적기업에 대하여 운영에 필요한 인건비, 운영 경비, 자문 비용 등의 재정적인 지원을 일정기간 할 수 있도록 규정하고 있는데 지원기간이 끝나면 기업경영이 어려워지는 사례도 적지 않다.

사회문제 개선이라는 사회적기업의 원래의 목적을 달성하기 위해서는 정부지원 없이도 자생할 수 있는 경쟁력과 이에 필요한 경영능력을 키우는 것이 매우 중요하다. 이렇게 사회문제 개선이라는 목표를 추구하면서 경쟁력과 경영능력을 키운 기업을 '사회적기업'과 구분하여 '소셜벤처'라고 부를 수 있다.

사회적기업이 소셜벤처로 탈바꿈하기 위해서는 창업성공요인과 비슷하게 경영능력이 있는 준비된 리더, 생계형이 아닌 혁신형 사업아이템, 나홀로가 아닌 함께 힘을 모으는 사업운영 방식이 필요하다. 다음 사례를 한번 읽어보자.

〈사례〉

경기 시흥시 월곶마을은 1990년대 중반 관광지로 개발하려다 IMF 위기로 투자가 이루어지지 않아 도박장과 모텔만이 남아 있는 낙후지역이었다. 사회적기업 대학 연합 동아리 대표로 시흥시 정책 자문위원을 맡고 있던 20대 청년 우영승은 월곶의 열악한 상황에서 도리어 가능성을 봤다. 2016년 여름 그는 동아리 친구들과 손잡고 부동산 전문가 등을 영입해 주식회사 빌드를 세웠다.

우영승 대표는 인구 절반 가까이가 12세 이하 아이를 둔 가구일 만큼 육아 인구 비중이 절대적으로 높은 월곶의 특성에 주목했다. 가장 먼저 엄마들을 만나 원하는 것을 들었다. 우 대표는 엄마들이 아이 챙기느라 맘 편히 맛있는 음식을 즐길 수도 없다는 점에 착안, 레스토랑 '바오스앤밥스'를 열었다. 식당 안에 '키즈 존'이 있어서 아이 데리고 눈치 안 보고도 스파게티나 스테이크를 먹을 수 있게 되면서 엄마들 사이에 입소문이 나 동네 명소가 됐다.

빌드는 엄마들을 대상으로 '월곶맘을 초대합니다'라는 이름으로 육아, 교육 관련 강좌를 열었고, 아이는 빌드 멤버들이 챙겼다. 엄마들은 '월화수_{월곶엄마들의화려한수요일}'라는 모임을 만들어 매주 수요일 모였다. 빌드는 이듬해인 2017년 10월 꽃집, 서점, 카페를 합쳐 놓은 '월곶동책한송이'를, 2018년 7월 아이주도형키즈카페 '바이아이', 2019년 여름부터 쌀, 딸기, 꿀 등을 생산하는 지역 농가와 소비자를 연결하는 직배송 서비스 '팜닷'도 운영 중이고 10월 초에는 공유 주방 및 로컬 농산물 직거래 마켓인 '월곶식탁'도 개점했다. 레스토랑은 한달 매출 약 3000만원을 꾸준히 올리고 있고, 빌드 전체에서 2018년 7억원의 매출을 올린 데 이어 2019년에는 10억원의 매출을 예상하고 있다. 직원 수도 처음 7명에서 3년 만에 정규직 19명으로 늘었다. 모두 2030 청년들이다. 그 사이 우대표와 부대표, 팀장 등은 아예 시흥으로 이사했다.

월곶의 엄마들은 빌드의 든든한 도우미 역할을 하고 있다. 레스토랑 등 매장 설립과 회사 운영을 위해 필요한 자금은 크라우드펀딩을 통해 확보하는데, 2019년 8월 모집한 투자액의 43%는 지역 주민으로부터 나왔다.

"빌드 친구들은 항상 '뭘 도와드릴까요'라고 묻고 우리가 원하는 것을 진짜로 해주고 있죠. 무엇보다 산뜻한 인테리어, 맛있는 먹을거리, 좋은 프로그램까지 빌드 매장이 이웃 동네까지 알려지면서 이제 서울, 인천에서도 우리 동네를 찾아오는 것을 보면 괜히 뿌듯합니다. 동네에 자랑거리를 만들어 줬어요." 마을에 사는 주부의 말이다.[65]

청년들이 주도하여 만든 소셜벤처가 주민들과 긴밀히 소통하면서 서로 밀어주고 끌어주면서 낙후된 지역을 탈바꿈시켜 나가고 있는 사례다. 이러한 소셜벤처와 사회적 경제는 앞으로 더욱 그 중요성이 높아질 것으로 예상된다. 문제가 많이 있는 곳에 사업기회도 있는데, 예전엔 경제적 문제나 삶의 불편이 가장 큰 문제였다면 지금은 승자독식과 양극화로 인한 사회적 문제가 크게 늘었기 때문이다. 또 이전에는 사회적 가치를 실현하면서 지속가능한 기업이 되기 위한 경제적 이윤추구의 조화가 쉽지 않았는데, 최근 사회문제에 대한 대중들의 관심이 크게 높아지고 창업비용이 크게 줄어들면서 사회적기업의 존립기반이 크게 확대되었기 때문이다.

이런 흐름에 따라, 최근에는 대기업들도 사회적기업 지원이나 사회적 가치의 실현에 적극적인 관심을 보이고 있다. SK의 최태원 회장은 사회적기업을 설립하고 지원하면서 겪었던 경험을 정리한 『새로운 모색, 사회적기업』이라는 책에서 빈부격차, 청년취업, 노인 복지, 취약계층 고용, 환경 문제 등에 이르기까지 그 어느 때보다 다양하고 복잡한 우리나라 사회 문제의 '맞춤형 해결사'로서 사회적기업에 주목하면서 사회적기업 생태계를 활성화할 수 있는 대안을 제시하고 있다. 최 회장은 기업 경영을 통해 국가 사회의 발전에 이바지하는 사업보국이 1세대 기업인들이 추구했던 가치라면, 현재의 기업과 기업인에게 가장 요구되는 덕목은 사회적 책임이라고 하면서 사회적기업 10만 개를 육성하자고 주장한다. 이를 통해 "사회적기업이 우리나라의 주류 경제주체가 되면 더 많은 사회

적 혁신이 사회 전체로 퍼져나가 우리 사회를 획기적으로 행복하게 변화시킬 것"이라고 말한다.[66]

승자독식 양극화 사회를 개선하는 사회적 가치도 실현하면서 사업기회도 빠르게 확대되고 있는 사회적기업이나 소셜벤처의 창업, 이것이야말로 창업의 블루오션이다. 사회적기업이나 소셜벤처의 창업이 활발하게 이루어지고 지역주민들이 참여하는 사회적경제가 정착된다면 승자독식과 양극화가 갈수록 심화되고 있는 현실에도 돌파구가 열릴 수 있을 것이다.

책 속의 메시지

착한 기업이 좋은 사회를 만든다!
"선해지기 위해 항상 고민하고 노력하는 기업들이 있다."
바로 사회적기업(Social Enterprise)이다. 사회적기업을 경영한다는 것은 마라톤 풀코스를 완주하는 것 이상으로 힘들고 어렵지만 그만큼 위대한 여정이기도 하다. 하지만 혼자서의 힘으로는 성공할 수 없다. 아이디어와 열정을 바탕으로 함께 만들어가야 성공할 수 있다. '빨리 가려면 혼자 가고, 멀리 가려면 함께 가라'는 아프리카 속담처럼 선한 의도를 가진 사람들이 조금씩 앞으로 내딛는 작은 발걸음들이 모여 사회적기업들의 건전한 생태계를 이룰 때 성장의 길을 닦을 수 있고 이 세상을 조금 더 좋은 곳으로 만들 수 있다.
- 「나는 착한 기업에서 희망을 본다 : 더 나은 세상을 만드는 사회적기업의 힘」 강대성, 올림, 2016

제2창업이 기업과 나라의
제2도약을 이끈다

〈사례〉

1993년 6월 7일, 삼성의 이건희 회장은 임원과 해외주재원 등 200여 명을 프랑크푸르트 캠핀스키 호텔로 불러 새로운 삼성을 여는 회의를 주재했다. 이 자리에서 이 회장은 "삼성은 이제 양 위주의 의식, 체질, 제도, 관행에서 벗어나 질 위주로 철저히 변해야 한다"면서 '삼성 신경영'을 선언했다.

삼성은 불량을 없애는 작업부터 혁신을 시작했다. 생산현장에서 불량이 발생하면 즉시 해당 생산라인 가동을 중단하고, 제조과정의 문제점을 완전히 해결한 뒤 재가동함으로써 문제 재발을 방지하는 제도인 '라인스톱 제도'를 도입하여 불량을 선진국 수준으로 낮추고, 한 품목이라도 세계 제일 제품을 만들기로 했다. 그럼에도 불량 문제가 발생하자 문제가 된 제품들을 수거하여 직원들이 직접 망치로 부수고 불태우는 화형식을 진행했다. 인사제도에도 대대적인 변화를 시도했다. 학력제한 철폐를 포함한 기회균등 인사, 능력주의 인사, 가능성을 열어주는 인사 등 세 가지 내용을 담은 열린 인사 개혁조치를 발표하여 혈연·지연·학연을 배제한 공정한 인사 전통을 조직에 뿌리 내리고, 연공서열이나 각종 차별조항을 철폐해 시대 변화에 맞는 능력주의 인사를 정착시켰다.[67] '삼성 신경영'의 성과는 놀라웠다. 1993년 29조 원이었던 매출은 20년 후인 2012년에 380조 원, 세전이익은 8천억 원에서 38조 원, 수출은 107억 달러에서 1572억 달러, 임직원수는 14만 명에서 42만 명으로 늘어났다.[68]

"마누라와 자식만 빼고 모두 바꾸라"는 주문에 상징되는 것처럼 DNA를 바꾸는 제2창업을 통해 국내 최고의 기업에 안주하지 않고 세계 최고의 글로벌 기업으로 변신한 삼성그룹의 이야기다.

〈사례〉

한때 500억 원의 매출을 올릴 정도로 잘 나갔던 삼성출판사는 출판산업이 사양화하면서 내리막길을 걷기 시작했다. 고교 시절 정보올림피아드에서 수상한 정보특기자로 넥슨과 NHN에서 게임 개발과 마케팅, 기획 파트를 거친 아들 김민석이 2008년 부친 김진용 대표가 경영하는 삼성출판사에 신사업 담당자로 합류했다.

김민석은 삼성출판사 내부에 모바일 대응팀을 꾸렸다. 그리고 정보특기자 동기들, 넥슨과 NHN에서 함께 일했던 동료들을 불러모았다. 그는 유아용 책을 모바일 앱으로 만드는 일부터 시작했다. 동요 네 편을 담은 '율동동요'에 1분짜리 애니메이션을 붙였다. 콘텐츠 무료 사용에 익숙한 한국에서 이 동요의 첫해 매출이 3억원을 넘겼다. 영유아 콘텐츠의 가능성을 본 김민석 대표는 게임 기획자로서의 경험을 발휘해 붉은색 여우 캐릭터 '핑크퐁'을 만들었다. 2010년에는 삼성출판사의 자회사 형태로 스마트스터디를 설립했다.

스마트스터디는 2015년 북미의 구전동요 '아기상어Baby Shark'를 유아들의 눈높이에 맞게 각색한 '상어가족' 캐릭터와 애니메이션을 만들었다. 귀여운 아기와 엄마, 아빠, 할아버지, 할머니 상어가 차례로 등장하는 상어 가족의 리드미컬한 몸짓과 맞물린 '뚜루루뚜루'라는 중독성 넘치는 후렴구, 애니메이션 사이사이 어린이들의 율동이 곁들여진 영상인데 유튜브 조회 수가 싸이의 '강남스타일'을 추월할 정도로 대박이 났다. 덕분에 설립 첫해(2011년) 10명도 되지 않던 직원으로 매출도 3억 5000만원에 불과했던 스마트스터디는 2019년에는 매출 600억원 이상, 직원 200명이 넘는 기업으로 성장했다.[69]

사양길에 접어든 전통 내수기업을 반짝이는 아이디어와 IT기술로 무장한 아들이 경영에 참여해 제2창업을 통해 온라인과 오프라인을 통합한 글로벌기업으로 변신시키면서 괄목할만한 기업성장과 함께 수많은 일자리를 창출해낸 삼성출판사와 스마트스터디의 이야기다.

〈사례〉

부친이 경영하는 어묵사업으로 어린 시절부터 몸에 밴 비릿한 어묵 냄새가 싫었던 박용준은 미국으로 유학을 가 회계학을 전공했고 그곳에서 회계사로 살아갈 작정이었다. 하지만 2010년 부친이 건강악화로 쓰러지면서 유학생활을 접고 귀국해 경영을 맡았다. 첫 6개월 그가 한 일이라고는 어묵을 포장하고 나르는 것뿐이었다. 어묵산업은 누구도 혁신을 할 생각을 하지 않았기 때문에 성장이 없는 사양산업이었고, 회사도 별다른 경쟁력이 없었기에 내세울 수 있는 것은 가격뿐이었다. 이대로는 가망이 없다고 생각한 박용준 대표는 근본적인 체질 개선에 나섰다.

먼저 도매상이나 대리점과 B2B로 해오던 거래를 일반 소비자 대상의 B2C로 전환했다. 기존 10가지에 불과했던 어묵의 종류도 R&D를 통해 60여 종으로 늘렸다. 어묵을 고급화하기 위해 다품종 소량생산으로 전략을 바꾸고 생산방식도 미리 만든 어묵을 유통하던 시스템을 각 매장에서 직접 튀겨 판매하는 방식으로 바꾸었다. 매장도 소비자들이 들어오고 싶은 공간이 되도록 외관부터 내부까지 고급 카페나 베이커리를 연상시키도록 세련된 인테리어로 꾸몄다. 매장 한쪽에는 통유리로 된 오픈 주방을 만들어 어묵이 비위생적이라는 편견을 깨고 어묵 성형 과정과 조리 과정을 소비자들에게 투명하게 공개했다. 이러한 변화와 '베이커리형 매장'은 소비자로부터 큰 호응을 얻어 문자 그대로 대박이 났다. 2011년 20억원에 불과했던 매출은 2018년에는 920억 원으로 몇십배 성장했고 해외로도 진출해 현재 싱가포르, 필리핀, 인도네시아에 4개 매장을 운영 중이다.[70]

몇십년 동안 변하지 않고 정체상태에 있던 어묵산업을 청년 경영자가 생산, 유통, 판매의 모든 과정에서 발상을 달리하는 새로운 방식으로 혁신하여 수십 배의 매출증대와 일자리를 만들어내고 소비자에게 사랑받는 중견기업으로 성장한 삼진어묵의 제2창업 이야기다.

〈사례〉

42살에 공기업을 퇴직한 김갑철씨는 준비 없이 시작한 첫 사업에서 참담한 실패를 겪은 후 가족 생계를 위해 2000년 안흥찐빵이라는 가게를 열었다. 제대로 된 간판도 걸지 못하고 밤새 찐빵 만드는 연습을 했다. 실패한 빵은 버리거나 돈을 받지 않고 남에게 주는 일도 다반사였다. 개업 10년째인 2010년, 딸의 이름을 걸고 부끄럽지 않게 살겠다는 의지를 담아 딸의 이름이 담긴 '슬지네찐빵'으로 상호를 바꾸었다.

김대표는 2012년 우리밀을 이용한 '오색찐빵' 특허를 출원하고 2013년에는 '열공찐빵'을 개발하는 등 부단히 혁신노력을 기울였다. "인생을 걸고 만든 찐빵"이라는 타이틀을 건 슬지네찐빵 홈페이지는 슬지네찐빵의 역사와 사용하는 재료 등을 진솔하게 공개해 제품과 만드는 사람의 신뢰도를 높였다.

2016년에는 김대표 요청으로 3남매가 합류해 김대표의 기술력과 자녀들의 신세대사고가 시너지를 내면서 새로운 도약기를 맞았다. 수제 찐빵으로는 수요를 따르지 못해 자금을 투자하여 자동화시스템을 갖춘 슬지제빵소를 만들었다. 다양한 오색찐빵을 만드는 슬지제빵소는 3층 높이의 하얀 카페형 건물로 만들어져 영화처럼 아름다운 풍경과 함께 오색찐빵을 먹을 수 있는 찐빵 체험공간이자 이 지역을 방문하는 관광객의 핫플레이스가 되었다.

이렇게 해서 입소문이 난 슬지네찐빵은 전국에서 주문이 들어오고 일본, 영국, 베트남, 필리핀, 캐나다로까지 수출하면서 연매출 9억원에 이르는 글로벌 찐빵회사로 변신하였다.[71]

　재벌 대기업부터 자영업에 이르기까지 우리나라 다양한 기업들의 제 2창업의 사례와 성과를 살펴보았다. 이들 사례를 보면 정체되거나 사양 길에 접어든 것처럼 보이는 기업이나 사업도 발상을 달리하면 얼마든지 성장할 수 있고 일자리를 창출할 수 있다는 것을 알 수 있다. 아니 오히려 기존 기업가의 제2창업은 처음부터 새로 시작하는 창업보다 훨씬 더 유리할 수 있다.

　첫째 치열한 시장경쟁에서 살아남은 기업가들의 제2창업은 축적된 자원과 경영능력이 뒷받침되고 있기 때문에 준비된 창업이 되어 실패가능성이 작다.

　둘째 준비된 기업가들의 제2창업은 새로운 기술을 활용하거나 기존 사업의 문제점을 혁신하는 창업이기 때문에 당연히 생계형 창업이 아닌 기술형 창업, 혁신형 창업이 될 수 밖에 없다.

　셋째 오랜 경험과 네트워크를 축적한 기업가들의 제2창업은 나홀로 '맨땅에 헤딩'하는 창업이 아니라 필요한 자원과 인재를 모으는 힘모아 창업이 되어 성공가능성이 훨씬 높다. 특히 경험과 네트워크를 축적한 장년 기업가와 참신한 아이디어와 도전정신으로 무장한 청년 기업가가 힘을 모으는 세대융합형 창업이 활발히 이루어진다면 제2창업은 기업 자체의 제2도약은 물론 일자리 부족이나 세대간 갈등, 양극화 등 우리나라가 안고 있는 심각한 문제들에 대한 해법으로도 될 수 있을 것이다.

> **책 속의 메시지**
>
>
>
> **사회적 대타협과 반기업 정서 해법으로서의 제2창업**
> 우리 사회는 지금 청년 창업가보다 재벌 오너 2~3세가 창업가로 거듭나는 것이 더 시급하다. 재벌 대기업이 가진 자본과 인재와 글로벌 네트워크가 벤처 창업의 최대 자산이기 때문이다.
> 그런데 우리 사회는 규제공화국 대 재벌공화국으로 나뉘어져 대립하고 있다. 규제공화국은 기업 변신의 발을 묶고 재벌공화국은 과점화를 심화시켜 양극화를 확대시킨다. 두 공화국의 뿌리는 반기업 정서다.
> 반기업 정서는 국민을 최대 피해자로 만드는 망국병이자 한국 기업병이다. 해법은 기업의 사회적 대타협의 비전을 담은 제2창업으로 중소기업, 청년실업 등 사회문제 해결에 앞장섬으로써 국민 기업으로 재탄생하는 길뿐이다.
> -「제2창업시대 : 4차산업혁명 시대 전통기업의 부활」 박광기, 한국경제신문, 2018

일자리를 만드는 창업이 뒷받침되어야 소득주도성장 가능하다

문재인 정부 경제정책의 근간인 소득주도성장 정책은 우리나라 경제를 살릴 수 있을까? 이 정책은 가계소득이 증가하면 소비가 증가하고 소비가 증가하면 기업투자가 증가하여 고용이 증가하고 다시 가계소득이 증가한다는 발상에 기초해 있다. 이를 위해 최저임금을 대폭 인상했다. 그러나 결과는 예상과 달리 고용이 감소하거나 양극화가 심화되는 것으로 나타나 정책의 타당성을 둘러싸고 많은 논란을 야기했다. 왜 이런 결과가 나타난 것일까?

소득주도성장 정책에 비판적인 사람들은 최저임금 인상, 비정규직의 정규직화, 근로시간 단축 등으로 기업부담이 가중되면서 일자리가 줄어들고 기업가정신이 위축되고 있다고 말한다. 학계에서도 검증되지 않은 정책으로 가보지 않은 길을 가고 있는 데 대한 불안과 우려의 목소리가 적지 않다.

반면 소득주도성장론자들은 최저임금 인상으로 인한 고용감소는 과도기적인 현상이고, 소득주도성장과 병행해 이뤄지는 혁신주도성장이 본궤도에 오르면 최저임금도 주지 못하는 한계기업은 구조조정되고 혁신기업들이 양질의 일자리를 만들어내면서 일자리와 소득과 성장이 선순환을 이루게 되는 시점이 머지않아 도래할 것이라고 낙관적으로 전망한다.

어떤 전망이 현실화될까? 그리고 진짜 문제는 무엇일까? 먼저 소득주도성장이 가보지 않은 길이라고 비판하는 것은 반론의 여지가 있다. 기존의 검증된 성장정책으로 성과를 거두지 못했다면 검증이 불완전한 정책이라도 시도해보는 게 필요하기 때문이다. 기업활동에서 기업가정신이 필요한 것처럼 정책실행에서도 기업가정신이 필요하다는 이야기다.

그동안 소득주도성장 정책이 전혀 없었던 것도 아니다. 자동차 생산에서 컨베이어벨트라는 획기적 혁신을 도입한 포드자동차는 다음해인 1914년 근로자들의 임금을 2달러에서 5달러로 2배 이상 올리는 파격적 조치를 통해 자동차 대중화시대를 열었다. 우리나라도 1980년대 저금리, 저유가, 저달러의 3저 호황과 함께 자동차, 가전제품, 기계, 철강 등 중화학 분야를 주력으로 한 고도성장기에 1987년 '노동자대투쟁'을 통해 임금이 대폭 인상되면서 마이카 시대가 열리고 일자리와 소득과 성장의 선순환이 이뤄졌던 경험이 있다.

현재의 소득주도성장 정책의 문제점은 임금은 상승하는데 고용은 늘지 않는데 있다. 임금이 오르면 고용이 감소하는 것은 시장의 기본원리이다. 그런데 감소한 고용이 새로운 일자리로 옮겨갈 수 있으면 전체 일자리는 감소하지 않는다. 그 새로운 일자리가 이전보다 임금수준이 높은 곳이면 고용도 감소하지 않고 소득도 올라가고 소득분배도 개선되어

소득주도성장이 실현될 수 있다.

일자리는 어떻게 만들어지는가? 새로운 창업이 이루어지거나 기존 기업들이 새로운 일자리를 만들어야 한다. 혁신주도성장이 필요하다는 것이다. 혁신주도 성장정책이 최저임금 인상으로 감소한 일자리만큼, 혹은 그 이상으로 일자리를 만들어낼 수만 있다면 소득주도성장 정책은 아무런 문제가 되지 않고 오히려 성장과 소득분배 개선의 두 마리 토끼를 동시에 잡을 수 있는 정책수단이 될 수 있다.

그렇다면 현실은 어떨까? 혁신주도 성장정책이 좋은 일자리를 충분히 만들어내고 있는가? 아쉽게도 현재까지는 그러지 못하다. 혁신주도 성장정책의 성과가 지지부진하다보니 기존 근로자들은 임금인상의 혜택을 보지만 부담이 늘어난 영세기업이나 자영업자들의 감량경영으로 고용과 소득분배 상황이 악화되고 있는 것이다.

해법은 간단하다. 혁신주도성장과 소득주도성장이 같은 바퀴로 굴러갈 수 있도록 하면 된다. 임금인상의 속도가 혁신의 속도보다 빠르면 고용감소가 일어날 가능성이 높아지고 임금×고용으로 계산되는 총소득은 정체되거나 감소할 가능성이 있다. 특히 우리나라처럼 영세기업의 비중이 높은 나라는 최저임금인상에 따른 비용부담과 고용감소의 충격이 더 클 수 있다. 이것이 소득주도성장 정책에 대한 회의와 비판으로 나타난다.

임금인상에 따른 충격을 최소화하기 위해서는 중소벤처기업의 창업과 혁신이 필수불가결하다. 대기업도 고용을 창출하지만 자본집약적 특성이 강해 투자 대비 고용창출의 성과가 기대에 미치지 못하는 경우가 적지 않다. 때문에 중소벤처기업의 역할이 매우 중요하다. 그런데 중소벤처기업의 창업도 생계형 창업이나 준비되지 않은 창업으로는 생존율도 높지 않고 성장도 제대로 이뤄지지 않아 신규고용창출에 기여하지 못하는 경우가 많다. 준비된 기술형 창업이 활성화되어야만 혁신주도성장이 이뤄지고 양질의 일자리가 만들어지면서 소득주도성장과 한 바퀴로 달릴 수 있다.

창업해 살아남은 기업도 지속적인 혁신이 필수불가결하다. 임금인상이나 근로시간 단축에 따른 부담을 상쇄할 수 있는 생산성 혁신이 없으면 성장은커녕 생존조차 장담할 수 없기 때문이다. 소득주도성장 정책이 성공하기 위해서는 제대로 된 창업과 지속적인 기업혁신이 반드시 병행되어야 한다는 사실을 머릿속 깊이 새겨둘 필요가 있다.

책 속의 메시지

소득주도성장 무엇이 문제인가?
문재인 정부의 소득주도성장 정책은 왜 이렇게 빈틈이 많았을까? 소득주도성장 정책을 만든 이들이 산업 구조조정과 산업생태계 재구성의 심각성 및 필요성에 대한 이해가 매우 빈곤했기 때문이다.
소득주도성장의 성과를 만들어내기 위한 공정경제와 혁신성장의 보완적 관계를 이해하지 못하고 양자를 파편적으로 이해한 것이다. 즉 공정경제와 가계소득을 강화시키면 혁신성장은 자연스럽게 수반될 것으로 생각했고, 공정경제와 가계소득의 강화가 어떻게 산업혁신을 만들어내고 산업 생태계의 재구성을 가져다 줄 것인지에 대한 논리는 결여되었던 것이다.
– 「이게 경제다」 최배근 · 쌤앤파커스, 2019

창업국가 만들어야
장인국가 일본을 이길 수 있다

한일 경제전쟁이 시작되었다. 제2차 세계대전, 6·25 전쟁, 미국·베트남 전쟁, 미국·이란 전쟁이 발발했던 것처럼, 그리고 가장 최근에는 미국과 중국의 경제전쟁이 발발한 것처럼 한국과 일본 사이에서도 총성만 들리지 않는 경제전쟁이 발발한 것이다.

징용공에 대한 대법원 판결로 국가간 약속이 깨진 것을 한일간 분쟁의 원인으로 지적하는 사람들이 많다. 징용공 판결이 한일간 전쟁의 명분을 주었다는 점에서는 맞다. 그러나 이것은 '울고 싶은데 뺨 때려준' 계기에 불과하다.

일본은 2000년대 이전만 해도 한국을 경쟁상대라기보다는 따라올 수 없는 격차가 있는 한수 아래의 나라로 대하는 인식이 강했다. 그런데 외환위기를 겪고난 이후 한국이 가전 조선 철강 자동차 반도체 등 핵심주력산업에서 일본을 따라잡거나 추월하면서 경계심이 크게 높아졌다. 특히 일본이 1990년대 이후 20년 장기불황을 겪으면서 이 기간동안 상대적으로 높은 성장세를 보여온 한국에 대해 경제력의 역전이 일어나고 일본에 위협이 될 수도 있다는 인식이 일본 우파세력에 싹트기 시작했다.

더구나 최근의 남북관계 및 북미관계의 진전은 통일한국, 혹은 남북간 연합에 의한 한국의 미래 성장전망을 크게 높인 반면, 이 과정에서 철저히 소외된 일본의 미래에 대한 일본 우파의 불안감을 크게 증폭시켰다. A급 전범자였던 기시 노부스케의 외손자인 아베 총리로 대표되는 일본우파는 기본적으로 한국은 식민지 지배를 받은 열등한 민족이고 일본은 식민지 지배기간과 전후에 걸쳐 한국의 경제성장과 근대화에 크게 도움을 주었기 때문에 사과는커녕 오히려 한국으로부터 감사의 말을 들어야 한다는 인식을 갖고 있다. 위안부나 징용공에 대해서도 식민지 지배가 불법이 아닌 합법이라는 인식하에 불법행위에 대한 개인적 배상은 할 수 없고 1965년의 한일청구권협정으로 모든 피해보상이 끝났다고 생각한다.

이런 상황에서 징용공에 대한 일본기업의 배상을 결정한 대법원 판결은 일본의 불법을 지적하고 추가적인 개인배상을 요구했다는 점에서 일본 우파가 받아들일 수 없는 것이었다. 특히 북미관계 개선 이후 북일관계가 개선되면 북한에 대해서도 식민지 지배기간의 피해에 대한 국가 간 보상과 개인적 배상의 문제가 논의될 수밖에 없는 상황이다. 따라서 한국과의 분쟁에서 밀리면 북한과의 협상에서도 크게 불리할 수 있다는 위기의식도 미국의 중재노력에도 불구하고 한국에 대한 강경한 태도를 꺾지 않은 한 요인으로 작용했다고 할 수 있다.

요컨대 아베총리와 일본 우파는 한국과 일본의 경제적 위상의 변화전망과 북한을 포함한 식민지 지배기간의 피해보상규모에 대한 예상되는 다양한 시나리오를 검토한 결과 이 시점에서 한국의 콧대를 꺾어놓지 않으면 안 된다는 인식을 공유한 것으로 보인다.

그렇다면 이런 일본을 상대로 우리는 어떻게 대응해야 할 것인가? 답은 간단하다. 우리의 실력을 길러 일본을 극복할 수밖에 없다. 어떻게 실력을 기를 것인가? 이에 답하기 위해서는 우리나라의 강점과 약점을 일본과 비교하여 살펴볼 필요가 있다. 일본이 절대우위를 갖고 경제보복의 무기로 사용한 소재부품기술 축적의 원동력은 어디에 있을까?

첫째는 '축적의 시간'이다. 기술력이 높은 일본의 소재부품기업은 대부분 100년에 가까운 업력과 함께 수십년에 걸쳐 기술축적을 해온 기업들이다. 이정동 서울대 교수가 말한 '축적의 시간'을 충분히 가졌다고 할 수 있다.

둘째 기업내 장기고용을 통한 '기술축적의 내부화'다. 일본의 근로자들은 한번 입사하면 정년 때까지 이직하지 않고 장인정신으로 한 우물을 파며 다른 기업이 모방하기 어려운 핵심기술을 축적하는 경우가 많다. 또 이직우려가 없는 장기고용관계에서는 인재육성투자도 활발하게 이루어져 기술수준의 레벨업이 지속적으로 이루어질 수 있었다.

셋째 기업간 협력이다. 일본의 중소기업들은 대기업과 장기적 협력관계하에서 기술전수 및 공동개발을 하고 수요처를 확보하는 경우가 많다. 중소기업간에도 광범위하게 조직되어 있는 협동조합 등을 통해 기술세미나 학습모임에 참가하여 기술수준을 높이는 노력을 하고 있다.

이러한 일본에 비해 한국은 어떠한가? 첫째 '축적의 시간'이 절대적으로 부족했다. 우리나라의 소재부품 중소기업의 업력이나 기술축적기간은 일본의 절반도 되지 않는 경우가 대부분이다. 첨단소재부품기술이 사람에 체화되어 수많은 시행착오를 거쳐 축적되는 기술의 특성상 '축적의 시간'의 부족은 결국 기술력의 취약으로 나타날 수밖에 없다.

둘째 잦은 이직에 의한 '기술축적의 비효율성'이다. 우리나라 중소기업 근로자들은 고용불안정과 저임금 때문에 이직이 많고 특정기업에 오래 머무르는 경우가 드물다. 그 결과 기술축적의 지속성과 효율성이 확보되지 못하는 경우가 적지 않다. 또 단기고용관계에서는 인재육성 투자도 이루어지기 어렵기 때문에 기술축적의 효율성은 더욱 낮아질 수밖에 없다.

셋째 기업간 협력의 취약이다. 우리나라 중소기업들은 대기업을 수요처로 하는 경우가 많으나 주로 가격경쟁력에 기반한 납품이 주된 형태로 기술전수나 기술공동개발 등의 협력관계는 취약한 경우가 많다. 중소기업간에도 협동조합 등의 협력조직이 취약하고 나홀로 경영, 독불장군식 경영의 경향이 강하다.

이렇게 한국과 일본을 비교해보면 한국의 부족한 점이 많아 극일이 쉽지 않을 것으로 보인다. 이런 현실에서 일본을 극복하기 위해서는 어떤 전략이 필요할까?

첫째 '축적의 시간'을 압축할 스피드 전략이 필요하다. 일본과 똑같은 시간을 투입하는 전략으로는 일본을 따라잡을 수 없다. 일본이 10년 걸려 달성한 목표라면 우리는 5년, 아니 1년 내에 달성할 수 있는 전략을 마련해야 한다. 그러한 전략으로는 '밤새워 일하기' 전략부터 '신바람나게 일하기'나 '스마트하게 일하기' 전략까지 다양한 형태가 있을 것이다. '신바람나게 일하기'나 '스마트하게 일하기'는 생산성을 높이는 개인과 기업의 혁신전략이기도 하다. '빨리빨리' 문화에 특별한 강점을 갖고 있는 우리나라는 이러한 스피드 전략을 고안하고 실행하는 데 총력을 기울여 '축적의 시간'을 압축하는 새로운 모델을 만들 필요가 있다.

둘째 부품소재기업으로 우수한 인재를 끌어들일 수 있는 전략이 필요하다. 기술축적은 결국 사람에 의해 이루어지는 것인만큼 우수인재의 확보와 육성이 매우 중요하다. 일본은 이 문제를 장기고용관계로 해결했지만 단기고용이 일반적인 우리나라에서는 다른 접근방식이 필요하다. 그것은 장기고용이 아닌 창업을 통한 미래비전 실현이라는 방식이다. 우수한 인재가 준비된 기술창업을 통해 기술도 축적하고 자신의 꿈도 실현해가는 방식이다. 일본이 기존기업에 들어가 장인정신으로 기술을 축적했다면 우리는 새로운 기업을 만드는 창업정신으로 기술을 축적하자는 것이다. 이를 위해 기술 잠재력을 갖고 있는 대기업 기술인재의 스핀오프 창업이나 대학이나 연구소 고급인력의 기술창업에 획기적 인센티브를 부여할 필요가 있다.

셋째 일본식 기업간 협력문화를 단기간에 형성하기 어렵다는 현실을 고려하여 기업간 협력 대신 기업이 자유로운 기업활동을 할 수 있도록 규제혁신에 총력을 기울일 필요가 있다.

이상의 논의를 요약하면 우리나라 기업이 일본을 극복하기 위해서는 일본의 축적의 시간, 장인정신, 기업간 협력을 뛰어넘는 스피드, 창업정신, 규제혁신의 전략이 필요하다. 이중에서도 가장 중요한 것은 창업정신이다.

창업정신은 '축적의 시간'을 압축하는 스피드와 기업가정신의 발휘를 극대화하는 규제혁신의 근간이 되는 것으로, 무에서 유를 창조하고, 12척의 배로 수백 척의 적을 섬멸할 수 있는 비장의 무기이기 때문이다. 창업정신으로 무장한 창업전사가 넘치는 창업국가가 되어야만 우리를 위협하는 장인국가 일본을 넘어설 수 있다.

책 속의 메시지

한국과 일본, 무엇이 어떻게 다른가?

'넓고 얕게' 무엇이든 '빨리빨리' 서두르고 비빔밥을 좋아하는 '흐름의 한국'은 정보기술이나 융합기술분야에서 강점을 보인다. 또 체면을 중시하는 한국은 '깊고 좁게' 장인정신으로 한 곳에서 오래 일하는 '축적의 일본'과는 달리 '내가 왜 이런 일을 하고 있나'라며 기회가 되면 직장을 옮기려는 경향이 강하다.

'축적의 일본'이 갖는 강점은 기계장비나 전통 산업 등에 있어 기술·지식·자본 축적이 잘 이뤄진다는 점이다. 반면 상황 변화에 대한 대응이 늦어 유연성이 부족하다는 점은 신속한 의사 결정을 필요로 하는 디지털 정보통신기술ICT 산업 등에서는 약점으로 작용한다.

-『흐름의 한국, 축적의 일본 : 한일 간 차이를 만드는 세 가지 축』국중호, 한국경제신문사, 2018

촛불혁명은
새로운 사회와 경제를 만드는
나라 재창업이다

 2016년 겨울, 추운 날씨에도 불구하고 수십만의 사람들이 거리로 나서서 촛불을 들었다. 그들은 박근혜대통령의 비선실세인 최순실과 그 주변세력들의 국정농단에 대해 "이게 나라냐?"라면서 분노와 탄식의 목소리를 쏟아냈다. 대통령지지율이 4%로까지 추락한 것에서 보는 것처럼 극소수의 수구세력을 제외하고는 보수와 진보가 한 목소리를 낸 촛불혁명으로 박근혜대통령은 국회에서 탄핵되고 헌법재판소에서 파면선고를 받았다.

 촛불에 담긴 수천만 국민의 메시지는 무엇이었을까? 플래카드, 피켓, 구호 등의 형태로 수많은 메시지가 쏟아져나와 개별적으로는 매우 다양하고 때로는 서로 모순되는 것들도 있을 것이다. 그래도 그중에 대부분의 사람들이 함께 공감하고 공유하는 부분이 있을 것이다. 그게 뭘까?

 먼저 "이게 나라냐"라는 외침은 제대로 된 나라를 만들어달라는 외침이었다고 할 수 있다. 달리 말하면 문제가 많은 나라를 재창업해달라는 것이었다. 무엇이 문제인가?

첫째 대통령이 자신의 직무를 아무도 모르는 비선에 맡겨 국정을 농단하게 만들었던 것이 문제라는 데는 대부분의 사람들이 동의했을 것이다. 수백명의 꽃다운 학생들이 속수무책으로 희생되는 세월호의 비극이 일어났는데도 반성하고 개선하는 노력을 하기는커녕 은폐하고 잘못을 반복하는 무책임하고 무능한 정부에 대한 분노도 많은 사람들이 공유했다.

둘째 비선실세 최순실의 딸 정유라의 부정입학과 "부모 잘 만나는 것도 실력"이라는 말에 상징되는 불공정한 사회를 더 이상 용납해서는 안된다는 인식도 대부분의 사람들이 공유했을 것이다. 기득권자의 갑질과 담합으로 '기울어진 운동장'에서 기업가정신보다는 이권이 앞서게 된 사회, 정치권과 재벌이 정경유착을 통해 기득권을 강화하는 사회, '무전유죄, 유전무죄'가 일상화되어 법치주의가 무너진 사회에 대한 분노도 있었을 것이다.

셋째 개천에서 더 이상 용이 나오지 못하고 가난이 대물림되는 사회, 가진 사람만 더욱 갖게 되어 갈수록 양극화되어 가는 사회와 이를 개선하지 못하는 무능한 정부에 대한 분노도 촛불을 든 사람들의 마음 밑바닥에 있었을 것이다. 열심히 노력했는데도 일자리를 찾지 못한 청년들, 노후대책도 준비되어 있지 않은데 일자리에서 밀려나는 베이비부머들, 무한경쟁으로 생존의 기로에서 팍팍하게 살아가는 자영업자들도 보다 따뜻한 경제와 나은 삶을 바라는 기대가 있었을 것이다.

이렇게 다양한 바람이 거대한 흐름이 되어 96%의 국민들이 박근혜정부에 등을 돌리고 탄핵으로 이어지면서 새로운 정부가 들어서게 되었다. 2017년 5월 출범한 새 정부의 문재인 대통령은 취임연설에서 다음과 같이 말했다.

〈국민께 드리는 말씀〉

…(앞부분 생략)…

존경하고 사랑하는 국민 여러분. 힘들었던 지난 세월 국민들은 이게 나라냐고 물었습니다. 대통령 문재인은 바로 그 질문에서 새로 시작하겠습니다. 오늘부터 나라를 나라답게 만드는 대통령이 되겠습니다. 구시대의 잘못된 관행과 과감히 결별하겠습니다. 대통령부터 새로워지겠습니다…(중략)…문재인과 더불어민주당 정부에서 기회는 평등할 것입니다. 과정은 공정할 것입니다. 결과는 정의로울 것입니다…(중략)…2017년 5월 10일 오늘 대한민국이 다시 시작합니다. 나라를 나라답게 만드는 대역사가 시작됩니다. 이 길에 함께 해주십시오. 저의 신명을 바쳐 일하겠습니다. 감사합니다.

문재인 대통령은 재창업하는 나라가 나아가야 할 방향을 "기회는 평등하고 과정은 공정하고 결과는 정의로울 것이다"는 말로 요약했다. 이를 실현하기 위한 구체적인 방법으로는 기회의 평등을 위해 기존의 주류 세력을 교체하고, 과정의 공정을 위해 누적된 적폐를 청산하고, 결과의 정의를 위해 분배를 중시하는 경제정책으로의 전환을 시도했다.

이러한 방향설정과 전환노력은 새 정부가 들어선 후 반환점을 돌고 있는 현 시점에서 어느 정도 성과를 거두었을까? 이에 대해서는 입장과 관점에 따라 다양한 평가가 가능하겠지만 여기서는 문재인 대통령이 제시한 재창업 방향, 즉 기회의 평등, 과정의 공정, 결과의 정의라는 관점에서 살펴보기로 한다.

첫째 기회는 평등해졌는가? 기존에 기회를 독식하고 적폐를 확대시켜온 주류세력은 교체되고 있는가? 정권의 요직은 산업화세력에서 민주화세력으로 교체되었다. 남북대결을 고집하던 세력도 평화공존세력으로 바뀌었다. 수많은 사람들의 희생을 통해 이룩한 민주화가 크게 후퇴하고 전쟁 일보 직전까지 갔던 한반도 상황을 염두에 둔다면 이것만으로도 큰 진전이라면 진전일 수 있다.

그러나 민주화세력은 그 이상은 나가지 못했다. 이미 기득권세대가 되어버린 386세대 민주화세력은 자녀세대인 청년세대에게 희망과 비전을 제시하지 못했다. 자신과 생각이 다르면 민주화세력이나 중도세력조차도 배척하는 독선적 행태를 보이는 경우도 적지 않았다. 또 민주화세력의 산업화세력에 대한 반감은 반기업적, 친노동적 성향으로 이어지면서 10%의 노조세력만을 대변하여 90%의 조직화되지 않은 중소기업 비정규직 노동자 및 자영업자들을 결과적으로 열악한 처지로 내모는 반진보적 모습을 보이기도 했다.

둘째 과정은 공정해졌는가? 그동안 우리나라는 압축성장과정에서 속도와 효율만 중시되어 과정의 공정은 그다지 문제삼지 않았다. 재벌대기업은 정치권력과 유착하여 사업기회와 경영승계에서 특혜를 받는 경우가 많았고, 슈퍼갑의 위치에서 계열기업에 대한 일감몰아주기나 거래중소기업에 대한 기술탈취, 과도한 단가압박 등을 하는 경우가 비일비재했다. 또 유력인사의 청탁이나 강성노조의 압박을 받고 불공정한 채용도 빈번히 이루어졌다. 나아가 이런 불공정거래를 감시하고 제재해야 할

공정거래위원회도 솜방망이 제재나 낙하산 취업에 의한 로비를 통해 기득권세력의 이익을 보호하는 행태를 보이는 경우가 적지 않았다.

과정의 불공정은 경제계뿐만이 아니었다. 정치, 행정, 사법, 교육 등 사회의 모든 분야에서 불공정이 만연했다. 정치에서는 선거에서 승리하면 독식을 할 수 있는 무소불위의 대통령 권한, 민의를 제대로 반영하지 못하는 국회의원 선출방식, 행정에서는 인허가권을 무기로 한 공무원 갑질, 효율과 혁신과는 거리가 먼 낙하산 인사, 사법에서는 상고법원 설치와 맞바꾼 재판거래, '무전유죄, 유전무죄'라는 말을 낳은 전관예우, 교육에서는 일류대학 진학을 위한 기득권층끼리의 특혜 품앗이, 드라마 '스카이캐슬'로 상징되는 교육을 통한 신분과 부의 세습 등이 많은 국민들에게 상대적 박탈감과 분노를 불러 일으켰다.

이러한 적폐는 이제 더 이상 용납할 수 있는 수준을 넘어섰고 성장의 걸림돌로까지 되어 버렸기 때문에 청산해야 할 필요성이 커졌다. 따라서 적폐청산을 국정의 최우선과제로 내건 문재인 정부는 다수 국민의 지지와 기대를 받을 수 있었다.

그러나 적폐청산이 사회 전 부문에 걸쳐 장기간 지속되면서 비판도 나오고 있다. 가장 대표적인 비판은 '내로남불_{내가 하면 로맨스, 남이 하면 불륜}'이다. 이러한 비판이 나오는 가장 큰 이유는 적폐청산이 누구에게나 적용되는 시스템이 아니라 추진세력의 자의적 기준으로 이루어지는 경우가 적지 않기 때문이다. 낙하산 인사를 예로 들면 전문성과 혁신성같은 시스템적 요소보다는 정권에 충성하는 인물을 임명하기 위해 '블랙리스트'나 '체크리스트' 같은 비시스템적 요소를 훨씬 더 중요시하는 것 등이다.

셋째 결과는 정의로워졌는가? 일자리가 없는 사람에게 일자리가 주어지고 소득분배가 개선되었는가? 교육기회가 평등하게 부여되고 노력만 하면 계층상승을 할 수 있다는 희망이 높아졌는가? 권력과 돈이 있으면 죄가 있어도 벌을 받지 않는 법치가 무너진 사회는 바뀌어가고 있는가? 많은 노력과 변화가 있었지만 체감현실은 그다지 긍정적이지 않고 일자리 문제와 소득분배에서는 오히려 악화되고 있는 면도 있다.

나라 재창업을 내건 문재인정부에 대한 종합적 평가를 국정지지도로 살펴보면 어떨까? 문재인 대통령의 국정지지율은 취임 직후인 2017년 5월 갤럽 84%, 리얼미터 79%로 시작했다. 이랬던 지지율이 2019년 8월에는 리얼미터 48%, 갤럽 48%로 상당폭 하락했다. 많은 노력을 했고 일부 성과도 있었지만 국민의 기대에는 아직 미치지 못하고 있다고 할 수 있다. 이렇게 된 이유는 무엇일까? 여기서는 이 문제를 우리나라 창업의 3대 문제점인 준비 안 된 창업, 생계자영업형 창업, 나홀로 창업이라는 관점에서 살펴보기로 한다. 나라 재창업에도 기업창업과 유사한 문제점이 있다고 생각되기 때문이다.

첫째 나라 재창업의 준비가 충분치 않았다. 원래 대통령선거는 2017년 12월에 예정되어 있었지만 박근혜 대통령 탄핵으로 5월로 앞당겨졌다. 예상치 못하게 빨리 집권여당이 된 더불어민주당은 촛불 이후의 나라운영에 대한 준비가 충분하지 않은 상태에서 '떠밀려 창업'을 하게 된 것이다. 그러다보니 나라 재창업을 통해 건설할 새 나라의 비전도 명확하지 않았고 비전을 실현할 전략도 엉성할 수밖에 없었다.

분야별로 보면 오랫동안 경험과 준비가 있었던 남북문제에서는 전쟁위험을 불식시키고 평화체제 구축을 향하여 큰 걸음을 내디뎠지만 준비가 부족했던 경제분야에서는 일자리문제와 소득분배가 개선되기는커녕 오히려 악화되는 성적표를 받았다.

둘째 혁신성과 시스템에 기초하여 세상을 바꾸어 나가는 혁신벤처형 창업이라기보다는 가족의 생계유지를 목적으로 근면성과 과거 경험에만 의존하여 버티는 생계자영업형 창업과 유사한 특성이 있다. 혁신벤처형과 생계자영업형을 가르는 기준은 사업의 목적과 전문성과 혁신성을 가진 인재 및 사업시스템의 존재 여부다. 역대 정부의 인사는 전문성과 혁신성보다는 충성심이 강한 사람에게 대선승리의 전리품을 자기편만의 생계나 권력이익을 챙겨주는 방식으로 이루어져왔다는 비판이 적지 않은데, 문재인 정부의 인사도 비슷한 비판을 받고 있다. 또 적폐청산이나 인사에서 '내로남불'이라는 지적이 나오고 있는데, 이는 국정운영이 시스템보다는 권한 담당자의 자의적 기준에 의해 이루어지고 있는 경우가 많기 때문이라고 할 수 있다.

셋째 나라 재창업의 목표를 달성하기 위해 다양한 세력의 힘을 모으기보다는 자기편만으로 해보겠다는 나홀로 창업의 특성이 보인다. 나라 재창업은 기존의 관행과 제도를 전면적으로 바꾸는 것이기 때문에 기득권자의 커다란 저항과 이에 따른 갈등이 불가피하다. 이러한 저항과 갈등의 비용을 최소화하고 한정된 기간 내에 나라 재창업의 목표를 달성하기 위해서는 다수 국민의 지지가 필수불가결하다. 다수 국민의 지지는 자기편만이 아닌 중도세력의 지지가 있어야 가능하다. 그런데 문재인 정부는 국정지지도의 하락에 나타난 것처럼 정책에서도 인사에서도 중도세력의 바람과 기대를 충족시키지 못했다.

이렇게 촛불혁명 이후의 나라 재창업이 준비되지 않은 창업, 생계자영업형 창업, 나홀로 창업의 특성을 갖고 있다면 중견기업이나 대기업, 100년기업과 같은 나라로의 성장은커녕 살아남는 것조차 쉽지 않을 수 있다. 그렇게 되지 않기 위해서는 지금까지의 나라 재창업 과정을 철저히 반성하고 혁신하는 제2창업 노력이 필요하다.

첫째 촛불혁명은 나라를 재창업하겠다는 선언과 선의만 갖고는 성과를 낼 수 없는만큼 나라 재창업의 준비되지 못한 부분을 지금이라도 보완할 필요가 있다. 문재인 대통령이 취임사에서 선언한 '기회의 평등, 과정의 공정, 결과의 정의'를 국민들에게 설득력있게 보여줄 수 있는 비전이 필요하다.

촛불혁명에 담긴 국민의 간절한 나라 재창업의 열망은 기회의 공평을 위해서는 일자리 국가 Job Korea 혹은 창업국가 Start-up Korea, 과정의 공정을 위해서는 오픈국가 Open Korea, 결과의 정의를 위해서는 상생국가 Win-Win Korea가 될 때 비로소 실현될 수 있다. 이런 국가비전을 국민에게 명확히 제시하고 일관되게 실천하는 정치 리더십이 무엇보다 절실하다.

둘째 자신과 자기편의 이익만을 챙기는 생계자영업형이 아닌 국민과 나라의 이익을 우선하는 혁신벤처형 나라 재창업이 될 수 있도록 혁신적 리더의 확보와 혁신시스템 구축에 총력을 기울여야 한다. 나라가 혁신적으로 재창업되기 위해서는 각 분야, 각 조직에 혁신적 리더가 배치되어야 한다. 나라 재창업의 주역인 전문성과 혁신성을 갖춘 혁신적 리더의 확보는 자기편의 인물만으로는 어려운 만큼 자기편이 아닌 사람도 포용할 수 있는 오픈 마인드가 필요하다.

또 혁신적 리더의 선발과 배치도 밀실에서 권력을 가진 실세의 자의에 의해서가 아니라 누구나 승복할 수 있는 공정하고 투명한 시스템을 통해 이루어져야 한다. 정책결정과정도 투명하게 공개되고 다수의 지혜를 모으는 오픈시스템이 구축되어야만 납득성과 참여도를 높여 좋은 성과를 낼 수 있다. 한마디로 오픈국가가 되어야 한다는 것이다.

셋째 자기편만의 독불장군식 나홀로 창업이 아닌 오픈 마인드로 널리 지지세력을 모으는 힘모아 창업이 되어야 한다. 예컨대 감당할 수 없는 수준의 최저임금 인상으로 600만 자영업자들이 등을 돌리게 해서는 안 된다. 10%에 불과한 조직 노동자의 요구만을 대변하다가 90%의 비조직 노동자의 설움을 깊게 해서도 안 된다. 열심히 노력했는데도 일자리를 구하지 못해 문재인 정부에 대한 지지와 기대를 거두려하고 있는 청년세대에 이명박 정부와 박근혜 정부하에서 교육을 잘못 받은 탓이라고 훈계하는 말도 안 되는 꼰대질을 해서도 안 된다.

산업화세력과 민주화세력도 서로 협력할 여지가 충분히 있다. 산업화세력은 새로운 회사와 새로운 일자리를 만드는 창업세력이고, 민주화세력은 새로운 사회를 만드는 창업세력이다. 촛불혁명 이후 현재의 창업세력은 새로운 일자리와 새로운 사회를 함께 만드는 창업세력이다. 새 회사를 만드는 창업은 제2의 새마을운동이라고 할 수도 있고, 새 사회를 만드는 창업은 제2의 민주화운동이라고 할 수도 있다. 창업이라는 화두로 산업화세력과 민주화세력의 접점이 만들어질 수 있는 것이다.

산업화세력과 민주화세력이 창업국가를 목표로 상생의 지혜를 나누고, 나아가 남한과 북한이 역시 창업을 화두로 상생의 비전을 마련하고 실현해간다면 우리나라는 다시 한번 커다란 도약의 기회를 맞이하면서 세계사에 유례없는 위대한 촛불혁명을 만들어낸 국민들의 바람에 부응할 수 있을 것이다. 그것은 또한 산업화와 민주화와 일자리 문제로 고민하는 세계 모든 나라에 지혜를 주는 모델로 창업한류의 거대한 물줄기를 만들어내는 시발점이 될 것이다.

책 속의 메시지

1960 4·19혁명, 1987 6월항쟁 그리고 2017 촛불혁명
한국현대사 30년 만에 도래한 '혁명의 시간'
전국 150여개, 세계 71개 도시에서 1700만 시민이 183일간 이어온 유례없는 겨울혁명, 평화혁명 그리고 승리한 혁명!
"우리가 손에 든 것은 촛불이었지만 우리 가슴에 든 것은 혁명이었다"(박노해)
— 「촛불혁명 2016 겨울 그리고 2017 봄, 빛으로 쓴 역사」
김예슬 글 · 김재현 사진 · 박노해 감수, 느린걸음, 2017

창업국가로 가는 길이
통일한국으로 가는 가장 빠른 길이다

2017년 말까지만 해도 한반도는 전쟁 일보직전의 위기상황에 있었다. 북한이 미국까지 날아갈 수 있는 대륙간탄도미사일 ICBM 화성 15호 발사에 성공하면서 안보에 위협을 받게된 미국이 북한 선제공격을 검토하는 상황에 이르렀기 때문이다.

일촉즉발의 이러한 위기상황은 2018년 북한의 김정은 국무위원장이 평창올림픽 참가의사를 밝히고 4월 남북정상회담이 열리면서 극적인 반전을 맞게 된다. 김정은 위원장은 남북정상회담에서 비핵화 의지를 밝히고 미국과의 협상을 희망한다는 메시지를 던졌다. 문재인 대통령은 김정은 위원장의 이러한 희망을 트럼프 미국 대통령에게 전달하고 북미정상회담 개최를 승낙받는 결정을 이끌어냈다.

그러나 이어진 실무자 협상과정에서 북한 고위관리의 미국 비판을 문제삼아 트럼프 대통령이 정상회담 약속을 취소하는 돌발사태가 일어났다. 이에 다시 문재인 대통령이 김정은 위원장과 판문점에서 긴급히 만나 회담을 예정대로 개최하도록 중재하였고 그 결과 2018년 6월 23일 싱가포르에서 역사적인 제1차 북미정상회담이 열리게 되었다.

이 회담에서 북한과 미국은 4개항에 합의했지만 비핵화의 실질적 협상은 다음 회담으로 넘겨졌다. 이어진 실무자협상에서 제2차 북미정상회담은 베트남 하노이에서 개최하는 것으로 결정되었고 북한과 미국은 비핵화의 방식을 놓고 줄다리기를 벌였다. 실무자협상은 외견상 비교적 순조롭게 진행되는 듯했고 정상회담에서 좋은 합의결과가 나오면 북한과 미국 사이에 평화체제가 구축되고 북한제재가 완화되면서 남북경협도 급물살을 탈거라는 낙관적 전망이 지배적이었다.

그러나 다시 한번 예상치 못한 반전이 일어났다. 단계적 비핵화와 일부 제재완화를 요청한 김정은 위원장에게 트럼프 대통령이 완전한 비핵화와 전면적인 제재완화를 교환하는 빅딜카드를 제시하면서 회담이 결렬된 것이다.

이상으로 간략하게 비핵화를 둘러싼 한반도 상황의 흐름을 살펴보았지만 여기에서 알 수 있는 것처럼 남북관계는 언제 어떤 반전이 있을지 모르는 롤러코스트 같은 상황이라고 할 수 있다. 따라서 우리는 남북관계에서 최선의 시나리오와 최악의 시나리오 모두 상정하고 대비하지 않으면 안 된다.

먼저 최선의 시나리오부터 살펴보자.

2018년 시작된 남북정상회담, 북미정상회담 등은 몇 차례 우여곡절 끝에 성공적으로 타결된다. 수년에 걸쳐 북한의 비핵화가 검증되고 대북제재도 중단된다. 개성공단사업과 금강산개발이 재개되고 북한의 5대 경제특구와 22개 경제개발구에 남한기업뿐만 아니라 세계 여러 기업들이 진출한다. 막대한 매장량의 북한 지하자원 개발이 이루어진다.

유라시아 철도 개발이 이루어지면서 서울역을 출발해 평양역을 거쳐 러시아 유럽으로 연결되는 남북철도와 대륙철도가 연결된다. 평양에 스마트시티가 건설되고 세계 최초로 자율주행차 운행이 이루어진다. 북한의 관광시장이 개방되면서 전 세계에서 관광객이 몰려온다. 남한과 북한 합쳐 인구 1억의 새로운 시장이 탄생한다.

북한과 인적교류가 이루어지면 노동력 부족문제가 해결되고 고령화된 인구구조도 개선된다. 남북한과 중국, 러시아의 공동 동북아 개발로 동북아 경제공동체 구상도 탄력을 받는다. 전쟁위험국가로 인식되어 '코리아 디스카운트'를 적용받던 한국이 통일되면 2050년엔 국민 소득 8만 7000달러로 미국에 이어 세계 2위가 된다(골드만삭스 보고서).

이런 최선의 시나리오가 전개된다면 우리는 어떻게 해야 할까? 그냥 특별한 준비 없이도 주어진 기회만 잘 활용하면 좋은 성과를 올릴 수 있을까? 우리는 같은 언어를 쓰고 같은 민족이라는 이유로 우리나라가 북한과의 협력에서 당연히 최우선순위에 있을 것으로 생각한다. 그러나 상황은 그리 간단치 않다. 우리나라 외에도 북한에 투자할 의사가 있고 능력이 되는 나라가 적지 않기 때문이다.

먼저 북미관계가 호전된다면 막대한 자본과 숙련된 기술을 갖춘 미국의 기업들이 북한투자에 적극적인 관심을 가질 것이다. 이미 세계 3대 투자자로 탁월한 성과를 보인 미국의 짐 로저스가 대북제재만 풀리면 전 재산을 북한에 투자하겠다고 선언했다. 중국정부는 자국기업인을 소집해 북한의 개혁개방에 대비해 북한에 대한 투자를 선제적으로 실행하라고 독려하고 있다고 하는데, 특히 북한의 지하자원개발에 무척 적극적이다.[72] 또 일본이나 러시아, 유럽국가들도 세계경제가 불황에 빠져 있는 상황에서 천금같은 기회가 될 북한투자에 적극적으로 나설 것이다.

북한 입장에서는 이렇게 밀물처럼 밀려올 투자제안 중에서 자신에게 가장 이득이 큰 투자자를 선택하려고 할 것이다. 같은 민족으로 같은 언어로 같은 땅에 사는 우리나라가 유리한 점도 많겠지만 절대적인 것은 아니라는 것이다. 우리나라가 북한과 경제협력이라는 기회를 남북 모두에게 경제번영을 가져다주는 성과로 만들기 위해서는 몇 가지 준비해야 할 것들이 있다.

첫째 투자대상인 북한을 제대로 알고 준비해야 한다. 북한이라는 나라는 알려진 게 거의 없는 미지의 신대륙과 같다. 자본주의를 해본 경험도 없다. 이런 나라에 투자를 한다는 건 완전히 새로운 시장에서 새로운 사업을 벌이는 창업에 다름 아니다.

창업의 성과는 창업자의 역량에 따라 크게 달라진다. 우리나라 창업자들은 미국이나 중국, 일본, 러시아, 유럽의 쟁쟁한 창업자들과 경쟁해 승리할 수 있는 기업가정신과 경영역량을 갖추고 있는가? 창업 1세대에 비해 기업가정신과 경영역량이 형편없이 추락해버린 창업 3~4세대의 재벌 대기업과 제대로 성장하지 못하고 영세기업 수준에 머물러 있는 중소벤처기업들이 북한투자라는 진검승부의 장에서 세계의 탁월한 창업자들과 경쟁하여 승리할 수 있느냐는 것이다. 본격적인 북한투자에 대비해 창업자 역량에 대한 냉철한 진단과 부족한 부분에 대한 철저한 보완 노력이 필요하다.

둘째 북한투자 경쟁에서 승리하기 위해서는 다른 나라와 차별화된 혁신적 투자전략이 필요하다. 우리는 북한투자라고 하면 보통 남한의 자본과 북한의 노동력을 결합하는 개성공단 모델을 생각한다. 이러한 모델은 남북한 경제협력의 초기단계에서는 유효하겠지만 노동력에 의존하는 단순 임가공형태의 제조방식은 머지않아 세계시장에서 경쟁력을 상실하기 때문에 지속가능성이 없다.

또 인프라 건설 및 산업협력에서 한국과 중국이 경쟁하게 된다면 한국이 비교우위를 가지는 부문이 그리 많지 않은 것이 현실이다. 예를 들어 북한에 고속철도를 놓을 경우 세계에서 가장 긴 고속철도의 시공경험과 운영노하우를 갖고 있는 중국은 가장 강력한 경쟁자다.

아울러 북한이 우리가 추진하는 남북협력방식을 그대로 받아들일 것인가도 의문이다. 따라서 무엇보다 북한의 특성과 상황에 적합한 투자전략을 수립할 필요가 있다. 북한을 단순히 개발의 대상으로만 보지 말고 북한의 입장에서, 그리고 북한주민들에게 가장 적합한 것이 무엇인지를 고려해야 한다.[73] 중국이나 베트남의 성장과정과 같은 개발도상국 발전방식을 그대로 따라하기보다는 우리나라와 전혀 다른 규제환경이나 미래의 산업구조 변화를 염두에 두고 오히려 남한보다 앞선 첨단기술을 북한에 도입하는 등의 혁신적 투자방식을 적극적으로 검토할 필요가 있다.

셋째 경제가 개방되어 본격적으로 자본주의와의 접목이 시작되고 무수한 기업이 새로이 생겨날 북한에 시행착오를 최소화할 수 있는 창업모델을 제시하는 것도 중요하다. 첫 출발이 이후의 경로를 결정짓는 경우가 많기 때문이다. 북한의 창업모델은 우리나라가 겪고 있는 창업의 문제점인 준비 안 된 창업, 생계형창업, 나홀로 창업이 아닌 준비된 창업, 혁신형 창업, 힘모아 창업이 원활히 이루어지는 방향으로 제도설계와 창업교육과 정책지원이 대폭 강화될 필요가 있다.

다음에는 남북관계의 최악의 시나리오에 대해 살펴보자.

비핵화에 대한 미국과 북한의 접근방식이 접점을 찾지 못하고 협상이 결렬되면서 미국과 북한의 대립이 격화된다. 유엔의 대북제재 강도는 더욱 높아져 북한경제는 심각한 위기에 빠지고 제2의 '고난의 행군'을 겪는다. 탈출구가 없는 북한은 핵무기를 앞세워 남한과 전 세계를 향해 공포분위기를 조성한다. 남한도 남북한 전쟁위기 고조와 내부갈등, 중국의 추월 등으로 경제성장률이 0%대로 떨어진다(OECD 전망).

통일되지 않은 남한은 거대한 '양로원'이 될 것이다(짐 로저스 예측). 북한에서 급변사태가 일어나면 한반도 긴장이 고조되어 '코리아 디스카운트'가 커지고 외국인 자금이 이탈하면서 신용위기가 발생한다. 북한체제가 안정을 회복하지 못하고 붕괴 위험에 내몰리면 대규모 탈북자나 난민이 발생한다. 북한체제가 와해되어 한국이 흡수통일에 나서게 될 경우에도 최소 60조원(500억달러)에서 최대 6000조원(5조 달러)에 이르는

1998년 6월 83세의 나이에 500마리의 소를 트럭에 싣고 방북하여 분단의 벽을 허물고 남북화해와 평화의 새로운 길을 개척한 정주영 창업자
사진출처 : http://www.joongdo.co.kr/main/view.php?key=20190816010005422

막대한 통일비용이 소요되어 나라경제와 국민의 삶이 상당기간 고통을 겪는다.[74]

이런 최악의 시나리오가 현실이 된다면 우리에게는 어떤 일이 벌어질까? 가장 먼저 예상할 수 있는 것은 남북한 모두 일자리 문제가 훨씬 더 심각해질 것이라는 것이다. 성장도 안 되고 신용위기가 발생하고 탈북자나 난민이 몰려오는 상황에서 일자리가 제대로 만들어질 리 없기 때문이다. 일자리가 없으면 사회는 더욱 불안정해지고 투자는 더욱 축소되고 일자리는 더욱 줄어드는 악순환이 발생할 것이다.

이런 상황을 예방하기 위해 무엇을 어떻게 해야 할까? 최악의 상황에 맞서 싸울 준비된 창업전사가 있다면 돌파구를 찾을 수 있지 않겠는가? 준비된 창업전사는 위기에서도 기회를 발견하는 사람이다. 따라서 최악의 상황에서도 창업기회를 발견하여 일자리를 만들어내지 않겠는가? 준비된 창업전사들이 서로 힘을 모은다면 창업성공을 통해 일자리를 만들어낼 확률은 더욱 높아지지 않겠는가? 그러나 반대로 일자리가 없는 상황에서 일자리를 찾아 취업에만 목매고 있는 사람뿐이라면 실업자만 넘치고 희망이 없는 나라가 될 것이다.

요컨대 남북관계에서 최상의 시나리오가 일어나든 최악의 시나리오가 일어나든 기회를 발견하고 위기를 극복할 수 있는 길은 창업, 그것도 준비된 창업, 혁신형 창업, 힘모아 창업밖에 없다는 것이다. 남북이 경제협력의 성과를 극대화하고 통일비용을 최소화하고 통일편익을 최대화하는 가장 좋은 방법은 우리 스스로를 창업국가로 만드는 것이다. 창업국가로 가는 길이 통일한국으로 가는 가장 빠른 길이다.

책 속의 메시지

한반도는 앞으로 '세계에서 가장 자극적인 장소'가 된다
북한은 앞으로 두 자릿수로 성장한다.
한국의 저출산 고령화 문제는 북한의 개방으로 해결된다.
남북이 통일되면 한국 경제가 안고 있는 문제는 전부 해결된다.
한반도는 앞으로 '세계에서 가장 자극적인 나라'이자 '5년 후에 아시아에서 가장 행복한 나라'가 될 것이다.
— 『세계에서 가장 자극적인 나라』 짐 로저스, 살림출판사, 2019

2장

창업이
두렵고 어렵다고?

창업에
목숨을 걸라고?

창업이란 말을 들으면 사람들은 어떤 생각을 떠올릴까? 꿈, 열정, 자유, 대박과 같은 긍정적인 단어를 떠올리는 사람도 있겠지만 실패, 신용불량, 패가망신, 쪽박과 같은 부정적인 단어를 떠올리는 사람도 적지 않을 것이다. 창업은 무한한 기회가 주어지는 신천지로 가는 길이기도 하지만 돌아올 수 없는 나락으로 떨어지는 길일 수도 있기 때문이다.

창업 경험자나 멘토들은 신천지로 가는 길보다는 나락으로 떨어지는 길을 더 강조하는 경향이 있는 것같다. 창업을 해서 성공하기가 쉽지 않음을 경험으로 잘 알기 때문일 것이다. 그래서 "창업을 하려면 목숨을 걸어야 한다"라고 조언하기도 한다. 벤처기업의 효시이자 대부였던 미래산업의 정문술 회장은 2016년 펴낸 회고록 『나는 미래를 창조한다』에서 이렇게 썼다.

나는 "벤처를 하려면 목숨을 걸어라"는 말을 입버릇처럼 한다. 그때마다

나는 단순한 단어로서의 '목숨'이 아닌 '진짜 목숨'의 무게를 느낀다. 그러고는 홀로 어머니를 추모한다. 어머니는 나를 먹이고 가르치겠다는 확고한 목적 하나에 목숨을 걸고 앞길을 개척했다. 일단 목숨을 걸고 나면, 어떤 상황에서도 낙담할 일이 없어지고 무서운 추진력이 생기게 마련이다. 그렇게 다져진 승부 근성과 도전정신이야말로 내가 인정하는 진짜 벤처 마인드다.[1]

공무원에서 해직된 뒤 퇴직금으로 벌인 사업이 거덜났고, 미래산업 창업 후에도 반도체 장비의 국산화에 도전했다가 실패하여 바닥까지 갔던 경험에서 나온 조언이다.

벤처만 그런 것이 아니다. 음식점을 개업하여 나름 성공과 작은 실패의 경험을 쌓고 수백여 곳의 자영업 창업 컨설팅을 했다는 창업전문가 신창식은 생계형 창업자들을 대상으로 쓴 『창업, 죽을 각오가 아니면 시작도 하지 마라』라는 책에서 가장 최선은 창업하지 않는 것이지만 창업 외에 다른 길이 없다면 죽을 각오로 준비해야 한다고 말한다.

스타 개그맨으로 사업에 뛰어들었지만 피자집, 고깃집, 라이브 카페 등 도전했던 사업마다 번번이 실패하다가 중국음식점 사업으로 기사회생하여 성공사업가가 된 김학래도 "창업은 목숨을 걸지 않으면 실패할 수밖에 없다"고 말하고 있다.[2] 또 목숨을 걸라는 조언을 직접적으로 하는 것은 아니지만 "한강을 갔다", "신체포기각서를 썼다" 등등 목숨을 걸고 했다는 창업성공사례는 넘치도록 많다.

이렇게 창업이 목숨을 걸 정도의 일로 묘사되다보니 창업에 대한 생각은 별로 긍정적이지 못하다. 경제협력개발기구OECD의 『중소기업 경영환경 보고서』에 따르면 한국은 창업을 긍정적인 기회로 보는 「창업기회

인식 조사」에서 2014년 기준 12.7%로 34개 회원국 중 꼴찌에서 두 번째인 33위를, 그리고 창업실패에 대한 두려움 지수는 10명 중 4명 이상이 실패를 걱정해 창업을 꺼리고 있다고 답변해 그리스, 일본 등에 이어 7위를 기록했다.

그러나 정말 창업하려면 이렇게 목숨을 걸어야 할까? 다음 이야기들을 들어보자.

〈사례〉

　　10여 년 전 저는 너무너무 가난했어요. 악착같이 돈을 모아서 지하방을 탈출하겠다는 생각으로, 3년 동안 죽자살자 일만 해서 3천만원을 모았어요. 그런데 그 돈을 영화처럼 사기를 당해 날려버렸어요. 더욱 절박해져서 직장만 다녀서는 안되겠다 싶어 퇴근 이후에 할 수 있는 것은 모두 했어요. 과외, 대리운전 등 할 수 있는 건 다했던 것 같아요. 그 때 서점에서 우연히 온라인으로 상품을 판매하는 방법에 대한 책을 만나게 되었어요. 책을 읽어보니 나도 간단하게 할 수 있겠구나 하는 생각이 들었어요. 바로 동대문 시장으로 가서 모자를 1만원씩 주고 3개를 구입했어요. 금요일에 사서 토요일에 작업하고 월요일부터 팔기 시작했는데 갑자기 하나씩 팔리는 거예요. 너무 신났지요. 겨울 되니까 아내가 아이 발이 시리다고 부츠를 사 신기자고 하더군요. 사는 김에 몇 개 더 사서 사진을 찍어 사이트에 올렸어요. 잘 팔리더군요. 그 일이 온라인 판매에 눈을 뜨는 계기가 되었지요.[3]

화장실도 없는 낡은 건물 앞에 있는 주차장을 빌려 사업을 시작하여 현재는 국내외에 자체 생산라인을 갖고 롯데, 신세계, 현대백화점 등에도 입점할 정도로 성장한 유아동 전문기업 오즈키즈 최철용 대표의 이야기다.

〈사례〉

공부를 하려고 대학원 입학하고 나서 회사에 사직서를 냈죠. 그러고는 디자인 잘하는 친구들과 함께 5명이 모여 공동으로 창업했어요. 대학원에 들어갈 때쯤 토이 프로젝트 개발자의 장난 프로젝트로 시작한 게 '배달의민족'이에요. 2009~2010년에는 앱스토어 붐이어서 개인들, 심지어 고등학생이 만든 서울 버스라인 앱도 화제가 되고 그랬잖아요. 저의 배민도 그런 앱 중 하나였어요. 창업이라고 볼 수도 없고 스마트폰이 더 보급되면 이런 게 있으면 좋겠다고 생각하면서 만들었어요. 사업이라고 전혀 생각 안 하고 학교 다니고 회사 다니면서 일하다가 벤처캐피털을 만나면서 투자를 받고 본격적으로 창업을 하게 됐죠.[4]

2010년 커피숍에서 무자본창업으로 배달앱을 만들어 월 이용자수 1천만명, 연 거래액 5조원을 넘는 성장신화를 만들어내고 창업 9년만에 4조 7천억원의 기업가치를 인정받고 독일기업에 매각된 한국의 대표 스타트업 배달의민족 김봉진 대표의 이야기다.

〈사례〉

김준호씨는 친구와 함께 푸드트럭에서 스파게티 등 이탈리아 음식을 만들어 파는 사업을 하기로 했다. 하지만 막상 사업을 시작하려고 하니, 트럭 대여 외에도 식자재 준비, 메뉴 개발, 음식 이동, 트럭 관리 등 해야 할 일이 한 두

가지가 아니었다. 고민 끝에 김씨는 공유주방업체를 이용하기로 했다. 업체에서 제공한 공유주방에서 두달 동안 여러 가지 음식을 만들어보고 최종 메뉴를 결정했다. 트럭에서 하기 힘든 식재료 손질, 식재료 보관 등도 모두 공유주방에서 해결할 수 있었다. 김씨는 "필요한 시간만 주방을 빌릴 수 있어 좋다. 공유주방에서 식재료 손질을 하고 푸드트럭에서 조리를 한다. 식재료·포장재료 등 보관해야 할 짐이 많은데 냉장고, 냉동고, 창고 등을 이용할 수 있다는 점도 편리하다"고 말했다.[5]

억대의 비용이 들어가는 개별점포 창업 대신 공유주방을 활용하면 10분의 1의 비용으로 조리공간, 배달 인프라를 사용할 수 있고 홍보, 회계, 세무 등 경영서비스까지 받을 수 있다. 음식 솜씨만 좋으면 목돈 없이도 월세만 내고 공유주방을 활용해 돈을 벌 수 있는 것이다.

어떤가? 창업이 정말 목숨까지 걸어야 할 일이라고 생각되는가? 제대로 준비를 안 하면 물론 창업은 어려운 일이겠지만 준비만 제대로 한다면 생각보다 가벼운 마음으로 도전해볼만한 일이라고 생각되지 않는가?

책 속의 메시지

삶의 방식을 재발견하고 새로운 미래를 창조하는 법
누군가에게나 한 가지는 잘하고 좋아하는 것이 있다. 그리고 자신이 좋아하는 것에 대한 열정은 제대로 된 비즈니스 모델과 만나면 성공적인 사업이 될 수 있다. 세계 175개국에서 100달러 이하 소자본으로 창업해 연간 5만 달러 이상 소득을 내는 개인 사업자들의 성공비결은 '자기가 잘하는 일'을 찾아, '다른 사람이 원하는 것'과 접목하고, 그 대가로 '합당한 금액을 받아내는 것', 세 가지다.
- 『100달러로 세상에 뛰어들어라 : 금수저 없는 당신이 스스로 일자리를 만드는 법』
크리스 길아보, 더퀘스트, 2015

창업은
전업으로만 해야 한다고?

　창업이 쉽지 않지만 목숨을 걸어야 할 정도의 일은 아니라는 것은 이제 알겠다. 그러나 쉽지 않은 일이다보니 전업으로 올인해야 성공할 수 있지 않겠느냐라고 생각할 수 있다. 그러나 이러한 생각 역시 최근의 창업환경에서 많이 바뀌고 있다. 패트릭 맥기니스는 『나는 직장에 다니면서 12개의 사업을 시작했다』라는 책에서 "미래가 불안하다면 사표 대신 사업을 준비하라!"고 말한다. 맥기니스는 2008년 금융위기로 갑작스럽게 좌천당하는 상황에 처하며 자신의 미래를 책임지지 않는 현재의 직장에 운명을 걸지 않기로 결심하고 직장을 다니면서 사업을 시작했다. 그는 매달 들어오는 월급과 안정된 근무환경을 포기하지 않고, 자신이 가진 자원의 10%만을 투자하여 사업 시작 5년 만에 12개의 사업체를 거느리는 사업가가 되었다.

　어떻게 그렇게 할 수 있었을까? 그가 타고난 사업가여서 가능했던 건 아닐까? 그는 누구나 사업가가 될 수 있다고 말한다. 모든 것을 다 갖추고 사업을 시작하는 사람은 없고 어떤 요소가 부족하다면 다른 측면에서 좀더 기여하는 식으로 부족한 부분을 메우면 된다고 한다. 시간이나 기술, 지식이 없다면 자금만, 자금이 없다면 시간과 기술을 투자하는 형식으로 사업이 가능하다는 것이다. 그는 전업으로 사업에 전력투구하지 말아야 할 이유로 다음 5가지를 들고 있다.

첫째 일상생활이 엉망이 된다. 둘째 경제적 파탄에 빠지기 쉽다. 셋째 보장된 지위가 없으면 주변 사람들에게 홀대받는다. 넷째 좋은 사업아이디어가 없다. 다섯째 실패는 쓰다.

그는 직장과 사업을 병행할 수 있는 모델로 신생벤처에 창업자금을 지원하는 엔젤형, 자금 대신 경험이나 전문지식을 제공하고 대가를 받는 고문형, 직접 사업을 운영하는 창업자형, 본업으로 하는 것은 아니지만 자신의 관심사에 시간과 에너지를 투자하는 마니아형, 본업과 부업을 병행하는 110%형 등 5가지를 제시한다.

창업할 때 직장을 계속 다니면서 하는 게 나을까, 아니면 그만두고 전업으로 하는 게 나을까? 미국에서 1994년부터 2008년까지 기업가가 된 5000명을 추적한 연구결과에 따르면, 대부분의 사람들은 위험을 무릅쓰고 창업에 전념한 사람들이 분명히 유리할 것이라고 예측했지만, 정반대로 직장을 계속 다닌 창업가들이 실패할 확률이 직장을 그만둔 창업가들이 실패할 확률보다 33%나 낮은 것으로 나타났다.[6]

스웨덴의 폴타 교수도 기업가정신의 최근 트렌드로 사업 실패 가능성을 줄이는 '하이브리드 기업인'이 나타나고 있다고 말한다. '하이브리드 기업인'이란 직장에 다니면서 동시에 창업도 하는 사람들인데, 직장을 그만두고 바로 창업하는 것보다 직장을 다니면서 '하이브리드 창업'

을 거친 후 창업하면 생존확률이 높다는 게 연구 결과다.[7]

실제로 많은 성공 스토리 중에는 회사를 다니면서 창업을 병행한 사례가 적지 않다. 창고창업의 전설이자 신화인 애플은 아무 것도 없이 창고에서 그냥 시작한 것이 아니라 스티브 워즈니악이 휴렛패커드[HP]라는 매우 탄탄하고 안정적인 회사를 다니면서 만든 것이다. 그가 스티브 잡스와 함께 애플을 창업한 것은 1976년이지만 1977년까지는 계속 HP의 엔지니어로서 일하면서 사업을 발전시켜 나갔다. 네이버의 창업자들도 1997년 삼성SDS 사내벤처로 시작하여 1999년에야 독립하여 본격적으로 사업을 시작했다.[8]

최근에는 유튜브를 통한 겸업창업이 크게 늘고 있다. 유튜브는 차별화된 콘텐츠만 있으면 돈이나 특별한 준비 없이도 곧바로 사업을 시작할 수 있는 플랫폼으로 직장을 다니면서 부업으로, 혹은 미래창업의 준비과정으로 뛰어드는 사람이 많아지고 있다. 게임해설로 '인터넷 방송계의 유재석'으로 불리며 채널 구독자수 170만 명, 연수입 16억원에 이른다는 유튜버 '대도서관'은 직장을 그만두고 전업 유튜버만 하겠다는 이들에게 다음과 같이 말한다.[9]

"절대 직장 그만두지 마세요. 편집 방송은 직장생활과 병행 가능합니다. 옛날에도 직장 그만두고 주식만 하겠다는 분들이 있었어요. 유튜브도 마찬가지입니다. 인생 모든 걸 다 거는 순간 불안해서 아이디어가 나오지 않아요. 그럴 필요도 없습니다. 설렁설렁 취미로 시작해보세요."

유튜브는 또한 창업에 필요한 비용이 매우 적고 최소요건을 갖추면 수익도 기대할 수 있을 뿐만 아니라 점포가 필요 없이 전 세계 시장을 대상으로 마케팅을 할 수 있다는 점에서 지금까지의 오프라인 점포 중심, 제품 중심, 내수 중심의 창업관행을 온라인 중심, 서비스 중심, 글로벌 시장 지향의 창업관행으로 지각변동을 일으키는 핵심동력이 될 것으로 보인다.

어떤 형태이든 단순히 조금 돈을 더 번다는 부업차원을 넘어 싫든 좋든 언젠가는 해야 할 수밖에 없는 창업에 도움이 되는 일을 선택하여 리스크도 줄이고 경험도 쌓으면서 준비된 창업으로 만들어가는 지혜가 필요하다.

책 속의 메시지

출사표는 쓰되 사표는 쓰지 말자
사표냐 창업이냐로 고민한다면, 해답은 N잡러.
N잡러는 생계유지는 본업으로 하고, 재미와 자아실현은 다른 직업에서 찾는 사람들이다. 이 일로 반드시 돈을 벌어야겠다는 야심이 없으니까 절박하지 않고, 절박하지 않으니까 마음껏 창의력을 발휘할 수 있다. 창의력을 발휘하니까 '뜻하지 않게' 돈을 벌거나 새로운 커리어가 생긴다. 직장, 학교 다 때려치우고서 '내 모든 인생을 걸고' 비장하게 시작해서는 될 일도 안된다. 1인 브랜드로 일을 시작한다는 건 모든 인생, 모든 재산을 다 거는 게 아니라 그저 일상을 조금 변화시키고 확장하는 것이다.
- 「유튜브의 神 : 1인 크리에이터들의 롤모델 대도서관이 들려주는 억대 연봉 유튜버 이야기」 대도서관, 비즈니스북스, 2018

취업보다
창업이 어렵다고?

취업과 창업 중 어느 것이 더 어려울까? 100명 중 99명은 창업이 더 어렵다고 말하지 않을까? 취업은 노력해도 일자리를 갖지 못하는 사람이 있긴 하지만 졸업생 취업률이 적어도 60% 이상은 된다. 반면 창업은 통계청의 「2018년 기준 기업생멸행정통계」에 의하면 1년 생존율이 65.0%, 5년 생존율은 29.2%에 불과하다. 또 창업은 기술, 인력, 자금, 판로, 회계, 세무 등 알아야 할 게 너무 많은데 취업은 영어, 전공, 자소서 등에만 신경 쓰면 될 것처럼 생각되기 때문이다.

그러나 조금 관점을 달리하면 생각이 달라질 수 있다. 청년들이 모두 가고 싶어하는 대기업이나 공무원에 취업할 확률과 창업에 성공할 확률을 비교해보면 어떨까? 2018년도 국가공무원 9급 공채시험은 4953명을 선발하는 데 20만 2978명이 지원하여 경쟁률이 41 대 1, 7급 공무원은 770명 선발에 3만 6662명이 지원해 47.6 대 1의 경쟁률을 기록했다. 공무원시험을 준비하는 공시생 중 국가공무원 합격자 비율은 2% 정도에 불과한 셈이다.

　대기업 취업도 비슷하다. 한국경영자총협회가 실시한 「2017년 신입사원 채용실태 조사」 결과에 따르면, 대졸 신입사원의 취업 경쟁률은 평균 35.7 대 1로 채용 전형에 100명이 지원할 경우 2.8명 정도가 합격한 것으로 나타났다.[10] 이런 경쟁률을 보고도 취업이 창업보다 더 쉽다고 할 수 있을까?

　게다가 여기서의 취업과 창업의 성공확률은 준비 정도를 고려하지 않은 결과만의 비교이다. 공무원 시험과 대기업 시험에 합격하기 위해 얼마나 많은 준비를 했을까? 대학 4년은 물론 그 이전의 모든 학업과정도 취업을 위한 준비기간이라고 할 수 있다. 반면 창업은 준비기간이 1년도 채 되지 않는 경우가 많다. 만약 창업의 준비기간을 취업의 준비기간과 동일하게 한 후 성공확률을 비교해보면 어떤 결과가 나올까? 예컨대 초등학교 때부터 창업교육을 받고 대학교 때는 강도 높은 창업실습을 한 학생이 창업에 뛰어든다면 성공확률이 공무원이나 대기업 취업 성공확률보다 훨씬 높지 않을까?

　또 취업은 기존의 일자리를 목표로 하고 창업은 새로운 일자리를 목표로 한다. 기존의 일자리가 많으면 취업의 성공확률도 높아지겠지만 일자리가 없으면 취업 성공확률은 크게 떨어질 수밖에 없다. 새로운 일자리는 만드는 것이 반드시 쉽지는 않지만 준비된 창업자라면 성공확률이 크게 높아질 수 있다. 특히 기술혁신으로 하루가 다르게 직무가 변하는 4차산업혁명과 인공지능시대에는 기존의 직무를 목표로 한 취업준비와 새로운 직무에 대비하는 창업준비의 성공확률이 더욱 벌어질 수 있다.

　또 취업은 성공 못하면 그동안 들인 노력이 헛수고로 되고 백수가 되지만, 창업은 성공 못해도 노력한 만큼 성장할 수 있다는 장점이 있다. 공무원 시험 공부했다가 낙방하면 그 공부를 다른 곳에 활용할 수 있을까? 반대로 창업 공부했다 실패하면 그 공부를 다른 창업이나 비슷한 분야의 취업에 활용할 수 있지 않을까? 없는 일자리를 찾아 헤매다 낙담하는 취업보다 새로운 일자리를 찾아 도전하면서 성장하는 창업이 성공확률도 높고 훨씬 더 근사하지 않을까?

사업가이자 비즈니스 컨설턴트인 테일러 피어슨은 『직업의 종말』이라는 책에서 기존의 직업에 취업하는 것이 창업보다 위험해진 시대가 되었다고 말한다. 단순성(생산 노동)과 난해성(지식 노동)의 영역에 집중되어 있는 기존의 직업은 기술혁신으로 일자리 자체가 축소되고 축소된 일자리마저 글로벌 경쟁에 노출되면서 생산직은 물론 전문직도 일자리를 심각하게 위협받고 있다는 것이다.

반면 복잡성과 혼돈의 영역에서 창업을 통해 생겨나는 미래의 일자리는 생산도구의 대중화, 유통구조의 대중화, 새로운 시장의 지속적 창출로 무한한 비즈니스 기회가 생겨날 것으로 예상되고 있다. 여기서 창업은 반드시 새로운 기업을 만드는 것뿐만 아니라 기존의 시스템을 따르지 않고 새로운 시스템을 만드는 것까지를 포함하는 것으로 기업가정신을 가진 창업자만이 해낼 수 있는 일이다.[11]

현재 우리는 당장은 안정적인 것같지만 머지않은 미래에는 매우 위험해질 취업이라는 선택지와 당장은 위험한 것같지만 머지않은 미래에는 안정적인 삶을 가져다 줄 수 있는 창업이라는 선택지 사이의 두 갈래 길에서 운명을 가를 결단을 요구받고 있다. 당신이라면 어떤 결단을 하겠는가?

창업자 어록

김범수(1966~)
33세에 한게임을 창업하여 네이버와 합병했고, '국민 메신저' 카카오톡을 만든 카카오 그룹 창업자이자 스타트업 육성기관인 스타트업 캠퍼스의 초대 총장

- 배는 항구에 정박해 있을 때 가장 안전하다. 하지만 그것이 배의 존재 이유는 아니다.
- 미래를 예측하는 최고의 방법은 그 미래를 스스로 창조하는 것이다
- 제대로 된 질문을 먼저해야 제대로 된 해답을 찾을 수 있다
- 6개월 후에는 무슨 일이 일어날까를 고민해라. 6개월 후를 예측하고 준비할수 있다면, 남들보다 최소한 반 발자국은 앞서 나갈 수 있을 것이다.
- 취업으로는 도저히 답을 낼 수 없는 사회구조로 변하고 있다
- 국·영·수 중심의 현재 교육으로는 다가오는 미래 문제를 해결할 수 없다. 지금처럼 수능과 연결된 교육을 받아서는 창업하겠다는 마인드가 생길 수 없다
- 내가 청소년이었을 때는 미래예측이 가능했다. 하지만 지금의 청소년은 다르다 현대 청소년에게 20년 뒤 미래 모습을 얘기해주는 어른은 거짓말쟁이다 어른들 말 대신 자기 스스로 선택해야 성공할 수 있다
- 비즈니스 영역에 인공지능이 적용되려면 10~20년은 걸린다고 하는데 그 시기가 급격히 단축되는 추세가 체감된다. 엄청난 해일이 몰려오는 느낌이랄까

책 속의 메시지

직업의 시대가 끝나가고 앙트레프레너의 시대가 오고 있다!

일자리 자체가 부족해지고 전문직 신화가 종말을 고하고 학위의 가치가 사라지고 있다. 이제 대학을 졸업해 평범한 직장인이 되는 시대는 끝났다.
안전해 보이는 것이 가장 위험한 것이 되고, 앙트레프레너가 가장 안전하고 성공적인 미래가 되고 있다.
이제 "어떻게 해야 일자리를 얻을 수 있을까?"라는 질문보다 "어떻게 해야 일자리를 창출할 수 있을까?"라는 질문을 해야 한다.

– 「직업의 종말 : 불확실성의 시대 일의 미래를 준비하라」 테일러 피어슨, 부키, 2017

나이가 많아
창업할 수 없다고?

스티브 잡스, 빌 게이츠, 마크 저커버그, 세르게이 브린, 래리 페이지, 스티브 첸. 유명한 창업자들의 이름이다. 이들은 몇 살에 창업했을까? 잡스는 20세에 애플을 창업했다. 잡스와 동갑인 빌 게이츠도 20세에 마이크로소프트를 창업했다. 마크 저커버그는 19세에 페이스북을 창업했다. 래리 페이지와 세르게이 브린은 25세에 구글을 공동 창업했다. 스티브 첸은 28살에 유튜브를 창업했다.

이해진, 김범수, 김택진, 장병규. 우리나라의 대표적인 성공창업자들이다. 이들은 몇 살에 창업했을까? 이해진은 삼성SDS에 입사하였다가 32세 때 독립해 네이버를 창업했다. 이해진과 학창시절부터 함께 한 IT 동료였던 김범수도 32세 때 한게임을 창업했다. 김택진은 30세 때 다니던 회사를 그만두고 엔씨소프트를 창업하여 '리니지'를 내놓았다. 온라인게임 개발업체 크래프톤 대표이자 4차산업혁명위원회 위원장을 역임했던 장병규는 24세 때 네오위즈를 공동창업했다.

이렇게 보면 창업은 젊은이들의 전유물인 것처럼 보인다. 창업은 재기 번뜩이고 패기 넘치는 젊을 때 할 일이지 나이먹어 재기도 패기도 떨어지는 때에 할 일은 아닌 것처럼 보인다.

그러나 다음과 같은 사례들은 어떨까? 맥도날드를 세계적 프랜차이즈로 키운 레이 크록은 주방 기계 영업사원을 하다 52세에 창업했다. 세계적인 패스트푸드업체인 켄터키프라이드치킨 KFC은 커널 샌더스가 65세에 창업했다. 컴맹으로 회사 퇴직 후 60세부터 컴퓨터 사용법을 익힌 일본의 와카미야 마사코 할머니는 82세에 독학으로 앱을 개발했고 2017년 '세계 최고령 앱 개발자'로 애플의 세계개발자회의 WWDC에 초청받았다.[12]

우리나라의 예도 들어보자. 시가총액 40조원에 이르는 세계적인 바이오시밀러 회사 셀트리온은 외환위기로 대우그룹이 해체되면서 졸지에 실업자가 됐던 서정진이 45세에 창업한 회사다. 세상에 없던 서비스 스크린골프로 수만 개의 일자리를 만들어낸 골프존은 김영찬 회장이 55세에 창업했다. 삼성의 이병철 회장이 우리나라에서 절대 불가능한 사업이라고 모두가 반대한 반도체 사업에 뛰어들기로 결정한 것은 73세였다. 71세에 유튜브를 시작한 박막례 할머니는 2년 만에 구독자 100만 명을 모으는 인기 유튜버가 되어 각종 광고에 출연하고 구글 본사에 한국 대표로 초청받았으며 2019년에는 『박막례, 이대로 죽을 순 없다』라는 책도 출간했다.

이런 사례들을 보면 창업은 나이와 별 상관없이 할 수 있다는 생각이 들지 않는가? 그렇다. 창업은 이제 더 이상 청년들만 하는 것이 아니다. 아니 고령화사회가 되면서 창업의 중심은 청년에서 중장년으로 이동하는 움직임이 나타나고 있다.

미국 매사추세츠 공과대학 피에르 아주래이 교수 등이 발표한 「연령과 고성장 기업가정신」 논문에 따르면, 2007~2014년 미국에서 1명 이상의 직원을 고용한 스타트업의 창업자가 창업한 나이는 평균 41.9세였고, 성장률 상위 0.1%에 드는 고성장 스타트업 창업자의 평균 나이는 45세였다. '창업의 요람'으로 불리는 실리콘밸리만 봐도 창업 나이는 평균 41.7세, 상위 0.1% 고성장 스타트업 창업자의 나이는 평균 44.3세였다.

아주래이 교수는 40대 이상 연령층에서 더 활발하게 창업을 하고 성공 가능성도 높은 이유로 '경험' 혹은 '경력'이라는 자산에 주목했다. 시니어 창업자들은 직장생활 등을 통해 진출하려는 산업 분야의 특성, 시장의 흐름을 몸에 익히고, 규제 등 각종 위험 요인에 대한 인식 수준도 높으며, 직장생활 중 확보한 인맥 등이 창업 이후 판로 개척 때 막강한 힘을 발휘한다는 것이다.[13]

우리나라도 크게 다르지 않다. 중소벤처기업부와 창업진흥원이 발표한 「2018년 창업기업 실태조사」에 따르면, 2018년 기준 창업 7년 이내 신생기업 208만 여 개의 창업자 연령을 분석한 결과 50대(33.5%)가 가장 많고, 이어 40대(32.9%), 60대 이상(17.9%), 30대(14.3%), 20대 이하(1.4%) 순이었다. 신생기업의 5년 생존율(2017년 기준)은 평균 27.5%였는데, 연령별로 보면 40대(29.9%) 50대(30.6%) 60대 이상(27.5%) 창업자가 20대(16.2%)와 30대(25.8%) 청년 창업자보다 높았다.

중장년 창업은 식당, 편의점 등 진입장벽은 낮지만 시장이 이미 포화된 생계형 업종에서 주로 이뤄지기 때문에 생존율이 낮으리라는 예상과는 다른 현실이다. 이에 대해 전문가들은 사업 아이디어는 젊은 세대들이 더 뛰어날 수 있지만, 중장년은 오랜 기간 직장 생활을 하며 관련 기술과 노하우를 터득했고 인맥도 넓게 형성돼 있어 중장년들이 청년층에 비해 오히려 창업에 유리하다는 분석을 내놓고 있다.[14]

이처럼 창업의 대세는 청년에서 중장년으로 옮겨가고 있는데 사람들의 창업에 대한 인식이나 창업지원정책은 이러한 흐름과는 상당한 괴리가 있다.

첫째 중장년들이 창업에 긍정적인 인식을 갖거나 제대로 준비하고 창업에 뛰어드는 사람의 비율은 아직 매우 낮다. 2018년 말 기준 우리나라 주민등록 인구는 5183만 명인데 40대 849만 명(16.4%), 50대 862만 명(16.6%), 60대 595만 명(11.5%)이고, 평균연령은 42.1세다.[15] 창업하여 활동할 수 있는 중장년 연령대인 40대와 50대를 더하면 1711만 명, 여기에 60대까지 더하면 2306만 명이 잠재적인 창업인력이다. 그러나 이들은 부동산투자나 자녀들의 취업에만 관심이 있을 뿐 자신과 자녀들의 일자리를 만들기 위한 창업준비는 거의 하지 않고 자녀들의 창업은 오히려 적극적으로 말리겠다는 사람들이 대부분이다. 그 결과는 본인과 자녀들의 취업난이다.

둘째 중장년 창업의 중요성이 높아지고 있지만 창업성공률을 높이기 위해서는 중장년의 노력만으로는 부족하다. 디지털 시대의 창업은 중장년이 갖고 있는 강점인 오랜 경험과 네트워크도 중요하지만 하루가 다르게 발전하는 신기술에 대한 이해와 반짝이는 아이디어, 패기와 열정 등 중장년에게 부족한 부분도 중요하기 때문이다. 이러한 부분들은 중장년보다 청년들이 더 잘할 수 있는 만큼 중장년과 청년의 협력을 통한 세대융합형 창업이 필수불가결한데 우리나라는 이러한 창업이 아직 매우 부진한 상태에 있다.

셋째 창업지원정책도 청년창업이 중심이고 중장년창업에 대해서는 관심이 부족한 상태에 있다. 혁신적이지도 않고 성공확률도 높지 않는 청년창업보다 오랜 경력과 숙련을 살리는 중장년창업에 대한 지원을 확대하는 쪽이 보다 가성비높은 지원방식일 수 있는데 이에 대한 논의는 별로 없다. 또 세대융합형 창업에 대한 지원도 아직 충분하지 않다.

이제 현실을 제대로 직시하고 기존의 생각과 행동을 완전히 바꾸어야 한다. 먼저 이미 도래한 인공지능 시대와 평균수명 100세 시대에는 일자리는 주어지는 것이 아니라 만드는 것이라는 인식부터 확실히 해둘 필요가 있다. 그리고 일자리를 만들어야 한다면 일자리를 만드는 창업에 대한 준비를 일찍부터 체계적으로 시작해야 한다. 이런 체계적 준비와 함께 직장경력을 살려 창업을 한다면 창업생존율은 크게 높아지고 양질의 일자리가 많이 생겨날 것이다. 중장년창업, 세대융합형 창업에 대한 논의도 본격적으로 시작할 필요가 있다.

책 속의 메시지

인생, 2막 창업은 평생직업을 갖는 일!
만약 당신이 창업을 생각하고 있다면, 회사를 그만두고 다시 시작하는 인생 2막의 일을 계획하고 있다면, 이제부터라도 나의 기질은 무엇인지, 나는 무엇을 가장 잘 할 수 있는지, 자신을 돌아보고 세상의 흐름을 관찰하는 일부터 시작해야 한다.
무조건 6개월은 해보고 창업하라! 멘토로 삼을 만한 창업 선배를 만나 그 일의 구체적인 어려움과 고단한 현실을 직접 듣고 실전경험을 쌓아라! 성공창업은 준비로 시작해서 경험으로 완성된다.
- 「중년을 위한 창업의 정석」 김준호, 에밀, 2016

돈이 없어서
창업할 수 없다고?

〈사례〉

　　중학교 3학년생 박예나는 2007년 인터넷 쇼핑몰에서 옷을 하나 주문했다. 큰 것을 샀지만 잘 맞지 않았다. '인터넷 쇼핑몰은 왜 44, 55사이즈만 팔까'라는 의문이 들었던 그녀는 66사이즈 옷을 파는 쇼핑몰을 개설하기로 결심했다. 2008년 초 자본금 10만 원을 들고 전북 전주시에서 서울 동대문시장으로 향했다. 처음에는 새 옷을 사서 팔기에는 자금이 부족해 자신이 입던 옷 20여 점을 블로그에 올렸다. 첫달 매출은 4만 원이었다. "친구들이 야간자율학습을 하던 시간에 집에 가서 웹 사이트를 제작하고 쇼핑몰 운영법을 배웠다"는 박예나는 3년 만에 월평균 매출 3000만 원 쇼핑몰을 만들었다. 현재 직원 110명에 연매출이 500억 원이 넘는 인터넷 쇼핑몰 '육육걸즈'의 시작이었다.[16]

〈사례〉

　　'브랜드 가격 거품을 뺀 20만 원대 파격 울트라북.' 노트북 제조 스타트업

'베이직스'가 온라인에 이런 제목을 띄우고 크라우드 펀딩(자금 모집)에 들어가자 주문이 쇄도했다. 목표 금액인 500만 원을 넘어선 건 순식간이었다. 하루 만에 목표액의 17000%를 넘겼다. 3주가 지난 모금액은 17억 9000여 만 원. 약 5500명의 투자자(주문자)가 몰리며 국내 크라우드펀딩 역대 최고 금액을 기록했다. 베이직스는 대기업 노트북과 비슷한 스펙의 제품을 최대 절반까지 저렴하게 판다. 다만 물건을 미리 만들어놓고 파는 게 아니라 선주문을 받아 목표액이 달성되면 생산에 들어간다. 투자자는 선주문을 하는 대가로 저렴하게 제품을 받는다.[17]

창업을 망설이는 이유 중 하나는 창업자금 때문일 것이다. 실제로 많은 조사에서 창업전후의 애로사항을 물으면 자금이라는 답이 가장 많다. 소자본 창업이라고 일컬어지는 치킨집, 빵집, 커피점만을 봐도 창업비용이 만만치 않다.

1995년 가맹사업을 시작하여 현재 전국 1600여 개의 매장을 운영 중인 치킨 프랜차이즈 BBQ의 창업비용을 홈페이지를 통해 살펴보면, 가맹점 사업자의 부담금이 15평형 기준 9088만 원, 여기에 인테리어 비용으로 3630만 원이 추가되어 1억 2700만 원이 필요한 것으로 나와 있다. 1986년 창업하여 2년 후인 1988년 가맹사업을 시작하고 현재는 베이커리 업계의 부동의 1위 자리를 지키고 있는 파리바게뜨는 30평형 기준 창업비용이 총계 2억 2247만~2억 6105만 원으로 나와 있다. 2001년 사업을 시작하여 2018년 현재 2500호점을 오픈한 이디야커피는 창업시 필요한 투자비용으로 20평 기준 1억 1200만 원을 제시하고 있다.

이 정도의 창업비용이면 많은 서민들에게는 퇴직금 전부 혹은 전재

산일 수도 있는 비용이다. 그러니 창업하여 실패하면 가진 돈 모두를 날리는 셈이니 목숨을 걸어야 한다는 말도 무리는 아니다. 소자본창업에 들어가는 비용이 이 정도이니 기술창업이나 벤처창업은 이보다 훨씬 더 많은 비용이 필요할 것이라고 생각하는 사람들이 많다. 그러니 소자본 자영업 창업이든 벤처나 기술창업이든 두렵고 엄두가 나지 않는 일로 여길 수 밖에 없다.

그런데 창업성공 사례들을 보면 의외로 적은 돈으로 시작하는 사람들이 많다. 애플, 아마존, 구글 등 지금 세계를 좌지우지하고 있는 기업들은 모두 다 차고에서 시작했다. 과일 100%로 만든 천연 잼을 개발해 20살에 백만장자가 되고 『나는 돈이 없어도 사업을 한다』라는 책을 쓴 영국의 프레이저 도허티는 단돈 2파운드로 사업을 시작했다. 전 세계 175개국에서 연간 5만 달러 이상의 소득을 올리는 성공한 개인 사업자를 추적하여 『100달러로 세상에 뛰어들어라』는 책을 쓴 크리스 길아보는 100달러 이하의 소자본으로 시작해도 충분히 성공할 수 있다는 것을 생생한 사례로 보여주고 있다. 소비자가 원하는 컴퓨터를 조립해서 판매하는 주문제작 방식으로 세계 1위 컴퓨터 기업이 된 델 컴퓨터는 1984년 마이클 델 회장이 19살 대학교 1학년 때 자본금 1,000 달러로 시작했다.[18] 체형 보정 속옷이라는 작은 아이디어 하나로 창업 3년 만에 연매출 1조원의 실적을 올려 세계 최연소 자수성가형 여성 억만장자가 된 세라 블레이클리는 자본금 5000달러로 시작했다.[19]

우리나라에서의 성공사례도 크게 다르지 않다. 지금은 직원 100명이 넘고 연매출도 500억원이 넘는 인터넷 쇼핑몰 육육걸즈의 박예나 대표는 중3 때 새 옷을 사서 팔기에도 부족한 자본금 10만 원으로 시작했다. 무일푼 노숙자로 100억 매출 CEO가 되기까지의 과정을 『나는 사업이 가장 쉬웠어요』라는 책으로 펴낸 최인규 대표는 차용금 200만원으로 사업을 시작했다. 우리나라 최고의 알루미늄 전문기업으로 국내외에 6000명이 넘는 직원들이 근무하는 알루코그룹 회장 박도봉의 창업자금은 아내가 패물을 전당포에 맡기고 처형에게 빌린 300만 원을 합쳐 마련한 600만 원이었다.[20] '국민메신저' 카카오를 만든 김범수는 다니던 회사를 나와 한게임이라는 회사를 창업했을 때 처남의 오피스텔에 작업실을 꾸리고 마이너스 통장으로 500만 원의 빚을 내 486 컴퓨터 3대로 시작했다.[21]

물론 이렇게 사업의 첫 출발을 작은 돈으로 시작했다고 해서 사업 자체가 돈이 안 드는 것은 아니다. 연구개발을 하고 공장을 짓고 하다보면 수억 원, 수십억 원의 자금이 필요한 경우도 적지 않을 것이다. 이런 자금은 어떻게 마련할 수 있을까? 작게 시작해도 사업성과 사업능력만 인정받으면 융자도 투자도 받을 수 있다. 자금이 없어서 사업을 못하는 것이 아니라 사업하는 능력이 없어서 자금을 모으지 못하는 것이다.

디지털 시대에는 사업을 시작하고 운영하는데 있어서 돈의 부담이 훨씬 더 작아지고 있다. 과거에는 창업을 하기 위해 최소한 사무실과 가구, 비품을 구비해야 했지만 요즘은 온라인 오피스가 활성화되면서 오프라인 기반 없이도 얼마든지 창업이 가능하다.[22] 홈페이지나 서버, 결제시스템 등 창업에 필요한 기본 시스템도 다양한 창업 플랫폼을 통해 거의 무료에 가깝게 사용할 수 있다. 이로 인해 2000년도에 500만 달러에 달했던 실리콘밸리의 평균 창업비용은 지금은 0.1%인 5000달러 수준으로 하락했다.[23]

우리나라도 과거에는 창업부터 첫 투자를 받기 전까지 최소 1억~2억 원의 자금이 있어야 했지만 지금은 1000만~2000만원만 있어도 가능하게 되었다. 해외 어학연수갈 수 있을 정도의 돈만 있으면 창업에 도전할 수 있게 된 것이다.

임대료가 비싼 가게를 임대하느라 퇴직금 등을 모두 쏟아부어 실패리스크가 컸던 자영업 창업에서도 공유오피스나 공유주방 등이 등장해 창업비용을 대폭 절감할 수 있다. 가게를 빌리지 않고 공유주방에서 음식을 만들고 배달 앱을 통해 음식을 배달하면 창업비용이 1/10~1/20로 줄어들고 경영지원서비스도 받을 수 있어 작은 돈으로도 성공확률이 높은 창업이 가능하다.

불특정다수의 투자자로부터 자금을 모으는 크라우드펀딩 역시 위의 베이직스의 사례에 보는 것처럼 수익성이나 장래성 있는 사업아이템으로 투자자를 설득시킬 수만 있다면 어렵지 않게 지원받을 수 있다. 지식창업의 경우 차별화된 지식만 있으면 무인자본으로도 창업이 가능하다. 정부가 지원하는 창업자금도 많다. 인터넷 검색만 해보면 창업자금과 창업공간, 각종 컨설팅까지 제공해주는 정부의 창업 지원정책을 쉽게 찾을 수 있다.

때로는 돈이 없는 것이 더 성공에 가까이 가는 길이 되는 경우도 있다. 알리바바 창업자 마윈은 "많은 사람들이 실패하는 이유는 돈이 없어서가 아니라, 돈이 많아서"라고 말했다.[24] 아마존 창업자 제프 베조스는 "가난은 혁신을 부른다"고 했고, 『창업가의 일』을 쓴 임정민은 "자본이 없다는 것은 스타트업이 가진 가장 큰 축복이다. 가난은 창업가를 천재로 만든다"고 했다.[25] 가난한 집안의 지방대 출신으로 국민내비로 불린

'김기사' 앱을 만들어 창업 5년 만에 626억원의 M&A 성공 신화를 쓴 창업자 박종환 대표는 1억이 필요한 전자음 녹음비용이 없어 600만 원을 들여 성우를 고용해 녹음을 했는데, 이것이 오히려 정겨운 사람 목소리라고 해서 훨씬 더 인기를 끌었다. 우리나라의 대표적인 벤처신화의 주역이자 연쇄창업자인 장병규 크래프톤 의장도 다음과 같이 말한다.

> 자원이 제한될 때 생길 수 있는 창의성이 있다. 자원이 제한돼 있기 때문에 핵심에만 집중해야 한다. 돈이 많으면 의외로 안 좋다는 말이다. 성공한 스타트업과 실패한 스타트업은 투자금액 차이가 크지 않다. 돈을 많이 넣을수록 실패하는데 오래 걸리기만 한다는 의미다.[26]

요컨대 이제는 창업정신과 사업능력만이 문제이며 사업에 필요한 돈은 더 이상 큰 문제가 아닌 시대가 되었다. 창업을 위해 비장한 각오를 할 필요가 없고 아이디어만 있으면 큰돈 들이지 않고 창업할 수 있는 '가벼운 창업'의 시대가 열렸다.[27]

책 속의 메시지

작게 시작하고 빠르게 실행하라!
과거에는 사업을 시작하는데 자본도 많이 들고 시간도 오래 걸렸다. 그런데 인터넷이 출현하고 관련된 기술이 발전하면서 누구나 집에서 거의 돈 한 푼 들이지 않고도 하루아침에 세계적인 기업과 경쟁할 기업을 단기간에 세울 수 있다. 게다가 창업자들은 자신이 즐기는 일을 하면서 돈까지 버는 행운을 누리고 있다. 더 멀리 가길 원한다면 더 빨리 시작하라.
-「나는 돈이 없어도 사업을 한다 : 스펙도 나이도 필요 없는 주말 48시간의 기적」
프레이저 도허티, 비즈니스북스, 2017

사람이 없어
창업할 수 없다고?

　사업을 한다고 하면 번듯한 사무실과 함께 기술인력, 마케팅인력, 관리인력 등 많은 사람이 필요할 것으로 생각하는 사람들이 많다. 이에 필요한 인건비를 포함하여 자금도 많이 필요할 것이니 역시 사업은 내가 하기에는 벅찬 일이구나 하고 지레 겁을 먹는다. 그러나 디지털 시대의 창업은 과거에 사람이 했던 일들을 대신해주는 플랫폼이 잘 마련되어 있어 사업운영에 필요한 인력이 크게 줄어들었다.

　이제는 시장에서 수요가 있는 콘텐츠라고 생각되면 네이버 스마트스토어, 카페24와 같은 온라인 쇼핑몰이나 카카오, 페이스북, 인스타그램, 유튜브 등 SNS에 올리기만 하면 이들 디지털 플랫폼 내에 내장되어 있는 마케팅이나 관리도구를 활용하여 혼자서도 사업을 충분히 운영해갈 수 있는 시대가 되었다.

　콘텐츠에 해당하는 제품을 만드는 일도 제조가 디지털화되고 생산설비를 공유하는 공간인 메이커스페이스나 테크숍이 크게 확산되면서 매우 용이해졌다.『메이커스』란 책을 쓴 크리스 앤더슨은 미래는 모든 사람이 아이디어만 있으면 제조업체를 운영할 수 있는 1인 제조 기업 세상이 될 것으로 예측하고 있다. 앤더슨은 1인 제조 기업이 등장할 수 있는 배경으로 거대 제조업체에 의존할 필요 없이 언제든 소량 생산이 가능한 3D 프린터의 등장, 인터넷을 통해 아이디어나 설계 파일을 교환하고 개선할 수 있고 처음부터 글로벌 시장에 제품을 판매할 수 있는 점을 들었다.

'포천 스몰 비즈니스' 매거진의 편집장으로 일했던 일레인 포펠트는 『나는 직원 없이도 10억 번다』라는 책에서 창업비용이 저렴해져 사업시작이 쉬워졌고 전 세계 고객에게 접근할 수 있게 되어 사업을 통해 자유와 독립을 쟁취한다는 꿈을 실현하기에 지금보다 더 좋은 세상은 없다고 말한다. 그는 또 1인 기업으로 백만 달러(약 10억원) 이상을 버는 초경량기업들의 전성시대가 도래했다고 말한다. 1인 기업은 규모확장에 실패한 사업체가 아니고 자신들이 원하는 삶을 누리게 해주는 새로운 경력개발 수단으로, 2015년 기준 미국내 2800만 개의 소규모사업장 가운데 230만 개는 상시근로자가 없는 회사이고, 오너 외에 직원이 없는 1인 기업으로 연간매출 100만 달러 이상 250만 달러 미만 기업은 3만 5천 곳이 넘는다고 한다. 100만달러 이상을 버는 1인 기업은 아웃소싱과 자동화, 모바일 기술을 활용하거나 이 세 가지 도구를 모두 조합해 기업을 세우고 운영하며 성장시킨다는 공통적 특징을 갖고 있다.

중국에서도 SNS를 기반으로 상품을 홍보·판매하는 1인 마켓 '웨이상微商'이 억대의 고소득자가 되는 사례가 많아지면서 최근 중국 젊은이들이 선망하는 직업 1순위가 되고 있다. 웨이상이 시장에 처음 등장한 것은 2013년인데, 6년만에 1조 위안 규모로 성장하는 등 폭발적인 성장세

를 보이고 있다.[28]

우리나라에서도 디지털 플랫폼을 기반으로 뛰어난 성과를 올리는 1인 창업자들이 속속 등장하고 있다. 전문대를 졸업하고 21살 나이에 혼자서 옷을 파는 온라인 쇼핑몰을 만들었던 김소희 대표가 이끄는 스타일난다는 동대문 보세옷으로 K패션, 자체 제작 화장품으로 K뷰티를 이끄는 국내 대표 브랜드가 되면서 프랑스의 글로벌 화장품 기업 로레알그룹에 6000억 원에 매각되는 신화를 썼다. 김소희 대표는 사업을 시작한 2004년을 다음과 같이 회고한다.

> 1인 기업이었잖아요. 오전 9시부터 전화받고, 배송도 해야 하고, 교환·환불도 해줘야 하고, 사진도 올려야 하고, 촬영도 해야 하고, 그러다 오후 8시면 동대문시장에 옷을 사러 갔어요. 손님 돈을 받고 물건을 부치기 전까지 잠이 안 왔어요.[29]

스타일난다 김소희 대표만큼의 성공은 아니어도 1인 창업으로 가성비 높은 성공을 거둔 사례는 많다. 유튜브로 자신의 콘텐츠를 알리는 유튜버는 구독자가 10만 명이면 광고수입만으로 대략 월 300만 원을 번다고 한다. 구글코리아에 따르면 이런 유튜버가 2017년 기준 1275명에 이르고 있다. 여기에는 5세 소녀 이보람(보람튜브 토이리뷰 : 1193만 명), 신서은(서은이야기 : 342만 명), 영국남자(Korean Englishman : 313만 명), 70대 박막례 할머니(87만 명), 90대 김동길(김동길TV : 14만 명)이 포함되어 있다.

이들의 특징은 하고싶은 일이나 취미를 수익사업으로 만들었다는 것, 활동 연령대가 어린이부터 90대 노인에 이르기까지 차별화된 콘텐츠만 있으면 연령과 무관한 활동을 할 수 있다는 것, 유튜브라는 걸출한 디지털 플랫폼과 유튜버 지원기업인 MCN Multi Channel Network을 활용하면 콘텐츠 이외의 것은 거의 신경쓰지 않고 혼자서도 사업을 운영할 수 있다는 것이다.

글로벌 전자상거래 플랫폼 카페24나 네이버 스마트스토어에도 수많은 1인 창업자가 활동하고 있다. 카페24는 현재 160만개에 이르는 쇼핑몰이 온라인 비즈니스를 하고 있는데, 스타일난다나 육육걸즈 같은 한국의 대표 이커머스 업체들이 여기에서 1인기업으로 사업을 시작했다. 네이버의 스마트스토어 역시 등록된 사업자가 2018년 시점에서 26만 명을 넘어섰는데, 여기에는 사업에 필요한 모든 기능이 내장되어 있어 관심을 끌 만한 차별화된 아이템만 있다면 혼자서도 사업을 운영하여 성공할 수 있고, 익숙해지면 1인 기업을 넘어 혼자서 여러 직업 혹은 사업을 하는 'N잡러'도 될 수 있다.

이들 1인 창업자나 N잡러가 되기 위해서는 어떤 능력이 필요할까? 이들은 기업이나 조직에 취업하여 주어진 일을 능숙하게 처리하는 능력만이 아니라, 디지털 플랫폼을 활용하여 새로운 일을 만들고 고객들과 부단히 커뮤니케이션하고 부족한 부분을 아웃소싱을 통해 조달하여 부가가치로 연결시킬 수 있는 능력이 필요하다. 1인 기업가가 이런 능력을 갖추지 못했거나 부단히 혁신을 수행하는 기업가정신이 없으면 경쟁에서 도태될 것이다. 이에 따라 1인 창업자 사이에서도 기업가정신과 능력에 따라 양극화가 빠른 속도로 진행되고 있다. 준비된 창업을 한다면 유튜브로 수십억 원대의 수입을 올리는 1인 기업가가 있는가 하면, 준비 없이 뛰어들어 생계비도 벌지 못하고 결국 폐업하는 1인 가게도 부지기수다. 준비 여부에 따라 무한한 기회와 실패의 명암이 엇갈리는 격동의 시대에 나는 어떤 준비를 하고 있는지 냉철히 점검해볼 일이다.

책 속의 메시지

1인 기업을 시작하려는 당신에게 들려주는 생존 노하우
- 성공적인 1인 기업의 시작은 성공적인 직장 생활에 있다
- 창업 3년 전부터 하루 한 시간이라도 미래를 위해 시간을 투자하라
- 초기에는 잘하는 일을 하고, 수입이 안정이 되면 하고 싶은 일을 늘려가라
- 다른 사람보다 잘하는 일을 찾아 자신만의 전문성을 갖추어라
- 자신만의 색깔, 고유한 퍼스널 브랜드를 가져라
- 스마트워킹 도구를 활용해 어디서든 일할 수 있도록 하라
- 협업이 필요하니 관계를 좀 더 중시하라

– 「나는 1인 기업가다」 홍순성, 세종서적, 2017

기술이 없어서
창업할 수 없다고?

〈사례〉

학자금 대출에 신음하던 4명의 학생이 안경을 잃어버리거나 부러뜨리거나 시력이 바뀌어 새로 장만해야 했지만 너무 비싸서 사지 못하고 있었다. 안경 시장은 거대공룡인 룩소티카가 시장의 80% 이상을 장악하고 있었다. 안경 가격을 보다 합리적으로 만들려면 이 공룡을 쓰러뜨려야 한다고 학생들은 생각했다. 자포스가 신발을 온라인으로 판매하면서 신발시장을 변화시키는 모습을 지켜본 그들은 안경산업에서도 똑같은 시도를 해보면 어떨까 생각했다. 이 학생들은 그런 생각을 친구들에게 말해보았지만 친구들은 안경은 직접 써보고 사지 도대체 누가 안경을 인터넷에서 구매하겠느냐고 했다. "그게 기발한 아이디어라면 벌써 누군가가 했을거야"라는 말만 들어야 했다. 더구나 이 4명의 학생들은 하나같이 소매업, 패션, 의복뿐만 아니라 전자상거래와 기술 분야에도 문외한이었다. 학생들은 자신들이 구상한 사업이 황당하다는 얘기를 귀가 따갑게 들었지만 2008년 회사를 차렸다. 회사 이름은 잭 케루악의 소설에 등장하는 인물로 사회적 압력의 속박에서 벗어나 모험을 감행하는 와비와 파커의 반항정신을 흠모하여 와비파커라고 지었다. 그들은 안경점에서 보통 500달러에 팔리는 안경을 온라인으로 95달러에 팔고, 안경 하나가 팔릴 때마다 개발도상지역에 안경 하나를 기부하기로 했다.

학생들은 하루에 안경이 한두 개라도 팔리면 다행이라고 생각했다. 그러나 와비파커는 창업 7년 만인 2015년 월간지 패스트컴퍼니가 선정한 '세계에서 가장 혁신적인 기업' 1위를 차지했다. 시가총액은 10억 달러를 넘었고 수백만 개의 안경을 가난한 사람들에게 나누어주는 사회적기업이 되었다.[30]

창업해서 성공하려면 남다른 기술이 있어야 한다고 생각한다. 마이크로소프트의 빌 게이츠나 애플의 스티브 잡스처럼 탁월한 기술이 있어야 사업에서 큰 성공을 거둘 수 있고, 이러한 기술이 없다면 치킨집이나 커피점 등 생계형 자영업으로 창업할 수밖에 없다고 생각하는 사람들도 꽤 있는 듯하다. 그런데 사업의 성공사례를 보면 오히려 기술자가 아닌 사람이 성공한 사례가 더 많다.

맥도날드를 세계적 프랜차이즈로 키운 레이 크록은 50세가 넘어서까지 주방기계를 팔러 다니던 영업사원이었다. 크록은 햄버거를 빠르고 저렴하게 만드는 기술을 갖고 있었던 맥도날드 형제의 사업에 프랜차이즈 시스템을 접목하여 자영업 수준의 기업을 세계적 기업으로 키웠다. 스타벅스를 세계적 커피브랜드로 키운 하워드 슐츠 역시 원래는 복사기 회사와 생필품 회사의 영업사원 출신이었다. 슐츠는 고품질 커피 제조 기술을 갖고 있었던 스타벅스를 인수하여 원두만 판매하는 업체가 아닌 커피와 공간을 함께 판매하는 업체로 변신시켜 오늘날의 스타벅스를 만들어냈다.

일본의 다이소 창업자 야노 히로타케 회장은 책 세일즈맨과 볼링장 아르바이트, 일용직 노동 등 닥치는 대로 일하며 번 돈으로 2톤 트럭에 잡화를 싣고 다니는 이동 판매점을 열었다. 어느 날 한 손님이 물건을 고르며 얼마냐고 값을 물었다. 상품마다 매입가를 기준으로 판매가를 정하기 귀찮아 무심코 "100엔"이라고 대답했는데 손님들의 호응이 컸다. 100엔짜리 저렴한 생활용품을 판매하는 사업 모델로 큰 성공을 거둔 다이소는 이렇게 시작되었다.[31]

세계 최대의 전자상거래 회사인 알리바바의 마윈은 컴퓨터를 제대로 다루지 못하는 컴맹이었다. 사람들은 IT나 인터넷 관련기업의 CEO와 간부는 모두 IT기술을 마스터한 최고의 전문가라고 생각하지만 마윈은 자신이 컴퓨터와 인터넷으로 할 수 있는 것은 딱 두 가지, 웹페이지 검색과 이메일 전송뿐이라고 말했다. 그러나 마윈은 이러한 자신의 부족함이 알리바바 신화 창조에 전혀 문제가 되지 않았다고 말한다. 그는 컴퓨터 전문기술자는 아니었지만 인터넷이 세상을 바꾸리라는 것을 간파하고 아무도 관심을 갖지 않던 1994년 알리바바를 창립했다.[32]

우리나라에도 기술과 거리가 먼 사람이 사업에서 성공한 사례는 부지기수다. 바이오시밀러 사업으로 바이오의약품 시장의 패러다임을 바꾸고 시가총액 30조원의 기업을 일군 셀트리온의 서정진 회장이 대표적이다. 서 회장은 대학을 졸업하고 삼성전기를 거쳐 대우자동차에서 직장 생활을 하다 1998년 외환위기 때 직장을 떠나야 했다. 실업자 신세로 전락한 서정진은 창업에 나섰다. 장례상조 사업, 야채수입 사업 등 닥치는 대로 했지만 뜻대로 되는 일은 하나도 없었다. 사업 아이템이 속속 실패한 가운데 우연한 계기로 생명공학에 관심을 갖게 되었다. 하지만 이 분야에 아는 게 없었다. 그래서 무작정 세계적인 생명공학 회사 제넨텍이 있다는 샌프란시스코로 약속도 없이 날아갔다. 거기서 그는 1976년 노벨생리의학상을 수상한 바루크 블럼버그 박사와 토마스 메리건 스탠퍼드대 에이즈연구소장을 만났다. 서 회장은 이들로부터 바이오시밀러라는 존재를 알게 됐다. 셀트리온의 신화는 이렇게 시작되었다.[33]

앞에서 자금이 사업에서 결정적인 것이 아니라고 말했던 만큼이나 기술도 사업성공에서 결정적인 것은 아니다. 오히려 기술자가 기술에만 얽매여 마케팅이나 조직관리를 잘 못해 실패하는 사례도 부지기수다. 중요한 것은 기술이 아니라 기술의 가능성을 알아보는 능력과 기술의 가능성을 성과로 만들 수 있는 사업능력이다. 기술을 알아보는 능력과 사업능력이 있다면 기술을 가진 사람을 찾는 것은 그리 어려운 일이 아니다. 기술자는 널려 있다. 이들을 활용할 수 있는 안목과 아이디어와 비즈니스 모델이 없을 뿐이다.

책 속의 메시지

디지털경제시대의 창업모델은 컴포넌트 창업

오늘날의 창업은 자본과 기술이 아니라 창업자의 창조성과 아이디어를 가지고 시작한다. 창업을 위해 필요한 것은 아이디어를 체계적으로 숙성시킨 콘셉트다. 자신의 고유한 비전과 아이디어를 담은 콘셉트를 개발한 이후 외부에 있는 기술, 자본, 판매 등 기업운영에 필요한 구성요소들을 아웃소싱을 통해 조합하는 컴포넌트 창업모델이 디지털경제시대의 창업모델이다. 오늘날같이 창업의 조건이나 수단이 누구에게나 열려 있는 시대는 없었다. 창업자가 되어라. 이보다 더 좋은 대안은 없다.

— 「아이디어가 자본을 이긴다 : 유러피언 창업 성공 모델」 귄터 팔틴, 한겨레출판, 2015

시장이 없어서
창업할 수 없다고?

이제는 우리나라에서도 주말농장에나 가야 볼 수 있는 농기구 호미를 해외시장에 내놓으면 팔릴까? 꽃배달 시장은 이미 포화라는데 이 시장에 뛰어들어 성공할 수 있을까? 의류·화장품 등 소비재 시장은 글로벌 진출이 가장 어려운 분야로 대기업도 쉽지 않은 일인데 갓 창업한 기업이 해낼 수 있을까? 이런 의문을 품고 있는 사람이라면 다음 사례들을 한번 읽어보자.

〈사례〉

어느 유통업자가 60대 대장장이가 만드는 영주대장간 호미를 세계 최대 온라인 판매시장 아마존에 올렸다. 이 호미로 정원 가꾸는 방법을 소개하는 유튜브가 등장하면서 아마존 원예용품 '톱10'에 '영주대장간 호미 Youngju Daejanggan ho-mi'가 올라가고 2018년부터 연간 2000개 이상 팔리는 인기상품이 되었다.[34]

〈사례〉

우리나라에서 꽃의 90%는 경조사용으로 쓰인다. 그래서 대형 경조사가 줄어들자 화훼산업이 곧바로 타격을 입었다. 꾸까의 박춘화 대표는 선진국 꽃 수요는 경조사용이 아닌 일상에서 나온다는 점에 주목하여 꽃을 커피처럼 일상에서 즐길 수 있도록 하는 방법을 찾다가 꽃을 정기적으로 구독하는 모델을 내놓았다. 20~30대 여성들의 반응은 뜨거웠다. 커피 한 잔보다 꽃 한 송이의 행복이 더 오래가는 데 정기적으로 배달해주는 꽃에 월 1만 원 내는 건 어렵지 않다는 것이다. 1000만 원으로 시작한 사업은 3년 만에 매출이 40억원을 넘었다.[35]

〈사례〉

2018년 7월 글로벌 유통 플랫폼 아마존이 공개한 보습제 카테고리 판매 순위에서 한국 중소 화장품 브랜드 코스알엑스COSRX의 '컴포트세라마이드 크림'이 1위를 차지했다. 국내 소비자들에겐 생소하지만, 해외에선 이미 수년 전부터 유명세를 탔다. 2016년엔 이 브랜드가 선보인 '찹쌀쫀쫀팩'이 출시되자마자 아마존에서 판매 1위를 기록했다. 한국 화장품을 다루는 해외 뷰티 관련 유튜브에는 코스알엑스의 여드름 관리 제품이 거의 빠지지 않고 올라온다. 코스알엑스의 화장품 후기엔 외국인들이 "이것은 신세계야" "한국 화장품은 너무 좋다" 등의 반응을 올리고 있다.

코스알엑스는 K팝 스타 등 유명 광고 모델을 내세우지 않는다. 그런데도 "코스알엑스 제품을 써보니 피부가 확실히 개선됐다"고 소문이 나면서 미국 뷰티 멀티숍인 얼타ULTA에 입점하는 등 세계 50여 개국에 진출했다. 2015년 시작 당시 3.1억원이었던 매출은 2018년 366억원으로 12배 뛰었다. 코스알엑스

관계자는 "초반에 1000달러도 안 되는 작은 규모의 주문도 일일이 다 받으면서 미국 내 인지도를 높였다"면서 "국내 시장만 바라봤다면 사업이 이만큼 성공하지 못했을 것"이라고 했다.[36]

창업이야기를 하면 이제는 "저성장 시대이고 불황이어서 시장이 더 이상 커지지 않는다", "시장이 포화되어 뚫고 들어갈 시장이 없다"와 같은 비관론을 펴는 사람이 적지 않다. 물론 내수중심의 생계형 창업은 내수가 늘지 않을 뿐만 아니라 낮은 진입장벽으로 과당경쟁이 이루어지는 레드오션 시장이 많아 이런 비관론도 그럴듯하게 들린다. 그러나 내수와 레드오션이라는 족쇄만 벗어날 수 있다면 시장의 크기와 가능성은 크게 달라진다.

첫째 시장을 내수만이 아닌 글로벌 시장으로 확대하면 시장의 제약은 없어진다. 호미와 같이 지극히 전통적이고 한국적인 제품조차도 아마존이나 알리바바와 같은 글로벌 판매 플랫폼에 올라가면 히트상품이 될 수 있다. 물론 히트상품이 되려면 고객의 절실한 필요나 재미있는 스토리, 만족스런 사용경험 등이 필수불가결하다. 달리 말하면 고객의 필요를 만족시킬 수 있는 콘텐츠와 스토리만 있다면 입소문과 온라인 글로벌 플랫폼을 통해 전 세계를 대상으로 팔 수 있고 시장제약은 더 이상 문제가 되지 않는다는 것이다.

둘째 내수시장도 시장을 보는 관점과 룰을 바꾸면 새로운 시장을 발견하거나 만들 수 있다. 꾸까의 박춘화 대표는 화훼시장을 주문배달시장에서 구독시장으로 바꾸어 새로운 시장을 만들어냈다. 미국의 '달러쉐이브클럽DSC'이라는 회사의 창업자 두빈도 기존의 유명 브랜드인 질레트가 장악한 면도기 시장에서 면도날 배송이라는 블루오션을 만들어 질레트보다 두 배나 높은 시장점유율을 확보했고, 2016년 유니레버에 10억 달러에 인수되면서 스타트업 성공신화를 이뤄냈다.[37]

셋째 해외시장이든 내수시장이든 시장은 고객을 만족시킬 수 있는 콘텐츠와 비즈니스모델과 팬덤이 있다면 어떠한 불황이 와도 기업은 성장할 수 있다. 수제 컴포트화 중견업체 바이네르의 김원길 대표는 사업한 지 30년이지만 한번도 불경기가 아닌 적이 없었다고 말한다. 그는 "구두가 안 팔리는 것은 팔리는 구두를 만들지 못했기 때문이지 경기가 좋고 나쁜 탓이 아니다"고 하면서 "불경기가 시작되면 불경기 상황에 맞는 구두가 무엇인지 고민하고 상품으로 출시하면 된다"고 말한다.[38]

시장이 포화되거나 불황 때문에 창업을 할 수 없는 게 아니라 창업을 통해 포화된 시장의 문을 열고 새로운 시장을 만들어 불황을 호황으로 바꾸겠다는 기업가정신이 무엇보다 중요하다.

책 속의 메시지

그들은 어떻게 새로운 시장을 만들었을까?
분야와 업종을 막론하고 거의 모든 시장이 포화상태다.
똑같은 아이템으로 똑같은 시장에 들어가 봤자 백전백패한다.
남과 다르게, 어제와 다르게 생각해야 한다.
어제와 다른 경쟁 우위를 구축할 수 있는 가장 좋은 방법은 마켓 크리에이터가 되는 것이다. 남들과 똑같은 일상에서 시장에 팔릴 만한 가치를 찾아내는 '마켓 센싱'이 필요하다.

- 「시장을 만드는 사람들 : 모두가 아니라고 말하는 '그곳'에 기회가 있다」
치키린, 21세기북스, 2016

규제 때문에
창업할 수 없다고?

2008년 창업한 미국 차량 공유 서비스 업체 우버는 10년 만에 기업가치가 미국 3대 완성차 회사인 제너럴모터스, 포드, 크라이슬러의 시가총액을 합친 것보다 많은 1200억 달러(약 135조원)에 이르는 기업으로 성장했고, 차량공유를 넘어 자율주행, 플라잉 택시 등으로까지 사업 영역을 넓히고 있다.

반면 2016년 출범해 택시보다 50% 가량 저렴한 가격의 승차 공유서비스로 1년 만에 회원 75만 명을 모집하는 등 '한국판 우버'로 불리면서 성공의 아이콘으로 화제를 모았던 카풀 스타트업 풀러스는 택시업계의 반발에 부담을 느낀 서울시가 풀러스의 서비스를 불법으로 규정해 단속에 나서면서 결국 2018년 6월 사실상 사업을 접었다. 카카오의 카풀 서비스도 택시 노동자의 분신사망 사건이 일어나면서 도입이 무기한 연기되었다.

또 우버와 같은 해 창업한 숙박 공유 플랫폼 에어비앤비는 10년 만에 전 세계 누적 이용객이 5억 명을 넘고 기업가치 310억 달러(약 34조원)에 이르는 기업으로 성장했다. 반면 우리나라는 2012년부터 생긴 수십 개의 숙박공유업체가 정부의 규제로 성장하지 못하고 문을 닫았고 규제에 막힌 빈집 공유 대신 공실로 방치된 숙박업소를 공유하는 방식으로 운영되는 '코자자'만이 유일하게 생존해 있다.

규제를 뛰어넘어 세계적 기업으로 성장한 외국기업과 규제에 짓눌려 쪼그라든 우리나라 기업의 모습이 확연히 대비된다. 이렇게 규제가 창업과 성장의 걸림돌이 되다보니 신문이나 방송에서는 매일처럼 규제개혁을 해야 한다는 이야기가 나온다. 규제가 기업가정신을 옭아매고 있어 기업들이 투자를 하지 않고 창업도 제대로 이루어지지 않는다는 것이다. 틀린 말이 아닐 것이다. 그러나 한편으로 의문이 든다. 규제 때문에 창업하지 못한다면 규제가 없어질 때까지 창업은 못하거나 미루어야 하는 것인가? 만약 규제가 없어지지 않는다면? 우버나 에어비앤비가 성공했던 것은 미국이 우리나라보다 규제나 이해관계자의 저항이 훨씬 느슨해서일까?

우버나 에어비앤비의 성장과정을 추적한 기록들을 살펴보면 우버나 에어비앤비도 우리나라 못지 않은 규제와 저항을 겪었던 것으로 나타난다. 우버는 택시회사와 입법의원들이 제기하는 강력한 저항에 직면했으며 폭력시위의 대상이 되기도 했다. 택시기사들은 베를린에서 아우토반을 폐쇄했고 파리에선 오를리 공항의 주변도로를 막았으며 밀라노에선 우버 운전사들을 폭행했다. 우버는 또한 수백차례 소송을 당했다. 에어비앤비도 뉴욕, 바르셀로나, 암스테르담, 도쿄에서 불법 호텔경영자들의 영업을 방해하고 사람들이 연간 집을 임대해줄 수 있는 일수를 제한하는 법들에 직면했다. 샌프란시스코는 집주인이 시의 단기임대법을 위반하여 여행객에게 집을 빌려주는 안내문을 게재할 때마다 벌금 1000 달러씩을 물리겠다고 하는 법을 만들었다.[39]

그러나 이런 규제와 압박에 우버와 에어비앤비는 굴하지 않았다. 우버는 기존 택시와 차별화된 고품질 서비스로 대중을 우군으로 만들면서 택시 시장과 불가피한 마찰을 그대로 언론에 노출시켜 대중의 감성을 자극하는 전략을 택했다. 2010년 6월 캘리포니아 택시 규제 당국이 우버서비스 중지를 명령하자 이용자들에게 지역 규제로 서비스가 중단될 상황에 놓였음을 알려 이용자들이 수만 통의 전화와 이메일, 트위터 등으로 당국의 규제에 항의하도록 한 것이 대표적이다. 이용자들의 이런 항의 이후 캘리포니아 공공시설위원회는 우버를 택시 사업자가 아닌 '교통망 업체'라는 새로운 사업 형태로 규정하여 합법화했다. 세계 각국 정부와는 '규제당국과의 싸움'이라는 슬로건을 앞세워 우버에 우호적인 여론을 확산시키면서 정부규제를 바꾸도록 압박했다. 택시 시장과의 마찰, 정부와의 법적 갈등으로 인한 언론보도는 새로운 시장 진입에 필요한 막대한 홍보 비용을 절약하면서 대중들에게 우버 서비스를 쉽게 알릴 수 있는 발판이 되었다. 2014년 6월 파리, 베를린 등 유럽 주요 도시에서 3만 대 이상 택시들이 우버에 반대하는 파업을 벌이는 기간에 오히려 우버 고객은 여덟 배 증가했다.[40]

에어비앤비도 새로운 서비스를 막는 규제를 바꾸기 위해 집요한 노력을 기울였다. 많은 지역이 에어비앤비의 비즈니스 모델, 즉 집을 단기간 임대하는 행위를 현행법 위반으로 간주하고 있었는데 그런 류의 법들은 주별, 도시별, 마을별로 제각각이고 규제방침 역시 복잡했다. 이에 에어비앤비는 많은 지역과 논의를 거쳐 그들의 비즈니스가 합법적으로 운영될 수 있게끔 규정을 개정해왔다. 아직도 뉴욕을 비롯한 샌프란시스코, 베를린, 바르셀로나 등과 같은 대표적인 도시들의 규제기관과 입법기관이 에어비앤비의 비즈니스를 완전히 인정하고 있지 않지만 대부분의 전문가들은 장기적으로 에어비앤비가 승리를 거둘 것으로 전망한다. 이유는 단 하나, 소비자들이 에어비앤비를 원한다는 것 때문이다. 이런 의미에서 규제기관들을 궁극적으로 움직일 수 있는 존재는 에어비앤비도 호스트들도 아닌 1억명이 넘는 게스트들이다.[41]

우리나라에도 규제와 어려운 싸움을 하고 있는 창업자들이 많다. 콜버스랩의 박병종 대표는 2015년 심야시간에 귀가하는 사람들이 애플리케이션으로 버스를 부르는 콜버스 서비스를 시작했다. 차량공유서비스의 원조인 우버보다 2년이나 빠른 서비스였다. 그러나 새로운 서비스는 기득권을 위협받는 택시업계의 반발 때문에 벽에 부닥쳤다. 중재역할을 담당한 정부가 제시한 타협안은 기존 택시사업자가 각 사별로 1대씩 콜버스를 도입하여 운영하도록 하는 것이었다. 그러나 기존 택시사업자는 향후 자신의 기득권을 위협할 수 있는 콜버스 운영의 약속을 지키지 않았고 정부도 수수방관했다. 그 결과 콜버스는 2017년 5월 사업을 종료해야만 했다.

박병종 콜버스랩 대표는 다음과 같이 말한다. "규제의 부당함에 맞서 계속 싸우고 싶은 생각이 굴뚝같았다. 애착도 컸고 미래 사회에서도 통하는 비즈니스라고 생각했다. 하지만 이렇게 싸우는 동안 버틸 자본금이 바닥이 났다. 계속 규제와 싸우다가 회사가 사라질 상황이었다. 결국 회사를 살리고 동료들을 지켜야겠다는 생각에 생존을 택했다. 사업 방향을 바꿔서 규제가 덜한 사업을 시작했다."[42] 그는 또 이렇게 말한다. "우리가 가진 자원은 스타트업 정신과 기업가정신이라고 생각합니다. 저는 허락받고 시작하지 않는 것, 시작하고 용서를 구하는 것 자체가 기업가정신이라고 생각합니다."[43]

김지만 쏘카 창업자도 "문제를 기회로 보고, 기회를 빠르게 실행으로 옮기는 것이 기업가정신"이고 "규제가 많은 곳일수록 변화와 혁신의 여지가 더 많이 남아있다"고 말한다.[44] 이런 기업가정신을 가진 사람의 수가 임계점을 넘어선다면 우리도 규제의 장벽을 넘어 우버나 에어비앤비와 같은 세계적 기업을 만들 수 있을 것이다.

책 속의 메시지

규제에 묶여버린 대한민국에 4차산업혁명은 없다!
혁신성장의 핵심은 기술개발이 아니라 규제개혁이다! 원양 항해가 금지된 상태에서는 원양 항해 기술이 개발될 수 없고 큰 배를 만드는 기술도 발전할 수 없다. 먼저 원양 항해를 인정하는 규제의 변화가 있어야 큰 배도 만들어질 수 있고 항해 기술도 발전할 수 있다.
규제 개혁에서 가장 먼저 해야 할 일은 포지티브 규제 시스템에서 네거티브 규제 시스템으로 바꾸는 일이다. 안전을 최우선시한다면 포지티브 규제를 채택하는 것이 옳겠지만 4차산업혁명에 맞추어 변화하는 사회를 추구한다면 네거티브 규제를 지향해야 한다.
- 「대한민국 규제 백과」, 최성락, 페이퍼로드, 2018

'기울어진 운동장'이라 창업할 수 없다고?

　수십 년에 걸쳐 쌓은 기술력으로 세계시장을 석권하고 있는 조선소들이 즐비하다. 그런데 조선소도 없고 배를 만들어본 경험도 없는 사람이 이 시장에 뛰어들겠다고 도전장을 내밀었다. 성공할 수 있을까? 1975년 현대조선소를 설립한 정주영 회장이 그랬다. '기울어진 운동장'도 아니고 운동장 자체에 들어오지도 못한 상태에서 창업했는데 세계유수의 조선기업 틈바구니에서 살아남을 수 있을까? 놀랍게도 정주영 회장은 조선소도 없는 상태에서 배 2척을 수주하고 조선소를 만들면서 배도 만드는 신화를 썼다. 그리고 10년 후에는 세계최고의 조선기업으로 우뚝 서게 된다.
　대기업이나 기존 기업이 독식하고 있는 시장이 있다. 기업규모도 기술력도 압도적이고 유통망도 장악하고 있어 난공불락처럼 보이는 시장이다. 이런 시장에 기업규모도 작고 기술력도 검증이 안 되고 유통망도 없는 창업기업이 뛰어든다면 살아남을 수 있을까? 평평한 운동장에서 싸우기도 버거운 상대를 '기울어진 운동장'에서 대적할 수 있을까? 정주영 회장의 사례가 믿기 어려운 신화나 전설처럼 생각된다면 다음 사례들을 한번 살펴보자.

〈사례〉

1980년대까지 우리나라 주부들에게 일본 조지루시사의 코끼리밥솥은 타사제품으로 대체가 불가한 선망의 필수품이었다. 이 밥솥시장에 지방의 중소 OEM업체였던 성광전자는 대기업에 OEM납품을 하는 한편 매출액 대비 15%에 이르는 R&D 투자로 기술개발노력을 통해 코끼리밥솥 못지않는 제품력의 전기압력밥솥을 개발했다. 이 제품은 쿠쿠라는 독자브랜드로 출시했지만 출시 후 약 4개월 동안 단 1대도 팔지 못했다. 아무리 제품의 장점을 설명해도 유통업체와 소비자들은 이름도 들어보지 못한 작은 기업의 제품을 사려고 하지 않았기 때문이다. 쿠쿠홈시스로 사명을 바꾼 성광전자는 기존 대리점 유통망 대신 방문판매망, 전자제품전문점, 홈쇼핑 등의 신유통망과 손잡고 브랜드 마케팅 전쟁에 뛰어들었다. 각고의 노력 끝에 시장점유율 1위를 차지하자 이번에는 대기업 L사가 제품가격을 3분의 1로 떨어뜨린 덤핑판매로 위협해왔다. 이에 쿠쿠는 오랫동안 축적해온 기술력과 대기업을 능가하는 철저한 고객관리로 맞서 이제는 전기밥솥하면 쿠쿠를 떠올릴 정도로 확고한 위상을 확보하게 되었다.[45]

〈사례〉

우유를 부어 간단하게 한 끼를 해결할 수 있는 시리얼은 세계적으로 사랑받는 간편식이다. 시장은 미국의 켈로그와 포스트가 양분하고 있다. 100년 이상된 이들 업체는 높은 브랜드 인지도를 바탕으로 후발 주자들의 도전을 뿌리치고 '그들만의 리그'를 펼쳐왔다. 한국에서도 두 회사는 1980년대 국내에 진출한 이후 30년 넘게 시리얼 시장을 독점해왔다. 이 시장에서 직원 80여 명의 설립 11년차 중소기업인 씨알푸드가 켈로그와 포스트 제품을 누르고 시장 점유율 1위를 차지했다.

이상범 씨알푸드 대표는 20여 년간 금융권과 벤처투자업계에서 일했던 사람으로 2007년 창업 전까지 제조업 분야에 발을 들인 적이 없다. 좋은 회사를 설립해 사회에 도움이 되는 제품을 생산하고 싶다는 마음으로 3년간 소규모 회사를 운영하며 식품·유통시장에 관해 공부한 후 창업한 이상범 대표는 켈로그 공장장을 지내다 퇴직한 방대혁을 만나면서 국산 시리얼 생산에 본격적으로 뛰어들게 된다. 켈로그와 포스트 제품 가격엔 로열티가 포함돼 있는데 한국 기술로 시리얼을 생산하면 로열티를 줄 필요가 없으니 가격 면에서 경쟁력이 있다고 판단했다. 씨알푸드는 2009년 이마트 납품을 시작으로 GS수퍼, 하나로마트, 롯데마트·슈퍼, GS25 등 대형 유통업체로 거래처를 넓혀 2017년 매출 172억 원, 영업이익 23억 원을 기록하며 안정적인 성장을 이어가고 있다.[46]

이들 사례들을 보면 '기울어진 운동장'이라고 지레 겁먹을 필요는 없을 것 같다. 조지루시나 켈로그, 포스트 같은 막강 기업이 시장을 독점하고 있어도 끊임없는 기술개발노력, 기존과는 다른 마케팅 전략으로 접근하면 얼마든지 판을 뒤집어 골리앗을 쓰러뜨리는 다윗이 될 수 있기 때문이다.

다음과 같은 통계에 대해서는 어떻게 생각하는가? 중소벤처기업부의 「2017 중소기업실태조사결과」에 따르면, 제조업에서 위탁기업과 거래시 애로사항을 보면 계약단계에서 '부당한 대금결정'은 13.7%, 생산 단계에서 '원자재 가격 상승분 납품단가 미반영' 42.2%, '부당한 대금감액' 9.7%, 생산단계에서 '부당한 기술자료 요구'가 2.6%, 납품단계에서 '지나친 품질수준 요구'가 8.6%, '납기단축·촉박'이 34.1%, 정산단계에서 '납품대금결제기한 미준수'가 34.6%로 나타났다. 또 「2018년 벤처기업정밀실태조사」에서 벤처기업의 거래처별 불공정거래 경험 여부를 조사한 바에 따르면, '대기업 또는 대기업 그룹소속사'와 거래 시 5.3%, '대기업에 납품하는 1, 2차 벤처'가 4.1%, '중소벤처기업' 3.9%, '해외기업' 2.0% 순이었다.

위 조사에서 응답기업들은 위탁기업의 '부당한 대금결정'이 13.7%, '부당한 대금감액'이 9.7%, 대기업과의 거래에서 불공정거래 경험이 5.3%나 된다고 분노할 수도 있고, 그 정도면 힘들기는 하지만 한번 도전해볼만한 환경이라고 생각할 수도 있다. 부정적으로 생각하면 기가 꺾이고 긍정적으로 생각하면 기업가정신이 꿈틀거릴 수 있다.

'기울어진 운동장'이라고 불리는 불공정한 시장에서는 창업이 어렵고 창업해도 살아남기 어렵다고 생각하기 쉽다. 그러나 창업의 성공사례들을 보면 '기울어진 운동장'에서 태어나 강소기업, 중견기업, 대기업으로 성장한 사례도 적지 않다.

정주영 회장에게는 '기울어진 운동장'은커녕 운동장 자체가 없었다. '기울어진 운동장'이 있다면 비빌 언덕이라도 있지 않은가? 우리나라 자동차산업과 반도체산업도 세계시장에서 보면 완전히 '기울어진 운동장' 이었지만 운동장을 뒤집어엎겠다는 기업가정신으로 도전한 현대의 정주영 회장과 삼성의 이병철 회장이라는 위대한 창업자가 있었기에 자동차 강국과 반도체 강국이 되지 않았나?

　민주화운동도 마찬가지다. 박정희 정부나 전두환 정부와 같은 독재 정부 하에서 민주화운동은 계란으로 바위를 치는 것과 같은 철저히 '기울어진 운동장'에서의 싸움이었다. 그러나 우리나라 민주화세력은 김대중 대통령이나 김영삼 대통령, 노무현 대통령 같은 위대한 민주화 리더와 함께 모진 탄압에도 불구하고 독재에 저항하여 세계사에 유례없는 민주국가와 촛불혁명을 이루어냈다. 따라서 산업화세력과 민주화세력은 서로 내용은 다르지만 '기울어진 운동장'에서 새로운 나라를 만들어낸 위대한 창업세력이라고 할 수 있다. 이 위대한 창업세력이 이제는 청년세대에게 불리한 '기울어진 운동장'에서 기득권세력이 되어 '386 꼰대'로 지탄받고 있다.

　새로운 세상을 만들기 위해서는 386 세대가 "기회는 평등하고 과정은 공정하고 결과는 정의로울 것"이라는 문제인대통령의 취임사에서 보는것과 같은 청년시절의 초심으로 돌아가 '기울어진 운동장'을 '평평한 운동장'으로 바꾸기 위한 반성과 실천적 노력을 해야 할 것이다.

　디지털 문명으로 무장한 청년세대는 이제 새로운 창업세력이 되어야 한다. '기울어진 운동장'이 '평평한 운동장'이 될 때까지 기다리다간 운동장만 더욱 기울어질 뿐이다. '기울어진 운동장'을 '헬조선'이라고 탄식하지 말고 '창업천국'으로 바꾸기 위한 고민과 실천적 노력을 해야만 자신과 세상을 바꿀 수 있다.

창업자 어록

- 중소기업이 돈과 사람, 기술이 없어 어렵다고 하지만 초기 대기업 사장들은 그런 것을 갖추고 시작했나? – 변대규 네이버 이사회 의장

- 창업가들이 규제 때문에 못한다고 하지 말고 힘들더라도 부딪혀서 변화를 주도해야 게임체인저 될 수 있다 – 소프트뱅크벤처스 이준표 대표

- 창업을 하려는 사람은 규제를 염두에 둬선 안된다. 규제가 겁나서 뭘 못한다. 그건 기업가 정신이 아니다. 소비자에게 필요한 제품이라고 생각하면 어떻게든 수요 제기를 하면서 규제를 헤쳐 나가야 한다. 정부와 국회에 맞서 규제를 헤쳐 나가는 것도 기업가의 몫이다.
  – 파수닷컴 조규곤 대표

- 저는 저 자신을 '혁신기업가'로 규정짓고 살아왔고 앞으로도 그렇게 살아갈 사람이다. 혁신기업가들이 실패도 하고 성공도 하겠지만 그들이 있어야 시스템이 바뀐다
  – 쏘카 이재웅 대표

- 저는 SKY가 아닌 건국대를 나왔고 생명공학 전공자도 아닙니다. 대우그룹에서 샐러리맨을 하다 외환위기를 맞아 2000년에 실업자가 됐습니다. 앞길이 막막하던 터에 10년 후에는 바이오의약품 특허가 줄줄이 만료된다는 사실을 알게 돼 벤처를 창업했습니다. 꿈이라도 크게 갖자고 처음부터 해외시장을 겨냥했지요. 턱도 없는 얘기라는 비아냥에 사기꾼 소리까지 들었어요. 자금난으로 사채시장을 전전하기도 했습니다. 하지만 '모든 걸 걸면 된다'는 믿음으로 차근차근 기술을 쌓고 임상시험에 도전했지요. 그렇게 세계 최초 항체 바이오시밀러인 램시마 등을 탄생시켜 세계시장을 뚫었습니다 – 셀트리온 서정진 회장

- 나는 집이 가난해 어릴 적부터 세상을 살아가는 데 필요한 많은 경험을 쌓을 수 있었고, 몸이 약했기 때문에 일을 부탁하는 법을 배웠고, 학력이 모자랐기 때문에 항상 다른 사람에게 가르침을 구했다 – 마쓰시타 고노스케

책 속의 메시지

길이 안보이고 막막한가? 할 수 있다고 생각하고 다시 봐라.

"회장님, 그 납기를 맞추는 것은 도저히 불가능합니다."
"왜 안 된다는 거야?"
"회장님, 원래 인도계획도 그들의 요구에 맞춰 대단히 빠르게 잡은 것입니다…."
"이봐, 해봤어? 우리는 기술이나 경험이 뒤쳐져 있어. 그런데 선진국 근로자들이 어떤 일을 일 년 걸려 완성하는 일이라고 우리도 일 년 걸려 한다면 어느 세월에 그들을 따라잡을 수 있겠어? 만사는 된다고 생각하면 안 보이던 길도 보이고 안 된다고 생각하면 있는 길도 안 보이게 되는 법이야."
– 「세기의 도전자, 위기의 승부사 정주영, 이봐 해봤어?」 박정웅, 프리이코노미북스, 2015

무거운 창업에서 가벼운 창업으로,
가벼운 준비에서 무거운 준비로

창업에 목숨을 걸어야 하는 시대가 있었다. 창업하려면 큰 자금이 필요했고 그러한 자금을 구하려면 담보나 연대보증을 통한 융자를 받아야 했는데 실패하면 창업자 자신은 물론이고 관련된 주변 사람들까지 패가망신하는 경우가 적지 않았기 때문이다. 또 창업자는 성공에 필요한 경영요소, 즉 인력, 자금, 기술, 판로 모두를 제때 제대로 확보하고 운영할 수 있는 슈퍼맨이어야 했다. 의료기기 벤처 메디슨을 창업하여 1990년대 제1차 벤처붐을 선도했던 벤처대부 이민화는 다음과 같이 말한다.

"1985년 필자가 메디슨을 창업했을 때는 의료용 모니터, 평면 키보드도 외부에서 만들어줄 데가 없어 우리가 직접 만들었다. 메디슨 창업 팀의 핵심 역량은 디지털 초음파 기술인데, 대부분의 돈과 시간은 비핵심 기술을 구현하는데 투입되었다. 기술개발 이후 생산과 영업과 서비스와 관리를 해야 한다. 과거 창업자는 연구개발, 생산, 품질, 유통, 서비스, 관리 등 모든 분야의 팔방

미인이 돼야 했다. 개발과 생산 설비에 상당한 투자도 필요했다. 한 마디로 무거운 창업이었다. 일단 창업을 하면 후퇴는 죽음이기에 목숨걸고 사업에 도전했다. 그리고 많은 기업가들이 장렬하게 전사했다. 과거의 창업은 '무거운 창업'이었다."[47]

그러나 이제는 상황이 크게 달라졌다. 온라인 쇼핑몰이나 유튜브, 블로그 하나만 있어도 전 세계를 상대로 사업을 할 수 있다. 창업비용이 예전의 10분의 1, 100분의 1 수준으로까지 떨어졌다. 자금이 필요하면 크라우드펀딩으로, 기술이 필요하면 오픈소스로 조달할 수 있다. 필요한 인력도 재능마켓에서 저렴한 비용으로 구할 수 있다. 사업에 애로가 생기면 컨설팅과 지원을 해주는 기관들도 많이 있다. 한마디로 '무거운 창업'에서 '가벼운 창업'의 시대로 바뀐 것이다.

이렇게 창업이 가벼워지면 어떤 일들이 벌어질까? 첫째 창업 자체가 활발히 일어난다. 창업에 필요한 자원을 주변에서 쉽게 구할 수 있고 실패해도 투입비용이 크지 않다보니 타격이 크지 않아 쉽게 재창업할 수 있다.

미국 실리콘밸리에서 창업이 활발하게 일어나는 것도 이런 가벼운 창업의 여건이 마련되어 있기 때문이다. 실리콘밸리에 있는 스탠퍼드 대학에서 기업가정신 교육은 기본 교과과정이다. 아이디어가 있으면 테크숍을 활용해 프로토타입을 만들어 크라우드펀딩 서비스 기업인 킥스타터에 올리면 수요자들이 사전 구매나 후원을 한다. 사업에 필요한 각종 자문을 제공하는 지식서비스 기업들도 많고, 엔젤투자를 회수하는 인수·합병(M&A)시장도 발달되어 있다. 차별화된 아이디어만 있으면 사업화가 가능한 가벼운 창업의 생태계가 실리콘밸리에는 마련되어 있는 것이다.

둘째 1인 창업, 겸업 창업이 활발해진다. 창업에 필요한 자원을 주변이나 온라인에서 쉽게 구할 수 있는 만큼 기업 내부에 필요한 개발인력이나 관리인력 등은 최소한으로 할 수 있다. 창업자가 외부자원을 효과적으로 활용할 수 있는 능력만 있다면 1인 기업으로도 충분히 경쟁력을 가질 수 있다. 이렇게 창업이 가벼워지면 본업을 하면서 창업을 하는 겸업 창업 혹은 하이브리드 창업의 여지도 크게 넓어진다.

셋째 창업이 가벼워지면 사회적기업처럼 과거에는 수지가 맞지 않아 생존이 어려웠던 분야에서도 창업이 활발하게 이루어질 수 있다. 사회문제 해결을 목표로 설립되는 사회적기업은 경제적 가치보다는 사회적 가치를 우선하기 때문에 자금조달이나 인재 및 판로 확보가 쉽지 않아 창업에 어려움을 겪는 경우가 적지 않았다. 그러나 이제는 사업운영에 필요한 자원이 대폭 절약되고 외부로부터의 자원조달환경이 양호해지면서 사회적 가치를 중시하는 기업들의 생존가능성도 과거에 비해 크게 높아졌다. 창업자 자신이 흥미나 사명감만 있다면 사회문제를 해결하기 위한 사회적기업 형태로도 지속가능한 창업이 가능하게 된 것이다.

그런데 '가벼운 창업'이면 창업 준비를 가볍게 해도 될까? 창업에 필요한 돈, 사람, 기술, 시장이라는 측면에서 예전보다 훨씬 더 용이하게 접근할 수 있다. 그러나 이것은 달리 말하면 예전보다 창업의 진입장벽이 훨씬 더 낮아졌다는 의미이기도 하다. 창업 플랫폼에 올라와 있는 수백만 개의 앱이나 수억 개의 유튜브 동영상 중에서 사람들의 관심을 끄는 것은 극소수이다. 이제는 아이템의 차별화가 이전보다 훨씬 더 중요성을 갖는다. 창업은 가벼워지지만 창업 아이템에 대한 준비의 필요성은 훨씬 더 커졌다는 이야기다. 준비를 가볍게 하면 무거운 창업이 되고 준비를 무겁게 하면 가벼운 창업이 된다.

'가벼운 창업'에서는 창업자의 능력이 훨씬 더 중요해진다. 차별화된 창업 아이템을 준비하는 것도 창업자의 능력에 달려 있지만, 창업 아이템을 어떻게 구현하느냐도 창업자의 능력에 따라 크게 달라진다. 똑같은 창업 아이템을 갖고도 창업자의 능력에 따라 1인 기업, 강소기업, 중견기업, 대기업, 실패기업 등 다양한 형태로 나타날 수 있다. 창업에 필요한 자금이나 판로지원보다 창업자의 능력을 높이는데 훨씬 더 많은 관심을 가져야 할 이유다.

'가벼운 창업'에서 창업자에 가장 중요한 능력은 무엇일까? 창업에 필요한 내외부 자원을 동원하고 연결할 수 있는 능력이다. 창업자를 지원할 준비가 되어 있는 투자자, 직원, 고객, 협력기업, 협력기관 등과 긴밀히 소통하면서 자신의 우군으로 끌어들일 수 있는 능력이다. 이러한 능력은 창업자의 오픈 마인드와 오픈경영을 통해서만 확보될 수 있다.

예컨대 창업자가 크라우드펀딩으로 자금을 조달하기 위해서는 자금조달목적과 활용 및 상환계획 등은 물론 창업기업의 현황에 대한 투명한 정보공개와 창업자의 진정성을 보여주는 신뢰할 만한 정보나 지표의 제시가 필요하다. 그러나 아직도 많은 창업자들은 혼자서 모든 것을 다 하겠다는 폐쇄적 마인드와 독불장군식 경영에서 벗어나지 못하고 있다. '가벼운 창업'의 시대의 창업자들은 '무거운 창업'의 시대와는 달리 창업자 자신은 몸을 최대한 가볍게 하고, 주변의 협력자를 최대한 활용하는 오픈 마인드와 오픈경영의 훈련과 준비가 필요하다.

창업자 어록

- 바로 시작해라. 너무 재지말고, 완벽하게 준비하겠다고 하지 말아라. 어깨에 힘을 빼고 '잽을 날린다'는 마음으로 시작해라. 진짜 좋은 사업은 많은 경우, 그럴 듯한 것이 아니라 보잘 것 없어 보이는 것에서 시작됐다 – 권도균 프라이머 대표

- 창업을 하고 싶은 분야가 있다면 우선 5~10년 정도 미리 경험을 해보길 권하고 싶습니다. 5~10년의 경험 중 2~3년은 영업을 해보라고 권하고 싶어요. 영업만큼 그 분야 시장 상황을 이해하는데 좋은 업무는 없다고 보니까요 – 한경희 한경희생활과학 대표

- 60세 퇴직 이후라도 창업을 하지 않으면 100세까지 남은 노후를 살아가기가 어렵다. 바꾸어 말하면 이제 우리는 '평생 누구나 한번은 창업을 해야 하는 시대'에 살고 있다. 100세 시대, 누구나 한번은 창업을 할 수 밖에 없다면 철저한 준비가 필요하다. 나는 최소한 3년 이상을 준비하라고 조언한다 – 김형민 비원플러스 대표

- 성공을 원한다면 많은 것들과 친해져야 한다. 인내심은 당신의 소중한 친구로, 경험은 친절한 상담자로, 신중함은 당신의 형제로, 희망은 늘 곁에서 지켜주는 부모님처럼 친해져야 한다 – 조지프 에디슨

- '파괴적인 혁신'을 요구하는 4차 혁명시대, 우리 속에 타고난 탤런트를 맘껏 발휘하여 개인의 꿈을 성취함은 물론, 이 시대를 이끄는 선각자로 살게 하는 '창업'이 우리에겐 필수다 – 강옥래·강민구 「새로운 시대 새로운 DNA, 창업」 저자

책 속의 메시지

준비된 자가 기회를 잡는다
기회가 주어져도 기회인지 모르고 날려버리는 사람들이 많다. 기회는 기회라며 알려주고 오지 않는다. 성공한 사람들은 찾아온 작은 우연도 기회로 만들어간다. 작은 우연도 기회로 만드는 것, 그것 또한 가장 큰 자산이자 경쟁력이라 생각한다.
– 「나는 사업이 가장 쉬웠어요 : 무일푼 노숙자 100억 CEO되다」 최인규, 이코노믹북스, 2018

3장

창업자는 타고난다고?

창업자는 타고나는가?
훈련으로 만들어지는가?

창업자는 타고나는 걸까? 훈련으로 만들어지는 걸까? 정주영이나 스티브 잡스와 같은 탁월한 사업가를 보면 타고나는 것처럼 보인다. 그러나 주변에서 평범한 사람이 창업해서 상당한 성공을 거두는 사례를 보면 타고나는 것만은 아니라는 생각도 든다. 어느 쪽이 맞는 말일까?

다양한 기업과 스타트업의 창업 및 성장을 도운 컨설턴트이자 투자가인 캐럴 로스는 『당신은 사업가입니까?』라는 책에서 누구나 사업가가 될 수 있다는 생각이 팽배해 있지만 모든 사람이 사업가로 성공하는 것은 아니라면서 다음과 같이 말한다.

> 사업체를 경영하는 일이 모든 이들에게 적합한 것은 아니다. 성공적인 사업운영에 필요한 역량의 개수로 보자면 대부분의 사람들에게 사업은 부적합하다. 사업가란 직업은 다른 직업과 다르고 사업가로서 일을 잘 해내기 위해서는 당신이 사업가에 맞는 사람이어야 한다.[1]

반면 미국 뱁슨대학 교수인 제프리 A. 티몬스는 『창업가에 관한 12가지 오류와 실제』에서 "창업가는 선천적으로 타고 난다"는 생각은 오류라고 말한다. 실제로는 창업가는 지적 능력, 창조성, 열정 등을 가지고 태어나지만 이들 재능은 빚지 않은 진흙이거나 하얀 캔버스와 같은 것으로, 창업가의 창조적인 능력과 기회를 추구하는 능력은 여러 해에 걸친 자신의 계발도 포함하여 적어도 10년 또는 그 이상의 경험에서 나오는 것이라고 말한다.[2]

1만 명 이상의 창업자 및 예비창업자들을 만난 일본의 창업컨설턴트 마쓰오 아키히토는 『창업가체질』이라는 책에서 창업에 성공하는 사람과 실패하는 사람에는 차이가 있는데, 창업에 실패하는 가장 큰 이유는 직장인 체질을 버리지 못한 데에 있다고 말한다. 직장인 체질을 버리지 못하면 아무리 훌륭한 아이디어나 전략이 있다 해도 좀처럼 성공할 수 없고, 창업해서 성공하려면 창업자의 사고와 행동원칙인 '창업가체질'을 반드시 익혀야 한다는 것이다. 만약 자신이 성공한 창업자의 사고나 행동과 반대되는 부분이 많다면, 하나씩 개선해 나가는 노력을 통해 창업자에 어울리는 사고와 행동을 할 수 있다고 조언한다.[3]

저명한 창업전문가 로이드 세프스키는 창업자는 타고나는 것인지, 아니면 만들어지는 것인지는 창업 분야에서 오랫동안 논의되어온 논쟁이지만, 대세는 "창업자는 태어나지 않고 만들어진다"는 쪽으로 기울어져 있다고 말한다. 그는 데이클 델(델 컴퓨터), 레이 크록(맥도날드) 등 200여 명의 사업가들이 겪은 창업에서 성공까지의 과정을 추적하고 이같은 결론에 도달했다면서 성공한 사업가들이 가지고 있는 성공요인들

은 누구든지 만들어낼 수 있다고 강조한다.[4]

지금은 세계적인 기업가라도 창업 초기에는 아니라는 평가를 받은 기업인도 많다. 30년 연속 매출이익 증가를 기록하면서 연매출 5조원이 넘는 일본 유통업계 1위 기업 니토리 홀딩스의 니토리 아키오 회장은 학교에서는 자신의 한자 이름조차 쓰지 못하는 열등생이었고 어렵게 들어간 첫 직장인 광고회사에서도 영업 실적은 최하위였다. 6개월 만에 해고된 그는 그저 입에 풀칠이나 하자는 심정으로 가구점을 시작했다. 그러나 이마저도 대인공포증이 있어 손님과 눈도 제대로 못 마주치고 대화도 하지 못하던 내성적인 청년이 이제는 일본뿐 아니라 전 세계에 470여개의 매장을 보유하고 있고, 일본 전체 인구의 절반이 제품을 구매하는 '국민기업'이자 '잃어버린 20년 불황'을 이겨낸 '불사조 기업'의 CEO가 되었다. 비결은 "뭘 해야 성공할 수 있을까?"가 아니라 "무엇을 위해 그 일을 해야 하는가?"라는 생각으로 "저렴한 가격으로 풍요로운 주거생활을 누리게 하고 싶다"는 비전을 세우고 그 비전의 실현을 위해 거북이처럼 쉬지 않고 걸어갔기 때문이다.[5]

지금은 시가총액 1조원이 넘는 유니콘 기업으로 성장하여 탁월한 사업가로 평가받는 야놀자의 이수진 대표도 원래 사업가 체질이었느냐는 질문에 다음과 같이 대답한다.

"그건 아니었다. 나는 내성적이고 소극적이며 나서기 싫어하는 타입이다. 친구들도 모두 내가 사업할줄 몰랐다고 하더라. 몇 달이나 버티겠냐고 걱정하는 사람이 대부분이었다." 그러면 성격이 변한 건가라는 질문에 "성격 자체는 변하지 않은 것 같다. 다만 회사를 경영하며 '어쩔 수 없이 해야 하는 일'들을 하다보니, 영업 등 사업 노하우가 쌓였다. 모델들을 대상으로 광고 영업을 많이 다녔는데, 대부분 퇴짜를 맞았다. 그러다 보니 모텔 간판을 보는 것조차 너무 싫었다. 들어가기도 전에 퇴짜를 맞을까봐 두려웠고, 모든 게 지긋지긋했다. 하지만 망하지 않으려면 어쩔 수 없이 해야 하는 일 아닌가"라고 답한다.[6]

이러한 논의를 보면 창업자는 타고나는 것이 아니라 후천적으로 훈련에 의해 만들어진다는 쪽에 무게가 실린다. 그렇다고 창업에 적합한 특성이 없다는 의미는 아니다. 창업자에 공통적으로 나타나는 특성은 분명히 존재한다. 다만 이러한 특성이 선천적인 것이 아니라 후천적 노력에 의해 획득될 수 있다는 의미인 것이다. 그러한 특성들로는 어떠한 것들이 있을까? 다음에서 차례로 논의해보기로 한다.

책 속의 메시지

직장인 체질 vs 창업자 체질
남들과 같은 방향을 본다 vs 다른 방향을 본다
뭐든 다 잘 하려고 한다 vs 잘하는 사람을 찾는다
자신의 실력만 믿는다 vs 연줄을 만들려 노력한다
규칙이 평등하길 바란다 vs 규칙을 유리하게 바꾼다
주어진 틀 속에서 일한다 vs 틀 자체를 스스로 만든다
미움 받을까봐 걱정한다 vs 20%만 내 편이길 바란다
명함을 종이로 본다 vs 명함을 돈으로 본다
모임에서 노하우를 찾는다 vs 모임에서 인맥을 찾는다

-「창업가 체질 : 직장인 마인드를 뛰어넘어 성공하는 51가지」
마쓰오 아키히토, 매일경제신문사, 2017

창업성공에 필요한 7가지 조건 :
긍정적 사고

- 어떤 신발회사에서 아프리카의 한 마을로 판매사원을 파견했다. 그곳은 그 회사에서 한 번도 신발을 팔아본 적이 없는 지역이었다. 파견된 직원은 세일즈 경험이 풍부한 노련한 경력사원이었다. 회사는 그에게 큰 기대를 걸었다. 그는 아프리카에 도착하고 얼마 지나지 않아 본사로 연락을 보내왔다. "회사로 돌아가야겠습니다. 이곳에서는 아무도 신발을 신지 않습니다." 회사에서는 그를 불러들였다.

그리고는 다른 판매사원을 파견했다. 이번에는 세일즈 경력이 가장 짧은 신참 직원을 보냈다. 그는 경험이 풍부하지는 못했지만 열정만큼은 대단했다. 회사에서는 그가 몇 켤레 정도는 팔 수 있으리라고 예상했다. 그는 도착하자마자 본사에 긴급 메시지를 보냈다. "본사에 있는 신발을 모두 보내주셔야겠어요. 이곳에는 신발 신은 사람이 하나도 없어요!"

- 빗을 만드는 어느 회사의 사장이 직원들에게 스님들이 계신 절에 가서

빗을 팔아오라고 지시를 했다. 그랬더니 한 직원은 머리카락이 없는 스님에게 어떻게 빗을 파느냐고 불평을 했다. 다른 직원은 한 개를 팔고 왔다. 아는 스님에게 부탁해서 머리 안마용으로 어렵게 팔았다고 한다. 인간관계를 이용한 것이다. 또다른 직원은 수십 개를 팔고 왔다. 스님 대신 절에 찾아 온 참배객들에게 선물용으로 팔았다는 것이다. 스님 너머의 고객을 본 것이다. 수백 개의 주문을 받은 직원도 있었다. 모두가 놀라 그 비결을 물었더니 그 직원은 주지스님에게 이렇게 말했다고 한다.

"스님, 절을 찾는 신도들에게 기념품으로 빗 하나씩 선물하십시오. 빗의 한 면에는 신도들이 좋아하는 연꽃과 절 이름을 새겨넣고, 다른 한 면에는 '吉善빗'이라 새겨넣으면 집에 가서도 머리를 빗을 때마다 주지스님께 감사하고 나중에 다른 사람까지 데리고 절을 찾아올 것입니다."[7]

사업에서 긍정적 사고의 중요성을 강조하는데 자주 인용되는 일화들이다. 새로운 일을 시작하는 창업에서 그 새로운 일이 성공하지 못한다고 생각하면 아예 시작조차 할 수 없을 것이다. 성공한 창업자들이 갖는 특성으로 가장 먼저 긍정적 사고가 강조되는 이유다. 창업한다고 모두 성공하는 것은 아니지만 창업해봐야 성공할 수 없다는 부정적 사고에 젖어 있다면 창업성공 가능성은 처음부터 제로가 될 수밖에 없기 때문이다. 다음 사례도 한번 읽어보자.

〈사례〉
1952년 12월 부산에 있는 유엔군 묘지를 관리하던 미군은 묘지 단장 공사의 입찰공고를 냈다. 공사내용은 묘지에 파란 잔디를 깔아달라는 것이었다.

입찰한 건설회사 사장들은 "한 겨울에 파란 잔디를 구한다는 것은 불가능하다"며 공사를 포기하고 돌아갔다. 그 때 현대 건설의 정주영 사장은 미군 장교에게 찾아가 왜 파란 잔디를 주문하는 거냐고 물었다. 대답은 곧 한국에 와서 묘지를 방문할 예정인 미국의 아이젠하워 대통령에게 한겨울의 황량한 묘지의 모습을 보여주고 싶지가 않다는 것이었다. 이야기를 들은 정주영 사장은 "대통령이 지나가면서 파란 풀이 나있는 것처럼 보이기만 하면 되지 않느냐"고 물었다. 물론 그렇다고 대답하자 정주영 사장은 보리밭에서 새파랗게 자라는 보리를 수십 트럭 옮겨 심어 묘지를 파란 풀밭으로 만들었다. 잔디는 아니었지만 분명 황량했던 묘지는 파란 색으로 변해 있었다. 미군은 경탄을 금치 못했고, 이후 미8군 공사는 모두 정주영의 것이 되었다.[8]

보통사람들은 안 된다고 생각하는 일을 성공한 창업자는 일단 된다고 생각하고 되는 방법을 찾는 사람이라고 할 수 있다. 온라인 쇼핑몰로 시작한 1인 회사를 프랑스의 화장품회사 로레알그룹에 6000억 원에 매각하여 대박신화를 일군 스타일난다의 김소희는 다음과 같이 말한다.

사업을 진행할 때 직원이 불가능이라는 답을 가져오면 '세상에 안 되는 것은 없다'고 말을 해요. 남들이 안 될 거라고 하는 말에 쉽게 포기하지 마세요. 제가 처음에 인터넷으로 옷을 팔 거라고 하니 다들 웃었어요. 누가 입어보지도 않고 옷을 사느냐고. 두려워 마세요. 자기가 가는 길이 곧 길이 됩니다.[9]

무일푼 노숙자로 시작하여 현재는 인터넷 쇼핑몰과 잉크토너 공장을 운영하여 연매출 100억원을 올리는 기업의 CEO가 된 최인규도 자서전

『나는 사업이 가장 쉬웠어요』에서 다음과 같이 말한다.

> 내가 사업을 시작한 1999년 이래로 뉴스에서 경기가 좋다는 말을 한번도 들은 적이 없다. 늘 불경기였고 소비심리가 얼어붙어 있다고 보도했다. 하지만 IMF 때도 2008년 금융위기 때도 돈을 번 사람은 엄청나게 벌었다. 된다고 믿고 도전하는 사람은 무엇이라도 이루어낸다. 나는 세상 탓을 하지 않고 해낼 수 있다는 믿음으로 변화에 변화를 거듭하며 살아왔기에 지금 이만큼 성장해왔다. 안 된다고 생각하면 핑계거리만 보이고, 된다고 생각하면 되는 방법이 보인다.[10]

긍정적 사고가 중요한 또다른 이유는 견디기 어려운 고난이 닥쳐도 견딜 수 있는 회복탄력성의 원천이기 때문이다. 회복탄력성이란 어떠한 어려움과 역경이 닥쳐도 헤쳐나갈 수 있는 힘, 자신에게 닥치는 온갖 역경과 어려움을 오히려 도약의 발판으로 삼는 힘을 말한다.[11] 많은 창업자들은 회사를 창업하여 성공으로 이끌기까지 수많은 좌절을 경험한다. 하지만 그런 좌절 속에서도 창업자는 리더로서 조직을 이끌어야 하기 때문에 항상 미래를 바라보고 비전을 얘기하며 긍정의 마인드를 조직에 심어야 한다. 그 근원은 물론 창업자 스스로 가지는 무한긍정 마인드다.[12]

그런데 긍정적 사고는 후천적 노력이나 훈련 등을 통해 획득되거나 개선될 수 있는 것일까? 『회복탄력성』의 저자 김주환은 마음의 근육이 탄탄할수록 어려움과 역경이 닥쳐도 헤쳐나갈 수 있는 힘이 생기는데, 이러한 마음의 근육은 체계적이고 반복적인 훈련을 통해 키울 수 있다고 말한다.[13]

스물다섯의 나이로 자본금 250만 원으로 기업체 전문 여행사 비티앤아이BT&I를 설립하여 코스닥 상장기업으로 성장시킨 여행업계의 성공신화 송경애 대표도 『나는 99번 긍정한다』라는 자서전에서 긍정의 힘이야말로 행복한 성공의 원동력임을 강조하면서도 자신이 처음부터 긍정적인 사람은 아니었다고 고백한다. 오히려 모든 일을 완벽하게 해야 한다는 강박관념에 시달리는 성격이었지만 행복해지기 위해 긍정적인 마음가짐을 갖게 되면서 바뀌게 되었다고 한다. 그녀는 아침에 일어나 거울을 보면서 "오늘도 감사한 마음으로 하루를 시작하자!", "No problem! 다 잘될 거야!", "Yes, I can. Yes, Women can!"이라고 말하고, 머릿속에 '잘 될 것이다'라는 자기암시를 하며 '할 수 있다'는 자기최면을 건다. 이렇게 하면 힘들던 몸도 기운이 나고 어려운 일 때문에 바닥까지 내려갔던 감정도 다시 회복되어 자신에 대해 강한 믿음을 갖게 되고, 그것이 바로 모든 가능성의 출발점이 된다는 것이다. 그래서 그녀는 다음과 같이 말한다. "끊임없이 긍정하고, 또 긍정하라! 절망이 희망으로 위기가 기회로 바뀔 것이다."[14]

긍정적 마인드를 계속 유지시키기 위해서는 수많은 좌절에 지치지 않도록 창업자도, 그리고 함께 하는 사람들도 수시로 작은 성공들을 경험하는 것이 중요하다. 긍정적 사고가 성공으로 이끄는 근본적인 엔진에 해당한다면 이런 작은 성공들은 그 엔진이 잘 돌아가게 만드는 윤활유 같은 역할을 한다.[15]

창업성공에서 가장 중요한 조건인 긍정적 사고가 흔들릴 때면 다음과 같은 글귀들을 마음 속에 새겨두고 틈나는대로 꺼내어 읽어보는 것도 좋을 것이다.

창업 도움말

- 긍정이 걸작을 만든다 – 윤석금
- 한계는 내 머릿속에만 있다 – 제이 에이브러햄
- 성공하기 전에는 항상 그것이 불가능한 것처럼 보이기 마련이다 – 넬슨 만델라
- 어둠 속에서만 별을 볼 수 있다 – 마틴 루터 킹
- 고개를 숙여 당신의 발을 보지 말고 고개를 들어 별을 보라 – 스티븐 호킹
- 비관주의자는 모든 기회에서 어려움을 보고, 낙천주의자는 모든 어려움에서 기회를 본다 – 윈스턴 처칠
- 성공한 사람은 구름위의 태양을 보고 실패한 사람은 구름속의 비를 본다 – J. F. 케네디
- 비관주의자들은 천체의 비밀을 발견해낸 적도 없고, 해도에 없는 땅을 향해 항해한 적도 없으며, 영혼을 위한 새로운 천국을 열어준 적이 단 한 번도 없다 – 헬렌 켈러
- 길을 걷다가 돌을 보면 약자는 그것을 걸림돌이라고 하고, 강자는 그것을 디딤돌이라고 한다 – 토마스 칼라일
- 세상에는 두 종류의 사람들이 있다. 자신이 할 수 있다고 생각하는 사람과 할 수 없다고 생각하는 사람이다. 물론 두 사람 다 옳다. 그가 생각하는 대로 되기 때문이다 – 헨리 포드
- 만약 냉장고에 식료품이 있고 입는 옷이 있고 머리위에 지붕이 있고 자는 장소가 있다면 당신은 세계 75%의 사람들보다 유복하고 은혜를 받고 있습니다 – K.Leipold

책 속의 메시지

긍정적인 사고에는 실패가 없다

똑같은 조건에서 똑같은 일에 부딪쳐도 어떤 이는 찌푸리고, 어떤 이는 웃는다. 부정적인 사람은 태양 밑에서 고된 노동의 고통만 끔찍이 여기고 그늘 아래서 서늘한 바람을 쐴 때의 행복은 느낄 줄 모른다.

부정적인 사람들이 불가능하다고 외면할 때 긍정적인 사고의 사람들은 그것을 가능하게 하는 길과 방법을 찾아 노력한다. 긍정적인 사고를 가지면 하늘이 무너져도 솟아날 구멍이 있고 무엇이든 이룰 수 있다.

– 「시련은 있어도 실패는 없다」 정주영, 제삼기획, 1991

창업성공에 필요한 7가지 조건 :
리스크 관리

긍정적 사고는 창업성공을 위해 가장 중요한 조건이지만 절제되지 않은 무한긍정 사고는 때로는 실패를 부르는 요인이 될 수 있다. 예컨대 사업계획이나 준비가 전혀 되어 있지 않은 상태에서 "내 사업은 무조건 잘될거야"라는 식의 사고와 행동을 한다면 그 결과는 실패로 귀결될 가능성이 크다.

사업은 예기치 않은 요인으로 인해 목표나 계획대로 되지 않는 경우도 비일비재하다. 이러한 리스크에 대한 관리가 제대로 이루어지지 않으면 사업은 성공은커녕 시작도 하기 전에 좌초될 수도 있다. 흔히 사업성공을 리스크를 감수하는 사업가의 특성으로 돌리는 경우가 많지만 실제로는 성공한 사업가들은 리스크 감수보다 리스크 관리에 강하다는 특성을 갖고 있다고 한다.

애덤 그랜트는 『오리지널스』라는 책에서 800여 명의 미국인 기업가, 직장인을 대상으로 다음 세 가지 창업방법 가운데 가장 선호하는 방법을 선택하도록 한 연구결과를 소개하고 있다.

① 성공할 가능성 20%에 500만 달러 수익
② 성공할 가능성 50%에 200만 달러 수익
③ 성공할 가능성 80%에 125만 달러 수익

연구 결과, 기업가들은 다른 사업들이 얼마나 잘 될지에 대한 기대 등에 상관없이 다른 부류의 사람들보다 가장 안전한 마지막 항목을 훨씬 더 많이 선택하는 경향이 있었고, 연구자들은 이에 입각하여 "기업가들은 일반인보다 훨씬 더 위험회피성향이 강하다"라고 결론을 내렸다.[16]

미국 벤처캐피털인 알토스벤처스를 이끌며 쿠팡, 배달의민족 등에서 탁월한 투자안목을 보인 한 킴 대표도 좋은 창업자들의 가장 대표적인 공통점으로 얼마나 벌고 있는지에 관계없이 늘 망할 것을 두려워하는 점이라고 말한다.[17]

또 3천만원의 자본으로 시작하여 창업 9년만에 독일 기업에 4조 7천억원에 매각된 배달의민족의 김봉진 대표도 배수진을 치며 간절함으로 창업했다고 꼭 성공하는 것은 아니고, 사실은 리스크를 잘 예상해서 피하고 분산해야 오히려 더 좋은 결과를 얻을 수 있다면서 자신도 리스크는 보수적으로 피해가는 편이라고 말한다.[18]

리스크 관리가 왜 중요한가? 첫째 미래예측이 어렵기 때문이다. 사업을 하면서 나름대로 미래예측을 하지만 미래에 어떤 돌발사태가 일어날지는 아무도 모른다. 원시수렵시대로 말하면 언제 어디서 맹수가 튀어나올지 모르고, 바다에 뜬 배로 말하면 언제 어디서 암초에 부딪쳐 좌초할지 모를 일이다. 외환위기도 2008년 글로벌 위기도 예측하지 못한 일이었다.

우리는 미래의 변화를 y=ax처럼 선형으로 생각하는 경향이 있다. 3년 후에는 3a가 일어날 것으로 예상한다. 그러나 실제로 일어나는 변화는 y=ax³과 같은 변화가 일어난다. 3년 후에 3a가 아니라 3³a=27a와 같은 변화, 즉 27년 후에나 일어날 것으로 예상되는 변화가 3년 후에 일어나는 것이다. 이 때문에 예측과 실제 변화 사이에 커다란 괴리가 생기고 잘못 대응하여 실패의 길로 들어서는 경우가 적지 않다. 기술발전이 기하급수적으로 일어나고 있는 4차산업혁명 시대에는 이러한 미래예측의 잘못으로 인한 실패가능성이 더욱 커지기 때문에 리스크 관리의 중요성은 더욱 높아진다.

미래의 불확실성에 대응한 리스크 관리는 "최선을 기대하되 최악에 대비하라"는 말로 요약된다. 최악의 상황을 염두에 두고 시나리오를 갖고 있으면 설사 그런 상황이 와도 당황하지 않고 냉철하게 대응할 수 있다. 그러나 항상 좋은 결과만을 예상했던 사람들은 예상치 못했던 나쁜 상황이 전개되면 상황대응능력이 없어 생존을 위협받는다. 이른 바 '스톡데일 패러독스'라고 하는 현상이다. 사업에서도 미래에 대한 긍정적 희망을 갖되 최악의 상황에 대비하는 리스크 관리가 매우 중요하다.

둘째 리스크 관리가 중요한 이유는 시장과 고객을 알기 어렵기 때문이다. 창업자가 시장에 내놓은 제품과 서비스에 대해 고객이 어떻게 반응할지 잘 모르는 상태에서 보유자원을 올인하여 투입하는 것은 매우 위험하다. 이런 위험을 피하기 위해서는 일단 최소한의 비용이 들어가는 제품이나 서비스 형태로 고객의 반응을 확인하고 반응 정도에 따라 투입자원을 늘려가는 방식이 실패확률을 줄이는 길이다. 이른바 린스타트업 lean startup이라고 불리는 방식이다. 린스타트업은 에릭 리스가 같은 이름의 책에서 제시한 방식으로, "아이디어를 빠르게 최소요건제품으로 제조한 뒤, 시장의 반응을 보고 다음 제품 개선에 반영하는 전략"으로 정의되는데, 사업에서 리스크 관리의 효과적인 방식으로 인정되어 널리 실행되고 있다.

셋째 리스크 관리가 중요한 이유는 결국 실패의 충격을 최소화하기 위해서다. 거액의 자금을 투입해 제품을 만들었는데 시장에서 관심을 받지 못한다면 창업자는 실패자가 될 수밖에 없다. 미래예측을 좀더 충실하게 했거나 린스타트업 방식으로 접근하여 시장에서 관심을 받는 제품을 개발했거나, 실패라는 최악의 상황에 대비한 시나리오를 준비했다면, 달리 말해 준비된 창업을 했다면 실패의 충격을 최소화할 수 있을 것이다.

이와 관련하여 일본 최대의 부호인 소프트뱅크 창업자 손정의는 새로운 사업을 시작하는 기준으로 70%의 승률을 이야기한다. 이길 확률과 질 확률이 반반일 때 싸움을 거는 것은 어리석고, 이길 확률이 90%가 되었을 때 싸우려고 해서는 이미 너무 많은 경쟁자가 들어와 싸우기에는 너무 늦은 상황이 되어버리기 때문에, 승률이 70% 정도라고 판단될 때 새로운 사업을 시작하는 것이 좋다는 것이다. 문제는 승률이 70%인지 아닌지를 어떻게 아느냐이다. 이에 대해 손정의는 '어쩌면 70%일지 몰라' 정도의 가벼운 70%가 아니라, 생각하고 또 생각해봤지만 아무리 생각해도 틀림없이 70%라는 결론이 나오는 것과 같은 집념이 들어간 70%의 승률이라고 확신하는 경우에 행동으로 옮겨야 한다고 말한다.[19]

안철수연구소를 창업하여 중견기업으로 성장시킨 안철수는 사업계획을 세울 때 가장 열악한 상황에 처해 있을 때를 기준으로 필요한 자금

규모를 추정한 후, 그 자금의 2배를 준비하는 것이 타당하다고 말한다. 또 예산의 규모와 프로젝트 수행기간도 예상한 것보다 훨씬 더 소요되는 경우가 빈번하므로 2배의 시간을 준비해야 한다고 조언한다.[20] 그런 의미에서 충분히 준비된 창업은 가장 효과적인 리스크 관리 방법이라고 할 수 있다.

> **창업 도움말**
>
> - 물에 빠져죽지 않는 안전한 방법은 물가에 가지 않는 것이 아니라 수영을 배워 물에 빠져도 스스로 헤쳐 나올 수 있도록 하는 것이다 — 프라이머 권도균 대표
> - 최악의 시나리오를 대비하지 않는 사업 계획이 가장 나쁜 계획이다 — 조셉 슘페터
> - 아무런 위험을 감수하지 않는다면 더 큰 위험을 감수하게 될 것이다 — 에리카 종
> - 명성을 쌓는 데는 20년이란 세월이 걸리지만, 명성을 무너뜨리는 데는 채 5분도 걸리지 않는다 — 워렌 버핏
> - 바램을 현실로 바꿔 내기 위해서는 낙관적으로 구상하고 비관적으로 계획하며 낙관적으로 실행하는 것이 필요하다 — 이나모리 가즈오 교세라 회장
> - 나의 경영원칙은 세 가지다. 이해가 되지 않는 사업에는 절대로 손대지 않고, 이해가 되는 사업을 시작하더라도 철저히 조사하고 준비하고, 사업에 실패해도 아무에게도 피해를 주지 않는 범위에서 자금을 차입한다는 것이다 — 롯데 창업주 신격호

책 속의 메시지

최악의 시나리오에 대비하라!
우리는 실패를 경험할 확률이 현저히 높다. '최소한의 실패를 위한 계획'을 세워 사업을 기획하고 준비하다보면 다음과 같은 장점이 있다.
1. 내 사업의 가장 취약한 부분을 미리 진단할 수 있다
2. 1번을 전제로 하여 최악의 상황에 대비, 플랜B로 사업전환을 빠르게 진행할 수 있다.
3. 리스크를 찾는 과정에서 예상치 못한 시장 자료와 지식을 획득할 수 있다.
4. 약점과 강점을 모두 분석해 내 아이디어의 차별성을 더 부각시킬 수 있다
5. 대외활동에 필요한 공격적 질의응답에 만반의 준비를 할 수 있다.

— 『스타트업 리스크 : 어느 창업가의 고백』 김지호, 밤열한시, 2018

창업성공에 필요한 7가지 조건 :
열정

〈사례〉

　　사회에 첫발을 내딛었을 때 나는 무조건 재밌고 즐겁게 일할 수 있는 회사가 있었으면 좋겠다는 마음만 있었다. 하지만 일반 회사에서 그 꿈을 이루기는 어려웠다. 그래서 무조건 즐겁고 재미있게 일할 수 있는 일터를 만들어야겠다고 결심했다. 회사를 누군가를 위해서가 아닌 나를 위해서 만든 셈이다. 하지만 내가 즐겁게 일하기 위해 만든 회사는 점차 직원들을 즐겁게 해주는 회사로, 더 나아가 고객을 즐겁게 해주는 회사로 확대되었고, 내 열정도 다른 사람의 열정에 더해 퍼져나갔다. 열정은 바이러스다. 한 사람의 뜨거운 열정만으로도 수많은 사람들 사이로 퍼지고 생각하지도 못할 만큼 가공할 위력으로 눈앞에 나타난다. 내가 일에 빠지는 만큼 일이 재미있는 만큼 회사는 성장했고 직원들도 고객들도 함께 성장할 수 있었다.[21]

　　중졸학력으로 여행박사라는 여행전문사이트를 창업하여 성공한 신창연이 자서전 『열정이 있다면 무모한 도전은 없다』에 쓴 이야기다.

세계 최경량 등산화 등의 신기술을 연이어 선보이며 세계 아웃도어업계에서 혁신의 아이콘으로 '신발업계의 스티브 잡스'라는 칭호를 받았던 트렉스타의 권동칠도 자서전 『완주의 조건, 열정으로 갈아신어라』에서 "모든 것이 멈추려는 순간, 열정으로 다시 시작하라!"고 말한다. 그는 사업을 마라톤에 비유하면서 초반 잘 나가다가 반환점을 돌기도 전에 뜻밖의 장애물을 만나 도산위기에 처했지만 꿈과 열정이 있었기 때문에 몸을 추스르고 다시 뛰기 시작했다고 한다.

노숙자로 시작하여 연매출 100억 원대 기업의 CEO가 된 최인규도 자서전 『나는 사업이 가장 쉬웠어요』에서 "맨주먹으로 여기까지 온 건 오로지 '땀과 열정'이라며 열정이 능력을 이긴다"고 말한다.

날개 없는 선풍기로 유명한 제임스 다이슨은 "열정은 사업 시작에 있어서 가장 효과적인 동기부여제이고 아이디어가 성공할지 못할지를 예상하게 해주는 가장 큰 지표"라고 말하고 있다.[22]

이들 여러 사례에서 알 수 있는 것처럼 열정은 사업의 중요한 성공요인 중의 하나다. 그렇다면 사업에서 열정은 구체적으로 어떤 모습으로 나타나고 있을까?

첫째 입이나 머리가 아니라 손이나 발로 움직이는 모습이 열정이다. 거창한 비전을 말로 떠들거나 머릿속에 그리고 있는 것만으로는 의미가 없고, 실행으로 나타나는 모습만이 열정이라고 할 수 있다. 배달의민족 김봉진은 온라인 배달 비즈니스의 비전을 말하기보다는 발로 뛰어 전단지를 수거해 온라인 배달에 필요한 데이터베이스를 만드는 작업부터 시작했다. 숙박의 패러다임을 바꾼 에어비앤비도 아무도 성공가능성을 인

정해 주지 않을때 호스트들을 직접 만나 공급자 확보에 전력을 기울였고 여기서 에어비앤비를 이용했던 게스트들이 각 나라로 돌아가 호스트가 돼 또 다른 게스트들을 모으는 식으로 세계적 네트워크를 확보했다.

둘째 어떤 역경이 있어도 목표를 달성할 때까지 포기하지 않는 끈기와 인내의 모습이 열정이다. 에어비앤비는 투자를 유치하기 위해 다수의 벤처캐피털을 접촉했지만 모두 거절당하고 거의 신용불량자 수준으로 지냈다. 투자를 받은 것은 스타트업 엑셀러레이터 와이콤비네이터와의 미팅에서였는데 아이디어가 훌륭해서가 아니라 창업자금을 마련하기 위해 판매한 시리얼을 보고 창업자의 바퀴벌레같은 끈질긴 의지가 평가받은 것이었다.[23]

자영업 맥도널드를 글로벌 프랜차이즈로 만든 미국 벤처 정신의 상징인 레이 크록은 자서전『사업을 한다는 것』에서 다음과 같이 말한다.

> 재능으로는 안 된다. 재능이 있지만 성공하지 못한 사람은 세상에 널려 있다. 교육으로도 안 된다. 세상은 고학력의 낙오자로 가득하다. 천재성도 소용없다. 이름값을 못하는 천재가 수두룩하다. 전능의 힘을 가진 것은 끈기와 투지뿐이다.

셋째 누가 시키지 않았는데도 일에 빠져 주당 100시간 이상 일하는 몰입의 모습이 열정이다. 벤처 신화의 주역 장병규 크래프톤 의장은 다음과 같이 말한다.

> 네오위즈를 공동 창업하고 주당 100시간씩 일했다. 일요일에도 일했다.

주당 40시간의 2.5배씩 2년간 몰입하니 생산성이 높아져 압축성장이 가능했다. 대학을 갓 졸업했지만 10년 다닌 대기업 부장, 차장에게도 꿀리지 않았다. 전 세계에서 3000만 장 이상 팔리며 흥행 돌풍을 일으킨 게임 배틀그라운드도 주당 100시간씩 1년간 몰입했기에 가능했다.[24]

이렇게 다양한 모습으로 나타나는 열정은 타고나는 것인가? 후천적 노력에 의해 획득될 수 있는 것인가? 펜실베이니아대학 앤절라 더크워스 교수는 다양한 사례 및 실증연구를 통해 "실패, 역경, 슬럼프를 이겨내고 목표를 이뤄낸 사람들만이 갖고 있는 성공의 비밀이 재능이나 IQ, 부모의 경제력 같은 선천적 혹은 외부적인 조건이 아니라 투지, 인내, 집념등 '자신이 성취하고자 하는 목표를 끝까지 해내는 힘으로 정의되는 그릿GRIT'에 있다"고 주장한다.[25]

인내는 또한 긍정적 사고에서 논의한 회복탄력성과 밀접한 관련이 있다. 회복탄력성이 학습가능하다고 하면 인내도 학습가능하다고 할 수 있다. 몰입도 자신이 하고 있는 일이 재미와 의미가 있다면 충분히 높아질 가능성이 있다. 적절한 방법을 알고 있다면 몰입적 사고의 학습도 가능하다고 한다. 마이크로소프트의 빌 게이츠는 'Think Week'라는 사고주간을 두어 일 년에 두 번, 인적 없는 외딴 별장에서 일주일씩 시간을 보낼 만큼 몰입적 사고를 중요하게 활용하고 있다.[26]

요컨대 창업성공의 중요한 요소 중의 하나인 열정은 특정의 사람이 선천적으로 타고나는 특성이라기보다는 적절한 환경과 개인의 의지와 노력이 조합되어 나타나는 후천적 특성이 강한 요인이라고 할 수 있다.

창업 도움말

- "난 할 수 있다"로는 아무 것도 이룰 수 없다. "난 할거야"가 기적을 이루어낸다 – 조지 번행
- 불타는 열정 한 걸음 한 걸음이 모여 꿈을 이룬다. 머릿속에 좋은 생각이 아무리 많아도 소용없다. 생각을 실천하라. 실천하는 자가 세상을 바꾼다 –바이네르 김원길 대표
- 꿈을 갖는 순간 열정이 샘솟고 생각과 몸이 바뀐다. 꿈을 갖되 일평생 목숨이 다하도록 간절히 이루고 싶은 꿈을 가져야한다 – 셀트리온 서정진 대표
- 성공적인 기업가와 그렇지 못한 기업가를 가리는 기준의 절반은 인내심이다 – 스티브 잡스
- 뜨거운 열정보다 중요한 것은 지속적인 열정이다 – 마크 저커버그
- 꿈은 유니콘을 추구하지만 현실은 바퀴벌레처럼 살아라 – 임정민
- 나는 결코 실패해 본 적이 없다. 그저 먹혀들지 않는 1만가지 방법들을 발견했을 뿐이다
  – 토머스 에디슨
- 내 첫 번째 회사는 엄청나게 실패했다. 두 번째 회사는 꽤 실패했지만, 첫 번째보단 덜 했다. 세 번째 회사는 적절하게 실패했고, 견딜만 했다. 네 번째 회사는 거의 실패하지 않았기 때문에 그런 대로 괜찮았다. 그다음 다섯 번째 회사가 바로 페이팔이었다
  – 페이팔 창업자 맥스 레브친

책 속의 메시지

총자산, 250만원 더하기 열정 더하기 믿음

"뭐? 250만원으로 여행사를 차린다고? 정신이 있는 거야, 없는 거야! 그 돈으로 무슨 창업을 한다고 그래. 사업이 아무나 하는 건 줄 알아?"

십년 넘게 잘 다니던 직장을 그만두고 느닷없이 창업을 하겠다고 나서니, 주변 사람들은 '마흔이 다 되어 무슨 창업이냐?'며 걱정에 걱정을 더했다. 게다가 2500만원도 아닌 단돈 250만원으로 여행사를 차리겠다는 나의 무모한 도전에 어이가 없을 만도 했다. 하지만 그들이 미처 계산하지 못한 게 있었다. 그건 바로 내 안에 들끓고 있는 열정과 넘치는 자신감이라는 무엇과도 비교할 수 없는 자본이었다.

– 「열정이 있다면 무모한 도전은 없다」 신창연, 위즈덤하우스, 2008

창업성공에 필요한 7가지 조건 :
네트워킹

"사업은 사람이 전부다." 일본에서 '경영의 신'으로 추앙받는 마쓰시타 전기산업 창업주 마쓰시타 고노스케의 말이다.

"내 일생의 80%는 인재를 모으고 기르고 육성시키는데 보냈다." 삼성그룹 창업주 이병철 회장의 말이다.

"사람은 '가장 중요한 것'이 아니라 '모든 것 everything'이다." 행복경영으로 주목을 모으고 있는 휴넷 조영탁 대표의 말이다.

"위기가 왔을 때 더욱 그렇지만 평소에도 사업에는 인간관계가 80%를 차지한다." 바이오벤처의 대표주자인 메디포스트 양윤선 대표의 말이다.

사업에서 인간관계의 중요성을 말해주는 어록들이다.

사업에서 인간관계는 어느 단계에서도 중요하지만 특히 모든 자원이 부족한 창업초기에는 더욱 중요하다. 스타트업 투자가이자 창업컨설턴트인 캐롤 로스는 『당신은 사업가입니까』라는 책에서 다음과 같이 말한다.

사업은 무엇을 아느냐가 아니라 누구를 아느냐가 관건이다. 당신이 몇몇 중요 인물들을 알지 못한다면 당신은 실패하기 쉽거나 최소한 약점이 큰 상태에서 사업을 시작하는 것이다. 누군가를 알지 못해 손해를 보는 첫 번째 시점은 사업자금을 구하려고 할 때다. 자금이 필요한데 자금력있는 사람을 알지 못한다면 푼돈을 얻는 일조차 힘겨울 것이다. 투자자들은 자신이 아는 사람에게, 혹은 친구가 아는 사람에게 투자하는 경우가 많다. 고객을 확보하는 것 또한 당신이 누구를 아느냐의 문제와 밀접한 관련이 있다. 당신이 서비스사업이나 B2B사업을 한다면 새로운 고객을 확보하는 것은 아는 사람들로부터 얼마나 많은 소개를 받느냐에 달려 있다. 소개의 가장 힘든 시기는 무엇보다 사업 초기다. 처음의 100만 달러 매출을 성사시키는 것은 그 다음의 100만 달러 매출을 기록하는 것보다 훨씬 어렵다. 대부분의 사업들이 고전하다가 결국 실패하는 시점은 사업 시작 후 몇 년 지나지 않은 초기단계에 찾아온다. 그래서 사업초기는 당신이 다른 사람의 도움에 의지해야 할 중요한 시기다.[27]

최근에는 오프라인 인간관계와 함께 온라인 네트워킹의 중요성이 커지고 있다. 카페, 블로그, 유튜브, 카카오, 페이스북, 인스타그램 등 소셜네트워크서비스 SNS를 통해 맺는 관계의 영향력은 기존의 오프라인 중심의 인간관계를 압도하고 있다. 파워블로거, 유튜버, 인플루언서는 직접적 대면관계 없이 수만 명 수십만 명의 온라인 네트워크를 통해 광고수입을 올리거나 제품이나 서비스 판매로 수십억 원의 매출을 올리기도 한다.

과거에는 사업에서 인간관계의 역할이 강조되면서 친화력이라는 형태로 선천적 특성이 강조되는 경우가 많았다. 그러나 최근에는 온라인 네트워킹의 비중이 높아지면서 선천적 특성의 부분이 축소되고 있다. 온라인 네트워킹의 성패는 콘텐츠와 디지털 활용능력에 의해 이루어지는 경우가 많기 때문이다. 그 결과 디지털시대에는 '은둔의 경영자'로 불리는 내향적 성격의 창업자가 나올 확률이 이전에 비해 훨씬 더 높아졌다.

오프라인 인간관계나 온라인 네트워킹이 지속적으로 유지되고 확대될 수 있는 조건은 무엇인가? 관계를 유지하는 최소의 필요조건은 '주고받기give and take'다. 서로 주고받는 게 비슷해야 관계가 유지된다는 것이다.

게임론의 대가인 액셀로드 교수의 논의에 따르면 주고받기의 게임에서 가장 강력한 전략은 '눈에는 눈, 이에는 이tit for tat'의 전략이라고 한다. 달리 표현하면 거래관계에서 '협력에는 협력, 배반에는 배반'의 방식으로 대응하는 것이 가장 효과적인 전략이라는 것이다. 창업자의 성공조건의 하나인 오프라인 인간관계나 온라인 네트워킹에서도 이 전략은 동일하게 적용된다. 동업자든, 직원이든, 고객이든, 투자자든 주어야give 받을take 수 있고, 먼저 협력해야 협력을 받을 수 있다는 것이다. 창업자와 사업참여자 간의 주고받기give and take가 균형있게 이루어지면 신뢰가 쌓이고 사업은 성장해가지만, 창업자의 실수나 뭔가의 이유로 주고받기의 균형이 무너지면 사업은 순식간에 위기에 몰릴 수도 있다. "평판을 쌓는 데는 20년이 걸리지만 무너지는 데는 단 5분도 걸리지 않는다." 투자의 귀재 워런 버핏이 한 이 말을 창업자들은 마음에 새겨둘 필요가 있다.

그런데 이처럼 주고받기와 협력을 통해 오프라인 인간관계나 온라인 네트워킹이 유지되고 확대된다는 것은 창업성공이 친화력과 같은 창업자의 선천적 특성이 아니라 원칙과 전략이라는 후천적 노력의 요인에 의해 좌우된다는 것을 의미한다. 그러나 현실에서는 네트워킹에 관한 학습과 훈련이 제대로 이루어지지 않고 있다. 탁월한 창업자를 배출하려면 창업성공조건으로서 네트워킹에 관한 관심과 투자를 대폭 강화할 필요가 있다.

창업 도움말

- 빨리 가려면 혼자 가고 멀리 가려면 함께 가라 – 아프리카 속담
- 혼자 꾸는 꿈은 그저 꿈에 지나지 않는다. 하지만 함께 꾸는 꿈은 현실이다 – 존 레논·오노 요코
- 나는 당신이 할 수 없는 일들을 할 수 있고, 당신은 내가 할 수 없는 일들을 할 수 있다. 하지만 함께라면 우리는 멋진 일들을 할 수 있다 – 마더 테레사
- 행복을 위해서는 친구가, 성공을 위해서는 아는 사람이 필요하다 – 김호 리더십 컨설턴트
- 친구를 만들기 가장 좋은 때는 당신이 그들을 필요로 하기 전이다 – 에델 배리모어
- 똑똑한 사람은 혼자 '시작'할 수는 있지만 '마무리'는 못 한다. 마무리는 주위에 아군을 거느린 사람의 몫이다 – 서정진 셀트리온 회장
- 사람과 사람을 연결하면 비즈니스로 이어진다 – 마크 저커버그
- SNS는 모두에게 열려 있다. SNS로 열정을 돈으로 바꿔라 – 게리 바이너척

책 속의 메시지

이타적인 사람이 어떻게 성공 사다리의 꼭대기에 오르는가?

주는 것보다 더 많은 이익을 챙기려는 사람 테이커, taker이나 받는 만큼 주는 사람 매처, matcher보다 '자신의 이익보다 다른 사람을 먼저 생각하는 사람 기버, giver'이 더 성공할 가능성이 높다.

테이커가 이기적이고 '실패한' 기버가 이기심이 전혀 없다면, '성공한' 기버는 받는 것보다 더 많이 주되 자신의 이익도 잊지 않으면서 언제, 어디서, 어떻게, 누구에게 베풀지를 선택한다. 기버는 또한 기본적으로 모든 사람에게 잠재력이 있다고 보고 그들이 최고의 능력을 이끌어 내도록 노력한다.

– 「기브 앤 테이크 : 주는 사람이 성공한다」 애덤 그랜트, 생각연구소, 2013

창업성공에 필요한 7가지 조건 :
길거리 지식

　기업이 만드는 제품이나 서비스는 그것이 무엇이든 지식을 담고 있다. 지식의 결정체인 소프트웨어나 원천기술에 바탕을 둔 지식창업이 아니더라도 창업 아이템에 대한 지식이 없으면 성공할 수 없는 것은 당연하다. 예컨대, 길거리에서 식당을 창업하는 경우에라도 음식 레시피, 재료원가, 상권분석, 자금관리, 직원관리, 홍보방법, 세금 등등 알아야할 지식이 한 두 가지가 아니다. 창업에 필요한 지식은 특정분야의 전문지식에 국한되지 않고 경영과 관련된 모든 것을 알아야 하는 잡학의 특성을 갖는다.
　뛰어난 기술지식을 갖고 있는 엔지니어 출신의 벤처기업가가 마케팅 지식의 부족으로 만든 제품이 시장에서 팔리지 않아 실패하는 경우도 자주 있다. 또 책을 통해 배우는 지식도 있지만 발로 뛰어야만 얻을 수 있는 지식도 있다. 이른 바 '대박식당'의 비밀을 알려면 직접 방문해서 관찰하거나 체험하거나 질문을 해야 한다. 그렇게 해서 '대박'의 비밀을 알았다고 해도 막상 자신이 해보면 뜻대로 되지 않는다. 수많은 시행착오를 거쳐 자신만의 지식으로 체화되지 않으면 원하는 것을 얻기 어렵다. 따라서 창업에 필요한 지식은 책상에 앉아서 배우는 지식 desk knowledge 이라기보다 길거리에서 배우는 지식 street knowledge 이라 할 수 있다.

창업에 필요한 지식은 다방면에 걸쳐 있고 시행착오를 통해 배워가는 지식인만큼 무엇보다 창업자의 열정이 중요하다. 고등학교를 졸업하고 21살의 나이에 창업자금 800만 원으로 더반찬 thebanchan.co.kr 을 창업해 국내 온라인 푸드커머스 산업의 가능성을 입증하고 300억 원에 M&A되는 성과를 올린 청년사업가 전종하 대표의 사례를 통해 창업자에 필요한 지식과 열정의 관계에 대해 살펴보자. 그가 쓴 『언더독 레볼루션』에 나오는 이야기다.

창업을 위해 반드시 필요한 기본지식을 채우는 데 약 1년이 걸렸다. 그 1년에 앞으로의 향배가 결정된다고 생각했기에 하루하루가 금쪽같은 시간이었다. 먼저 경영에 대한 지식과 이론이 전무했기 때문에 뭔가를 배워야 했다. 대학교 경영학과에 들어갈 수는 없는 노릇. 그와 비슷한 학원을 찾았다. 마케팅을 전문적으로 배우고자 했지만 당시엔 마케팅과 관련한 학원을 찾기가 힘들어 그와 가장 비슷한 MD전문학원에 등록했다. 학원비가 거의 대학 등록금과 맞먹을 정도로 비쌌지만 창업을 위해서는 그 정도 투자는 해야 한다고 생각했기에 돈을 아끼지 않았다. 그뿐만이 아니었다. 온라인 푸드마켓이니 전자상거래와 프로그래밍도 필수였다. 이를 위해 컴퓨터학원도 병행했다.

배우기만 한 것이 아니라 아르바이트도 뛰었다. 1년 동안의 생활비와 학원비 등 돈이 들어가고 창업자금도 좀 더 모아야 했기에 밤에는 24시간 운영하는 식당에서 일했다. 그때부터 살인적인 스케줄이 시작되었다. 컴퓨터 학원은 오후 2시부터였다. 6시까지 수업을 듣고 나면 곧장 MD학원으로 넘어갔다. 7시부터 10시까지 쉬지 않고 수업을 들었다. 그리고 식당으로 달려가 자정부터 아침 10시까지 서빙 일을 했다. 그리고 집에 가서 잠깐 눈을 붙이고 다시 일어나 2시까지 학원으로 갔다. 시간을 아끼기 위해 거의 택시를 타고 이동했는데 택시비가 많이 들기는 했지만 내 입장에서는 시간이 곧 금이었다. 또 택시로 이동하는 사이에 잠을 자기 위해서이기도 했다. 그러고도 모자라는 잠은 주말에 보충했다. 강철 체력으로도 버티기 힘든 일정이었지만 1년 내내 24시간 풀가동을 했는데도 지쳐 쓰러진 적도 없었고 코피 한번 흘리지도 않았다. 나의 창업 시작일을 카운트다운하며 오로지 목표에 매진했기 때문이었다. 다른 데 한눈팔 여유가 없었고 다른 생각을 할 겨를이 없었다.[28]

창업에 필요한 지식을 어떻게 준비하면 좋을지 생생하게 보여주는 사례이다. 이 사례에서는 창업에 필요한 지식을 준비하는데 1년이 걸렸다. 창업에 성공하려면 적어도 이 정도의 준비는 필요하지 않을까? 그런데 만약 전종하 대표가 이러한 창업지식을 학교교육과정에서 습득하려고 했다면 어느 정도의 기간이 걸렸을까? 창업이라는 확고한 목표의식 없이 느슨하게 배운 지식으로는 10년을 배워도 창업에 도움이 되는 길거리 지식을 습득하기 어려웠을 것이다.

1968년 초등학교 4학년인 11살 때 외할머니가 준 병아리 열 마리를 길러 닭장수에게 팔아 3000원을 벌었던 소년이 50년 후인 2018년 국내외 97개 법인, 매출 8조200억원, 직원 1만5600여 명, 재계 32위 그룹 총수가 되었다. 하림그룹 김홍국 회장의 이야기다. 그는 중학교 때부터 농고 진학을 결심했다고 한다. 농고를 다니면서 본격적으로 사업을 시작했다. 사업하느라 대학교 갈 기회를 잃어버린 그는 사회를 '대대학大大學'이라고 부른다. 사회 경험 1년을 통해 습득한 길거리 지식이 4년제 대학 몇 번을 다녀 얻은 책상 지식보다 낫다는 것이다.[29]

창업에 필요한 지식에서는 네트워킹도 중요한 역할을 한다. 다음 사례를 살펴보자.

"화장 안 한 듯한 자연스러운 얼굴을 만들어 주는 비비크림의 선구적 제품인 '닥터자르트Dr. Jart+'라는 화장품으로 세계시장을 주름잡은 해브앤비의 이진욱 대표는 지방대 건축학과를 졸업해 건축감리회사에 다녔던 건축학도였다. 직장인 3년차 때 여드름 치료차 다녀온 서울 강남 피부과에서 본 비비크림이라는 물건이 궁금했는데, 피부과 의사인 매형이 "미국이나 유럽에서는 피부과에서 개발한 화장품 시장이 꽤 크다"고 말해준 순간 '이걸 내가 팔면 되겠다'는 생각이 이 대표의 머리를 스쳤다. 직장에 사표를 내고 3년간 모은 돈 5000만 원으로 화장품회사를 차렸지만 의학지식이나 의학계 인맥이 빈약한 그에게 제품개발은 쉽지 않았다. 그는 "매형 외에는 아는 의사가 한 명도 없어 사돈의 팔촌까지 뒤져 의사 만날 길을 알아보고 다녔고" 그러다가 피부과 의사들끼리 정기세미나를 연다는 것을 알게 됐고, 불러 주는 이 하나 없었지만 꼬박꼬박 얼굴을 들이밀었다. 처음에는 본체만체 하던 의사들도 2년 째가 되자 관심을 보이기 시작했다. 피부과 전문의 21인의 지식을 빌려 탄생한 브랜드인 '닥터자르트'는 국내병원과 해외시장으로 납품이 이루어지면서 매출에 날개를 달기 시작했다."[30]

이진욱 대표는 "지식은 전문가들에게 빌려 사업하면 된다"고 말한다. 이 사례에서 보는 것처럼 창업자 자신이 지식을 모두 갖고 있을 필요는 없다. 전문가의 지식을 결합하여 제품이나 서비스로 만드는 역량만 있으면 된다.

『하버드 창업가 바이블』을 쓴 대니얼 아이젠버그 교수도 창업자가 전문가일 필요는 없다고 말한다. 창업자는 새로운 기회를 인식하거나 참신한 눈으로 시장을 바라보는 능력이 필요하지만, 전문성은 사업의 시작 단계에서 필수적인 요소가 아니라는 것이다.[31]

먼지봉투 없는 진공청소기와 날개 없는 선풍기로 유명한 영국의 제임스 다이슨은 일단 아이디어만 있다면, 기술은 시간을 두고 배우면 되고, 누구나 6개월이면 어떤 분야의 전문가가 될 수 있다고 말한다. 실제로 그는 사이클론 방식의 원리를 이해하기도 한참 전에 시리얼 상자와 테이프로 첫 진공청소기를 만들었다.[32]

세계 최대의 전자상거래 IT업체를 키운 중국의 마윈도 "나는 기술에 대해 아는 게 없다. 마케팅과 법률문제에도 문외한"이고 "나는 오직 사람에 대해서만 안다"면서, "창업자로서 하는 일은 고객을 행복하게 하고, 자신의 팀을 구성하고, 그 팀을 행복하게 하는 것이 전부"라고 말하고 있다.[33] 요컨대 창업자 자신이 전문가가 될 필요는 없고 전문가를 활용할 능력만 갖고 있으면 된다는 말이다.

과거에는 지식을 습득하는 통로가 대부분 정규 교육과정이었다. 그래서 지식이 필요한 창업에서 학력이 중요했다. 그러나 디지털화가 진행되어 지식의 폭발이 일어나면서 정규 교육의 역할은 크게 축소되었다. 배움의 의지만 있으면 이제는 유튜브나 온라인 대중 공개 수업인 무크MOOC

등의 형태로 최고의 첨단지식을 얼마든지 얻을 수 있는 세상이다. 그래서 지식이 필요한 기술창업에서도 학력의 중요성이 크게 낮아졌다.

최근에는 지식의 융합현상이 강화되면서 창업자의 지식융합능력이 더욱 중요해지고 있다. 기술과 기술의 융합뿐 아니라 기술과 인문의 융합, 제조와 서비스의 융합, 하드웨어와 소프트웨어의 융합이 빠른 속도로 진행되고 있다. 이에 따라 지식 그 자체의 습득보다는 학습능력 및 지식의 편집과 연결능력이 중요해지고 있다.

아울러 지식의 인공지능화도 빠르게 진행되고 있다. 인공지능이 지식축적의 상당부분을 대체하기 때문에 지식 자체를 축적하기보다는 인공지능을 활용하는 지식이 더 중요해진다. 시행착오를 통해 축적했던 암묵지도 상당부분 객관적이고 체계적인 빅데이터 분석을 통한 형식지로 대체되기 때문에 빅데이터의 수집과 분석능력이 중요해진다. 빅데이터의 수집과 분석 역시 인공지능이 가장 잘 할 수 있는 분야인 만큼 인공지능의 활용능력은 개인 및 기업의 미래의 경쟁력 확보에서 가장 중요한 능력이 된다. 바야흐로 '아는 만큼 보이는' 시대에서 '인공지능을 아는 만큼 보이는' 시대로 진화하고 있는 것이다. 소프트뱅크의 손정의 회장이 "앞으로 한국이 집중해야 할 것은 첫째도 인공지능, 둘째도 인공지능, 셋째도 인공지능"이라고 말한 이유이기도 하다.

창업 도움말

- 상대방을 알고 나를 알면 백번 싸워도 위태롭지 않다 – 손자
- 아는 만큼 보이고 보이는 만큼 사랑하게 된다 – 유홍준
- 당신이 누구를 알고 있는가가 곧 무엇을 알고 있는가가 된다 – 리드 호프먼
- 승리하면 조금 배울 수 있고, 패배하면 모든 것을 배울 수 있다 – 크리스티 메튜슨
- 머릿속에 든 지식은 혁신의 훼방꾼 – 김범수 다음카카오 의장
- 가장 불만에 가득 찬 고객은 가장 위대한 배움의 원천이다 – 빌 게이츠
- 전문가의 실력은 '전문지식 × 커뮤니케이션 능력'에 의해 결정된다 – 안철수
- 투자는 책 Book Smart에서 배우는 것이 아니라 거리 Street Smart에서 배우는 것이다 – 짐 로저스
- 사업의 비결은 다른 사람들은 아무도 모르고 있는 무엇인가를 아는 것이다
  – 아리스토틀 오나시스
- 내가 남들보다 멀리 볼 수 있었다면 그건 거인의 어깨위에 서 있었기 때문이다 – 아이작 뉴튼
- 모든 사람이 다 사업가가 될 필요는 없지만 모든 사람들이 다 현실세계를 이해하고 기업가정신을 경험한 사람이 될 필요는 있다. 그것이 바로 학교에서 사회에 들어가기 전에 가르쳐야 하는 중요한 지식 가운데 하나이다 – 권도균

책 속의 메시지

어떤 사업에도 필요한 7가지 생존 지식!

대부분의 사람들은 사업에서 이익이 획기적인 마케팅이나 혁신적인 신제품 또는 서비스에서 나온다고 생각하지만, 실제로 사업의 성패는 규모나 업종에 상관없이 돈 관리를 통해 숨겨진 이익을 얼마만큼 잘 찾아내고 지켜내느냐에 따라 결정된다. 사업에 성공하기 위해서는 이익에 관한 지식, 연결에 관한 지식, 재고와 자금에 관한 지식, 기회손실과 결산서에 관한 지식, 회전율에 관한 지식, 현금 흐름에 관한 지식, 숫자 센스에 관한 지식 등 '7가지 생존 지식'을 갖추어야 한다.

– 「이것은 사업을 위한 최소한의 지식이다 : 어떤 사업에도 필요한 7가지 생존 지식」 야마다 신야, 스몰빅인사이트, 2018

창업성공에 필요한 7가지 조건 :
창의성

지능이 낮은 초파리와 지능이 약간 높은 꿀벌을 상대로 실험을 했다. 어두운 방에서 구멍이 뚫린 병 앞에 촛불을 놓아두고 병속에 초파리와 꿀벌을 각각 넣고 병에서 탈출하려는 모습을 관찰했다. 지능이 낮은 초파리는 좌충우돌하다가 병의 열린 부분으로 탈출했다. 지능이 높은 꿀벌은 어땠을까? 촛불을 병의 열린 부분 앞에 두었을 때는 그쪽으로 탈출했지만 촛불의 위치를 바꾸어 병의 막힌 부분 쪽에 두었을 때는 탈출하지 못했다. 지능이 높은 꿀벌에게는 빛이 있는 쪽에 출구가 있다는 경험적 믿음 혹은 이론이 있었기 때문이다.

초파리와 꿀벌 중 어느 쪽이 더 창의적이라고 생각되는가? 지능은 높지만 출구를 찾지 못하고 병속에 갇힌 꿀벌보다 지능은 낮지만 출구를 찾아 탈출한 초파리가 더 창의적이라고 생각하지 않겠는가? 창의성은 기존의 지식이나 이론에 사로잡히지 않고 좌충우돌의 시행착오와 유연성이 발휘될 때 나타나는 경우가 많다.

사업도 비슷하다. 사업에서의 창의적 아이디어는 기존의 고정관념이나 관행에 의문을 제기하고 가능성이 있으면 무조건 시도해보는 실행이 있을 때 생겨나는 경우가 많다. 다음 사례들을 살펴보자.

〈사례〉

샌프란시스코에 사는 청년 체스키와 게비아는 집주인이 집세를 올려버려 더 이상 그곳에서 살지 못할 처지가 되었다. 둘은 어떻게 집세를 충당할 수 있을지 논의하기 시작했다. 그중 한 가지 아이디어는 2007년 10월 말에 샌프란시스코에서 열릴 유명행사인 디자인 컨퍼런스와 관련된 것이었다. 수천 명의 디자이너가 샌프란시스코를 방문할 테니 호텔은 분명 만실이 되고 숙박료는 천정부지로 오를 게 뻔했다. 두 사람은 이렇게 생각했다.

"우리 아파트의 빈 공간과 침대를 컨퍼런스 참가자들에게 빌려주고 아침 식사를 제공하면 되는 거 아냐?"[34]

이렇게 시작한 에어비앤비는 창업 10년 만에 기업가치 300억 달러를 돌파하고 191개 국가 내 300만 개 숙소, 1억 6000만 고객을 보유하면서 기존 여행산업을 순식간에 초토화하고 세계 최고의 기업으로 우뚝 서 4차 산업혁명의 상징적 기업이 되었다.

〈사례〉

"많은 사람들이 전단지를 보고 주문을 하는데, 그에 대한 리뷰나 평가를 공유할 수 없다는 게 의아했어요. 어디서든 인터넷에 접속할 수 있고 네이버 기사에 댓글이 수천 개는 쉽게 달리는 세상이잖아요. 이런 상황에서 치킨을

시켜먹은 다른 사람의 리뷰나 평가를 공유할 수 없다니. 말이 안 된다고 생각했죠. 두 번째는 전단지 자체의 비효율성이었어요. 수천 장의 전단지를 뿌리고도 거기서 주문이 얼마나 발생하는지 측정할 방법이 없더라고요. 전단지는 순전히 감에 의지해야 하죠."[35]

이렇게 시작한 배달의민족은 지금은 월평균 1000만 명의 이용자가 2800만 건의 음식을 주문하는 국내 최대 배달 플랫폼으로 5조원에 가까운 기업가치를 인정받는 기업으로 성장했다.

시가총액 10억 달러를 넘는 유니콘 기업이나 100억 달러를 넘는 데카콘 기업으로 성장한 기업들의 창업 아이디어 단계의 모습들이다. 유니콘이나 데카콘 정도의 기업이 되려면 창업자의 아이디어도 대단히 창의적일 것같은 생각이 드는데 실제는 어떠한가? 이들 사례만 본다면 누구나 한번쯤 생각해볼 수 있는 평범한 사업 아이디어들이 아닌가?

그렇다. 대부분의 성공기업의 사업 아이디어는 그 자체로는 그다지 창의적이지도 혁신적이지도 않은 경우가 많다. 그렇다면 전단지를 배달 앱으로 바꾸는 평범한 아이디어로 유니콘 기업이 되고, 비어있는 방을 빌려주어 월세를 충당해보자는 생계형 아이디어가 데카콘 기업이 되는 비결은 어디에 있을까?

첫째 '긍정의 벽'을 넘어야 한다. 대부분의 창업아이디어는 시작할 때 실현가능성을 의심받았다. 자기 집을 낯모르는 사람에게 숙소로 빌려준다는 에어비앤비의 사업아이디어는 창업자의 할아버지 외에는 아무도 가능성을 인정해주지 않았다. 안경을 값싸게 온라인으로 판매하겠다는 와비파커의 사업아이디어도 "직접 써보지 않고 안경을 구입할까?"와 같은 회의적 시각이 많았다. 전단지를 앱으로 바꾼 배달의민족도 아이디어는 좋지만 "시장이 있을까?"라고 생각하는 사람이 많았고, 유료독서모임을 만들겠다는 트레바리에 대해서도 "요즘 세상에 누가 돈을 내고 읽나?"라는 차가운 반응이 대부분이었다.

사업가능성을 부정하여 사업의욕을 처음부터 꺾어버리는 이런 '긍정의 벽'을 넘어서지 못하면 엄청난 가능성을 내재한 사업이라도 꽃을 피우기 어렵다. 그러나 이들 성공사례에 보는 것처럼 어떤 아이디어도 벤처가 될 수 있고 유니콘이 될 수 있고 데카콘이 될 가능성이 있다. 이런 가능성에 걸림돌이 되는 것은 시도해보기도 전에 안될 거라고 생각하는 부정적 사고다. 따라서 아이디어를 성과로 연결시키기 위해서는 먼저 이런 부정적 사고가 가로막는 '긍정의 벽'을 넘어야 한다.

둘째 '긍정의 벽'을 넘어 긍정을 현실로 만드는 '실행의 벽'도 넘어야 한다. 배달의민족 창업자는 네이버가 따라잡을 수 없는 경쟁력을 확보하기 위해 발로 뛰어 전단지를 모아 데이터베이스로 만들었다. 에어비앤비의 창업자도 고객을 모으기 위해 할 수 있는 모든 노력을 다했고 사업자금이 바닥나자 시리얼을 판매하면서까지 버티는 '바퀴벌레와 같은' 집요함을 보여주었다. 날개 없는 선풍기와 먼지 봉투 없는 진공청소기로 창의성의 아이콘으로 불리는 제임스 다이슨이 제품개발에 성공한 것도 수천번이 넘는 실패가 있고난 후였다.

이런 실패를 견딜 수 있는 긍정적 사고와 실행이 없다면 아무리 좋은 아이디어가 있어도 성공에 이르기 어렵다. 전 세계의 다양한 창업자들을 만나 30년간 창업자정신을 연구한 하버드경영대학원의 다니엘 아이젠버그는 그의 저서 『하버드 창업가 바이블』에서 아이디어 자체는 가치가 별로 없고, 대부분의 가치는 아이디어의 '실천과 구현'에서 창조된다고 말한다. 혁신적인 아이디어가 가치창조에 도움을 주긴 하지만 창업자가 갖춰야 할 필수요소 즉 고된 노력, 야망, 지략, 파격적인 사고방식, 영업능력, 리더십 등이 아이디어보다 훨씬 중요하다는 것이다.[36]

요컨대 창업 아이디어를 성과로 연결시키기 위해서는 '긍정의 벽'과 '실행의 벽'을 넘어야 한다. 그런데 '실행의 벽'은 최근 다양한 창업 플랫폼의 발전으로 벽의 높이가 크게 낮아지고 있다. 이제는 스스로의 마음에서 '긍정의 벽'을 치워내고 어떤 아이디어도 가능성이 있다는 긍정적 사고를 바탕으로 비용이 크게 낮아진 다양한 실행수단을 활용해 '실행의 벽'을 넘겠다는 끈질긴 도전의 자세로 창업탐험의 길을 떠날 필요가 있다. 그 길의 저편에 있는 신대륙은 더 이상 취업 패러다임에 갇혀 숨막히는 생활을 하고 있는 헬조선이 아니라, 창업전사들이 돈과 일자리를 만들어내며 활기차고 행복한 모습으로 살아가는 희망코리아가 될 것이다.

책 속의 메시지

창조는 편집이다!
창조란 유에서 무를 만들어내는 것이 아니며 자신만의 관점으로 기존에 있던 것들을 구성하고, 해체하고, 재구성한 '편집'의 결과물이다. 스티브 잡스가 발명한 건 아무 것도 없다. 스티브 잡스의 창조성은 기존의 지식과 새로운 경험의 연결과 편집능력이다.
아는 것이 힘인 시대는 지났다. '정보의 바다'에서 초딩 '지식인'들이 헤엄치는 세상이다. 정보의 홍수 속에서 양질의 정보를 선별하고, 그것을 바탕으로 새로운 지식을 생산해낼 줄 알아야 한다. 바로 '지식 편집'이다. 4차 산업혁명은 지식의 '편집혁명'이다!

- 『에디톨로지 : 창조는 편집이다』 김정운, 21세기북스, 2014

창업 도움말

- 남들이 했던 것은 안 한 사람으로 기억되고 싶다 – 봉준호 영화감독
- 가장 개인적인 것이 가장 창의적인 것이다 – 마틴 스콜세지 영화감독
- 5%는 불가능해도 30%는 가능하다 – 김쌍수 전 LG전자 사장
- 적이 철갑선 300척이라면 우린 목선 10척에 불과하다. 다윗이 골리앗을 이길 수 있는 유일한 힘은 집중과 속도뿐이다 – 이해진 네이버 창업자
- 좋은 아이디어만으로 스타트업을 시작할 수는 있지만 뛰어난 실행력 없이는 스타트업의 성공에 다다를 수 없다 – 장병규 크래프톤 의장
- 창의성은 끈기! 생각하는 만큼 나온다 – 르랑 노드그렌
- 좋은 아이디어는 다양한 인간관계에서 나온다 – 바스 카스트
- 세상을 이롭게 만드는 혁신가들의 공통점은 '높은 지능'이 아닌 '뛰어난 창의력'이었다. '열심히'하지 말고 '다르게' 하라. 창의력은 지능이나 유전, 가문과 같은 선천적인 것이 아니라 후천적으로 계발시킬 수 있는 능력이다
  – 세계 창의력 교육의 노벨상 '토런스상' 수상자이자 『틀 밖에서 놀게 하라』 저자 김경희

창업자 어록

스티브 잡스(1955~2011)
애플 창업자로 개인용 컴퓨터를 대중화하고 아이폰을 통해 모바일 시대를 연 21세기 혁신의 아이콘

- 창의력이란 연결하는 능력이다.
- 해군이 아니라 해적이 돼라
- 나의 비즈니스 모델은 비틀즈다. 위대한 일은 언제나 다른 사람과 협력해야만 이뤄낼 수 있다
- 세상을 바꿀 수 있다고 생각할 만큼 미친 사람들이 결국 세상을 바꾸는 사람들이다.
- 평생 설탕물만 팔면서 사시겠습니까? 아니면 저와 함께 세상을 바꾸시겠습니까?
- 위대한 일을 하는 유일한 방법은 당신이 하는 일을 사랑하는 겁니다. 만일 그러한 일을 아직 발견하지 못했다면 계속 찾아보세요.
- 항상 (만족해하기보다) 배고프고, 항상 갈망하십시오(Stay Hungry, Stay Foolish)
- 우리는 거대한 우주에 아주 조그만 변화를 주기 위해 존재합니다. 그렇지 않다면 우리의 존재 이유는 없습니다.

창업성공에 필요한 7가지 조건 :
리더십

〈사례〉

1999년 창업한 싸이월드는 미니홈피라는 개인 홈페이지에 일촌이라는 인맥을 접목하고 사이버 머니인 도토리를 이용한 미니홈피 꾸미기 등 새로운 서비스를 선보이면서 폭발적 인기를 끌기 시작했다. 서비스를 시작한 지 3년 만에 회원이 1000만 명을 넘었고, 전성기에는 회원수 3500만 명에 이르는 국내 최대의 SNS로 성장했다. 그러나 2004년 대기업 SK커뮤니케이션즈에 합병되면서 싸이월드의 창업자가 떠나고 그 자리를 인터넷 사업에 대한 이해도가 낮고 시대 흐름을 제대로 파악하지 못했던 모기업 낙하산 인사들이 장악하면서 몰락의 길로 들어섰다.

벤처기업인 싸이월드를 대기업이 운영하면서 정체성을 잃고 중장기적 비전 대신 단기적인 수익모델 중심으로 운영한 결과는 고객의 이탈이었다. 특히 2000년대 후반 스마트폰이 본격적으로 보급되는 시기에 SK텔레콤의 SMS 서비스와 충돌된다는 이유로 모바일 서비스를 상당기간 지연시켜 변화된 시대의 흐름에 제대로 대응하지 못하면서 2010년 들어 사용자와 수익이 급감했고 현재 존폐위기의 기로에 서 있다.

〈사례〉

　　2004년 하버드 대학생 마크 저커버그는 대학생 친목을 다지는 사이트 하나를 만들었다. 이 사이트는 열자마자 선풍적인 인기를 끌면서 창업 2개월 만에 미국 아이비리그에 속한 대학 모두에게로 확산되었고, 다음 해에는 전 세계 7개국의 2000곳 이상의 대학교와 2만5천 개의 고등학교로 네트워크가 확장되었다.

　　그 다음은 모바일 대응이었고, 외부 웹사이트에 페이스북 이용자 정보를 공유할 수 있게 되면서 페이스북은 학교를 넘어 일반인들에게까지 퍼져나가기 시작했다. 2006년 자신의 활동은 물론 친구들의 활동까지 간편하게 볼 수 있는 '뉴스피드'와 '좋아요' 버튼이 도입되면서 페이스북의 네트워크는 기하급수적으로 확장됐다.

　　2007년에는 단순히 다른 이용자와 소통하는 것만이 아니라 페이스북 내에서 다른 개발자들이 만든 앱을 이용할 수 있도록 하는 플랫폼을 만들었다. 페이스북은 이 플랫폼을 통해 당시 시장 1인자였던 마이스페이스_{MySpace}를 제치고 소셜네트워크서비스 부문 선두에 서게 된다. 창업 8년 만인 2012년에는 나스닥에 상장했고 SNS 회사 인스타그램과 모바일메신저 스타트업인 왓츠앱을 인수합병하여 2018년 현재 이용자수 22억 명, 직원 수가 3만 명이 넘는 세계 최고의 소셜네트워크서비스 플랫폼 제국을 건설했다.

앞의 사례에서 보는 것처럼 5년이나 앞서 소셜네트워크서비스를 선보였던 싸이월드는 존폐의 기로에 서고 후발주자인 페이스북은 세계를 지배하는 기업으로 성장했다. 왜 이런 차이가 생겼을까? 다양한 요인이 작용했겠지만 가장 핵심적인 요인은 리더십의 차이다. 페이스북은 창업자 저커버그가 확고한 비전을 갖고 고비고비마다 적절한 의사결정으로 탁월한 리더십을 발휘했지만, 싸이월드는 수시로 리더가 바뀌면서 우왕좌왕하며 잘못된 의사결정을 내려 몰락의 길을 걸었다.

치열한 경쟁이 벌어지고 있는 기업현장에서는 경영자의 리더십이 기업의 생존과 성장의 90%를 좌우한다고 한다. 동일한 기술을 갖고도 성공기업이 될 수도 있고 실패기업이 될 수도 있고, 영세기업에 머무를 수도 있고 강소기업, 중견기업으로 성장할 수도 있는데 이러한 차이가 생기는 근본원인은 경영자 리더십이라는 것이다.

경영자 리더십의 어떤 특성이 이렇게 기업의 생존과 성장에 영향을 미칠까? 이에 대한 정설은 없다. 카리스마적 리더십이 각광을 받은 때도 있었지만 최근에는 수평적 리더십이 주목을 받고 있다. 또 리더십이 선천적으로 타고나는 건지, 아니면 훈련에 의해 후천적으로 획득할 수 있는 건지에 대해서도 의견이 엇갈린다. 창업초기에는 1인 리더십이 효율적이라는 주장도 있고 팀을 통한 협업 리더십이 효율적이라는 견해도 있다. 한마디로 말하면 경영자 리더십은 기업성공에서 매우 중요하지만 어떤 유형의 리더십이 적합한가는 상황별로 다르다는 것이다. 여기서는 정설이 없는 리더십 이론의 이러한 한계를 염두에 두면서 지금까지 논의한 성공창업자의 조건을 중심으로 리더십을 설명해보고자 한다.

리더십의 첫 번째 조건은 긍정적 사고다. 사업의 미래나 사업추진과정의 애로에 대한 긍정적 사고가 없으면 사업진행은 도중에 흔들릴 수밖에 없다. 남은 불가능하다고 생각하는 것을 가능하다고 생각하고 가능한 방법을 찾는 긍정적 사고는 창업자가 갖추어야 할 가장 큰 덕목이다.

리더십의 두 번째 조건은 리스크 관리다. 사업의 미래에 긍정적 전망을 갖고 있어도 사업이 가는 길의 곳곳에는 예상치 못한 암초가 적지 않다. 창업자는 리스크를 최소화하는 길을 찾아야 할 뿐만 아니라 최악의 사태에 대비한 시나리오도 준비하고 있어야 한다. 기업이 생존하기 위해서는 긍정적 사고로 최선을 기대하되 리스크 관리로 최악의 사태에 대비할 필요가 있다는 말이다.

리더십의 세 번째 조건은 열정이다. 창업기업은 투입할 수 있는 자원이 많지 않다. 부족한 자원은 창업자의 열정으로 보완해야 한다. 성공하는 창업자는 명확한 미래비전을 갖고 어떤 어려움이 있어도 끈기와 인내를 갖고 목표실현을 위해 전력투구하는 모습을 보인다. 또 거창한 비전을 말로 떠들거나 머릿속에 그리는 것이 아니라 행동으로 보여주고 주당 100시간 이상의 노동도 마다하지 않는 몰입의 모습을 보인다. 이러한 열정의 밑바닥에는 긍정적 사고와 리스크 관리가 있다. 창업기업의 미래에 대한 긍정적 전망이 없다면 열정이 나올 수 없고 리스크 관리를 하지 않으면 아무리 뜨거운 열정도 도중에 좌초할 수 있기 때문이다.

리더십의 네 번째 조건은 네트워킹이다. 사업은 혼자서 할 수 없다. 동업자, 직원, 고객, 투자자 등 많은 사람의 협력이 필요하다. 이러한 사람들과 신뢰에 기초한 인간관계 구축은 사업의 필수조건이다. 아울러 디지털시대에는 오프라인 인간관계 뿐만 아니라 소셜네트워크서비스SNS 등 온라인 네트워킹의 중요성도 매우 커지는데 이를 적절히 관리하고 활용할 수 있는 디지털능력도 중요하다. 네트워킹은 창업자의 열정에 비례하

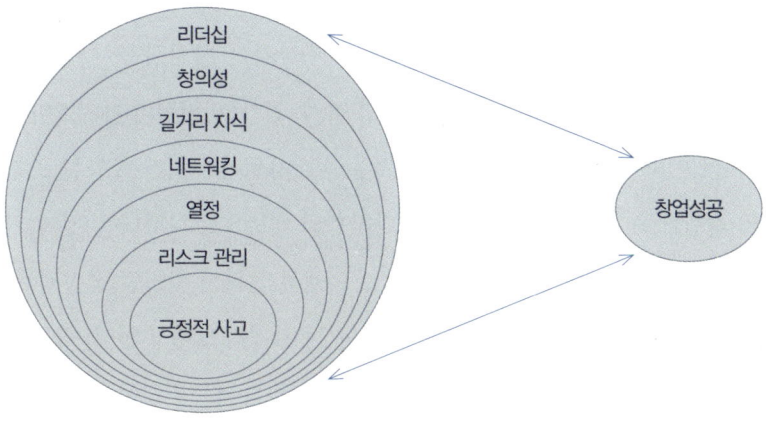

여 확대되고, 주고받는 give and take 호혜의 원리가 지켜질 때 지속가능하다.

리더십의 다섯 번째 조건은 지식이다. 창업자는 고객에게 내놓은 제품이나 서비스에 대한 전문지식을 갖추어야 한다. 창업기업이 나아가야 할 방향에 대한 지식도 필요하다. 이러한 지식은 책상지식 desk knowledge 만으로는 얻어지지 않는다. 열정과 네트워킹을 통해 축적되고 현장에서의 시행착오를 통해 단련된 길거리 지식 street knowledge 의 레벨이 되어야 창업의 성공확률을 높일 수 있다.

리더십의 여섯 번째 조건은 창의성이다. 창업기업이 성공하려면 기존과 다른 차별화된 아이디어나 전략이 필요하다. 이러한 차별화된 아이디어나 전략은 열정과 네트워킹을 통해 축적된 길거리지식에 무수한 시행착오를 두려워하지 않는 실행이 결합될 때 생겨난다. 창의적인 아이디어는 창업자의 경영능력과 결합되어 기업성과로 나타난다.

결국 창업자의 리더십은 지금까지 논의한 성공창업자의 조건인 긍정적 사고, 리스크 관리, 열정, 네트워킹, 길거리 지식, 창의성 등이 서로 유기적으로 연동하여 발휘되는 것이라고 할 수 있다. 리더십이 카리스마적 리더십이냐 수평적 리더십이냐와 같은 단일 차원이 아니라 다양한 조건의 결합으로 분해하여 볼 수 있는 다차원의 개념으로 나타나는 것이다. 또 다양한 조건들은 각각의 조건의 논의에서 살펴본 것처럼 긍정적 사고에서 리더십에 이르기까지 대략 동심원적 관계를 보이고 있다. 긍정적 사고를 출발점으로 리스크 관리를 하면서 열정과 네트워킹을 통해 길거리 지식을 축적하고 무수한 시행착오를 거쳐 창의적 아이디어로 성과를 만들어내는 일련의 과정이 리더십이라는 것이다.

그렇다면 리더십은 있다, 없다의 문제가 아니라 각 조건의 충족여부에 따라 10%의 리더십, 50%의 리더십, 100%의 리더십과 같이 확률로 나타낼 수 있다. 예컨대 긍정적 사고와 리스크 관리와 열정 정도를 보여주는 단계라면 완전한 리더십을 100%라고 했을 때 대략 30~40% 정도의 리더십 수준이라고 말할 수 있을 것이다. 그것은 또 성공창업자 조건 측면에서 성공확률이 30~40% 정도에 있다고 바꾸어 말할 수도 있을 것이다. 그렇다면 이 단계에서 창업성공을 위해 무엇이 부족하고 성공확률을 높이기 위해 무엇을 보완해야 할 것인지도 스스로 진단해볼 수 있고 처방도 내릴 수 있다. 500만 명이 넘는 우리나라의 창업자들이 자가진단과 학습을 통해 창업자의 리더십 수준을 높이는 노력을 한다면 창업생존율과 기업성장의 속도가 크게 높아질 수 있을 것이다.

창업 도움말

- 배를 만들게 하고 싶다면 배 만드는 법을 가르치기 전에 바다에 대한 동경심을 키워줘라. 그러면 스스로 배를 만드는 법을 찾아낼 것이다 – 생텍쥐페리
- 창업자란 창업의 기회를 잡고, 그 기회를 실현하기 위한 조직을 만들어내는 사람이다 – 조세프 슘페터
- 경영의 목표는 뛰어난 사람들을 데리고 훌륭한 결과를 내는 것이 아니라 평범한 사람들을 데리고 탁월한 결과를 내도록 만드는 활동이다 – 피터 드러커
- 회사에 필요한 것, 부족한 것을 채워주는 필러filler 역할을 하는 게 CEO다 – 마켓컬리 김슬아
- 가장 훌륭한 성과를 거두는 사람은 가장 뛰어난 독불장군이 아니다. 오히려 동료의 두뇌와 재능을 최대한 활용하는 사람이다 – 알튼 존스, CITGO 회장
- 경영이라는 것은 경영자의 그릇만큼만 자란다. 기업을 발전시키기 위해서는 그 경영자가 인간적으로 성장하지 않으면 안된다 – 이나모리 가즈오 교세라 회장

책 속의 메시지

리더가 누구이냐에 따라 생사가 달라진다!

1913년 8월 캐나다의 스테팬슨이 이끄는 탐험대가 북극지역을 탐험하기 위하여 출발했다. 1914년 12월에는 영국의 섀클턴이 이끄는 탐험대가 남극대륙을 육로로 횡단하기 위해 출발했다. 공교롭게도 북쪽의 탐험선 칼럭호와 남쪽의 탐험선 인듀어런스호 모두 부빙에 갇혀 배가 난파되고 생존을 위한 처절한 사투에 직면하게 된다.

그런데 두 탐험대의 이후 과정은 그들이 탐험하려고 했던 양극만큼이나 달랐다. 북극의 칼럭호 대원들은 저마다 혼자만 살겠다는 생각에 사로잡혀 고립된 지 수개월 만에 서로 속이며 도둑질하는 극히 이기적인 사람들로 돌변해 버렸다. 결과는 불행히도 11명의 대원 모두가 죽음을 맞이하는 것으로 끝나게 된다.

남쪽 인듀어런스호의 대원들이 보여준 행동은 칼럭호 대원들과는 완전히 달랐다. 그들에게는 무사귀환이라는 공동의 목표하에 팀워크, 희생정신, 서로에 대한 격려가 있었다. 결국 그들은 조난당한 지 634일째 되는 날, 단 한 명의 희생자도 없이 전원 무사히 귀환하게 된다. 비슷한 상황에서 이렇게 두 탐험대의 결과가 전혀 다른 이유는 뭘까? 그것은 리더가 누구이냐에 따라 생사가 달라지는 리더십의 차이였다.

– 「섀클턴의 서바이벌 리더십」 데니스 퍼킨스, 뜨인돌, 2001

창업은 마라톤, 영어공부, 디지털 카메라와 비슷하다

지금까지 성공창업자의 7가지 조건에 대해 살펴보았다. 이 7가지 조건은 타고나는 것일까? 후천적으로 획득할 수 있는 것일까? 지금까지의 논의에 따르면, 이 7가지 조건은 타고난다기보다는 후천적으로 획득가능한 쪽에 더 무게가 실린다. 7가지 조건을 중심으로 열심히 노력하면 성공하는 창업자가 될 수 있다는 말이다. 물론 이런 7가지 조건이 하루아침에 습득되는 것은 아닐 것이다. 오랫동안 꾸준한 훈련을 통해 습득될 수 있는 것이라는 점에서 창업은 마라톤이나 영어공부와 비슷하다.

42.195km의 긴 코스를 달리는 마라톤은 충분한 준비 없이 뛰면 결코 완주할 수 없고 도중에 쓰러질 수밖에 없다. 그러나 충분한 준비와 훈련만 한다면 타고난 약골도 완주할 수 있다고 한다. 타고난 저질체력에 30대에 고혈압 진단을 받고 몸 쓰는 일은 자신과는 상관없는 딴 세상에서 벌어지는 일이라고만 여기고 숨만 쉬고 살던 책 편집자 이영미씨는 자신이 쓴 『마녀체력』이라는 책에서 나이 마흔부터 시작한 훈련을 통해 철인

3종경기도 소화해내는 '마녀체력'을 갖게 되었다고 말한다.[37]

　먼 길을 가야 할 사업의 첫발을 떼는 창업도 충분한 준비 없이 시작하면 머지않아 숨이 차 도중에 그만둘 수 밖에 없다. 그러나 충분한 준비와 훈련만 한다면 마라톤 선수만큼의 빠른 기록은 아니더라도 성공의 열매를 거둘 수 있을 것이다.

　창업은 영어공부와도 비슷하다. 영어를 잘하기는 쉽지 않지만 타고난 재능을 가진 사람만이 영어를 잘 할 수 있다고 생각하는 사람은 없다. 영어가 들리려면 대략 3000 시간의 청취시간이 필요하다고 하는데 이 정도의 시간투입을 하는 사람이 많지 않을 뿐이다. 창업도 3000 시간의 준비시간을 투입한다면 적어도 실패하지 않을 정도의 능력을 갖출 수 있지만 그만큼의 준비시간을 투입하는 사람은 소수이다.

　창업은 디지털 카메라와도 비슷하다. 디지털 카메라는 아날로그 카메라와는 달리 무한정으로 찍어볼 수 있다. 찍은 사진을 즉석에서 확인해볼 수도 있다. 많이 찍다보면 생각지도 않은 멋진 사진이 찍히기도 한다. '가벼운 창업'의 시대에는 창업도 카메라만큼은 아니라도 가볍게 자주 시도해 볼 수 있다. 자주 시도하다보면 생각지도 않은 멋진 결과가 나올 수도 있다. 로버트 슐러 목사의 다음 시도 한번 읽어보자.

〈절벽 가까이로 부르셔서〉

절벽 가까이로
나를 부르셔서 다가갔습니다.
절벽 끝에 더 가까이 오라고 하셔서
더 가까이 다가갔습니다.

그랬더니 절벽에
겨우 발을 붙이고 서 있는 나를
절벽 아래로 밀어 버리시는 것이었습니다.

물론 나는
그 절벽 아래로 떨어졌습니다.

그런데 나는 그때서야 비로소 알았습니다.
내가 날 수 있다는 사실을

절벽에서 떨어지면 무조건 날 수 있나? 그렇지는 않을 것이다. 하늘을 날 수 있는 낙하산이나 행글라이더와 같은 장비와 기술이 없다면 생존이 어려울 것이다. 우리가 언제 마주칠지 모를 절벽에서 살아남고 날기 위해서는 평소에 낙하산이나 행글라이더와 같은 장비를 마련하고 사용법을 익히는 훈련을 꾸준히 할 수 밖에 없다. 하늘을 날 수 있는 장비와 기술을 갖춘 사람에게는 절벽은 더 이상 나락으로 떨어지는 공포의 벽이 아니라 박차고 창공을 날 수 있는 도약의 디딤대로 바뀔 것이다.

창업은 특별하고 대단한 사람만이 할 수 있는 일이 아니다. 보통 사람도 관심과 훈련을 통해 얼마든지 창업의 달인이 될 수 있다. 목표를 정하여 준비훈련을 충분히 하고 자주 시도해보는 것이 창업 성공에 이르는 가장 빠른 길이다.

창업, 취업만큼의 준비가 필요하고 돈 이상의 가치를 찾아야 한다.
창업 전에 왜Why 이 가게를 운영하고 싶은지, 어떻게How 가게를 운영하고 싶은지, 사람들이 원하는 가게는 무엇What일지 세 가지 질문에 대한 답부터 찾으라! 본격적으로 창업에 뛰어들기 전에, 실전 경험을 쌓고 치열하게 학습해야 한다. 단 일주일, 무급으로라도 창업을 하려는 업종에서 꼭 일을 해보자.
돈 버는 재미는 생각보다 오래가지 못한다. 돈을 위한 경제활동은 금세 사람을 지치게 할 수 있다. 결국 내가 궁극적으로 어떤 일을 하고 싶은지, 나는 어떤 사람이고 싶은지, 그 질문에 대한 답을 찾아야 한다.
  - 「회사 다닐 때보다 괜찮습니다」 원부연, 책읽는수요일, 2018

4장

창업,
어떻게 준비할 것인가?

창업 아이템을 찾는다

유튜브만 클릭하면 재미있는 콘텐츠를 공짜로 무제한으로 볼 수 있는 시대, 그래서 성인 40%는 1년에 책 1권도 안 읽고 책 판매량 자체가 줄어들고 있는 시대, 이런 시대에 한 달에 한 번씩 유료로 독서모임을 갖는 것을 창업 아이템으로 하겠다는 청년이 있다면 당신은 뭐라고 말해줄 수 있을까? 아마도 "꿈깨! 그게 사업이 되겠어?", "좋아하는 일이라고 다 돈 되는 일은 아냐…"라고 말하지 않을까? 그런 사람은 다음 사례를 읽어보자.

〈사례〉

책 읽는 것을 좋아하고 독서모임을 꾸준히 해오던 청년이 있었다. 청년은 다니던 직장을 그만두고 패션관련 창업을 했지만 실패했다. 다시 무엇을 할까 고민하다가 좋아하는 독서모임을 비즈니스로 발전시켜보면 어떨까 하는 생각이 들었다. 2015년 청년 윤수현은 트레바리라는 유료 독서모임 회사를 창업했다. 월 1회 트레바리에서 제공하는 '아지트'에 모여 4시간 정도 책에 대한 토론을 하는데, 4개월 멤버십으로 운영되고 회비는 멘토 역할을 하는 클럽장이 없으면 19만 원, 클럽장이 있으면 29만 원이다. 회원들은 한 달간 정해진 책을 읽고 400자 이상 독후감을 제출해야만 모임에 참여할 수 있다.[1] 첫 시즌 독서모임 4개, 회원수 40명으로 시작한 트레바리는 입소문을 타고 회원 수가 급격히 늘어나 시작한 지 3년 반만인 2019년 2월 현재 독서모임 300개, 회원 4600명으로 성장했다. 소프트뱅크벤처스, 패스트인베스트먼트가 트레바리의 '유료 독서모임'이란 사업 모델의 사업성을 인정하여 50억 원이라는 거금을 투자했다.[2]

창업의 첫 출발은 창업 아이템을 찾는 것이다. 트레바리의 사례는 창업 아이템을 고민하는 사람들에게 많은 것을 생각하게 해준다. 내 인생을 건 창업 아이템을 어떤 걸로 하면 좋을까? 좋아하는 일로 할까? 잘하는 일로 할까? 돈 되는 일로 할까? 의미있는 일로 할까? 좋아하는 일과 잘 하는 일이 다르면 어떻게 해야 하나? 좋아하는 일을 하면 돈 되는 일이 될까? 의미 있는 일과 돈 되는 일의 조화가 가능할까?

먼저 창업 고수들의 이야기부터 들어보자. 컴퓨터 백신프로그램으로 유명한 안철수 안랩 전 대표는 창업을 결심할 때, 의미를 느낄 수 있는 일인지, 열정을 갖고 재미있게 할 수 있는지, 내가 잘 할 수 있는지라는 세 가지 판단 기준을 갖고 고민했다고 한다. 이어 그는 "내가 하고 싶은 일이 아니라 다른 사람들이 원하는 일을 창업 아이템으로 하라"고 조언한다.[3] 그는 또 "실패하는 기업인을 많이 만났는데, 대부분 창업자가 자기가 하고싶고 자기가 할 수 있는 분야에서 창업하는 경우였다"며 "좋은줄 알지만 자꾸 잊어버리고 안 먹는 비타민보다 머리가 아프면 누가 시키지

않아도 찾아 먹는 타이레놀 같은 아이템으로 승부하라"고 말한다.[4]

벤처 1세대 경영자로 5개 회사를 창업하여 성공시킨 후 벤처 멘토링 및 투자회사인 엑셀러레이터 프라이머를 만든 권도균 대표는 "경영자는 자기가 하고싶은 걸 하는 예술가가 아니고 내가 아닌 고객이 좋아할 만한 것을 해야 한다"[5]면서 "남들이 다 아니라고 해도 본인이 잘 할 수 있고 좋아하고 의미를 느낄 수 있는 일을 창업 아이템으로 잡아야 한다"고 말한다.[6]

세이클럽 서비스로 유명한 네오위즈, 검색엔진 첫눈, 게임제작사 블루홀을 연쇄창업해 보유주식 가치만 1조 원이 넘는 장병규 크래프톤 의장은 "창업자는 세상의 무언가에 문제나 불편을 느끼고, 그 문제나 불편을 해결하기 위한 효과적인 방식 중의 하나로 창업을 선택한다"면서 "창업 아이템을 고를 때는 2년간 일주일에 100시간씩, 합쳐서 총 1만 시간은 바칠 가치가 있는 일을 골라야 한다"고 말한다.[7]

1998년 (주)캠퍼스21을 설립하여 우리나라 이러닝 산업을 개척했고 지금은 KAIST에서 창업자들의 성장을 돕고 있는 조성주 교수는 『스타트업을 경영하다』라는 책에서 창업 아이템은 "실패하더라도 사람들에게 새로운 가치를 주기 위해 많이 노력했다. 아쉽긴 하지만 하고 싶은 일에 도전해보았고 많은 것을 배운 시간이었다"라는 생각이 드는 아이템을 선택해야 한다고 말한다. 만약 사업하는 기간이 시간낭비이고 그 시간에 다른 일을 했으면 나았을 텐데라는 생각이 든다면 현재 하려는 창업 아이템에 대해 다시 한번 고민해봐야 한다는 것이다. 그러한 생각은 자신이 하려는 사업에 대한 의미를 제대로 찾지 못했다는 뜻이기 때문이다. 그래야 사업은 실패해도 개인은 실패하지 않는다는 것이다.

이들 창업 고수들의 이야기를 통해 창업 아이템을 찾는 방법을 정리해보자.

첫째 창업 아이템은 내가 좋아하는 것이 아니라 남이 좋아하는 것을 해야 한다는 것이다. 사업은 고객이 있어야 지속가능하다. 고객 즉 남에게 도움되거나 가치있는 일을 해야 사업지속에 필요한 돈을 확보할 수 있다. 따라서 창업 아이템은 내가 돈을 벌기에 앞서 남에게 돈이나 재미, 의미 등 가치를 줄 수 있는 일을 선택해야 한다.

둘째 창업 아이템은 남이 좋아하는 것을 하되 자기도 좋아하는 것을 선택해야 한다. 남은 좋아하는데 자기는 좋아하지 않는 아이템이라면 일시적으로는 사업이 될 수 있어도 오래 갈 수 없다. 좋아하지 않는 아이템이 돈이 안 되거나 조금만 힘들어져도 금방 지쳐버리기 때문이다. 내가 좋아하는 아이템이라면 어려운 상황이 닥쳐도 견딜 수 있고 지속적인 노력을 통해 잘 할 수 있고 실패하더라도 후회가 덜하기 때문이다.

셋째 남이 좋아하는 것과 내가 좋아하는 것 사이의 거리가 크게 줄어들어 창업 아이템의 선택폭이 크게 넓어졌다. 과거에는 내가 좋아하는 아이템으로 창업을 하려면 비용은 많이 드는데 시장은 거의 없었다. 그러나 이제는 다양한 창업플랫폼의 발달로 창업비용은 대폭 줄어들고 시장은 전 세계로 확대되었다.

과거에는 재미와 의미만으로 돈버는 것이 거의 불가능했지만 이제는 재미와 의미만 있으면 비용이 거의 들지 않는 유튜브 채널 하나로 창업해서 생존은 물론 천문학적인 수입도 올릴 수 있는 세상이 되었다. 70대의 박막례 할머니가 손녀의 도움을 받아 일상의 재미있는 영상을 유튜브에 올려 연 수억 원의 수입을 올리고 있는 것이 대표적이다.

지금까지의 논의를 요약해보면, 먼저 창업 아이템은 내가 아닌 고객이 원하는 제품이나 서비스를 만드는 것으로 한다. 다음으로 고객이 원하는 것 중에서 내가 좋아하는 것을 찾는다. 마지막으로 내가 좋아하는 것을 잘 하는 것으로 만들어 고객을 만족시킨다. 고객도 나도 만족하는 창업 아이템이다.

이런 아이템을 창업하겠다고 마음먹는 순간 바로 찾을 수 있을까? 불가능하다. 창업 아이템을 찾는 것은 유행하는 아이템에서 골라잡는 식이 아니라 오랜 기간의 고민과 탐색과 관찰을 통해 찾아내야만 하는 가장 준비가 많이 필요한 인생사업이라고 할 수 있다.

책 속의 메시지

기본이 바로 설 때 사람도 사업도 다시 태어난다!
나의 경영과 인생은 아무것도 없는 상태에서 시작하고 도전하는 일의 연속이었다. 애초에 나는 경영에 관한 경험도, 지식도, 실적도, 승산도 없었다. 하지만 나에게는 다른 사람에게 없는 무언가가 분명 있었다. '나는 왜 이 일을 해야 하는가?'에 대한 이유, 그 뜻이 바르고 확고하다면, 사업이든 인생이든 제로에서도 무한대를 바라볼 수 있다.

만일, 해야 할지 말아야 할지 흔들리는 상황에 서 있다면, 그때는 이런 질문을 스스로에게 던져보라.

"왜 나는 처음 이 일에 뛰어들었는가?" "이 일은 올바른 것인가, 그른 것인가?"
- 「왜 사업하는가 : 사람도 사업도 다시 태어나는 기본의 힘」 이나모리 가즈오, 다산북스, 2017

사업계획서를 만든다

　창업 아이템이 준비되면 다음에는 그 아이템을 사업으로 어떻게 구현할 것인가를 사업계획서로 만들어볼 필요가 있다. 사업계획서는 창업 아이템의 목표를 설정하고 실현가능성을 점검하고 구체적인 실행계획을 짜보는 것이다. 건축으로 치면 건축설계도에 해당한다. 건축물이 2층 이상만 되어도 설계도 없이 만들면 조금만 허점이 생겨도 와르르 무너지고 만다. 하물며 10층 100층을 목표로 하는 건축이라면 정밀한 설계도는 필수불가결하다.
　창업도 주먹구구식의 자영업이 아니라면 사업계획서를 필요로 한다. 물론 사업은 사업계획서대로 되지 않는다. 처음에 생각했던 것과 판이한 상황이 벌어지는 일이 많기 때문에 사업계획서를 수정해야 하는 경우도 생길 것이다. 그러나 큰 그림으로서의 계획이 있느냐 없느냐에 따라 창업의 수업료가 달라진다. 계획이 없으면 우왕좌왕하다 헤어나기 어려운 늪에 빠지기 쉽지만, 계획이 있다면 도중에 시행착오가 있더라도 방향은 잃지 않고 살아남을 확률이 더 커진다.

사업계획서는 크게 내부용과 외부용으로 나뉜다. 내부용은 창업자 자신을 포함하여 사업에 참여하는 내부 구성원들이 사업의 목적과 미래 비전, 사업수행방식을 이해하고 공유하기 위한 것이고, 외부용은 정책자금신청이나 투자를 받기 위해 양식에 맞추어 작성한 것이다. 보통 사업계획서라고 하면 사업개요, 회사현황, 제품이나 서비스 소개, 핵심고객, 매출계획, 사업성 분석, 소요자금 및 조달계획 등을 서술하는 경우가 일반적이지만, 내부용으로는 여기에 덧붙여 다음 몇 가지 사항에 대한 좀 더 깊은 고민이 따라야 한다.

첫째 이 사업을 왜 하는가에 대한 고민이다. 돈을 벌기 위해서? 하고 싶은 일을 하기 위해서? 사회문제를 해결하기 위해서? 고객의 불편을 해소하기 위해서? 사업의 목적이 무엇이냐에 따라 사업의 진행방식이나 사업실패시의 대응방식도 크게 달라질 수 있다.

만약 돈을 버는 것만이 사업의 주요 목적이라면 뜻대로 사업이 진행되지 않아 돈을 못버는 경우 사업을 어떻게 진행할 것인가? 사업이 성공하는 경우보다 실패하는 경우가 더 많은 만큼 이에 대한 나름의 방안을 준비해둘 필요가 있다.

둘째 돈을 버는 것이 사업의 주요 목적이라 하더라도 어떤 방법으로 돈을 벌 것인가에 대한 고민이 필요하다. 사업아이템만 좋으면 돈은 저절로 벌리는가? 그렇지 않을 것이다. 사업이 성공하려면 고객, 직원, 투자자 등 주변의 많은 지원이 필요하다. 그런데 많은 사업계획서는 아이템과 비즈니스 모델만 좋으면 이런 자원들을 어렵지 않게 확보할 수 있을 것이라고 암묵적으로 전제하고 있다. 그런데 사업의 실제에서는 돈을 벌게 해주는 원천인 고객, 직원, 투자자의 기여에 대해 어떤 대가를 줄 것인가가 명확하지 않으면 이들이 사업에 관심을 기울일 이유도 없고 따라서 당연히 참여도 하지 않을 것이다.

창업하는 사람들 대부분은 그 문제는 사업자원을 조달하고 돈을 벌고 난 후에 생각하면 된다고 하는 경향이 있지만 이에 대한 창업자의 사업철학이 명확히 정립되어 있지 않으면 사업자원 조달 자체가 어렵고, 조달되는 경우에도 사업성과가 나오면서 곧바로 기여도와 대가를 둘러싼 의견차와 갈등이 발생하여 기업성장의 발목을 잡는 경우가 적지 않다.

요컨대 사업은 창업자 혼자서 하는 것이 아닌데 성과가 나면 독식하겠다는 마인드로 사업계획을 짜면 사업자원 조달도 뜻대로 되지 않고 사업성장도 기대하기 어렵다는 것이다. 우리나라의 창업이 대부분 1인 기업이나 영세기업 수준을 벗어나지 못하고 동업이 잘 이루어지지 않고 외부투자가 매우 부진한 것은 사업계획에서 사업성공에 기여할 사람들에 대해 어떻게 대우할 것인가에 대한 깊은 고민을 하지 않는 것에도 큰 이유가 있다.

이제는 사업계획 단계에서부터 독불장군식 경영과 독식경영의 마인드를 버리고 오픈경영과 나눔경영의 사업철학을 갖고 계획을 짜야만 사업의 성장과 성공을 기대할 수 있다는 사실을 명심할 필요가 있다.

> **창업 도움말**
>
> **일상을 바꾸는 사람들이 세상을 바꿉니다!**
>
> 음식을 좋아하는 마켓컬리 김슬아 대표의 창업은 단순한 생각으로 시작되었습니다. 음식주문을 하다보니 이러한 걱정이 생겼다고 합니다.
>
> – 택배로 오는데 제대로 된 상태로 올까?
> – 채소같은 경우 제때 못받으면 다 상해서 버려야하는데 내가 없을 때 오면 어떡하지?
>
> 이걸 내가 고쳐 볼 순 없을까? 어떻게 하면 완벽한 상태로 배달을 할까?
> 이런 고민에서 시작된 해결책이 바로 마켓컬리의 최대 장점 샛별 배송입니다.
> 제조는 낮에 이루어지기 때문에 만들어진 직후 빠르게 배송하는 방법은 밤에 배송하는 것입니다.
> 최대한 빨리 가져다 드리려다 보니 시간에 대해 고민을 하게 된거죠.
> 어떻게 무엇을 할까 고민하시는 분이 계신다면 너무 멀리보지 말고 오늘 나한테 제일 중요한 한가지 문제가 무엇인가 생각해보시는게 좋을 것 같습니다. 그걸 정하고 그걸 풀다보면 나도 좋아지고 옆에 있는 사람들도 좋아지고 그러다 보면 세상도 바뀌지 않을까 생각해봅니다 – [출처] 마켓컬리 김슬아 대표 '창업가로서 내가 집중하는 일' 강연

창업가의 일

성공하는 스타트업들의 사업계획서

첫째 간단하고 명확하다. 스타트업이 풀어야 할 문제와 미션이 분명하면 단 몇 장의 사업계획서로도 충분하다.

둘째 누구나 아는 시장자료가 아닌 창업자 자신의 경험과 깊은 연구를 바탕으로 자신만의 통찰력이 담긴 시장분석을 해야 한다.

셋째 앞으로 하겠다는 것 말고 지금까지 한 일을 담아야 한다. 사업계획서에 아무리 거창한 계획을 써봐야 아무런 소용이 없다. 단 하나라도 실험해보고 얻은 결과를 써야 한다. 사업계획서는 이런 실험결과를 토대로 한 '성장계획서'여야 한다.

– 「창업가의 일 : 스타트업, 유니콘이거나 혹은 바퀴벌레이거나」, 임정민, 북스톤, 2017

창업에 필요한
훈련과 경험을 쌓는다

　창업 아이템이 정해지고 사업계획서가 만들어지면 사업의 큰 그림은 그려졌다고 할 수 있다. 그러나 처음 만든 사업계획서는 책상에서 한정된 정보와 지식을 바탕으로 만든 그림인 경우가 많다. 따라서 본격적으로 사업에 뛰어들기 전에 책상지식만이 아니라 현장에서 시행착오를 통해 체득하는 길거리 지식을 통해 사업계획을 현실에 부합하는 방향으로 끊임없이 수정해나가는 노력이 필수불가결하다. 김밥집을 차리기 전에 직접 김밥을 말아 길거리에서 팔아보고, 카페를 개업하기 전에 다른 카페에서 몇 개월 동안 알바로 허드렛일을 하면서 일을 배워보고, 벤처를 창업하기 전에 벤처기업에서 창업인턴 등의 형태로 일을 해볼 필요가 있다.

　가능하다면 소상공인 예비창업자를 대상으로 이론교육, 점포경영체험, 창업멘토링을 패키지로 지원하는 소상공인진흥공단 주관의 신사업창업사관학교나 체계적인 창업멘토링과 사업지원금을 받을 수 있는 중소기업진흥공단 주관의 창업사관학교에서 본격적인 창업훈련을 받아보는 것도 좋을 것이다.

그러나 직장에 다니는 사람들은 창업훈련을 받기 위해 따로 시간을 내기가 쉽지 않다. 창업을 생각하는 직장인도 적지 않지만 대부분 카페나 음식업처럼 경력과는 무관한 창업을 생각한다. 따라서 직장생활이 창업에 도움이 된다고 생각하는 사람은 많지 않다. 특히 대기업이나 공공기관에 들어가고 싶었지만 가지 못해 중소기업에 들어간 사람들은 '목구멍이 포도청'이라는 소극적 마인드로 직장생활을 하는 사람들도 적지 않다.

그러나 관점을 바꾸면 직장만큼 창업훈련하기 좋은 곳도 없다. 성공한 창업자이자 창업멘토인 권도균 프라이머 대표는 "직장은 최고의 창업사관학교"라고 말한다. 그는 컴퓨터를 전공하고 컴퓨터 관련회사에서 10여 년을 엔지니어와 연구원으로 일했다. 회사 일을 열심히 하니 관련 분야의 기술, 제품, 회사 등에 대해 정통하게 되었고 앞으로 이 시장이 어떻게 변화할지, 무엇이 필요한지 알게 되었다. 그러다가 회사에서는 제약이 많아 할 수 없는 일을 직접 시도하기 위해 창업해서 자신이 생각한 제품을 만들었는데 직장에서 배운 것과 경험이 창업의 원동력이 되어 시행착오를 겪지 않고 바로 자리를 잡을 수 있었다고 한다. 그는 직장은 실행을 하고 결과로 평가받는 진짜 학교이자, 돈을 받으며 특정산업과 경제와 기술을 배워 나중에 창업했을 때 얼마나 어려울 것인지를 미리 가늠해볼 수 있는 '창업준비학교'라고 말한다.[8]

아프리카TV 문용식 전 대표도 자서전『꾸준함을 이길 그 어떤 재주도 없다』라는 책에서 직장을 사람과 조직에 대해 모든 것을 배우는 인생의 학교라고 말한다. 내용이 좀 길지만 핵심을 정확히 찌르고 있는 내용이기 때문에 그대로 인용해보기로 한다.

나에게 있어서 회사는 인생의 학교였다. 수업료를 내가면서 배우는 학교가 아니라 월급을 받아가면서 배우는 학교였다. 나는 IT와 인터넷에 관한 모든 것을 회사에서 배웠다. 나아가 사람과 조직에 대한 것도 회사에서 배웠다. 처음부터 완전히 새로 배웠다. 기업이라는 조직의 특징, 가치, 직원들의 사고방식과 욕망, 개인과 조직의 조화 등 그 모든 것을 회사에서 배웠다.

또 학교에서 배운 지식만으로 변화하는 21세기를 따라잡기란 불가능하다. 학교에서 배운 지식은 졸업 즉시 낡은 것이 되어버리는 세상이다. 그래서 기업에서 현업의 일을 하면서 계속적으로 재교육받아야 한다. 그렇게 돈을 벌어가면서 10년간 한 우물을 파면 누구나 전문가가 될 수 있다. 회사는 직장인들에게 전문가로 성장하는 현장의 가르침을 주는 학교다.

직장에서는 전문적인 현장지식만 배우는 게 아니다. 인생살이의 지혜와 처세라는 것을 배우는 것도 직장이다. 나에게 당면한 조직내 문제 중에는 인간관계에 의한 게 많다. 직장내에서 인간관계를 잘 형성하고 풀어나가기 위해서는 엄청난 내공과 기술이 필요하다. 스스로를 다스려 자기 욕망을 절제할 줄도 알아야 하고, 욕망간의 충돌을 조율해낼 줄 알아야 하고, 상대를 존중하면서 설득해내는 능력도 키워야 한다. 쉬었다 가고 되돌아가고 소리죽여 가는 것도 필요한 게 조직이라는 것을 알게 되면 인간관계의 시야가 넓어지면서 NQ(네트워킹 능력)가 확장된다.

모든 사람은 젊은 시절, 평사원 시절을 거쳐서 리더로 성장해 간다. 리더십 성장의 장도 역시 직장이다. 경력이 쌓이면 팀에 후배가 들어오고 후배를 지도하는 위치가 된다. 남을 가르치려면 자신이 더 공부해야 한다. 회사에서는 후배 때문에라도 더 열심히 할 수밖에 없다. 조직의 중간관리자 위치가 되면 또 안 보이던 것이 보인다. 자신의 조직의 문제를 스스로 해결해야 한다.

이렇게 해서 솔선수범의 리더십을 배워나가게 된다. 회사는 리더십 훈련의 학교다.

당신이 몸담고 있는 바로 이곳이 인생의 소중한 가르침을 주는 학교다. 지금 현재 당신에게 주어진 환경, 당신이 만난 사람들을 소중하게 생각하라. 바로 이 순간 집중하고 최선을 다하라. 모든 순간이 꽃봉오리다.[9]

책 속의 메시지

쪽박 식당에서 경험을 쌓아야 하는 이유

잘되는 가게에 가서 경험을 쌓다 보면 나도 창업만 하면 잘될 것 같은 생각에 마음이 조급해진다. 그런데 아무리 잘되는 집이라 해도 처음부터 잘되지는 않았을 텐데, 잘 안 됐을 때를 쉽게 잊어버린다. 잘되는 집에서는 사실 밀려드는 손님을 받아내는 요령만 배울 뿐이다. 안 되는 집은 정말 비참하다. 그래서 안 되는 집에서부터 배우는 게 훨씬 좋다. 물론 잔걱정이야 훨씬 늘겠지만 그게 더 도움이 된다.

– 「백종원의 장사 이야기」 백종원, 서울문화사, 2016

고객을 찾는다

창업 아이템을 정하고 사업계획을 만드는 단계에서 창업자는 즐거운 상상에 빠진다. '회원이 100만 명이 되면….' '전국에서 주문이 몰려들면….' '내가 만든 제품을 사용해줄 주고객층인 20대 여성의 10분의 1만 사줘도….' '중국시장에서 1%만 사용해줘도….' '지금 고성장을 보이고 있는 시장이 미래에 10배로 커지면 세상에 없는 이 제품으로 시장점유율 10%만 차지해도….'

이렇게 상상했던 대로 고객이 몰려온다면 얼마나 좋을까? 그러나 막상 제품이나 서비스를 시장에 내놓으면 예상했던 고객이 다가오지 않는 경우가 많다. 남다른 아이디어나 기술로 그동안 세상에 없었던 제품이나 서비스를 내놓은 건데 왜 반응이 없을까? 기술에 자부심이 강한 엔지니어 출신 벤처창업자일수록 고객이 다가오지 않는 시장이 이해가 안 된다. 무엇이 문제일까?

벤처창업을 돕는 액셀러레이터 프라이머 권도균 대표는 창업 멘토링

경험을 담은 『권도균의 스타트업 경영수업』이라는 책에서 좋은 창업자는 고객을 한 사람 한 사람으로 구분해 구체적 고객을 생각하는데 그저그런 창업자는 고객을 집단으로 본다면서 다음과 같이 말한다.

> 고객이 누구냐고 물을 수 있겠는데 고객이 아닌 것은 말해줄 수 있다. 가령 2030, 미혼 기혼 여성, 중국인의 1%, 스마트폰 사용자 10%, 전자상거래 시장 등 상상 속, 관념 속의 그룹은 고객이 아니다. 이런 것들은 특정한 고객의 특정한 문제점과 연결되지 않는다. 구체적인 사람의 구체적인 상황을 상상할 수 있어야 한다. 현실감각을 놓치지 않으려면 살아있는 구체적인 사람을 고객으로 삼아야 한다.[10]

그래서 권도균 대표는 창업자들은 '우리의 고객이 누구인가'라고 질문하지 말고 '우리의 고객은 어디에 있는가'를 질문해야 한다고 말한다. 권도균 대표는 또한 첫 고객에게 첫 번째 돈을 받을 만한 가치를 만드는 것이 100만 명의 회원을 만드는 것보다 더 중요하다면서 실리콘밸리에서 성공한 창업자 케빈 헤일의 다음과 같은 말을 소개하고 있다.

> 저의 스타트업 철학은, 10억 달러의 매출을 달성하기 위한 최고의 방법은 맨 첫 고객의 첫 매출 1달러를 벌게 만드는 핵심가치에 집중하는 것입니다. 이 가치만 제대로 만들어낼 수 있다면 이외의 모든 것들은 자동적으로 이뤄질 것입니다.[11]

첫 고객은 어떻게 발견할 수 있을까? 모텔청소 아르바이트를 하면서 만든 모텔정보공유 카페로 시작하여 지금은 기업가치 1조원대의 유니콘 기업이 된 야놀자의 이수진 대표의 이야기를 들어보자.

처음 우리의 사업모델은 모텔을 홍보해주는 카페였다. 야놀자가 어느 정도 자리를 잡은 지금이야 '모텔을 광고한다'라는 것이 당연하게 받아들여지지만 사업 초기에는 모텔 광고 자체가 대한민국에 존재하지 않는 비즈니스 모델이었다. "모텔을 광고해? 왜 해야 되는데?"라는 물음이 내게 쏟아졌고 "고객이 많이 올 것입니다"라는 대답에는 "광고 안 해도 손님이 많이 오는데 왜 돈 들이고 할인까지 해가며 광고해야 하는데"라는 반문이 즉시 튀어나왔다. 지금도 손님이 많은데 야놀자에 매달 광고비를 내면서 야놀자 회원이 찾아오면 숙박비 할인이나 이용시간 연장까지 해달라고 하니 과연 이게 맞는 이치인가? 내 발길이 안 닿은 모텔이 없도록 전국을 찾아다니며 종업원과 지배인과 사장님들을 만나 입에 침이 마르고 단내가 나도록 설명했지만 매번 거절당했다. 나는 속이 상하기는 했지만 그렇다고 포기하고 싶은 마음은 없었다. 수년의 현장경험에서 나온 확신이 야놀자는 분명히 가능성있는 사업이라고 말해주고 있었기 때문이다. 그러다 전환점이 찾아왔다. 어느 날 한 사장님이 말씀하셨다. "예전에는 문만 열어두면 손님이 알아서 찾아왔는데 요즘은 들쭉날쭉한 날들이 좀 있어." 그 순간 아! 하는 것이 머리를 탁 스쳤다. 나는 그 사장님께 이렇게 말했다. "우리 광고를 보험이라 생각하시고 한번 해보시지요. 들쭉날쭉한 날이 없도록 한번 노력해보겠습니다. 저를 미래의 보험이다 생각하시고 저를 믿고 한번 해보신다면 분명 보험료 내신 것보다 훨씬 더 많은 보상금이 나올 것입니다." 결국 그날 광고배너인 100만 원짜리 광고를 팔게 됐다. 그것이 나와 우리 회사의 첫 번째 모텔 광고를 따낸 날이었다.[12]

고객은 책상이나 머릿속에서가 아닌 발로 뛰어 만드는 것을 보여주는 생생한 사례다. 이런 첫 고객을 만들기 위해 만반의 준비를 할 필요는 없다. 처음에는 일을 간단하게 시작해도 괜찮다. 지금 내 바로 앞에 있는 고객부터 만족시키고 반응을 보면서 그 주변에 있는 고객으로 확대해 나가면 된다. 린스타트업이 필요하다는 것이다. 2014년 스탠퍼드 대학 학부 4학년 때 미국 레스토랑 음식 배달 앱 회사인 도어대시를 창업해 1년도 채 되지 않아 벤처투자사로부터 150억 원을 투자받은 스탠리는 자신의 사업시작에 대해 이렇게 이야기한다.

우리는 이 웹사이트를 한 시간 만에 개설했다. 우리는 배달서비스를 위해 운전기사 확보나 알고리즘이나 발송시스템을 만드느라 시간을 쏟지 않았다. 이런 것들 가운데 어떤 것도 갖추지 못했다. 초기에는 단순하게 아이디어를 실험하고 잘 돌아가기만 하도록 노력했고 사람들이 정말 이것을 원하는지 알아보기 위해 사이트를 개설하고 운영해본 것뿐이다. 우리는 처음에 배달원이 되었다. 수업에 갔다가 끝나고 나서는 음식을 배달했다. 고객지원도 했었는데 어떤 때는 강의 중에 전화를 받아야만 했다. 오후에는 거리에 나가 회사를 홍보하느라 전단지를 뿌렸다.[13]

첫 고객이 확보되면 다음에는 한번이 아닌 지속적으로 구매하는 단골고객, 열성고객의 확보가 중요하다. 세계에서 가장 영향력 있는 마케팅의 구루 세스 고딘은 "모든 사람이 아니라 특정한 사람의 마음을 사로잡는 것이 진정한 마케팅"이라고 규정하면서 "익명의 대중을 기쁘게 하려고 하지 말라. 당신이 사라지면 아쉬워할 50명부터 확보하라"고 말한

다. 확실한 열성팬fandom을 구축할 수 있느냐 여부에 마케팅의 성패가 달려있다는 것이다.[14]

이제는 4차산업혁명 시대의 대표기업이 된 숙박공유서비스 에어비앤비에 첫 투자를 했던 창업지원 엑셀러레이터 와이컴비네이터의 폴 그레이엄도 에어비앤비 창업자들에게 "서비스가 괜찮다"고 여기는 고객이 100만 명 있는 것보다 "서비스를 사랑한다"는 100명의 고객이 있는 게 훨씬 더 낫다고 하면서 "얼른 고객이 있는 곳으로 가라!"고 조언했다. 에어비앤비 창업자들은 이 말을 새겨듣고 바로 실행에 옮겼다.『에어비앤비 스토리』에는 이때의 이야기를 다음과 같이 기술하고 있다.

에어비앤비의 세 창업자 중의 한 명인 블레차르지크가 프로그래밍에 열중하는 동안 두 사람은 모든 사용자를 가가호호 방문해 이야기를 나누고 그들의 집에서 숙박을 해결했다. 두 사람은 고객과의 이야기를 통해, 그리고 직접 온라인으로 숙박을 예약하고 고객의 집을 찾아가면서 책상 앞에서는 결코 배울 수 없었던 가르침을 얻었다. 특히 그들은 가장 핵심이 되는 두 가지 고충을 발견했다. 먼저 사람들은 자신의 공간을 얼마의 가격으로 임대해야 하는지를 어려워했다. 특히 사진 촬영은 아주 큰 골칫거리였다.

세 창업자들은 호스트의 집에 전문 사진사를 보내 사진을 찍어주는 서비스를 무료로 제공하기로 결정했다. 하지만 돈이 없었기 때문에 창업자의 한 사람인 체스키가 친구에게 카메라를 빌려 직접 사진사 노릇을 하기도 했다. 전날에는 CEO로서 방문했던 그가 똑같은 집에 사진사로 다시 찾아가는 일도 빈번했다. 또 체스키는 '1인 결제시스템' 역할을 하기도 했다. 그는 종종 가방에서 수표책 원장을 꺼내 호스트들에게 개인 수표를 발행해줬다. 게비아는 고객으로부터 서비스 요청 전화가 오면 자신의 휴대폰에 연결시켜 일일이 응대를 했다. 그들은 모든 집을 찾아가 호스트와 미팅을 했고 기회가 생길 때마다 언제든 사람들에게 다가가 이 새롭고 놀라운 서비스를 이용하면 아파트로 돈을 벌 수 있다고 설명하고는 회원으로 가입을 시켰다. 또 매주 고객의 피드백을 정리해 블레차르지크에게 전달한 뒤 사이트를 변경하고 개선해나갔다.[15]

스마트폰 시대에는 열성고객의 중요성이 훨씬 더 커진다. 성균관대 최재붕 교수는 『포노 사피엔스』라는 책에서 스마트폰 인류, 즉 포노 사피엔스가 주류가 되는 디지털 문명사회는 '소비자가 왕'인 시대로 고객과 공감할 수 있는 노력이 이전보다 훨씬 더 중요해진다고 말한다. 스마트폰을 통해 디지털 플랫폼에서 제품이나 서비스의 실시간 비교가 가능하고 소비자의 빅데이터를 인공지능으로 분석하여 개인맞춤형 서비스를 제공하는 환경에서는 소비자가 공감하는 제품과 서비스에는 열성고객이 되지만 그렇지 못한 제품과 서비스에는 순식간에 떠나기 때문이다. 방탄소년단의 세계적 인기의 원인이 노래뿐만 아니라 '아미'라는 팬클럽의 열광적인 지지와 후원에 있는 것처럼, 스마트폰 시대의 창업은 제품만 잘 만들면 되는 게 아니라 스토리텔링이나 입소문을 통해 열성고객을 만들어야 성공할 수 있다는 것이다.

고객은 특히 사람을 직접 대하는 업종에서는 더더욱 중요하다. 일본에서 '간판 없는 이자카야'로 유명한 오카무라 로만그룹의 오카무라 요시아키 대표는 『장사의 기본』이라는 책에서 다음과 같이 말한다.

고객은 '모으는 것'이 아니라 '모여들게 하는 것'이고, 장사란 '어떻게 오게 할 것인가'보다 '어떻게 돌아가게 할 것인가'를 고민하는 것이다. 다시 오고 싶다는 생각이 들게 했는지, 즐거운 마음으로 돌아가게 했는지 그것이 중요하다. '누구나 할 수 있는 일'을 '누구도 할 수 없을 만큼 해내는 것'이 고객을 얻는 최상의 길이다.[16]

> **창업 도움말**
>
> - 이윤보다 고객을 사랑하라. 편집광처럼 고객에게 집착하라 – 권도균
> - 우리 회사가 없어졌을 때 슬퍼할 고객이 있을까 항상 스스로에게 물어보라 – 신시아 몽고메리
> - 우리를 미친 듯이 사랑하는 고객 10명이 그저 그런 고객 1,000명보다 더 큰 가치를 가져다줍니다. 그러니 고객이 당신 서비스를 사랑하게 하십시오 – 폴 그레이엄
> - 사업성공을 위해서는 고객의 수를 늘리고, 고객당 평균 판매액을 늘리고, 고객의 구매 횟수를 늘리면 된다 – 제이 아브라함
> - 나는 지금껏 단 한번도 내가 회사의 주인이라고 생각한 적이 없다. 고객이 없다면 회사도 없다는 마음으로 회사를 꾸려왔다. 고객이 회사의 사장이다 – 한경희
> - 고객이 대접받지 못하는 게으른 시장을 찾아 극진히 대접하라. 그 시장은 내 것이 된다 – 리처드 브랜슨

> **책 속의 메시지**
>
>
>
> **단골이 있으십니까?**
> 초기 사업자, 특히 영세 사업자.
> 그 중에서도 사업 성장 시기에 정체나 위기를 맞이한 사업자라면
> 반드시 정의하고, 만들고, 살피고, 단단하게 다져야 하는 고객.
> 일명 '단골'
> 사업의 운명을 바꾸는 촉매제 역할을 하는 사람들.
> 더 많이 사고 더 자주 사는 그분들.
> 나와 사연이 많은 그분들.
> 내가 사라지면 불편할 그분들.
>
> – 「내 운명은 고객이 결정한다」 박종윤, 쏭북스, 2019

함께 성장할 수 있는
파트너를 찾는다

　　창업은 다양한 능력을 필요로 한다. 돈을 끌어올 사람도 필요하고 기술개발을 할 기술자도 필요하고 고객을 끌어모을 마케터도 필요하다. 또 회계와 세무를 담당할 사람도 필요하고 인사를 관리할 사람도 필요하다. 창업자가 이 모든 것을 다 해낼 수 있는 슈퍼맨이라면 좋겠지만 현실은 그렇지 못하니 창업의 어느 단계에서는 창업자에게 부족한 능력을 보완해줄 수 있는 파트너의 영입이 불가피하다. 파트너는 동업자, 직원, 투자자 등 다양한 형태로 존재한다.

　　첫째 사업을 함께 운영해갈 동업자가 필요하다. 혼자만으로는 감당하기 어려운 사업을 여러 사람이 함께 운영하여 부족한 능력이 보완될 수 있다면 창업 후 생존과 성장에 크게 도움이 될 수 있다. 특히 스타트업의 초기비용 중 가장 큰 비중을 차지하는 부분은 인건비인데, 함께 사업 비전을 공유하고 사업이 궤도에 오르기까지 급여를 받지 않고 전력투구할 수 있는 핵심인력이 몇 사람 동업자로 참여한다면 창업초기에 필요한 몇 억원의 자금을 절약할 수도 있다. 또 이러한 핵심인력으로 구성된 창업팀은 투자를 유치할 때도 유리한 요인으로 작용한다.

그러나 이것은 어디까지나 동업자간에 협력이 잘 이루어질 경우의 이야기다. 원론적으로 말하면, 협력이 잘 이루어질 경우 혼자가 아닌 두 사람이 힘을 합하면 리스크는 절반으로 줄어들고 아이디어는 2배로 늘어나 실패확률이 4분의 1로 줄어들 수 있다. 그러나 협력이 원활하게 이루어지지 않고 갈등이 생기면 리스크와 실패확률이 훨씬 더 커질 수 있다.

세이클럽의 네오위즈, 게임개발 회사 블루홀, 스타트업 투자회사 본엔젤스 등을 공동 창업한 경험이 있는 장병규 크래프톤 의장은 『장병규의 스타트업 한국』이라는 책에서 동업에 대해 다음과 같이 조언한다.

> 현실을 냉철하고 비판적으로 바라보는 사람들은 낙관적이기 힘들고, 미래에 낙관적인 사람들은 현실에 냉혹하기 힘들다. 하지만 현실직시에 능한 사람과 미래를 낙관하는 사람 한 사람을 구하는 것은 좀 더 쉽다. 성공을 위해서는 이질적 특성을 가진 공동 창업자들이 상호 보완하는 것이 좋다.[17]

친한 사람끼리 동업하기보다는 서로의 부족한 점을 보완해줄 수 있는 사람끼리 동업하는 게 바람직하다는 것이다. 반짝이는 아이디어와 디지털 능력을 갖춘 청년과 경험과 네트워크를 갖춘 장년이 함께 동업하는 세대융합형 창업도 수직적이 아닌 수평적 소통관계를 확보할 수만 있다면 생각해볼 수 있다. 이런 인적구성과 함께 동업에 따른 책임과 성과배분의 규칙을 사전에 명확히 하는 것 등도 상생의 동업을 하기 위한 필수 조건이라고 할 수 있다.

둘째 함께 창업기업의 운영에 동참하는 직원도 매우 중요하다. 흔히 직원은 채용하여 급여를 지급하는 관계이기 때문에 동업자와는 달리 한시적이고 수직적인 관계로 생각하기 쉬우나 이런 생각으로는 창업기업의 성장은 기대하기 어렵다. 창업자와 직원은 기업의 미래비전을 공유하고 명령과 복종의 수직적 관계가 아닌 권한위임과 역할분담의 수평적 관계가 되어야 한다. 그것은 특히 창업기업들이 대부분 지불여력이 충분치 않아 당장 지불할 수 있는 급여보다는 일의 보람이나 성장을 통해 미래에 지불할 수 있는 보상으로 직원들에게 동기부여를 해야 하기 때문에도 그렇다.

아울러 창업초기의 직원은 기업의 핵심역량에 지대한 영향을 미치는 기업문화의 형성도 매우 중요한 역할을 한다. 따라서 창업기업에서 직원의 채용은 단순히 급여가 낮은 사람이 아니라 기업의 비전을 공유하고 동업자와 비슷한 수준의 창업정신을 가진 사람이 올 수 있도록 신중하게 이루어질 필요가 있다. 이를 위해서는 무엇보다 창업자 자신이 '기업은 결국 사람에 의해 좌우된다'는 확고한 인재철학을 바탕으로 저임금경영이 아닌 인재경영을 하겠다는 마음으로 직원을 대우할 필요가 있다.

셋째 창업기업의 생존과 성장에 필요한 자금을 공급해주는 투자자도 매우 중요하다. 자금조달에는 크게 융자와 투자의 두 가지 방법이 있다. 융자는 통상 금융기관으로부터 빌리는 것으로 약정기간 후 상환의무가 있다. 반면 투자는 기업비전을 공유하는 개인이나 기관으로부터 자금을 공급받는 것으로 기업의 성과와 실패 책임을 함께 나눈다. 융자는 보통 담보나 기업의 실적과 연동하여 이루어지기 때문에 창업기업의 자금조달방식으로는 한계가 있고 창업기업이 성장하기 위해서는 투자를 받는 쪽으로 경영을 해나갈 필요가 있다.

창업기업이 투자를 받기 위해서는 무엇보다 먼저 기업의 미래비전 혹은 사업성을 인정받아야 한다. 사업성은 창업기업 자신이 역량축적을 통해 보여주어야 할 과제이지만 설령 사업성이 있어도 투자를 받지 못하는 경우가 있다. 그것은 기업의 경영이 불투명하거나 창업자가 외부의 경영개입에 거부감을 갖는 경우이다. 투자는 투자대상기업에 대한 충분한 정보가 있어야 가능하다. 그런데 기업경영이 불투명하거나 경영정보의 공개에 소극적이라면 투자는 이루어지기 어렵다. 또 창업자가 경영권이 위협받을까 두려워 외부의 지분투자를 꺼려한다면 투자 자체가 불가능하다.

현재 우리나라의 창업기업들 중에는 이처럼 사업성은 있지만 불투명 경영이나 독식경영 때문에 투자를 받지 못하는 기업도 적지 않고, 기업성장에 중요한 역할을 하는 M&A도 매우 부진한 상태에 있다. 이러한 문제를 개선하기 위해서는 창업자의 오픈 마인드와 오픈경영이 무엇보다 중요하다. 기업경영을 투명하게 공개하고 경영현황에 관한 정보를 투자자와 공유하면서 투자자의 조언을 경영에 반영하고 창업자와 투자자가 적정수준의 지분을 갖고 함께 성장하고 성과를 나누는 오픈경영 시스템을 조기에 정착시켜야만 창업성공을 기대할 수 있다.

창업 도움말

- 사장은 자기가 이루고 싶은 일을 남이 대신 이루게 하는 사람이다 – 표철민 체인파트너스 창업자
- 사업을 맡길 만한 인재가 길러지지 않고는 아무리 유망한 사업이더라도 결코 성공하지 못한다. 사업을 잘하려면 사람부터 길러 놓아야 한다. 사람이 곧 사업이다 – 구자경 LG 창업자
- 창업에서 가장 중요한 요소는 동료이고, 투자 역시 어떤 사람이 모여 있느냐를 보고 결정한다 – 이택경 매쉬업 엔젤스 대표
- 사업아이디어가 A급이고 창업팀이 B급인 것보다는 사업아이디어는 B급이고, 창업팀이 A급인 것이 낫다 – 조지 도리어트 벤처캐피털리스트
- 친구끼리 동업하면 망한다? 다른 점 인정하면 최고의 파트너다. 만장일치 안되면 사업추진 절대 안한다. 기업 경영은 어려움의 연속인데 같이 고민할 수 있는 파트너의 존재 여부는 정말 중요하다 – 박종환 김기사 창업자
- 문화와 철학이 잘 맞지 않는 사람끼리는 같이 하지 마라. 스타트업은 빨라야 하고 일사불란하며 일관돼야 한다. 잘 맞지 않는 사람과 하느니 나홀로 창업을 하는 것이 훨씬 낫다 – 권도균 프라이머 대표
- 사업은 스페셜리스트와 제너럴리스트가 함께해야 성공한다. 내 기술이 세계 최고라는 생각만으로는 사업을 할 수 없다. 회사를 경영하고 투자자를 모으는 건 다른 문제이기 때문이다. 난 제너럴리스트다. 내게는 스페셜리스트가 필요했다. 그래서 동업을 했다. 동업이 즐거웠고 나의 성공 비결이 됐다. 나이 많은 사람과 젊은 사람, 여자와 남자. 동업자구성이 이런 식이면 더욱 좋다. 회갑 나이가 되면 잔치하지 말고 동업을 시작하라 – 김병태 소바젠 대표

책 속의 메시지

문제는 동업 자체가 아니라 '시스템 없는 동업'이다!
동업의 핵심은 분업이고 동업자 선택 기준은 친한 사람이 아니라 부족함을 채워주는 사람으로 다음 4가지를 체크해야 한다.
- 파트너가 비즈니스 핵심역량을 갖고 있는가?
- 파트너의 인적 네트워크는 어떠한가?
- 파트너가 갖고 있는 유형의 재산은 무엇인가?
- 파트너가 이 사업에 올인하고 있는가?

– 「동업하라 : 당신이 알고 있는 창업 공식은 틀렸다」 신용한, 21세기북스, 2012

창업자 어록

이나모리 가즈오(1932~)
마쓰시타 고노스케, 혼다 쇼이치로와 함께 '일본에서 가장 존경받는 3대 기업가'이자 빈사상태에 빠진 일본항공(JAL)을 회생시켜 '경영의 신'으로 불리는 교세라 그룹 창업자

- 이 세상에 실패라는 것은 없다. 도전하고 있는 중에는 실패는 없다. 포기한 순간이 바로 실패인 것이다
- 정직하라, 다른 사람에게 폐를 끼치지 말라, 남에게 친절히 대하라 등 어릴 적 부모님이나 선생님에게 배운 인간으로서 당연하게 지켜야 할 규칙, 그런 당연한 것을 규범으로 삼아 경영을 하면 된다
- 못하는 일이 있더라도 그것은 지금의 자신이 못하는 것이고, 장래의 자신이라면 가능하다고 미래진행형으로 생각하는 것이 중요하다
- 짧은 인생에서 가장 즐거운 것은 자신의 마음과 맞는 사람과의 만남이다
- (일본항공의 회생을 위한 1155일의 과정에서)여러분은 앞으로 지금의 세 배로 일해야 합니다. 임원은 열 배 일하고, 저는 그 이상으로 일하겠습니다
- (일본항공의 회생을 위한 1155일의 과정에서)나는 매일 '나의 동기는 선한가? 사심은 없는가?'라는 질문을 나에게 던집니다

창업자 어록

리처드 브랜슨(1950~)
고교 중퇴자로 재무제표조차 잘 읽지 못하지만 '창조경영의 아이콘'이자 '영국의 스티브 잡스'로 불리는 버진그룹 창업자

- 자신이 하는 일에 스스로 자랑스럽지 않으면 다른 사람이 왜 당신의 일을 좋아하겠는가?
- 진정한 성공이란 자신이 진정 자랑스러워할 수 있는 것을 창조하는 것이며 다른 사람의 인생에 특별한 변화를 만들었는지의 여부다
- 즐겁지 않은 것은 의미가 없다. 어떤 일이 재미있지 않거나 즐겁지 않으면 다른 일을 찾아야 할 때다
- 가장 값싸게 하는 방법이나, 가장 빠르고 안전하게 하는 방법을 생각하지 마라. 가장 훌륭하게 해낼 방법을 생각하라
- 당신이 어떤 아이디어를 가진다면, 99%의 사람은 잘 되지 않을 것이라고 말할 것이다
- 사람은 걷는 규칙을 배워서 걷지 않는다. 걸음을 시도하고, 넘어지면서 배운다

정부와 민간의 창업지원기관을
최대한 활용한다

창업 초기에는 경험과 자원부족으로 어려움을 겪는 경우가 적지 않다. 이때 창업자를 도와주는 정부나 민간의 지원기관이 있으면 큰 힘이 될 수 있다. 창업자가 활용할 수 있는 지원제도나 기관으로는 어떤 것이 있을까?

먼저 정부의 지원제도부터 살펴보자. 중소벤처기업부가 주관하는 창업정보 포털시스템 www.k-startup.go.kr 에는 창업교육, 시설·공간, 멘토링·컨설팅, 사업화, 정책자금, R&D, 판로·해외진출, 행사·네트워크 등 다양한 부문에 걸쳐 각 부처와 지자체의 창업지원사업이 모두 망라되어 있다.

검색조건을 입력하여 검색하면 자신에 맞는 창업지원사업을 찾을 수 있다. 중소벤처기업부는 또한 매년 초에 각 부처의 창업지원사업을 모아「정부 창업지원사업 통합공고」를 내고 있다.「2019년도 정부 창업지원사업 통합공고」에 따르면 2019년도 정부 창업지원 사업 규모는 총 1조

1180억원으로, 부처별로는 중소벤처기업부가 89%(9975억원)로 가장 높은 비중을 차지하고, 지원유형별로는 창업 사업화(45.9%), 연구개발(33.9%), 시설·공간(13.4%) 순이다.

지원내용, 지원조건 등 세부사항에 대한 사업별 공고는 창업정보 포털시스템을 통해 확인이 가능하다. 창업지원사업을 포함하여 중소기업 지원정책 전반을 알고 싶다면 기업마당www.bizinfo.go.kr이라는 사이트를 살피면 된다. 기업마당은 중소벤처기업부에서 운영하는 중소기업 종합지원 포털사이트로 복잡하고 찾기 어려운 중소기업 지원사업정보를 한 곳에 모아 서비스를 제공하고 있다. 금융위원회가 산업은행을 통해 기업의 창업부터 성장발전의 전 과정에 필요한 각종 금융·비금융 지원정보를 한 곳에 모은 기업금융나들목www.smefn.or.kr도 맞춤검색을 통해 필요한 지원정보를 찾을 수 있다.

창업지원을 전담하는 정부기관으로는 창업진흥원www.kised.or.kr이 있다. 창업진흥원은 창업교육부터 창업 아이템 사업화, 도약, 회수, 재도전에 이르기까지 다양한 지원사업을 펼치고 있어 창업자라면 수시로 들러 자신에 맞는 지원사업을 살펴볼 필요가 있다. 사업에 실패한 후 재창업에 도전하는 사람은 재도전종합지원센터www.rechallenge.or.kr를 활용하면 도움을 받을 수 있다.

기술과 아이디어는 있으나, 제반 창업 여건이 취약하여 사업화에 어려움을 겪고 있는 창업초기기업예비창업자은 창업보육센터를 활용하면 좋다. 창업보육센터는 창업자에게 시설·장소를 제공하고 경영·기술 분야에 대하여 지원하는 것을 주된 목적으로 설립되었는데, 창업보육센터 네트워크시스템Bi-Net : http://bi.go.kr에 들어가 보면 전국에 260여 개의 창업보육센터가 있고 검색을 통해 센터의 기본정보 및 보유장비 현황, 입주 기업 현황, 공실수 등을 알아볼 수 있다.

39세 이하 청년창업자들은 창업 준비와 성공을 위해 중소벤처기업진흥공단에서 운영하는 청년창업사관학교를 활용하면 좋다. 청년창업사관학교는 우수한 창업 아이템과 고급기술을 보유한 초기 창업자를 발굴하고, 창업 전 단계를 패키지 방식으로 일괄 지원하여 성공 창업기업을 육성한다는 목적을 갖고 있는데, 훈련과정을 마친 청년창업자에게는 총 사업비의 70% 범위 내에서 1억원까지 보조금이 지원되는 혜택도 있다.

소상공인이나 자영업 창업을 하려는 사람들은 소상공인진흥공단 www.sbiz.or.kr을 활용하면 소상공인지원시책, 신사업창업사관학교 newbiz.sbiz.or.kr, 상권정보시스템 sg.sbiz.or.kr 등을 통해 좋은 정보를 많이 얻을 수 있다. 신사업창업사관학교는 음식점업이나 주점업 등 과밀업종이 아닌 성장 가능성이 높은 유망 아이템 중심으로 소상공인 예비창업자를 선발하여 창업교육(1.5개월)-점포체험(4개월)-사업화(2천만 원 한도)를 패키지로 지원한다. 상권정보시스템은 검색을 통해 내가 창업을 하려는 지역과 업종을 선택하면 해당 지역의 업종별 상권정보를 파악할 수 있다.

다음에는 민간의 창업지원기관을 살펴보자. 전국은행연합회 소속 금융기관이 공동으로 설립한 은행권청년창업재단이 2013년에 만든 디캠프 www.dcamp.kr는 투자, 공간, 네트워크라는 창업 생태계의 3대 요소를 유기적으로 연결하여 스타트업의 창업보육을 지원한다. 매월 마지막 목요일 저녁 전문투자자 및 업계전문가로 이루어진 심사위원단에 스타트업을 소개하는 D.DAY 프로그램이 있고, 발표하는 스타트업에게는 디캠프의 앤젤투자 프로그램인 D.ANGEL에 지원할 수 있는 기회가 주어진다. 스타트업이 필요로 하는 다양한 공간과 인프라도 제공한다.

현대아산나눔재단이 2014년 설립한 창업지원센터인 마루180 www.maru180.com 은 스타트업을 위한 사무공간, 네트워크, 투자, 교육 등 종합 솔루션을 제공하는 플랫폼이다. 마루180에는 스타트업 외에도 스파크랩, 캡스톤파트너스, 퓨처플레이 등 국내 유수 벤처캐피털, 액셀러레이터 등이 함께 입주해 있어 자연스럽게 네트워킹이 가능하고 입주 스타트업 직원들의 상호 교류와 커뮤니케이션을 위한 네트워킹 모임도 수시로 열리고 있다.

초기 창업기업을 발굴하여 엔젤투자, 사업공간, 멘토링 등 종합보육 서비스를 제공하는 창업기획자로 정의되는 액셀러레이터는 2005년 설립되어 에어비앤비, 드롭박스 등 유명 스타트업을 배출하며 큰 성공을 거둔 미국의 Y-Combinator가 시초인데, 한국에서는 2010년 권도균 대표가 만든 프라이머 www.primer.kr 를 시작으로 2017년 이후 급증하여 현재 100여 개 이상의 액셀러레이터가 활발히 활동을 하고 있다. 액셀러레이터들로부터 발굴 및 선발되어 투자와 지원을 받은 스타트업들은 일정 기간이 지나면 여러 다른 투자자들 앞에서 비즈니스 모델을 공개 발표하는 일종의 졸업식이자 데뷔 무대인 데모데이 Demoday 기회를 갖게 된다. 데모데이를 계기로 우수한 스타트업들은 후속투자유치를 받을 수 있을 뿐 아니라, 나아가 더 규모가 큰 기업들에게 좋은 조건에 M&A되기도 한다.[18]

아울러 중소벤처기업부는 민간 엑셀러레이터의 창업보육과 정책자금지원을 연동시킨 TIPS Tech Incubator Program for Startup, 민간투자주도형 기술창업지원 프로그램을 운영하고 있는데 기술기반창업자들에게 긍정적 평가를 받고 있다.

아이디어에 자신이 있다면 재벌 대기업의 스타트업 지원사업도 눈여겨볼 필요가 있다. 2012년 사내 벤처 프로그램으로 시작하여 2018년 사외 스타트업으로까지 지원이 확대된 삼성의 'C랩 아웃사이드'는 2022년까지 300개의 사외 스타트업을 지원할 예정이다. 롯데는 사무실부터 투자까지 파격적으로 지원하는 '엘캠프', CJ는 오디션 방식의 '프로덕트 101 챌린지'를 통해 잠재력 있는 '스타트업 톱11'을 선정하여 지원하고 있다.

자영업자나 소상공인 창업을 지원하는 민간기관으로는 어떤 것이 있을까? 먼저 네이버나 카카오, 페이스북, 유튜브 등의 거대 플랫폼은 자영업자나 소상공인의 창업비용을 최소화하는 서비스를 내장하고 있다. 네이버를 예로 들면 가게등록 쇼핑몰개설 고객관리 결제, 블로그나 카페 운영 등의 서비스를 무료로 제공하고 있다. 매일 4000만 명의 이용자가 3억 건 이상을 검색하는 국내 1위 포털 네이버의 온라인 쇼핑 플랫폼 '스마트스토어'는 입점, 판매 수수료가 무료라 비용 부담 없이 창업 가능하고, 결제시스템인 네이버 페이, 고객과의 무료채팅 서비스인 톡톡 등도 활용할 수 있다.

카카오메이커스는 소상공인이 만든 제품 중 20~30개 제품만 엄격히 선별해 소개하고 고객의 주문을 받아 생산에 들어가는 선주문 후생산 시스템을 도입했다. 이 시스템은 일단 만들면 완판이 보장되어 재고 리스크를 최소화하면서 원가비용을 낮추고 주문 후 고객후기 형태로 마케팅 지원도 이루어져 소상공인의 창업과 성장에 큰 도움이 되고 있다.[19] 요식업 창업자는 배달의민족이 운영하는 '배민아카데미'를 통해 가게 운영 노하우, 배달 앱 활용방법, 세무회계 등을 무료로 배울 수 있다. 2014년 개설한 이래 1만 명 이상이 다녀갔고 교육받은 가맹점주의 매출이 크게

신장되는 성과를 거둔 것으로 나타났다.[20]

지금까지 살펴본 것처럼 창업을 지원하는 공공 및 민간기관은 무수히 많다. 물론 모든 기관이 도움이 되는 것은 아니다. 노력 대비 지원효과가 높은 기관을 선택할 필요가 있다. 이런 기관들의 존재를 잘 알고 활용할 수 있다면 창업 리스크는 크게 줄어들고 성공확률이 높아질 것이다.

책 속의 메시지

스타트업은 지식보다 경험으로 성공한다!
한국에는 외국보다 훨씬 많은 창업지원기관과 지원제도가 있지만 이를 제대로 알고 활용할 수 있는 창업자는 극히 드물다. 구조도 복잡하고, 지원제도별로 준비해야 할 내용도 다르기 때문이다. 수많은 창업지원기관과 지원제도를 잘 이해하고 활용하면 성공할 수 있다.
일반적으로 스타트업은 비즈니스 모델 단계, 시제품 개발 단계, 제품 상용화 단계, 시장 진입 단계, 지속적 성장 단계를 밟는다. 성공적으로 시장에 진입해 지속적으로 성장하는 스타트업이 되는 과정은 험난하지만 매 단계별로 해야 할 일을 미리 준비하고 실행하면 그만큼 성공에 가까워질 수 있다.
- 「원 포인트 K-스타트업 창업 : 스타트업 단계별 성공전략과 창업지원 제도 맞춤 활용법」
이홍철, 지와수, 2018

나 없이도 경영할 수 있는
시스템을 만든다

⟨사례⟩

다니던 직장을 그만두고 패션지중해의 한없이 평화롭고 잔잔한 파도에 넘실대는 요트에 누워 하늘을 올려다본다. 밤하늘에 촘촘히 박힌 별들이 머리 위로 쏟아져 내린다. 남편의 꿈이었던 '가족과 함께 하는 1년간의 요트 세계여행'도 어느덧 막바지에 다다르고 있다. 나는 꿈에도 그리던 이상형의 남자를 만나 결혼했고 목숨보다 소중한 딸을 낳아 누구보다도 행복한 가정을 꾸렸다.

삶의 일 순위가 사업이 아닌 가족이기에 주말에는 무조건 가족과 함께 하고 딸아이와 많은 시간을 함께 보낸다. 2016년 여름부터 2017년 여름까지 1년간은 안식년을 갖고 남편의 꿈대로 '가족과의 요트 세계여행'을 떠났다. 어떤 사람은 창업한 지 약 7년밖에 되지 않은, 해마다 수십 %씩 성장하는 회사를 두고 회장들(나와 남편이 지분 100%를 갖고 있으며 공동으로 회사를 운영하고 있다)이 1년이나 자리를 비우는 것은 미친짓이라고까지 했다. 하지만 남편의 꿈을 이루고 아이가 더 크기 전에 잊지 못할 추억을 만드는 것 또한 인생에서 중요하다고 생각했기에 이같은 결정이 가능했다.[21]

나이 마흔에 10억 원의 빚을 지고 초밥도시락 매장을 시작해 7년 만에 유럽 10개국에 700여 개 매장을 열어 5000억 원 매출을 올리고 있는 켈리델리의 켈리 최 대표의 이야기다. 부럽지 않은가? 사업을 누군가에게 맡겨놓고 1년간 전 세계 여행을 하는 것은 사업하는 사람들뿐만 아니라 일하는 사람 모두가 꿈꾸는 로망일 것이다. 사업하는 사람들은 켈리 최의 이런 생활을 꿈꾸지 않을까?

어떻게 하면 이런 사업을 만들 수 있을까? 내가 없어도 돌아갈 수 있는 시스템을 만드는 것, 이렇게 해야 기업도 시스템적으로 성장하는 것이고 창업자도 휴식이나 재충전을 할 수 있고, 또 다른 사업을 할 수도 있는 것이다.

켈리 최는 어떻게 이런 시스템을 만들었을까? 켈리델리에서는 누군가가 자리를 비우거나 심지어 갑자기 그만두더라도 이상 없이 회사가 운영될 수 있도록 그 일을 대신할 수 있는 사람을 만들어둔다. 그리고 유사시 대신하게 될 업무를 각자 틈틈이 보고 듣고 공유하며 연습해둔다. 자신의 역할을 대행할 사람들을 만들어두는 건 켈리델리에서는 켈리 최 대표를 포함한 모든 직원이 반드시 해야 할 일이고 기업문화이기도 하다. 켈리 최 대표는 안식년을 가기 전에 네 명의 직원을 뽑아 CEO 역할을 대신할 수 있게 교육했고 덕분에 1년이라는 긴 시간동안 안식년을 보내면서 자리를 비울 수 있었다. 이런 권한위임이 '사장이 없어도 타격 없는 회사'를 이루는 시스템의 근간이 되었다.

LED제품 판매로 창업 2년 만에 1700억 매출을 올린 블루코어의 조남직 대표는 『결국 이기는 사업의 법칙』이라는 책에서 자영업과 사업을 구분하여 내가 하면 자영업이고 시스템이 하면 사업이라고 한다. 자영업에서는 장사를 하는 사람이나 자영업자가 몸이 아파서 더 이상 일을 할 수 없는 상황이 발생하면 아무리 많은 매출을 올리고 이익이 나더라도 그 순간부터 매출과 이익을 유지할 수 없다.

반면 제대로 작동되는 시스템이 구축된 회사는 대표 부재시에도 회사의 시스템이 구축되어 있기 때문에 모든 업무를 정상적으로 처리하고 수행할 수 있다. 여기서 시스템은 핵심인재, 조직도, 복무규정, 업무매뉴얼, 외부의 협력 네트워크 등 회사 업무가 운영되는 체계를 말하는데 가장 중요한 것은 대표 없이도 업무를 수행할 수 있는 핵심인재의 확보와 육성에 있다.

핵심인재는 시스템을 만드는 사람이기도 하고 실행하는 사람이기도 한 만큼 사업을 시스템으로 만들 수 있느냐의 관건은 결국 핵심인재를 확보하고 육성하는 인재관리 시스템을 어떻게 구축하느냐에 달려 있다고 할 수 있다. 창업해서 사업에 성공하려면 기술이나 자금이나 판로에 앞서 사람에 대한 이해와 관심을 최우선으로 가져야 할 이유다.

특히 나 이외의 사람을 통해 시스템으로 운영되는 회사를 만들기 위해서는 사람을 내편으로 끌어들이기 위한 오픈경영이 필수불가결하다. 독불장군식으로 혼자 모든 것을 결정하고 독식하는 경영이 아니라 회사 내부와 외부의 참여자들과 회사의 비전과 어려움과 과실을 함께 공유한다는 열린 자세가 있어야만 1인 기업을 넘어 시스템으로 성장하는 기업이 될 수 있다.

창업 도움말

시스템 경영은 창업자 마인드를 키우는 자율경영

〈한국 마이다스아이티의 인본주의 경영〉
- 2000년 포스코건설의 사내벤처에서 분사창업하여 견실한 글로벌 중견기업으로 성장한 구조설계 소프트웨어 기업 마이다스아이티의 이형우 대표가 도입한 경영방식
- 채용시 스펙을 보지 않고, 정년과 징벌이 없고, 상대평가를 하지 않는 '4무 경영'에도 불구하고 세계 최고수준의 기술력을 확보하고 지속적으로 흑자를 내는 성과를 달성
- 마이다스아이티가 설정한 조직체계의 핵심개념은 구성원들이 같은 목적, 같은 목표, 같은 방법으로 개인의 행복과 조직의 행복을 추구하는 셀Cell 경영
- 셀 리더는 자율과 책임에 기초하여 성과를 보여주면 2년마다 조기 승진할 수 있는 사내창업가

〈일본 교세라의 아메바 경영〉
- 일본 교세라 그룹의 이나모리 가즈오 회장이 창시하여 창업후 60여년간 흑자경영을 지속해온 경영 방식.
- 전체조직을 최소 사업단위 조직인 아메바로 나누어 '적자는 죄악', '가격결정이 경영'이라는 경영방침하에 독립채산제를 도입하고 성과를 책정하여 기여도에 따라 보상
- 권한위임과 자율경영, 투명한 정보 공개와 성과 보상제도를 통해 시스템 경영을 실현.
- 아메바 리더는 사내 창업가의 역할을 수행.

책 속의 메시지

시스템을 만들고 키우는 것이 진짜 사업이다!

스타트업 창업자는 대부분 자영업자로 시작한다. 회사에서 발생하는 모든 일을 도맡아 해야 한다. 창업자가 빠지면 회사는 제대로 돌아가지 않을 것이다. 하지만 장기적으로는 시스템을 만들어가야 한다. 자영업자와 사업가의 차이는 홀로 일하는 사람과 시스템 만드는 사람의 차이다. 적합한 사람을 구하는 일, 자본을 유치하는 일, 업무 프로세스를 만드는 일, 조직이 나아가야 할 방향을 설정하는 일들이다. 이러한 시스템을 만들고 키우는 것이 사업이다.

– 「스타트업 1년 차입니다 : 조성주의 스타트업 코칭」 조성주, 천그루숲, 2019

경영능력을 키운다

〈사례〉

아이러브스쿨이라는 기업이 있었다. 카이스트 경영정보학과 박사과정에 재학 중이었던 김영삼이 페이스북보다 5년이나 앞선 1999년 초·중·고교 동창들을 연결시켜 주는 한국 최초의 소셜네트워크서비스(SNS)를 표방하며 창업하여 1년 만에 회원 500만 명이 넘어가면서 한때 국내 1위, 세계 3위의 인터넷 사이트가 되었던 기업이다. 회원 수가 급증하면서 서버투자가 필요해 지분 40%를 주는 조건으로 금양이라는 화학공업 업체로부터 10억 원 투자를 받았다. 회사가 갑자기 커지면서 운영자금과 새로운 인력을 수혈해야 할 필요성이 생겨 추가 투자가 필요했는데 뜻대로 되지 않았다. 김영삼은 회사를 매각하려고 지분을 모두 금양에 넘겼지만 사기를 당해 160억 원에 달하는 주식 매각 대금을 받지 못했다. 미납한 주식 양도세에 연체이자 등이 붙어나면서 모든 걸 잃고 수십 억 원의 빚을 떠안은 신용불량자로 전락했다.

그는 "제대로 준비하지 않은 창업은 필패의 길"이라며 성공을 관리할 만한 준비가 전혀 돼 있지 않은 게 문제였다고 토로했다. "자고 일어나면 회원이 몇 만, 몇 십만 명씩 불어났어요. 그렇게 갑자기 다가온 성공에 취해 아무것도 제대로 판단할 수가 없었어요." 사업 실패의 표면적인 이유는 사기였지만 내막을 들여다보면 사람과 돈, 경영에 대한 명확한 철학이 없었기 때문이라는 게 그의 뼈저린 후회다.

"돌이켜보면 저는 천둥벌거숭이였어요. 경영이 뭔지 몰랐고 사람을 볼 줄도 몰랐어요. 그 대가는 너무 참담했습니다."[22]

창업성공의 가장 핵심적인 요소를 하나만 꼽으라고 한다면 무엇일까? 아이디어? 아이템? 기술? 사람? 자금? 판로? 그 무엇보다도 중요한 것은 창업자의 경영능력이다.

창업고수들의 이야기를 들어보자. 일본 최고의 벤처기업 교세라 창립자이자 살아있는 '경영의 신'으로 불리는 일본의 이나모리 가즈오는 『왜 사업하는가』라는 책에서 다음과 같이 말한다.

> 경영이라는 것은 경영자의 그릇만큼 자란다고 생각한다. 특히 중소기업에서 경영자가 가진 영향력은 가히 상상 이상이다. 그 판단이 경영을 좌우하고 직원의 운명을 결정한다. 그래서 경영자는 가장 먼저 자신의 그릇을 키우도록 노력해야 한다.[23]

보안 전자 지불 분야 기업을 창업해 4000억 원에 매각하는 창업신화를 만든 후 스타트업 지원회사 프라이머를 설립한 권도균 대표는 수십 개의 스타트업과 수천 명의 창업자를 육성하면서 경험한 자료를 바탕으로 쓴 『권도균의 스타트업 경영 수업』에서 다음과 같이 말한다.

> 한국기업들의 기술은 뛰어나다. 아이디어와 열정도 누구 못지 않다. 주당 100시간씩 근면하게 일하는 몰입도도 높다. MP3 플레이어, 인터넷 전화 다이얼패드, 소셜네트워크의 효시 싸이월드 등 외국기업이 시도하지 않은 제품이나 서비스를 가장 먼저 만들기도 한다. 그러나 지속적으로 성장해서 세계적인 기업으로 변신하지 못하는 것은 결국 경영의 무지와 미숙함 때문이다. 경영은 기술과 사람과 언어와 시장규모의 약점을 극복하고 자원의 능력을 극대화하는 능력이다.[24]

흔히 중소기업은 그 기업 오너의 능력만큼만 성장한다고 한다. 창업자에 투자하는 엔젤이나 벤처캐피털리스트들도 투자를 결정할 때 아이디어나 기술보다 창업자의 역량을 훨씬 더 중요시한다고 말한다.

그런데 여기서 창업자의 역량이나 경영능력이란 구체적으로 어떤 것을 말하는 것일까? 과거에는 경영능력이라고 하면 자금조달 및 관리, 인사 및 노무관리, 기술 및 생산관리, 마케팅 및 영업관리, 회계 및 세무관리 등에 관한 전문지식과 경험축적을 통해 성과를 내는 것이었다고 할 수 있다. 이렇게 다양한 분야에 걸친 전문지식과 경험을 축적해야 했기에 창업자는 슈퍼맨이 되어야 한다는 인식이 강해졌고 이것은 창업을 주저하게 만드는 요인으로 작용했다.

30여 년의 창업경험을 통해 커다란 성공을 거두고 디지털시대의 창업성공 모델을 제시한 독일의 귄터 팔틴 교수는 『아이디어가 자본을 이긴다』라는 책에서 디지털시대에 필요한 경영능력은 이전과 다르다고 말한다. 그에 따르면 창업과 경영의 능력을 동시에 가진 사람은 거의 없고 디지털시대에는 정보와 지식의 폭증으로 알아야 할 전문지식이 너무 많아져 누구도 전체를 파악할 수 없는 만큼 창업자에 필요한 경영능력에서도 새로운 시각과 접근방식이 필요하다고 말한다.

디지털시대의 창업자는 스스로 모든 것을 해결할 필요가 없고, 어디에서 신뢰할 만한 정보를 얻을 수 있는지만 알면 된다. 디지털시대의 창업자가 키워야 할 진정한 능력은 아이디어를 충분히 숙성시켜 성공 잠재력이 큰 사업전략으로까지 발전시킨 고유한 혁신콘셉트를 개발하고 그것을 외부의 기술, 자본, 포장, 영업, 판매 등 기업운영에 필요한 구성요소들과 조합하는 능력이다.[25]

창업자의 경영역량은 앞에서 살펴본 성공 창업자의 조건과도 밀접한 관련이 있다. 동심원적 관계로 연결되어 있는 성공 창업자의 7가지 조건이 강력하고 충실할수록 7가지 조건의 결합으로 나타나는 경영역량은 더욱 강력하고 충실해질 것이기 때문이다. 긍정적 사고, 리스크 관리, 열정, 네트워킹, 길거리 지식, 창의성, 리더십은 경영역량을 구성하는 핵심요소인 만큼 의식적이고 체계적인 관리와 학습이 필요하다.

경영능력을 높이는 문제는 기업경영의 5요소, 즉 인력, 기술, 자금, 판로, 경영자 리더십이라는 관점에서 접근할 수도 있다. 인력, 기술, 자금, 판로, 경영자 리더십이 환경변화에 부응하는 최적모델로 운영된다면 그 결과로서의 경영능력도 최고의 성과를 보일 것이다. 디지털시대와 인공지능 시대라는 환경에서의 5요소별 최적모델은 어떤 것인가? 상세한 논의는 다른 곳에서 하기로 하고 여기서는 핵심만을 요약하면 다음과 같다.

인력에서는 체계적 인적자원관리를 통해 구성원의 능력발휘를 극대화시키는 인재경영Human resource management이 필요하다. 자금에서는 적절한 타이밍에 적정한 투자를 끌어들여 기업을 성장시키는 투자경영Investment management이 필요하다. 기술에서는 기술개발의 효율적 관리를 통해 기업역량을 극대화시키는 기술경영Technology management이 필요하다. 판로에서는 글로벌시장의 개척을 통해 내수의 제약을 뛰어넘는 글로벌경영Global market management이 필요하다. 경영자 리더십에서는 오픈 마인드와 오픈경영을 통해 내부와 외부의 자원활용을 극대화하는 오픈경영Open management이 필요하다. 이 책에서는 이러한 경영을 각 요소별 경영의 영문자 두음을 연결해 'HITGO경영'이라고 이름지었다. 굳이 우리말로 번역하면 '치고나가는 경영'이 될 것이다.

경영역량을 키운다는 것은 성공 창업자에 필요한 7가지 조건을 단련하고 '치고나가는 경영'을 접목하여 기업성장을 실현하는 역량을 키우는 것이라고 할 수 있다. 이렇게 경영역량을 키운 창업전사가 10만 명만 창업전선에 나선다면 창업국가, 일자리 국가로 가는 길은 어렵지 않게 열릴 것이다. 인공지능 시대가 와도 평균수명 100세 시대가 와도 두렵지 않을 것이다.

창업자 어록

손정의(1957~)
재일교포로 태어나 1981년 소프트웨어 유통회사를 창업하여 벤처기업 투자와 M&A를 통해 일본 최고 부호가 된 소프트뱅크 창업자

- 도전에는 큰 위험이 따른다. 하지만 도전하지 않는 것은 더 위험하다
- 99%의 사람들이 자신의 인생을 무엇에 걸 것인가를 결정하지 않고 살아간다. 오르고 싶은 산을 정하면 인생의 반은 결정된다
- 나를 넘어 다른 사람을 행복하게 할 수 있는 꿈. 그것이야말로 진정 위대한 꿈이다
- 내가 가진 것이라고는 꿈과 그리고 아무 근거도 없는 자신감뿐이었다. 그리고 거기서 모든 것이 시작되었다
- 얼마나 오래 사는 것이 아니라, 얼마나 자신을 불태웠는가가 중요하다
- 가장 사랑받고 꼭 필요한 회사, 사람들을 행복하게 하는 회사를 만들고 싶다
- 모든 실패는 자신의 책임이다. 모든 성공은 동료의 힘에서 비롯된다.
- 상식으로 생각해서 해결책이 나오지 않을 때는 절호의 찬스라고 생각하라. 상식으로 가능한 범위라면 그것은 결국 평범한 것이다
- 공무원이 인기 1위인 나라에 무슨 미래가 있나

책 속의 메시지

문제는 경영이야, 바보야!

한국에서 구글이나 페이스북과 같은 세계적인 IT기업이 나오지 않는 이유를 기술 문제, 시장 규모의 문제, 심지어 모국어가 영어가 아니기 때문이라고 말한다. 정말 이런 것들이 글로벌 기업과 한국 기업의 경쟁력 차이의 중심 원인일까?
아니다. 진짜 문제는 '경영'이다.
경영은 지식에 기반을 두지만 근원적으로 '지혜'이다. 지혜는 경험의 산물이다. 한국경제의 미래를 열고 싶은가? 좋은 회사를 넘어 위대한 회사를 만들고 싶은가? 그러려면 다른 어떤 것보다 중요한 경영을 배우자.

- 「권도균의 스타트업 경영수업 : 스타트업을 스타트하는 최고의 실전전략」
권도균, 로고폴리스, 2015

실패에 대비한다

〈사례〉

영어학습기기를 개발하여 판매하는 사업을 시작했던 (주)매직큐브 김달호 대표는 출시한 제품이 시장의 큰 주목을 받으면서 순조롭게 나아가는 듯했다. 그런데 사업 4년 차에 접어들 때 문제가 발생했다. 홈쇼핑 방송을 통해 본격적인 제품 판매가 이뤄지기 직전이었다. 홈쇼핑 판매 물량을 맞추기 위해 미리 원자재를 발주하는 등 제품 제작 준비를 마친 상태였다.

"홈쇼핑 방송 시스템에 대한 이해가 적었습니다. 홈쇼핑 방송과 직접 계약한 것이 아니고 벤더를 통해 진행하다보니 준비 과정에서 많은 시행착오를 겪어야 했습니다. 조금은 복잡한 설명이 필요했는데, 그러다 보니 MD나 쇼호스트가 제품을 이해하고 설명하기 어려워했어요."

결국, 홈쇼핑 방송이 무산되었다. 그러면서 사전에 투입한 자금이 묶여버렸고, 결국 폐업까지 이르렀다. 제품 자체의 경쟁력이나 완성도는 자신이 있었지만, 자금이 묶이니 어떻게 손 쓸 방법이 없었다.

이렇게 첫 사업에 실패했지만 김달호 대표는 다시 재창업에 도전했다. 김달호 대표는 첫 사업의 실패 원인이 '근거 없는 자신감' 때문이었다고 반성하면서 무엇이 부족했고 무엇을 준비해야 할까를 철저히 분석했다. 먼저 첫 사업에서 준비하던 아이템 가운데 완성하지 못한 것이 있었는데 재창업 직전까지 이 아이템을 완성하는 데 힘을 쏟았다. 사업의 실패 원인이 된 자금문제는 재창업자금 융자지원을 받아 해결했고, 창업진흥원의 '재도전 성공패키지' 사업 등의 지원프로그램을 통해 여러 멘토의 도움을 받아 비즈니스 모델을 만들었다. 무엇보다 가장 큰 힘이 된 것은 사람이었다. 그의 주변에는 언제나 응원하고 함께 하는 좋은 사람들이 있었다.

"첫 사업을 정리하면서도 직원들이나 주변 사람들과 꾸준히 좋은 관계를 유지했어요. 그때 함께 일했던 직원 가운데 몇 명은 재창업 과정에서 다시 채용하기도 했고, 또 몇 명은 언제든 불러만 주면 함께하겠다고 약속했어요. 저를 믿고 응원해주는 이런 사람들이 정말 큰 힘이 됩니다."

이렇게 김달호 대표는 사업에 관련된 주변 사람들의 응원과 아이템 완성, 비즈니스 모델 정립이라는 '준비된 재도전'을 통해 '근거 있는 자신감'을 갖게 되었고, 그 자신감을 바탕으로 새 출발을 할 수 있게 되었다.[26]

창업한 사람들은 누구나 성공을 기대하지만 현실을 보면 성공한 사람들보다는 실패한 사람들이 훨씬 더 많다. 그렇다면 성공을 기대하는 한편으로 실패에 대비할 필요도 있다. 실패에 어떻게 대비할 것인가?

첫째 무엇보다 재기 불가능한 실패가 되지 않도록 사업을 꾸려가야 한다. 유니클로의 야나이 다다시 회장은 "기업은 실패하더라도 망하지 않고 버티면 얼마든지 다시 재기할 수 있는 기회를 만들 수 있다"면서

"실패할 거라면 빨리 실패를 경험하는 편이 낫다. 비즈니스는 이론대로, 계획대로 되는 것이 아니다. 빨리 실패하고, 빨리 깨닫고, 빨리 수습하는 것이 성공 비결이다"라고 말한다.[27]

사업은 실패하더라도 재기할 수 있는 여력만 남아 있으면 다시 회복할 수 있고, 실패의 경험이 오히려 성공에 도움이 되는 자산으로 전환될 수도 있다는 것이다. 재기 불가능한 실패는 준비도 없이 창업에 뛰어들어 연대보증 등의 형태로 거액의 자금을 끌어들였다가 뜻대로 되지 않는 경우에 자주 생긴다. 따라서 재기 가능한 실패가 되려면 먼저 창업 준비를 철저히 하는 것이 가장 중요하다.

이와 함께 창업 초기에는 저리스크 저수익 low risk low return 의 원칙하에 자기자금 범위 내에서 투자를 하여 빚을 지지 않도록 하고 연대보증 등을 통한 대출은 극력 피할 필요가 있다. 보다 큰 자금이 필요할 경우에는 융자가 아닌 투자 형태로 자금을 조달하여 리스크를 최소화할 필요가 있는데 여기에는 투자받을 수 있을 만큼의 설득력 있는 사업모델의 제시가 필수불가결하다. 요컨대 투자받을 수 없으면 자기자금 범위 내에서만 사업을 하라는 것이다. 이렇게 저리스크 저수익으로 시작한 창업은 경험을 쌓아가면서 중리스크 중수익, 고리스크 고수익의 단계별로 나아가는 것이 실패에 대비하는 최선의 전략이라고 할 수 있다.

둘째 창업하여 사업을 운영하는 기간 동안 실패해도 다시 재기하는 데 도움이 되는 자산을 최대한 축적하여야 한다. 그러한 자산으로 가장 중요한 것은 신용이다. 사업에 실패했다가 재기에 성공했던 사업가들은 공통적으로 재기성공의 핵심요인으로 신용을 강조한다. 신용이란 거래처, 투자자, 직원으로부터 받는 신뢰이다.

비록 예상치 못한 요인으로 기업이 위기에 빠지더라도 기업경영을 책임진 창업자에 대한 신뢰가 있으면 거래처, 투자자, 직원들은 다시 기업이 재기할 수 있을 때까지 기다려주고 기회를 줄 수 있다. 반면 그런 신뢰가 없으면 기업이 위기에 빠졌다는 사실을 인지하자마자 손해를 최소화하기 위해 적대적 태도로 돌변하여 기업의 실패를 더욱 가속화할 수 있다.

신뢰는 어디에서 오는가? 서로 속이지 않고 약속을 지키고 함께 성장해가겠다는 진정성이 공유될 때 신뢰가 형성되고 축적될 수 있다. 달리 말하면 투명경영, 오픈경영, 상생경영을 할 때 거래처, 투자자, 직원들과의 신뢰가 형성되고 이러한 신뢰가 실패를 극복하고 재기를 할 수 있게 하는 자산이 된다는 것이다. 불가피하게 실패를 해서 회사는 청산을 하게 되더라도 투자자들이나 임직원들이 '아! 정말로 그 분은 최선을 다 하셨어요'라고 평가해 줄 수 있는 정직한 실패 honest failure가 되어야 하는 것이다.[28]

셋째 사업이 실패 위기에 빠지거나 실제로 실패하거나 하면 실패 안전망을 활용하여 실패비용을 최소화하거나 재도전의 기회를 확보할 필요가 있다. 중소벤처기업부는 사업실패에 대비한 안전망으로 재도전종합지원센터 www.rechallenge.or.kr를 마련해놓고 있다. 여기에서의 주요 지원사업은 경영 위기에 있는 중소벤처기업의 위기극복 지원사업과, 사업 실패 후 다시 창업하는 과정을 지원하는 재창업 지원사업이다.

위기극복 지원사업은 경영위기 기업에 대해 법률, 기업애로 등 심층상담 및 자금지원을 통해 실패를 최소화 하고, 신속한 회생 및 사업정리로 실패비용을 최소화하려는 사업이고, 재창업 지원사업은 부도, 폐업 이후 심리치유 및 재창업 역량강화, 신용회복 상담 및 자금지원 등을 통해 재도전을 활성화하는 사업이다.

소상공인시장진흥공단이 운영하는 '희망리턴패키지' 사업도 폐업의 기로에 서 있으면서 취업 의지가 있는 소상공인들에게 재기의 기회를 제공하는 사업으로, 폐업 단계부터 이후 단계까지 전 과정을 지원한다.

먼저 폐업 단계에서는 사업정리 컨설팅과 재기교육을 제공한다. 사업정리 컨설팅은 실의에 빠진 소상공인들이 안정적으로 폐업할 수 있도록 컨설턴트를 투입해 절세 및 신고사항, 자산·시설 처분방법, 철거·원상복구, 부동산 양수양도 등 전반적인 분야를 상세하게 상담해주고, 철거·원상복구 비용을 업체당 최대 100만 원까지 지급하는 '사업정리 연계 지원'도 제공한다. 취업 의사가 있는 폐업 예정 또는 기 폐업 소상공인에게는 총 10시간의 취업 기본교육을 실시하는 재기교육도 지원한다. 폐업 이후 단계에서는 사업정리 컨설팅 또는 재기교육을 수료하고, 취업활동 또는 취업에 성공한 소상공인에게 전직 장려수당을 지급한다.

아울러 사업실패에 대비한 이러한 노력과 함께 변화가 격심한 시대에 살아남으려면 미래예측을 위한 노력에도 지금보다 훨씬 더 많은 관심을 기울일 필요가 있다. 물론 미래예측은 쉽지 않다. 과거에는 미래예측을 하지 않아도 미래의 변화 자체가 크지 않았기 때문에 한우물을 파고 열심히만 하면 생존은 할 수 있었다. 그러나 이제는 변화가 너무 급격해 제대로 대응하지 않으면 생존 자체가 어려운 상황이다. 사람들은 보통 미래변화를 $y=ax+b$ 라는 선형방식으로 예측하는 경향이 있으나 4차 산업혁명이 진행되고 있는 최근의 변화는 $y=ax^n$과 같은 기하급수 방식으로 이루어져 현실과 예측 사이에 커다란 갭이 생기는 경우가 많다. 이렇게 예측이 어려운 환경에서 살아남기 위해서는 창업자 자신이 미래변화에 대해 부단한 학습을 하는 한편으로 최악의 사태에 대비한 플랜B도 마련해둘 필요가 있다.

창업 도움말

- 처음부터 성공하는 사람은 흔치 않다. 사업을 시작할 때에도 여러 번 실패할 수 있다는 것을 가정하고 준비해라 – 김범수
- 성공이란 열정을 잃지 않고 실패를 거듭할 수 있는 능력이다 – 윈스턴 처칠
- 실패는 좀 더 현명하게 다시 시작할 기회일 뿐이다 – 헨리 포드
- 실패는 스스로 실패할 수밖에 없다고 체념해버리는 사람에게 온다 – 나폴레온 힐
- 창업하기 전에 특정 기간과 자금 소요를 정해놓고, 그때까지 본인이 목표한 바를 이루지 못할 경우 사업을 접겠다는 조건을 정해놓고 공동창업자들끼리 합의할 뿐만 아니라 자신의 가족에게도 공유할 것을 강력히 권한다 – 장병규
- 사업이 안 되면 취업해서 돈 벌어 빌린 돈을 갚아야 한다. 취업 후 2~3년간 허리띠를 졸라매서 갚을 수 있을 정도가 '빚의 임계치'라고 생각한다 – 권도균
- 사업은 망해도 다시 일어설 수 있지만, 인간은 한번 신용을 잃으면 그것으로 끝장이다 – 정주영
- 사업이 성공할지 말지는 하늘의 뜻이다. 최선을 다하지만 정말 성공하려면 운이 따라야 한다. 저희가 책임지고 할 수 있는 일은 회사를 투명하게 하는 것 뿐이다 – 이해진

책 속의 메시지

실패하지 않는 스타트업을 꿈꾼다면 '할리우드 방식'으로 사업하라!
수많은 창의적 인재가 모여 하나의 아이디어에서 출발해 상업적인 제품을 내놓는 과정이라는 점에서 스타트업과 할리우드는 기본적으로 같다. 그런데 할리우드에서 만든 영화의 50~64퍼센트가 수익을 창출하고 있는 반면, 실리콘밸리 스타트업의 성공률은 8퍼센트 수준에 불과하다. 안타까운 사실은 충분히 피할 수 있는 실패 때문에 망한다는 것이다. 스타트업의 실패 원인과 그 과정을 이해하고, 스타트업의 성공을 위해 각 단계별로 해야 할 일을 한다면, 실패의 길로 빠져들지 않을 것이다.

– 「유니콘의 눈물 : 실패하지 않는 할리우드 방식」 제이미 프라이드, kmac, 2019

시작은 미약하였지만
끝은 창대하리라

〈사례〉

화가가 꿈이었지만 가난해서 공고에 들어갔던 청년 김봉진은 방황의 세월을 보내다 서울예대에 들어가 디자인을 배웠다. 웹디자이너로 직장에서 일하다 나와 가구디자인회사를 창업했지만 폭삭 망하고 수억 원의 빚까지 졌다. 네이버에 들어가 일을 하던 김봉진은 음식가게를 홍보하는 전단지를 온라인화에서 스마트폰으로 연결시키는 배달앱 서비스를 만들면 소비자도 가게 업주도 좋아하지 않을까 하는 생각이 들었다. 2010년 자본금 3000만 원, 5명으로 창업한 김봉진은 발로 뛰어 전단지를 모으고 스캔하여 DB를 만들어 '배달의민족' 서비스를 시작했다.

이렇게 시작한 배달의민족은 배달음식 주문 문화를 완전히 바꾸고 9년 만에 월평균 1000만 명의 이용자가 2800만 건의 음식을 주문하여 거래액이 5조원에 이르는 국내 최대 배달 플랫폼으로 성장했다. 이제는 '좋은 음식을 먹고싶은 곳에서'라는 비전 하에 배달 음식점과 소비자를 연결해주는 중개 역할을 넘어 음식과 IT기술을 결합하여 식재료 확보에서 배송까지의 전 과정을 아우르는 푸드테크 선도기업으로 발전하고 있다. 배달의민족은 이러한 비전과 성장성을 인정받아 본엔젤스, 알토스벤처스, 골드만삭스, 세콰이어캐피탈, 싱가포르투자청 등 세계적 벤처캐피털로부터 5천억 원이 넘는 투자를 받고 기업가치 3조원으로 평가받는 한국의 대표적인 유니콘 기업으로 성장했다.[29]

〈사례〉

네 살 때 아버지가 자살했다. 여섯 살 때 어머니가 재혼하며 분가하여 할머니와 같이 살았다. 어려운 가정형편 탓에 초등학교 5학년이 되도록 한글을 떼지 못했다. 공고를 졸업하고 수능점수가 형편없어서 전문대학에 입학했다. 돈이 없어 학기 중에는 막노동을 하며 지냈다. 병역특례로 취업하여 돈을 약간 모았지만 주식투자로 날려버렸다. 잘 알지도 못하는 샐러드사업도 시도했다가 실패했다. 할 수 없이 모텔 청소부 일을 시작했다.

모텔생활을 하면서 모텔 종사자들끼리 정보를 공유하고자 2002년 '모텔이야기'라는 다음 카페를 개설해 회원 1만 명을 모았다. 2005년 숙박업소 정보를 모아 소비자에게 제공하는 '모텔투어'라는 다음 카페를 인수하여 2007년 야놀자로 이름을 바꾸어 창업했다. 모텔을 홍보해주고 홍보비를 받는 사업모델로 시작한 야놀자는 숙박시설 예약 서비스 도입을 통해 급성장하기 시작했다.

2015년 이후 앱서비스가 스마트폰 기반으로 바뀌면서 온라인으로 예약 가능한 숙박업소와 레저시설을 대폭 늘렸고 숙박·이동·레저·먹거리·쇼핑을 하나로 묶은 '종합 여가플랫폼'으로 진화했다. 2010년 25억 원에 불과했던 매출은 2018년에 1885억 원으로 급증했다. 2017년 스카이레이크로부터 600억 원, 2019년 싱가포르투자청(GIC)으로부터 2000억원을 유치하면서 야놀자는

기업가치를 1조원 넘게 평가받아 창업 14년 만에 국내 일곱 번째 '유니콘 기업'이 되었다.[30]

〈사례〉

등록금을 낼 돈이 없어 정상적인 중학교 대신 1년제 미용학교를 다니면서 오전에는 수업을 듣고 오후에는 미용실에 나가 실습 생활을 하던 강윤선이라는 소녀가 있었다. 강윤선은 선배 언니들의 미용기술을 틈틈이 지켜보면서 밤에 집에 돌아와 혼자 수많은 연습을 했다. 얼마 안 가 손님 몇 사람의 머리를 손질하게 됐는데, 머리 디자인을 잘 한다는 소문이 나면서 단골 손님이 많아졌다. 1982년 직원 5명을 데리고 강윤선은 준오미용실을 오픈했다. 손님들의 평판이 좋아 매장 수가 빠른 속도로 늘어났지만 강윤선은 어깨넘어 배운 미용기술을 넘어선 세계적 수준의 미용기술을 배우고 싶었다.

회사명을 준오헤어로 바꾸고 미용실을 오픈한 지 11년 만인 1993년 여름, 강윤선 대표는 집을 팔아 마련한 1억5000만 원으로 직원 20명과 함께 세계 최고의 헤어 전문 교육기관인 영국 비달사순아카데미로 연수를 갔다. 이렇게 해외 연수로 다져진 실력을 기본으로 준오아카데미를 통한 지속적인 교육훈련, 준오헤어 재직기간 10년 이상의 리더십과 주인의식을 갖춘 직원들과 절반씩 투자해 파트너십 형태로 운영되는 직영점 체제를 도입했다. 미용실로 시작한 준오헤어는 이제 국내외 150여 개 매장, 직원 2900여 명, 이중 연봉 1억원 이상자가 200명이 넘는 탄탄한 중견기업으로 성장했다.[31]

〈사례〉

이국 땅 프랑스에서 동업으로 시작한 첫 사업에서 실패하고 10억 원의 빚을 지게 된 켈리 최. 이때 그녀의 나이는 40대 초반이었다. 바닥에 떨어진 그녀는 민박과 가이드 일을 통해 재기에 필요한 자금을 모으면서 실패하지 않기 위한 사업 준비를 시작했다. 실패를 반복하지 않고 행복한 사업을 하기 위한 사업 선정기준으로, ① 경기를 타지 않을 것 ② 돈이 많이 들지 않을 것 ③ 내가 잘하고 좋아해서 재미있게 할 수 있는, 다시 말해 미쳐서 할 수 있는 일일 것 등 세 가지를 정했다.

치밀한 시장조사 끝에 정한 사업아이템은 초밥도시락사업이었다. 사업아이템은 정했지만 초밥을 만들 줄도 몰랐고 유통이나 판매에 대해서도 몰랐기 때문에 사전에 할 수 있는 공부는 최대한 다 해보기로 결심했다. 사업과 관련된 100권의 책을 읽었고, 마트 직원보다 더 자주 마트로 출근하여 요식업과 유통에 대해 철저히 시장조사를 하고 차별화 방안과 전략을 세웠다. 또 초밥과 경영에 관한 최고전문가를 찾아가 도움을 구했다.

2년 간의 준비 끝에 2010년 8월 켈리델리라는 회사명으로 프랑스 리옹 까르푸에 첫 매대를 냈다. 인기는 폭발적이었다. 프랜차이즈 형태로 확대되기 시작한 켈리델리는 유럽 10개국에서 매장이 며칠에 한 개씩 만들어지면서 창업 7년 만에 연매출 5천억 원이라는 고속 성장을 이룬 글로벌 기업으로 우뚝 섰다.[32]

큰 성공을 거둔 창업자들을 보면 처음부터 반짝이는 아이디어나 사업의 큰 그림을 가지고 있었던 것처럼 생각하기 쉽지만 위 사례들에서 보는 것처럼 사실은 그렇지 않은 경우가 많다.

배달의민족 김봉진 대표는 음식가게 전단지의 불편을 개선해보자는 소박한 아이디어로 발로 뛰어 전단지를 모으고 입력하여 배달앱 서비스를 만들었다. 야놀자 이수진 대표는 모텔을 홍보하고 예약해서 가는 편안한 곳으로 만들자는 생각에서 사업을 시작했다. 준오헤어의 강윤선 대표는 자신이 좋아하고 잘 하는 미용기술로 돈을 벌겠다는 꿈을 이루기 위해 미용실을 차렸다. 켈리델리의 켈리 최 대표는 10억 원의 빚을 진 상태에서 실패를 반복하지 않고 행복한 사업을 하기 위해 돈이 많이 들지 않고 재미있게 할 수 있는 초밥도시락 사업을 선택했다. 모두 첨단기술이나 기발한 아이디어와는 거리가 먼 생계형 업종이라고도 할 수 있는 아이템으로 사업을 시작했다.

그러나 이렇게 평범한 아이템으로 미약하게 시작하였지만 사업 준비만큼은 철저히 했다. 배달의민족 김봉진 대표는 실패한 사업경험에 2년간에 걸친 네이버에서의 창업 준비기간이 있었다. 앱서비스를 만들기 위해 네이버가 흉내낼 수 없는 '전단지 모으기'로 서비스에 필요한 DB를 구축했다.

야놀자의 이수진 대표는 사업실패경험과 함께 4년 6개월간의 모텔현장경험이 있었다. 그는 이러한 경험을 통해 숙박관련사업에 필요한 노하우를 얻었을 뿐만 아니라 "끝까지 포기만 하지 않으면 된다"는 사업마인드를 체득했다.

준오헤어의 강윤선 대표도 미용학교를 다니고 미용실에 나가 실습생활을 하며 선배 언니들의 미용기술을 배우고 밤에 집에 돌아와 혼자 수많은 연습을 했다. 찾아온 손님에게는 "이런저런 헤어 디자인을 준비 중인데 다음에 방문해주면 오늘보다 훨씬 더 멋있게 해드리겠다"는 식으로 자연스럽게 재방문 약속을 잡아 단골 고객으로 만들었다.

켈리델리의 켈리 최는 사업과 관련된 100권의 책을 읽었고, 마트 직원보다 더 자주 마트로 출근하여 요식업과 유통에 대해 철저히 시장조사를 하고 초밥과 경영에 관한 최고전문가를 찾아가 도움을 구했다.

창업준비 때만이 아니라 창업 이후의 성장과정에서도 이들은 부단한 혁신과 학습의 모습을 보여준다. 배달의민족의 김봉진 대표는 직원들의 아이디어를 극대화하는 수평적 조직문화와 마케팅을 통해 회사 위상을 크게 높였고 '수수료 제로'라는 과감한 승부수를 던져 경쟁사와의 격차를 크게 벌렸다. 과감한 인재영입과 투자자와의 긴밀한 소통도 기업성장에 크게 기여했다.

야놀자의 이수진 대표는 러브호텔이라는 인식이 강했던 모텔을 건전하고 안전한 숙박장소로 바꾸고 예약문화를 정착시키는 혁신노력을 했다. 맥킨지 출신의 좋은 인재들을 영입하였고 '좋은숙박연구소'를 설립하여 사물인터넷 등의 기술을 숙박시설에 접목시켰다. 2015년에는 창립 10주년을 맞아 0에서 다시 시작한다는 의미로 '리스타트'를 선포했다.

준오헤어의 강윤선 대표는 세계 수준의 기술을 배우기 위해 집을 팔아 마련한 돈으로 직원 20명과 함께 세계 최고의 헤어전문 교육기관인 영국 비달사순아카데미로 연수를 갔고, 돌아와 준오아카데미를 설립하여 미용인재를 육성했다. 또 프랜차이즈가 아닌 파트너십 형태로 운영되는 직영점 체제로 다수의 고액연봉자를 배출하면서 회사는 탄탄한 중견기업으로 성장하는 상생경영의 모델을 보여주었다.

켈리델리의 켈리 최는 끊임없는 메뉴개발로 켈리델리는 늘 새로운 곳이라는 인식을 심어주었고 초밥도시락이 아닌 아시아의 라이프스타일을 파는 회사라는 비전을 갖고 사업을 추진했다. 또 '전적으로 함께 totally together'하는 가족같은 회사를 만들어 누군가 자리를 비우더라도 동료가 그 일을 대신할 수 있고 사장이 없어도 타격이 없는 회사를 만들었다.

이런 준비와 혁신과 학습의 결과는 창대하였다. 배달의민족은 우리나라의 음식배달문화를 스마트폰 앱서비스 중심으로 완전히 바꾸고 창업하여 9년 만에 기업가치 3조원으로 평가받는 한국의 대표적인 유니콘 기업으로 성장했다.

야놀자는 음지의 주먹구구식 숙박문화를 편하게 즐기는 양지의 숙박문화로 바꾸고 창업 14년 만에 기업가치 1조원 넘게 평가받는 국내 일곱 번째 유니콘 기업이 되었다.

조그만 미용실 하나로 출발했던 준오헤어는 현재 국내외 150여 개 매장, 직원 2900여 명, 이중 연봉 1억원 이상자가 200명이 넘는 탄탄한 중견기업으로 성장했다.

40대 나이에 10억 원의 빚을 지고 시작했던 켈리델리는 창업 7년 만에 연매출 5천억 원을 달성한 글로벌 기업으로 우뚝 섰다.

시작은 더없이 미약하였지만 이제는 탄탄하고 창대한 모습으로 성장한 이런 기업들을 만들어내겠다는 기업가정신을 가진 창업전사가 10만 명만 있다면 일자리 문제의 해결은 물론, 우리나라를 정체와 갈등의 늪에 빠뜨리고 있는 저출산공화국, 스펙공화국, 꼰대공화국, 마초공화국, 재벌공화국, 부동산공화국, 규제공화국의 장벽을 엎어버리고 새로운 한국으로 도약할 수 있는 길이 열릴 것이다.

창업자 어록

마윈(1964~)
영어교사를 하다 인터넷의 미래 가능성을 보고 1999년 중국 최초의 인터넷 기업을 창업하여 시가총액 500조원이 넘는 세계 최대전자상거래기업으로 키워낸 알리바바그룹 창업자

- 창업자로서 할 일은 고객을 행복하게 하고, 자신의 팀을 구성하고, 그 팀을 행복하게 하는 것이 전부다
- 일류 아이디어와 삼류 실행력보다 삼류 아이디어와 일류 실행력이 더 낫다
- 많은 사람들이 우리 알리바바의 아이디어와 방법을 따라 한다. 그러나 우리의 땀과 노력까지 따라 하지는 못한다
- 창업가라면 다른 사람의 실패를 공부하는 데 많은 시간을 투자해야 한다. 성공요인은 수도 없이 많지만 실패하는 이유는 비슷비슷하기 때문이다
- 많은 사람들이 실패하는 이유는 돈이 없어서가 아니라, 돈이 많아서이다
- 일이나 사업에서 성공하는 방법은 단순하다. 자신에게 무엇을 하고 싶은가? 무엇을 변화시키고 싶은가를 묻고 확실한 대답을 얻은 다음 그것을 계속해나가는 것이다
- 기업가가 되려면 미래를 믿어야 하고 미래를 믿지 못하면 기업가가 못 된다
- 위대한 기업이라면 반드시 사회문제를 해결해야 한다. 사회적 책임이야말로 알리바바가 존재하는 이유의 전부다

책 속의 메시지

바로 오늘 한권의 노트를 마련해 첫 장에 창업예정일부터 써넣어라!
100장의 사업계획서보다 한 권의 노트가 더 중요하다는 생각으로 창업 준비의 모든 과정을 노트에 기록하라. 창업하고 싶은 이유를 노트에 써보자. 창업아이디어를 300개 이상 작성하자. 창업에 대한 두려움을 적어보자. 부족한 스킬과 노하우를 정리해두자. '인맥 지도'를 만들자. 사업계획을 치밀하게 세워서 창업의 스타트를 끊자!

- 『창업은 한 권의 노트로 시작하라』 우에노 미츠오, 토트출판사, 2015

5장

창업국가,
일자리 국가로 가는 길

엎으니까 청년이다,
청년의 도전과 분노가
세상을 바꾼다

　강원도에서 농부의 아들로 태어나 소학교를 졸업하고 가난 때문에 가출을 반복했던 소년 정주영은 19세에 서울로 와 쌀가게 배달원으로 취직했다. 성실과 신용으로 쌀가게 주인으로부터 24세 때 가게를 물려받아 가난을 벗어나는가 했지만 1940년에 일어난 중일전쟁으로 쌀이 배급제가 되면서 2년 만에 가게를 정리해야만 했다. 이어 26세 때인 1941년 빚을 내어 '아도서비스'라는 자동차 수리공장을 시작했지만 이마저도 1달도 채 되지 않아 불이 나 투자한 모든 돈을 날리고 사업을 접어야만 했다. 다시 막노동꾼으로 전락한 청년 정주영은 30살이 되던 1945년 해방 전까지 실패와 고난의 연속이었다. 해방 후 1946년 현대자동차, 1950년에 현대건설을 잇달아 설립하여 한국 경제발전의 선두에 서서 기업가정신의 상징이 된 이야기는 이미 잘 알려진 바와 같다.

　찌든 가난에 대한 청년 정주영의 분노는 어떤 난관이 있어도 가난을 극복하고 세상을 바꾸어보겠다는 강렬한 의지와 도전으로 나타났다. 그런 의지와 도전은 사업현장에서 그가 남긴 다음과 같은 수많은 어록 속에 잘 나타나 있다.

"불가능하다고? 해보기는 했어?"
"된다고 생각하면 안 보이던 길도 보이고 안 된다고 생각하면 있는 길도 안 보인다."
"길이 없으면 길을 찾고 찾아도 없으면 길을 닦아가면서 나가면 된다."
"선진국들이 100년에 걸쳐 쌓은 기술을 최단기간에 따라잡기 위해서는 그들이 100보 걸을 때 우리는 1,000보 뛰는 수밖에 없다"

1970년 11월 13일 서울 동대문 평화시장 앞에서 피복공장의 재단사로 살인적인 노동에 시달리는 여공들의 근로환경 개선을 위해 노동운동가로 활동하던 22살의 청년 전태일은 "근로기준법을 준수하라. 우리는 재봉틀이 아니다"라고 외치면서 자신의 몸을 불살랐다. 온 몸에 화상을 입은 전태일은 어머니 이소선 여사에게 "내가 못다 이룬 일을 대신 이뤄주세요"라는 유언을 남기고 짧은 생을 마감했다.

전태일의 분신은 우리나라 노동현실과 사회에 커다란 영향을 미쳤다. 분신 이후 바로 청계피복노동조합이 만들어지고 이어 수많은 노조가 생겨나면서 1987년 노동자대투쟁으로까지 이어지는 노동운동의 불씨가 되었다. 그 결과 경제성장을 최우선으로 하는 정책 때문에 관심 밖이었던 노동자들의 권리와 열악한 노동환경에 대한 반성이 일어나 개선노력을 하게 되는 획기적인 전기가 되었다. 참혹한 노동현실을 알게 된 대학생들도 기득권을 버리고 위장취업 등의 형태로 노동현장에 들어가 노동조합을 만들고 열악한 근로조건 개선을 위해 싸우는 노학연대가 이루어졌다. 종교계도 열악한 노동현실에 관심을 갖고 근로자 권익보호를 위한 교육과 지원활동에 많은 노력을 기울였다. 22살의 '아름다운 청년' 전태일이 전혀 바뀔 것같지 않은 부조리한 세상을 자신의 몸을 불살라 새로운 세상으로 바꾼 것이다.

1980년대는 박정희 정권의 몰락에 뒤이어 등장한 전두환 독재정권에 맞서 목숨을 건 민주화 투쟁이 이루어졌다. 이 시기 대학생 민주화운동의 선봉에 섰던 청년 유시민은 감방에서 쓴 '항소이유서'에서 다음과 같이 말한다.

본 피고인은 1985년 4월 1일 서울지방법원 남부지원에서 폭력행위 등 처벌에 관한 법률위반으로 징역 1년 6월을 선고 받고 이에 불복 다음과 같이 항소이유서를 제출합니다.

지금 우리 사회의 경제적 모순 · 사회적 갈등 · 정치적 비리 · 문화적 타락은 모두가 지난날의 유신독재 아래에서 배태 · 발전하여 현정권 하에서 더욱 고도성장을 이룩한 것들입니다. 현정권은 유신독재의 마수에서 가까스로 빠져 나와 민주회복을 낙관하고 있던 온국민의 희망을 군화발로 짓밟고, 5 · 17 폭거에 항의하는 광주시민을 국민이 낸 세금과 방위성금으로 무장한 '국민의 군대'를 사용하여 무차별 학살하는 과정에서 출현한 피묻은 권력입니다. 현정권은 정식출범조차 하기 전에 도덕적으로는 이미 파산한 권력입니다.

현정권은 12 · 12 군사쿠데타 이후 4년 동안 무려 1300여 명의 학생을 각종 죄목으로 구속하였고 1400여 명을 제적시키는 한편 최소한 500명 이상을 강제징집하여 경찰서 유치장에서 바로 병영으로 끌고 갔습니다. 뿐만 아니라 교정 구석구석에 감시초소를 세우고 사복형사를 상주시키는 동시에 그것도 모자라 교직원까지 시위진압대로 동원하는 미증유의 학원탄압을 자행하였습니다…야만적이고 부도덕한 학원탄압은 전국 각 대학에서 목숨을 건 저항을 유발하였고 그 결과 일일이 헤아리기 힘들 정도로 많은 학생들이 생명을 잃거나 중상을 당했습니다.

모순투성이이기 때문에 더욱더 내 나라를 사랑하는 본 피고인은 불의가 횡행하는 시대라면 언제 어디서나 타당한 격언인 네크라소프의 시구로 이 보잘것 없는 독백을 마치고자 합니다.

"슬픔도 노여움도 없이 살아가는 자는 조국을 사랑하고 있지 않다."

독재정권에 대한 청년들의 분노와 저항은 1987년 서울대 박종철 학생을 물고문하여 사망시키고서도 "탁 치니 억하고 죽었다"는 경찰의 거짓발표로 전국민적인 공분으로 확대되어 간다. 같은 해 6월에는 연세대 이한열 학생이 경찰이 쏜 최루탄을 맞고 사망하면서 학생, 시민들이 궐기하기 시작하여 6·10 민주항쟁이 일어나고 이에 독재정권이 항복하면서 우리나라는 민주화의 큰 걸음을 내딛게 된다.

1972년생 방시혁은 25세 때인 1997년 박진영과 함께 JYP엔터테인먼트라는 음악기획사를 만들었다. 2005년 독립하여 빅히트엔터테인먼트라는 회사를 만든 방시혁은 방탄소년단BTS이라는 청년 아이돌 그룹을 탄생시켰다. 방탄소년단은 '유튜브시대의 비틀스'라고 일컬어지면서 전 세계 팬들의 호응을 이끌어내며 K팝의 글로벌화와 함께 새로운 음악문

화를 만들어내고 있다. 방시혁은 서울대 졸업식에서 행한 축사에서 다음과 같이 말한다.(발췌)

저는 별다른 꿈 대신 분노가 있었습니다. 납득할 수 없는 현실, 저를 불행하게 하는 상황과 싸우고, 화를 내고, 분노하며 여기까지 왔습니다. 그것이 저를 움직이게 한 원동력이었고 제가 멈출 수 없는 이유였습니다.

저는 혁명가는 아닙니다. 다만, 음악 산업의 불합리, 부조리에 대해서 저는 간과할 수 없습니다. 외면하고 안주하고 타협하는 것은, 제가 살아가는 방식이 아닙니다. 원대한 꿈이 있거나 미래에 대한 큰 그림이 있어서가 아닙니다. 그것이 지금 제 눈앞에 있고 저는 그것이 부당하다고 느끼기 때문입니다.

그리고 이제 저는, 그 분노가 제 소명이 됐다고 느낍니다. 음악 산업 종사자들이 정당한 평가를 받고 온당한 처우를 받을 수 있도록 화를 내는 것, 아티스트와 팬들에 대해 부당한 비난과 폄하에 분노하는 것, 제가 생각하는 상식이 구현되도록 싸우는 것. 그것은 평생을 사랑하고 함께 한 음악에 대한 저의 예의이기도 하고, 팬들과 아티스트들에 대한 존경과 감사이기도 하면서 마지막으로 제 스스로가 행복해지는 유일한 방법 같습니다.

이처럼 현실의 부조리에 분노하는 방시혁같은 리더가 있었기에 청년들의 고통과 분노에 진정으로 공감하는 방탄소년단이 탄생할 수 있었다. 청년 방시혁이 음악산업의 현실에 분노하여 새로운 회사의 창업을 통해 세상을 바꾸고자 했다면, 방시혁이 이끄는 방탄소년단의 청년들은 노래를 통해 세상을 바꾸고자 했다. 먼저 그들은 부조리한 현실에 대한 분노를 노래가사에 직설적으로 담아 쏟아낸다.

3포세대? 5포세대?
그럼 난 육포가 좋으니까 6포세대
언론과 어른들은 의지가 없다며
우릴 싹 주식처럼 매도해
왜 해보기도 전에 죽여 걔넨 enemy enemy enemy
  - 쩔어

싹 다 불태워라 Bow wow wow
싹 다 불태워라 Bow wow wow
  - 불타오르네

그러나 방탄소년단은 부조리한 현실에 분노만 쏟아내는게 아니다. 현실에서 고통을 겪고 있는 사람들에 대한 응원과 위로의 메시지도 보낸다.

니 멋대로 살어 어차피 니 꺼야
애쓰지 좀 말어 져도 괜찮아
  - 불타오르네 -

꿈이 없어도 괜찮아
잠시 행복을 느낄 네 순간들이 있다면
  - 낙원 -

이처럼 방탄소년단은 부조리한 현실에 대한 분노와 자신에 대한 긍정을 바탕으로 새로운 세계를 만들어나가겠다는 강력한 메시지와 행동을 보인다. 유엔아동기금유니세프 청년 어젠다의 기조연설에서 방탄소년단의 리더 RM은 다음과 같이 말한다.

> 전 세계 젊은 세대들이 나를 사랑한다고 당당하게 이야기하고, 자신의 목소리를 내자Speak yourself. 국가, 인종, 성 정체성 등에 상관없이 자신 스스로에 대해 이야기하며 자신의 이름과 목소리를 찾길 바란다.

여기에는 노래를 통해 사회에 '선한 영향력'을 미치겠다는 미션을 실현하기 위해 선봉에 선 방탄소년단을 열렬히 응원하는 전 세계의 팬클럽 '아미ARMY'가 함께 한다. 방시혁과 방탄소년단의 '선한 분노'가 '아미'의 응원을 받아 기존의 주류음악과 부조리한 현실을 뒤엎고 새로운 음악과 새로운 세상을 만들어가고 있다.

2016년 9월 국회 국감에서 이화여대가 대통령 비선실세 최순실의 딸 정유라에게 특혜를 제공한 대가로 교육부 재정지원사업에 선정된 것은 아닌지 의혹이 제기되었다. 10월에는 이화여대 교수협의회 누리집에 "입학처장이 '금메달을 가져온 학생을 뽑으라'며 사실상 정유라를 지목해 뽑으라고 했다"는 입시면접관의 폭로가 올라왔다. 여기에 정유라가 2014년에 페이스북에 올린 "능력 없으면 니네 부모를 원망해! 돈도 실력이야"라는 말에 학생들의 분노는 걷잡을 수 없이 퍼져나갔다. 학생들의 분노는 결국 총장을 퇴진시켰고 최순실의 국정농단을 세상에 밝히는 계기가 되어 촛불혁명을 통해 박근혜 대통령의 탄핵과 퇴진을 이끌어냈다. 특권층 자녀에게 은밀하게 주어졌던 불공정한 특혜의혹에 대한 문제제기로 시작된 이화여대생들의 분노가 은밀하게 숨어있던 국정농단의 주역을 밝혀내고 대통령 탄핵까지 이끌어내는 방아쇠 역할을 한것이다.

지금까지 살펴본 것처럼 우리나라의 청년들은 그동안 산업화(정주영), 노동의 인간화(전태일), 민주화(박종철, 이한열), 소통과 글로벌화(방시혁과 방탄소년단), 공정화와 투명화(이화여대생) 등 각 시대별로 요구되는 과제의 실현을 위해 선봉에 서서 도전하고 싸워왔다. 이러한 도전의 원동력은 찌든 가난에 대한 분노, 노동 착취에 대한 분노, 탄압독재에 대한 분노, 불공정에 대한 분노, 불공평과 양극화에 대한 분노, 진실은폐에 대한 분노, 시스템 부실에 대한 분노 등이었다.

이 모든 분노가 결집되어 거의 모든 국민이 참여하여 지금까지 누적된 구시대의 폐해를 청산하고 새로운 나라로 재창업해달라는 염원이 폭발한 것이 2016년의 촛불혁명이었다. 분노가 자신을 학대하는 방향이 아니라 주변을 바꾸는 방향으로 향하면서 한 사람 한 사람의 조그만 분노의 촛불이 거대한 횃불로 바뀌어 자신과 사회를 바꾸는 위대한 혁명을 만들어낸 것이다.

촛불혁명으로 해결해야 할 문제는 일자리 만들기, 재벌공화국 뒤엎기, 부동산공화국 뒤엎기, 스펙공화국 뒤엎기, 규제공화국 뒤엎기, 마초공화국 뒤엎기, 저출산공화국 뒤엎기, 양극화 개선하기, 공정사회 만들기 등 무수히 많다. 문제가 있는 곳에 기회가 있다고 한다. 문제가 넘치는 우리나라에서 기회를 살려 자신도 성장하고 사회도 성숙해지고 나라도 발전할 수 있다면 얼마나 좋겠는가?

　기회를 성과로 만드는 것은 새로운 제품이나 서비스를 만들어보겠다는 창업 마인드가 있어야 가능하다. 세상의 널려 있는 문제에 대해서도 분노를 불쏘시개로 하여 청년들이 새로운 세계를 만들어보겠다는 창업 마인드로 도전해나간다면, 일할 기회조차 없고 불공정하고 불공평한 '헬조선'을 뒤엎고 기회는 균등하고 과정은 공정하고 결과는 정의로운 '신세계 한국'을 만들 수 있을 것이다.

책 속의 메시지

'스무살의 새벽 노래'
스무살 가슴에 슬픔도 분노도 없다면 / 그 가슴은 가슴도 아니리
스무살 아프던 가슴이 새로 스무살이 되어 / 다시 새벽 노래를 부른다
그 아픔, 그 슬픔, 그 분노 / 이젠 남의 가슴에 떠넘길 거냐고
가슴도 아닌 가슴으로 살거냐고
스무살의 나를 향해 / 스무살의 너를 향해
　　　　　　　　　　　　　－「노동의 새벽」 박노해 시집, 느린걸음, 2004

전태일의 창업정신으로
헬조선을 엎어버리자

앞에서 열악한 노동현실의 개선을 외치며 자신의 몸을 불사른 '아름다운 청년' 전태일의 이야기를 했다. 그런데 이렇게 근로자의 권익보호를 위해 목숨까지 바쳤던 전태일이 한편으로는 창업을 꿈꾸고 있었다는 사실을 아는 사람은 많지 않다. 그가 분신했던 평화시장과 멀지 않은 청계천 변에 있는 전태일 기념관에 가면 그가 남긴 창업메모를 볼 수 있다.

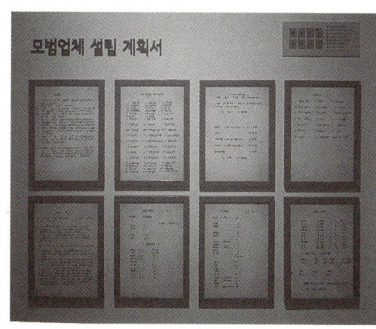 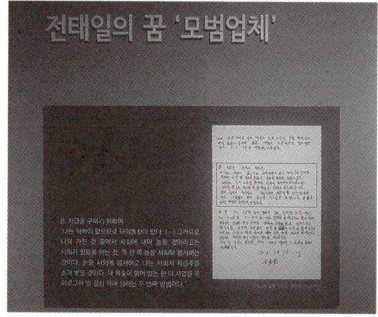

전태일은 노동환경 개선노력이 번번이 좌절되자 업체를 직접 운영할 목적으로 '태일피복'이라는 회사명으로 '모범업체 설립계획서'를 작성했다. 그가 꿈꾸었던 모범업체는 어떤 업체였을까? 1969년 11월 1일 일기에 미리 쓴 '개업 인사글'에 그 모습이 그려져 있다.

> 본사는 철저한 품질 관리와 생산원가를 고객 여러분에게 알려드리고, 생산과정을 소개하여 드립니다. 고객 여러분께서는 생산원가에서 얼마간의 이익을 붙여 주시면 됩니다. 이윤은 기업주와 종업원이 공평하게 분배합니다. 여러분의 자녀들인, 종업원을 건강부터 교육까지 철저하게 관리합니다. 본사의 모토는 정직입니다. 종업원을 기업주와 하등의 차이 없이 대우하고도 사업을 해나갈 수 있다는 기본을 보이기 위한 기업체입니다. 그러므로 언제나 양심적이며, 실용적인 상품은 논할 것도 없으며, 모든 기업체의 모범이 될 것을 약속합니다.

전태일은 또한 사업계획서에 '하루 8시간 근무 등 근로기준법 준수', '사장에서 노동자까지 차별 없는 대우', '이윤의 공평 분배', '종업원 건강 보호와 교육', '생산원가 공개', '정당한 세금 납부', '밝은 형광등과 넓은 창, 환풍기가 있는 일터와 음악감상실·도서실·탁구대·농구대 등을 갖춘 휴게실 조성', '야간 기술학원 설립을 통한 노동자 교육'이라는 내용을 담았다. 서울시내 모든 의류점의 정보를 파악한 뒤, '월 1회 카탈로그 발송', '오토바이를 활용한 주문 후 3시간 이내 배송', '자동차로 고객 배웅', '지역별 대리점 운영' 등의 마케팅 전략도 세웠다.[1]

25매에 이르는 이 사업계획서는 시장조사에서부터 광고, 생산제품,

임금, 복지시설 등 오늘날에도 합리적이고 현실적으로 가능한 계획안으로 평가받고 있다. 창업과 경영이론의 관점에서 전태일의 사업계획서를 보면 다음과 같이 상당히 깊은 고민과 치밀한 준비를 한 것으로 평가할 수 있다.

> 서울시내 어느 곳이든지 의류점이 있는 곳의 약도와 기업주의 주소, 성명을 확인한다(주요고객 확보). 주문은 3시간 이내에 어느 곳이든 배달할 수 있도록 오토바이 5대 구비한다(주문생산 및 적기배달). 직접 왕림하시는 고객에겐 퍼블릭카로 목적지까지 모신다(고객제일주의). 공장상품의 치수와 색별을 월 1회 이상 시내 각 상점마다 통보하고 주문을 받는다(마케팅 차별화). 월1회 본 상점의 영수증번호를 추첨해 상품을 제공한다(단골고객 확보). 주문자의 의견을 파악검토 한 후 품질개선에 힘쓴다(지속적인 품질개선).[2]

전태일은 또한 이 모범기업체를 일종의 학원 형태로 운영하면서 직공들을 훈련하여 그들로 하여금 일정한 기간이 지나면 독립하여 다른 기업체를 차리도록 원조해주고 그 기업체에서도 근로기준법을 준수하도록 만들려고 구상했다. 이러한 구상을 하게 되었던 동기로는 당시 업주들이 걸핏하면 장사가 잘 안 된다는 핑계로 노동자들의 임금인상 요구를 억누르거나 심지어는 주어야 할 노임을 몇 달씩 안 주고 미루다가 떼어먹는 일이 흔하였는데, 노동자들이 저임금과 악조건에 시달리는 것이 사실은 업주의 이익이 박해서가 아니라 업주가 이익을 독점하려고 하기 때문이라는 것을 입증하려는 목적도 있었다.[3]

그러나 창업계획은 실행에 옮겨지지 못했다. 창업에 필요한 돈이 부족했기 때문이다. 그는 돈을 조달하기 위해 한쪽 눈을 희생할 계획까지 세웠지만 대학생 친구 하나조차 없었던 전태일로서는 돈을 조달할 방법이 없었다. 돈이 없는 현실의 벽에 막혀 언제 실현될지 모를 창업의 꿈보다 비인간적인 살인적 노동조건의 개선이 시급하다고 생각한 전태일은 결국 자기 몸에 불을 붙여 세상을 향해 노동현실을 개선하라고 외쳤다.

전태일이 외쳤던 노동현실의 개선은 현재 어느 정도나 이루어졌을까? 경제발전으로 그때보다야 당연히 많이 나아졌지만 여전히 최저임금도 받지 못하는 근로자가 15%를 넘고 김용균 같은 노동자들이 기계에 끼여 숨지는 사고가 끊임없이 일어나고 있는 것이 현실이다.

이런 노동현실의 어려움이 기업주의 무감각이나 횡포 때문만이라면 노동운동을 통해 개선할 수 있는 가능성이라도 있지만, 최저임금도 지불하기 어려운 영세사업자의 취약한 경쟁력 때문이라면 적절한 해법을 찾기가 쉽지 않다. 전태일이 활동했던 1970년대와 비슷하게 4차산업혁명을 이야기하는 현재에도 열악하고 불공정한 노동현실은 여전히 존재한다. 이런 상황을 개선하려면 전태일이 꿈꾸었던 모범사업체와 같은 경쟁력 있는 기업을 창업해야 한다. 근로자를 제대로 대우하고 근로자와 기업이 함께 나누고 성장하는 기업이야말로 이 시대가 진정 필요로 하는 기업이지 않을까?

우리는 전태일이 외쳤던 노동보호 뿐만 아니라 그가 고민했던 창업정신을 계승하고 그가 이루지 못한 사업계획의 꿈을 실현하기 위해 노력할 필요가 있다. 부조리한 현실을 뒤엎기 위해 청춘을 불살랐던 '아름다운 청년' 전태일의 창업정신과 노동보호 정신을 함께 계승하자는 것이다. 그것은 산업화세대와 민주화세대와 청년세대가 화해하고 힘을 합치는 길이기도 하고, 새마을운동과 새사회운동 민주화운동이 새회사운동 창업으로 통합되어 새나라 나라 재창업를 만들어 가는 길이기도 하다.

창업자 어록

유일한(1895~1971)
일제강점기 독립운동가로 1926년 유한양행을 설립하여 전문경영인 제도를 국내 최초로 도입했고, 세상을 떠나며 자신의 전 재산을 사회에 기부한 창업자

- 가장 좋은 상품을 만들어 국가와 동포에게 도움을 주자
- 기업의 소유주는 사회이다. 단지 그 관리를 개인이 할 뿐이다
- 기업의 이익은 그 기업을 키워준 사회에 돌려줘야 한다
- 정직이 유한의 영원한 전통이 되어야 한다
- 사람은 죽으면서 돈을 남기고 또 명성을 남기기도 한다. 그러나 가장 값진 것은 사회를 위해서 남기는 그 무엇이다
- 내 소유주식 14만 941주는 사회에 환원한다. 아들은 대학까지 졸업시켰으니 앞으로는 자립해서 살아가라(유언장)

책 속의 메시지

전태일을 우리들의 가슴 속으로 옮겨와야 한다!
이 결단을 두고 얼마나 오랜 기간을 망설이고 괴로워했던가? 지금 이 시간 완전에 가까운 결단을 내렸다. 나는 돌아가야 한다. 꼭 돌아가야 한다. 불쌍한 내 형제의 곁으로 내 마음으로 고향으로. 내 이상의 전부인 평화시장의 어린 동심 곁으로. 생을 두고 맹세한 내가 그 많은 시간과 공상 속에서, 내가 돌보지 않으면 아니 될 나약한 생명체들. 나를 버리고, 나를 죽이고 가마. 조금만 참고 견디어라. 너희들의 곁을 떠나지 않기 위하여 나약한 나를 다 바치마. 너희들은 내 마음의 고향이로다.(전태일)
전태일은 횃불이었다.
우리 사회의 감추어진 얼굴을 들추어낸 횃불이었다.
그리고 수많은 사람들의 가슴속에 살아 있는 횃불이다.(신영복).

– 「전태일 평전」 조영래, 아름다운전태일, 2009

좌뇌에 취업, 우뇌에 창업 :
취업하여 창업훈련

실업자가 넘치는데도 중소벤처기업에는 사람이 오지 않는다고 한다. 중소벤처기업인들은 청년들의 높은 눈높이를 탓하고, 청년들은 중소벤처기업의 열악한 근로조건과 보이지 않는 미래비전을 탓한다. 양쪽 다 일리가 있지만 서로의 인식이 너무 엇갈리다 보니 해법은 잘 보이지 않는다.

그렇게 된 이유는 다양하지만 중소벤처기업을 취업의 대상으로만 생각하는 것도 한 가지 이유일 것이다. 꿈많은 청년구직자들이 급여도 낮고 미래비전도 안 보이고 경영도 불투명한 중소벤처기업에 취업하려고 하면 처음에는 답답하고 막막한 느낌이 드는 것도 무리는 아닐 것이다. 그러나 별다른 대안이 없어 결국에는 마지못해 중소벤처기업의 문을 두드리게 되지만, 제대로 준비하여 알고 들어간 곳이 아니다보니 입사하여 곧바로 실망하고 이직하는 경우가 적지 않다. 기업 입장에서도 열정이 느껴지지 않고 필요로 하는 실력을 갖춘 것도 아닌 청년구직자들에게 별로 애정이 가지 않는다.

이렇게 서로 평행선을 달리는 기업과 청년들을 어떻게 하면 한자리로 모을 수 있을까? 해법은 현재의 취업중심 패러다임을 창업중심 패러다임으로 확 바꾸는 것이다. 먼저 청년들은 중소벤처기업에 들어가는 것을 취업하기 위해서가 아니라 미래의 창업을 준비하는 과정으로 생각할 필요가 있다. 중소벤처기업에 들어가 당장 받는 급여가 낮아도 업무수행을 통해 창업에 필요한 기술과 영업과 조직 관리를 배우는 과정이라고 생각한다면 구직할 때나 재직할 때나 훨씬 더 적극적인 마인드가 될 수 있을 것이다. 기업도 그런 기업가정신을 가진 인력이 들어온다면 얼마나 고맙겠는가? 나아가 창업의 비전을 갖고 중소벤처기업에서 충분한 경험을 쌓은 인력이 창업한다면 지금과 같은 준비 안 된 창업이나 생계형 창업이 아닌 경력형 창업이나 혁신형 창업이 이루어져 창업의 질도 크게 높아지고 실패기업인의 수도 대폭 줄일 수 있을 것이다.

이를 위해 청년들은 당장 받는 급여보다 먼 장래를 내다보고 창업하는데 도움이 될 수 있는 중소벤처기업을 선택할 필요가 있다. 어차피 급여도 낮고 고용도 불안하고 미래비전도 취약한 기업이라면 현실을 있는 그대로 인정하고 철저히 창업을 위한 훈련의 장으로 활용하라는 것이다. 이를 위해 먼저 내가 가고 싶은 기업이 어떤 곳인지 스스로 질문해볼 필요가 있다. 급여와 복지가 좋은 기업, 성장이 빠른 기업, 고용이 안정된 기업, 사람을 키우는 기업, CEO의 비전이 명확한 기업 등. 이 모두를 만족시키는 기업은 없고 결국은 자신의 가치관에 가장 부합되는 기업을 찾아야 한다.

가고 싶은 기업의 기준이 정립되면, 다음은 그런 기준에 부합하는 기업을 발굴해야 한다. 대기업과 달리 중소벤처기업은 공개된 정보가 많지 않다. 따라서 스스로 찾을 수밖에 없다. 자신의 기준에 부합하는 기업이라고 해서 자기 마음대로 갈 수 있는 것은 아니니 5~10개 정도 발굴해서 채용공고를 체크하고 회사의 미래비전은 무엇인지, 그 비전은 나의 미래비전과는 어떻게 관련되는지, 급여나 업무환경은 어떤지 등을 공개된 자료가 없으면 이메일로든 방문을 통해서든 살펴봐야 한다.

물론 학교나 교수님의 도움이 있다면 최대한 활용할 필요가 있다. 중소벤처기업 가려고 이렇게까지 해야 하느냐고 반문하는 사람도 있겠지만 창업의 꿈을 실현할 수 있는 곳이라면 연애할 때와 같은 구애노력이나 적어도 스펙 쌓는 노력을 할 때의 관심과 열정은 가져야 하지 않겠는가? 중소벤처기업을 다른 대안이 없어 취업하는 루저 마인드가 아니라 '좌뇌에 창업, 우뇌에 취업'이라는 화두를 품고 취업을 넘어 창업의 꿈을 키우면서 자신의 일자리도 만들고 다른 사람에게도 일자리를 주겠다는 꿈과 기업가정신을 갖고 들어온다면, 청년들이야말로 자신과 세상을 바꾸는 주역이 될 수 있다.

네오위즈, 첫눈, 블루홀을 설립한 연쇄창업자 장병규 크래프톤 의장은 청년들이 창업 이전에 스타트업에서 일해보기를 권한다. 스타트업에서 일을 해보고 변함없이 창업 의지가 있다면 그때 창업하라는 것이다.[4]

중소벤처기업도 청년구직자들에게 창업을 통한 미래비전을 제시할 필요가 있다. 중소벤처기업은 그렇잖아도 사람이 부족한데 어떻게 창업을 권유할 수 있겠냐고 생각할 수 있지만, 루저 마인드로 취업해서 소극적으로 일하는 사람보다는 창업을 목표로 적극적으로 일하는 사람이 기업에게도 훨씬 더 도움이 될 것이므로 창업비전의 제시는 수지맞는 장사가 될 것이다.

교육기관은 현실적으로 취업가능성이 높지 않은 대기업 취업에 노력하기보다는 창업능력을 키워줄만한 중소기업을 발굴하여 취업시키는 노력을 하는 것이 학생들에게 훨씬 더 도움이 될 것이다. 정부도 중소기업에서 경력을 쌓고 창업하면 독일의 창업마이스터와 같은 자격을 부여하고 전폭적으로 지원하는 방식을 통해 중소벤처기업 취업과 경력형 창업이 적극적으로 선호되는 환경을 만들 필요가 있다.

이렇게 취업중심 패러다임이 창업중심 패러다임으로 변화되어 청년들이 취업이 아닌 창업을 궁극적인 목표로 한다면, 이제 최고의 경력모델은 창업전사가 되는 것이고, 그런 창업전사가 되기 위한 훈련의 장으로 중소벤처기업은 경쟁적으로 가야 할 곳이 될 것이다. 그렇게 된다면, 우리나라는 청년들의 넘치는 끼와 에너지의 물꼬가 트이면서 세계최고 수준의 창업국가가 되어 청년실업문제의 해결은 물론, 100세 시대와 인공지능 시대에 대비한 일자리 국가의 모델이 될 수 있을 것이다.

책 속의 메시지

중소기업은 창업의 훈련장

중소기업에서는 보통 한 사람이 몇 가지 일을 해도 모자랄 정도로 다양한 업무를 수행해야 한다. 일반 관리직의 경우 노무관리는 기본이고 소방, 안전, 환경, 보건, 관재, 보안, 공무에 이르기까지 수많은 업무를 직접, 간접으로 경험하게 되어 있다. 또 경영자와 가까운 곳에서 일하게 되므로 경영에 관해 살아있는 체험을 할 수 있다. 그러므로 중소기업보다 좋은 창업과 경영수업의 장은 없다고 할 수 있다.

- 「창업 상식사전 : 똑같이 창업해도 더 잘나가는 비결이 궁금한 당신에게」
조재황, 길벗, 2012

공시족을 창업전사로,
공시촌을 창업밸리로

    우리나라 학생들이 장래 가장 되고 싶어하는 희망 직업은 무엇일까? 통계청의 「2017년 사회조사」에 따르면, 고등학생은 국가기관(27.2%) 즉 공무원이 가장 많고 다음으로 대기업(18.7%), 공기업(15.3%), 전문직기업(9.6%)의 순이다. 대학생은 공기업(25.2%)이 가장 많고 다음으로 국가기관(24.0%), 대기업(14.6%), 외국계기업(8.6%)의 순이다. 공기업을 준공무원이라고 한다면 공무원을 선호하는 비율이 고등학생은 42.5%, 대학생은 49.2%에 이르고 있다.

    부모들이 자녀에게 바라는 희망직업은 무엇일까? 취업 포털 사람인이 2018년 1월 직장인을 대상으로 '희망하는 자녀 직업'을 조사한 결과에 따르면 '공무원'(38.8%, 복수응답)이 가장 많았고, 이어 '교육자'(22.6%), 'IT개발자'(20.9%), '법조인'(18.3%), '의료인'(16.5%), '예술 계통 종사자'(15.4%), '기계공학 과학자'(14.8%) 등의 순이었다.[5] 교육자와 법조인 중에 공무원이 상당수 포함되어 있는 점을 감안하면 공무원의 선호비율이 매우 높은 것을 알 수 있다.

공무원이 왜 이렇게 학생들에게도 부모들에게도 희망직업 1순위가 됐을까? 가장 많이 나오는 설명은 직업의 안정성이다. 선망의 직장인 대기업을 들어가도 체감 퇴직연령이 50세 전후일 정도로 고용안정성이 떨어지는 시대에 공무원은 60세 정년까지 신분이 보장되는 안정성 높은 직장이기 때문이다.

이뿐만이 아니다. 예전에는 공무원이 고용안정성은 있어도 급여는 민간기업보다 낮다는 인식이 있었지만, 최근에는 급여수준도 낮지 않고 연금을 포함하여 생애기간 동안 벌어들이는 보상에서 공무원이 민간기업 근로자보다 상당히 높다는 분석이 나오고 있다. 인사혁신처가 발표한 「2018년 공무원 전체 기준 소득 월 평균액」 고시에 따르면 대한민국 전체 공무원 102만명의 평균 세전 월급은 522만원이고 특수고위직을 제외한 일반직 공무원 46만명으로 대상을 한정할 경우는 490만원인 것으로 나타났다.

민간기업의 경우는, 고용노동부가 발표한 「사업체 노동력 실태조사」 결과에 따르면, 2018년 1월 기준 300인 이상 대기업 근로자의 평균 월급은 726만 5000원, 5인 이상 300인 미만 중소기업 근로자의 평균 월급은 326만 6000원으로, 공무원 월급은 대기업에 비해서는 3분의 2 수준이지만 중소기업에 비해서는 1.5배 가량 높은 수준이다.

여기에 근속년수까지 고려한 누계소득을 보면, 공무원은 대기업 근로자보다 더 높은 소득을 받는 것으로 나타난다. 한국경제연구원이 2017년 10월 발표한 「공무원 시험이 퇴직 전 누계 소득에 미치는 영향」 보고서에 따르면 7~9급 등 공무원 시험 합격자가 퇴직할 때까지 받는 누계소득은 1~49명의 소기업 취업자보다는 7억 8058만원, 300~999명의 중견기업 취업자보다는 4억 8756만원, 1000명 이상의 대기업 취업자보다는 3억 3605만원 많은 것으로 나타났다.

공무원은 또한 채용시 스펙이나 나이를 따지지 않고 직장생활에서도 상사 눈치를 보지 않고 육아휴직 등을 충분히 사용할 수 있는 등 복리후생도 양호하고 퇴직 후 받는 연금수준도 민간기업보다 높은 것으로 인식되고 있다. 이렇게 채용공정성, 고용안정성, 급여 및 복리후생 등 모든 면에서 공무원이 민간기업보다 양호하다는 인식이 확산되면서 공무원 시험공부에 매진하는 공시족들이 크게 늘어나고 있다.

공시족의 규모는 공무원 시험뿐만 아니라 교원이나 공기업 등 준공무원 시험을 준비하는 사람을 포함하여 대략 50만 명 정도인 것으로 추정되고 있다. 이들이 목표로 하는 시험의 채용 규모는 2019년의 경우 국가직 공무원 6117명, 지방직 공무원 3만 3060명, 여기에 공공기관과 공기업의 신규 채용인원을 더하면 6만~7만명에 이른다.[6]

공시족 50만명 중 합격자 6만~7만명을 제외하면 40만명 이상의 사람이 꿈을 이루지 못하고 기약 없는 공부를 하고 있는 셈이다. 문재인 정부는 2018년부터 2022년까지 5년간 공무원 17만 4000명을 늘릴 계획으로 있지만 채용 규모가 늘면서 공시족도 더 늘어날 가능성이 있다.

공시족들은 하루 몇 시간씩 어느 정도의 기간을 공부하는 것일까? 「공무원 시험 준비생 규모 추정 및 실태에 관한 연구」라는 논문에 따르면, 공시생 설문 응답자들의 하루 평균 공부시간은 8.7시간, 10시간 이상 공부하는 사람이 48%였고, 합격까지 예상되는 소요기간은 24.3개월이었다. 물론 합격자보다는 불합격자가 훨씬 많기 때문에 공시 공부기간은 합격 예상기간보다 훨씬 더 늘어날 것이다.

공시생들이 시험을 준비하는 기간 동안에는 경제활동을 하지 못할 뿐만 아니라 생활비용과 시험준비 비용 등을 치러야 하는 것에 따른 기회비용이 상당히 크다. 이 돈을 1인당 2천만원이라고 가정하면 50만명의 공시생이 치르는 기회비용은 연간 10조원에 이른다. 현대경제연구원은 「공시의 경제적 영향 분석과 시사점」이라는 보고서에서 경제활동을 하지 않고 공무원 시험을 준비하는데 따른 기회비용이 17조원 이상에 이르는 것으로 추정했다.

더 큰 문제는 공무원 시험을 위해 상당기간 시간과 비용을 투입한 공부가 불합격했을 때 다른 직업을 찾는데 별로 도움이 되지 않는다는 점이다. 따라서 불합격하면 취업도 창업도 하지 못하고 백수의 삶을 살아야 하는 경우도 적지 않다. 이미 시작한 공부이고 다른 대안도 별로 없다 보니 기약 없이 공부를 계속하면서 공무원 시험에 매달릴 수밖에 없는 악순환에 빠지기도 한다. 이런 사람들은 시험볼 때를 제외하고는 공식 실업자에도 포함되지 않아 정책의 관심도 도움도 받지 못한다.

그런데 만약 공시생들이 합격을 기약할 수 없는 공무원 시험 대신 창업시험 준비를 한다고 하면 어떻게 될까? 매일 10시간씩 2년 정도 창업시험 준비를 한다면 창업성공 확률은 크게 높아질 것이다. 몇 년 동안 하루종일 죽도록 공부하는 끈기를 지닌 공시생은 공부의 내용만 바꾸면 가장 강력한 창업전사가 될 수 있을 것이고, 이들은 우리나라를 창업국가, 일자리 국가로 만드는 첨병이 될 수 있을 것이다. 공시생이 창업전사로 변신하면 1인 기업으로 연간 2천만원만 번다고 해도 10조원의 부가가치가 창출되어 개인적으로나 국가적으로나 큰 이득이 될 수 있다. 만약 1

인 기업을 넘어 강소기업이나 중견기업으로 성장한다면 창출되는 일자리와 소득은 대폭 늘어날 것이다. 이런 준비된 창업전사가 공시생 50만명 중 10만명만 나와도 일자리와 소득 양극화의 문제는 상당부분 해결될 수 있을 것이다.

그렇다면 공시생을 어떻게 창업전사로 바꿀 수 있을 것인가? 가장 먼저 해야 할 일은 모든 공무원 시험에 창업개론을 필수과목으로 도입하는 것이다. 창업개론에는 창업의 필요성, 창업 패러다임의 변화, 창업정신, 창업국가의 비전 등의 내용이 들어간다. 인공지능시대와 평균수명 100세 시대에 창업은 일생에 누구나 한번은 해야 하는 필수사항이라고 한다면 창업개론을 필수과목으로 도입하는 것에 대해 충분히 납득이 갈 것이다.

공무원 시험에 창업개론이 필수과목으로 도입되면 전국의 모든 대학에서 창업강좌가 활발하게 개설되고 창업교육의 질이 크게 높아질 것이다. 또 공시생도 필수과목인 창업개론에서 1점이라도 더 받기 위해 총력을 기울여 공부하게 될 것인데, 이 과정을 통해 창업에 대한 이해가 크게 높아지고 창업 마인드가 확산되는 효과를 거둘 수 있을 것이다.

그런데 창업개론 정도로는 창업전사를 만들기에는 아직 크게 부족하다. 창업전사를 만들려면 그에 걸맞는 체계적 훈련이 이루어져야 한다. 그래서 창업개론 필수과목화의 다음 단계로 정부가 창업전사 자격과 그에 필요한 교육과정을 표준화하여 제시할 필요가 있다. 즉 창업전사 교육과정의 모델을 만들고 이 교육과정을 수료하면 창업전사의 자격을 부여하는 것이다. 그리고 공무원 시험에서 이 창업전사의 자격을 채용조건으로 하거나 가산점을 부여하는 방식으로 우대하는 방안을 검토할 필요가 있다.

그렇게 되면 공무원 시험을 준비하는 사람은 모두 창업전사 교육과정을 들어야 할 것이고 이 과정에서 창업전사가 다수 배출될 수 있을 것이다. 창업전사 교육과정은 대학이나 전문대학뿐만 아니라 군대 내에도 설치할 필요가 있다. 병역의무 2년 동안 창업전사 교육과정을 의무적으로 이수하도록 하여 병역의무 기간동안의 공백을 최소화하고 창업을 준비하는 기회로 만들자는 것이다.

이렇게 공무원 시험제도가 바뀌면 어떤 일이 벌어질까?

첫째 공시생이 예비 창업전사로 바뀔 것이다. 불합격하면 백수나 폐인이 되는 암울한 인생이 아니라 불합격해도 창업전사로 변신할 수 있는 능력을 갖추게 될 것이다. 오히려 불합격한 사람이 창업성공을 통해 인생역전을 이루는 사례도 다수 생길 것이다. 시험실패에 따른 인적자원의 사회적 낭비도 당연히 최소화될 것이다.

둘째 공무원 시험에 합격한 사람도 창업 마인드로 무장하여 정책혁신을 주도하면서 정책의 성과가 크게 좋아질 것이다. 창업 마인드로 무장한 사람이라면 나라를 살리는 규제개혁에 앞장서고 일자리를 만드는 창업국가의 실현에 전력투구하지 않겠는가?

셋째 창업교육이 필수과목으로 되고 창업교육 훈련과정이 양적, 질적으로 확충되면서 창업의 질이 크게 좋아질 것이다. 준비 안 된 창업, 생계형 창업, 나홀로 창업이 준비된 창업, 혁신형 창업, 함께 하는 창업으로 바뀌면서 창업생존율도 크게 높아질 것이다. 창업생존율과 성공가능성이 높아지면 창업도전이 훨씬 용이하게 이루어지면서 창업국가로 가는 길이 한층 빨라질 수 있을 것이다.

아울러, 이런 과정을 통해 인생의 방향전환을 선택한 공시족 출신 창업자가 창업을 하고 그들이 모여 창업밸리를 만들어 나간다면, 공시촌은 그 어느 곳보다도 강력한 창업공간으로 변신할 수 있을 것이다. 공시생들은 우수인재들이 많고 미래에 대한 준비노력도 집요하게 하는 사람들이 많아, 공무원이 되겠다는 목표를 창업자가 되겠다는 쪽으로 방향만 바꾼다면 공무원 시험에 쏟아붓던 엄청난 열정과 재능이 창업이라는 출구를 찾아 마그마처럼 분출해나올 것이기 때문이다.

개인적으로는 공시 폐인을 만들고 국가적으로는 기업가정신을 짓누르는 공무원 열풍을 창업 열풍으로 전환시키기 위해 공시생을 창업전사로 바꾸고, 공시촌을 창업밸리로 바꾸겠다는 비전과 목표를 내건 정책과 정당이 하루 빨리 나오기를 기대한다.

책 속의 메시지

200:1 경쟁에서 이길 노력이면 다른 것도 이룰 수 있다

"여러분들은 하루에 몇 시간을 공무원 준비에 투자하고 있으신가요?"
"만약 그 시간과 노력의 10분의 1이라도 창업준비를 위해 할애해본 적이 있으신가요?"
"그냥 단순히 창업=불가능이라는 여러분만의 공식으로 생각해본 것은 아닌가요?"
"세상에 공무원이 전부가 아닙니다. 여러분들이 정말 하고 싶은 일로 전진하세요!"

– 「공무원보다 창업이 좋다」, 고성호, 크라운출판사, 2019,

386세대와 베이비부머 세대를
창업부머 세대로

　아들이 창업하겠다고 하면 386세대나 베이비부머 세대인 아버지는 뭐라고 할까? 아마 십중팔구 창업을 말릴 것이다. 386세대나 베이비부머 세대의 머릿속엔 창업이란 단어는 없다. 오직 대기업이나 공무원같은 남이 인정해주는 직업으로의 취업만 있을 뿐이다. 그런데 그런 일자리는 별로 없다. 그러다보니 청년 아들은 백수를 면하기 어렵고 부모는 이런 백수아들을 안고 사는 캥거루 부모가 되는 경우가 많다. 최악의 경우에는 일자리를 잃은 386세대나 베이비부머 세대 아버지가 일자리를 찾지 못한 백수아들과 함께 사는 백수 캥거루 가족이 된다. 취업의 굴레에서 벗어나지 못한 사람들의 슬픈 운명이다.
　이런 운명에서 벗어나려면 이제 살아남는 노하우를 스스로 체득할 수 있도록 절벽에서 새끼를 떨어뜨리는 사자로 변신해야 한다. 자식을 창업의 절벽으로 내몰아야 한다는 것이다. 새끼사자를 절벽에서 떨어뜨리려면 어미사자 자신이 절벽에서 떨어져도 살아남을 수 있는 노하우를 갖고 새끼에게도 가르쳐줄 수 있는 내공을 갖추어야 한다. 마찬가지로 자식을 창업절벽으로 내몰려면 부모부터 창업 노하우를 갖고 자식에게도 가르쳐줄 수 있는 내공을 갖추어야 한다.

지금의 386 세대나 베이비부머 세대들은 이런 내공을 갖추고 있는가? 안타깝지만 전혀 그렇지 못하다. 6·25전쟁으로 폐허가 된 나라에서 본격적으로 경제개발이 시작되기 전 태어나 밥도 제대로 먹기 어려웠던 보릿고개를 겪고 자란 베이비부머 세대들은 자신과 가족의 생존을 위해 직장에서 죽도록 일했다. 경제개발이 시작된 1960년대에 태어난 386 세대도 직장에 매몰되어 일했을 뿐 자신의 사업을 해보겠다는 생각은 거의 하지 않았다. 그런 세월이 30년, 이제 베이비부머 세대는 직장에서 퇴직했고 386 세대는 퇴직을 앞두고 있다.

퇴직하고 나와서 무엇을 할 것인가? 몸은 아직 건강하고 돈이 필요한 곳도 많아서 일자리를 찾아보지만 베이비부머 세대를 반겨주는 일자리는 별로 없다. 할 수 없이 창업의 길에 들어선다. 그러나 직장생활 30년 동안 창업에 대해 생각해본 적도 없고 준비한 것도 없다보니 경력과 무관한 생계형 창업을 하는 경우가 대부분이다. 살벌한 경쟁이 벌어지는 시장에서 준비 안 된 생계형 창업의 결과는 참담한 실패로 이어지는 경우가 많다. 이런 창업현실을 눈앞에서 보고 있는 386 세대나 베이비부머 세대가 자식들에게 창업을 말리는 것은 어쩌면 당연한 일이다. 창업을 해야 하지만 창업을 말릴 수밖에 없는 안타까운 모습이다.

그러나 이제라도 늦지 않았다. 평균수명 100세 시대에 386 세대나 베이비부머 세대가 남은 40여 년의 인생을 불행하게 살지 않으려면 스스로의 일자리를 만드는 창업을 준비할 수밖에 없다. 경력과 무관한 생계형 창업이 아니라 오랫동안의 경력을 살리는 경력형 창업을 준비해야 한다. 아직 퇴직하지 않은 386 세대는 남은 직장기간 창업준비에 전력투구해야 한다. 혼자의 힘만으로 버겁다면 서로의 능력을 보완해줄 수 있는 사람들끼리 동업이나 협동조합 형태의 창업을 할 수도 있다.

청년 세대와 386 세대나 베이비부머 세대가 함께 만나 창업하면 어떨까? 청년 세대의 디지털감각과 반짝이는 아이디어, 그리고 386 세대나 베이비부머 세대의 아날로그 경험과 탄탄한 네트워크를 결합시킨 세대융합형 창업을 하면, 대부분 실패한다는 창업의 성공확률을 크게 높일 수 있지 않을까? 선풍적 인기를 끌었던 드라마 '미생'의 마지막 부분에 비정규직 청년 장그래가 회사에서 밀려난 장년 오상식과 창업하여 만든 회사에 합류하는 장면이 나오는데 이거야말로 우리가 지향해야 할 모델이 아닐까?

그러나 현실에서 이렇게 장년세대와 청년세대가 만나 창업하기는 쉽지 않을 것이다. 친한 친구끼리의 동업도 도중에 깨지는 경우가 많은데 가치관과 살아온 환경이 판이하게 다른 장년세대와 청년세대가 조화롭게 사업을 운영하기는 매우 어려울 것이다.

그렇다면 장년세대와 청년세대의 공동창업을 가족 단위에서 실행해보면 어떨까? 이미 퇴직했거나 머지 않아 퇴직할 장년세대 부모가 취업하지 못했거나 취업했어도 미래가 불안한 자녀와 함께 회사를 만드는 것이다. 창업준비가 되어 회사를 만드는 것이 아니라 창업준비를 하기 위해 회사를 만들어도 좋다. 부모와 자녀가 상의해서 회사명을 만들고 사업아이템을 정하는 과정에서 창업의 구체적 목표가 정해지고 무엇을 준비해야 할지가 명확해질 수 있다.

껍데기부터 만드는 창업놀이로부터 시작해서 껍데기 안에 내용을 채워가는 창업준비를 부모와 자녀가 함께 해가자는 것이다. 회사는 이왕이면 개인사업자보다는 온라인창업시스템을 이용하여 자본금 100원으로도 만들 수 있는 법인회사로 만들어 출발부터 부모와 자녀가 함께 하는 회사로 만들어보자. 가족마다 이런 회사를 하나씩 갖고 있다면 고용과 노후대책 불안에 떠는 386 세대나 베이비부머 세대 부모도, 실업과 미래 불안에 짓눌린 청년들도 삶의 목표가 명확해지고 준비를 통해 제대로 된 창업을 할 수 있지 않겠는가? 그렇게 되면 장년 세대와 청년 세대는 스스로의 일자리 문제를 해결하면서 세대간 전쟁이 아닌 상생이 이루어질 수 있을 것이다. 창업을 매개로 한 치열한 대화를 통해 가족관계가 더욱 끈끈해지는 것은 가외의 소득이다. 일자리 문제, 청년 니트 문제, 세대간 갈등 문제, 가족해체 문제 등 우리 사회의 다양한 문제를 해결할 마법의 열쇠로 '1가족 1법인회사' 설립운동을 지금 당장 시작해보면 어떨까?

확실한 것은 이제 창업은 386 세대나 베이비부머 세대에게도 피해 갈 수 없는 선택이라는 것이다. 선택지가 있다면 준비된 창업이냐, 준비되지 않은 창업이냐, 나홀로 하는 창업이냐, 함께 하는 창업이냐일 뿐이다. 386 세대나 베이비부머 세대가 경력을 살린 준비된 창업이나 세대융합형 창업으로 창업부머가 되어야만 자신도 자식도 일자리 있는 삶을 살 수 있다.

창업 도움말

- 명함에서 회사 이름과 직책을 지웠을 때 나는 홀로 설 수 있는가? – 김호 리더십 컨설턴트
- 60세부터 인생을 다시 시작하면 적어도 75세까지는 사람은 성장한다. 인생의 황금기는 60세부터 성장이 끝나는 75세까지다. 가난할 때는 열심히 돈을 벌고, 가난을 벗어나면 일을 위해 일을 하고, 그것을 벗어나면 사회에 가치 있는 일을 하자 – 철학자 김형석 교수
- 호기심은 나이들지 않는다. 나이 들었다고 할 수 없는 일은 없다. 하고 싶은 게 있다면 일단 시작하세요. 무엇이든 시작만 해도 성공. 나이 들수록 인생이 점점 재밌어지네요
  – 82세에 게임앱 개발한 와카미야 마사코
- 이미 끝나버린 일을 후회하기보다는 하고 싶었던 일을 하지 못한 것을 후회하라. –탈무드
- 세상과 역사에는 일하다 쓰러진 인간보다 녹슬어 스러진 인간이 훨씬 많다. 숨이 붙어 있는 한 절대로 '은퇴'라는 말을 쓰지 말라 – 커넬 샌더스 KFC 창업자
- 시니어 창업은 돈을 버는 것이 아니라 내 일자리를 내가 만드는 것이다라는 생각으로 접근하는 자세가 필요하다. 많이 버는 것보다 오래 버는 것이 중요하다
  –「잘되는 가게, 안되는 가게」 저자 김갑용 • 박민구

책 속의 메시지

고령화 · 저금리 시대, 노후 안전벨트 1인 1기 실천 전략

퇴직 후 치킨집이 아닌 학교로 가라 / 혼자 배우지 말고 코칭을 받아라
모바일 활용법을 배워라 / 사업 마인드를 가져라
장인정신을 가져라 / 핵심에 집중하라 / 작은 것을 차별화하라
점—선—면 전략으로 네트워크에 투자하라 / 나만의 브랜드를 쌓아라."
– 「1인 1기 : 당신의 노후를 바꾸는 기적」 김경록, 더난출판사, 2016

스펙에 미친 엄마를
창업교육에 미친 엄마로

토끼와 거북이 경주를 하면 누가 이길까? 답은 이미 알고 있다. 토끼가 도중에 잠만 자지 않는다면 토끼가 이긴다는 것이다. 그런데 이것은 산에서의 경주 이야기였다. 만약 경기장이 바다로 바뀌면 어떨까? 바다에서 경기하면 토끼는 승리는커녕 익사할지도 모른다. 반면 거북이는 유유히 바다를 헤엄쳐 목적지에 어렵지 않게 도착할 수 있다.[7]

우리가 경주를 해야할 경기장이 산에서 바다로 바뀐다면 어떻게 해야 할까? 제일 먼저 수영부터 배워야 할 것이다. 익사하지 않기 위해, 나아가 목적지에 도달하기 위해서다. 그런데 수영 대신 지금까지 계속해왔던 달리기법의 훈련만을 강화한다면 어떻게 될까? 당연히 바다속에서 살아남기 어려울 것이다.

지금 우리나라 아이들이 처한 상황이 이와 비슷하지 않을까? 인공지능 시대, 4차 산업혁명 시대의 경기장은 그동안 우리에게 익숙했던 산이 아니라 바다다. 그런데 우리 아이들은 부모세대가 자랐던 산에서의 경기에서 이길 수 있는 교육과 훈련만을 받고 있다. 산에서만 자랐기 때문에 바다가 어떻게 생겼는지, 거기에서 살아가기 위해서는 무엇이 필요한지도 잘 모르는 경우가 많다. 멀지 않은 곳에 바다가 있고 바다 너머에 금은 보화가 숨겨져 있는 신대륙이 있다는 소식을 간간히 듣지만 산에서 당장 벌어지고 있는 경기에 대한 준비만도 벅차 제대로 관심을 쏟기 힘들다.

이처럼 산에서 바다로 경기장이 바뀌는 변곡점의 시대에 엄마들이 아이들에게 해주어야 할 일은 무엇일까? 잘 알려진 것처럼 우리나라 엄마들의 자녀교육에 대한 관심은 세계 어느 나라도 따라올 수 없을 만큼 높다. 어느 학교를 나왔느냐가 인생의 성공을 좌우한다는 경험칙을 철석같이 믿고 좋은 학교를 들어가기 위한 교육이라면 노후대책까지 희생해 가며 돈과 시간을 쏟아붓는다. 직업이 있는 엄마들은 자녀교육에 몰입하기가 쉽지 않지만 그렇지 않은 전업주부 엄마들은 자신과 가족의 인생을 걸고 경제력과 정보력을 총동원하여 아이들 교육, 특히 사교육에 총력을 기울인다. 아이들은 초·중·고등학교 내내 학교수업과 함께 방과 후 학원교육을 받느라 쉴 틈이 없어 심신이 고달프다.

문제는 이렇게 돈과 시간을 쏟아붓는 아이들 교육이 실제로 아이들에게 도움이 되느냐는 것이다. 학원을 통해 받는 사교육은 대부분 암기식, 주입식 교육이다. 그런데 지식의 양이 폭발적으로 증가하여 지식의 유효기간이 급속도로 단축되고 장래 아이들이 갖는 직업의 대부분이 현재 없는 직업이 되는 인공지능 시대, 4차산업혁명 시대에는 기존의 지식을 암기하고 주입시키는 학교나 학원의 교육은 더 이상 쓸모가 없다. 인공지능 시대, 4차산업혁명 시대에 필요한 인재는 주어진 틀 속에서 암기한 지식으로 정답만 찾는 모범생이 아니라 폭발적으로 늘어나는 지식을 융합하고 토론과 협력을 통해 기존의 틀을 넘어 다양한 해법을 찾는 모험생이기 때문이다. 우리나라 엄마들은 이런 미래인재 양성에 거의 도움이 되지 않는 교육에 자신과 가족의 인생까지 희생해서 올인하고 있는 것이다.

그렇다면 이렇게 시대의 흐름에 역행하는 사교육의 늪에서 빠져나올 수 있는 방법은 무엇일까? 가장 시급히 필요한 것은 입시제도와 교육제도의 변화이다. 미래가 필요로 하는 창업형 인재를 키우기 위해 입시제도와 교육제도를 창업친화적으로 바꾸는 것이 가장 중요하다. 입시제도와 교육제도가 창업친화적으로 바뀌면 학생들과 엄마들은 사교육도 창업친화적인 방향으로 바꾸어나갈 것이다.

그러나 입시제도와 교육제도는 변화에 많은 시간이 필요하다. 현재와 미래의 시장 환경은 초침의 속도로 변화하고 있다면 입시제도와 교육제도의 변화는 시침의 속도로 변화하고 있다고 할 수 있다. 그 결과 변화가 더딘 입시제도와 교육제도 하에서 교육받은 아이들이 변화된 시장 환경에 적응하지 못하고 도태되는 일이 일어날 가능성이 높다. 머지않아 닥칠 이런 사태에 대비하기 위해서는 엄마들도 철저히 준비를 할 필요가 있다.

첫째 대학이나 학과 선택에서 해당대학이나 학과가 창업에 얼마나 많은 관심과 노력을 기울이고 있는지 살펴볼 필요가 있다. 아직도 시대의 흐름을 파악하지 못하고 구태의연하고 고리타분한 교육방침과 교육커리큘럼을 갖고 있는 대학이 적지 않다. 이런 대학은 설사 지금은 순위가 높더라도 머지않아 추락할 가능성이 크다. 첫 단추를 꿰는 것이 중요한데 아이들 교육을 이런 대학에 맡겨서야 되겠는가? 머지 않아 도태될 취업형 인간이 아닌 창업형 인간을 키워줄 대학을 '매의 눈'으로 찾아 아이를 미래교육의 도장으로 보내는 것이 진정한 아이사랑이 아닐까?

둘째 아이의 미래 경쟁력에 거의 도움이 되지 않는 사교육의 구조조정도 필요하다. 검색하면 금방 나오는 지식을 주입식으로 암기하는 사교육, 실제 도움도 되지 않는데 남이 하니까 불안해서 들러리 서는 사교육, 오랫동안 공부해도 별로 성과가 없고 인공지능이나 앱의 대체속도가 더 빠른 어학교육처럼 가성비가 낮은 사교육을 과감하게 날려버릴 필요가 있다. 대신 문제가 무엇인지 발견하고 해법을 찾는 능력을 키워주는 사교육, 미래의 경쟁 무기인 소프트웨어나 인공지능을 만들거나 활용할 줄 아는 능력을 키워주는 사교육, 창업형 인간에 필수적인 커뮤니케이션과 협력의 능력을 키워주는 사교육은 손품, 발품을 팔고 극성을 부려서라도 찾아나서야 한다.

셋째 엄마와 가족의 교육철학이 담긴 가훈을 다시 한번 생각해볼 필요가 있다. 가훈이 없는 집도 많지만 있어도 '창업하자'는 가훈을 내건 집은 거의 없을 것이다. 창업은 위험과 실패와 거의 동의어로 가족의 안정과 평화와는 조화되기 어려운 것으로 인식되어 왔다. 그러나 이제 창업은 더 이상 선택의 영역이 아니라 필수의 영역으로 들어왔고 준비를 할거냐 안 할거냐라는 선택지만이 남아 있을 뿐이다. 나와 아이와 가족을 위해서라면 당연히 충실한 준비가 필요하고 그것은 가훈, 혹은 가정 비전이라는 형태로 명확히 제시되면 좋을 것이다. 창업의 범위나 형태도 개인창업뿐만 아니라 가족창업, 가정 재창업, 세대융합 창업 등 다양한 형태를 생각해 볼 수 있다. 엄마들이 가정의 중심에 서서 창업 가훈을 만들고 창업교육을 주도하고 창업 아이템을 발견하여 창업의 선봉에 선다면 우리나라는 세계에서 가장 빠른 속도로 세계 최고의 창업국가로 변신할 수 있을 것이다.

> **창업 도움말**

- 친구들이 구슬치기 하고 고무줄 놀이할 때 저는 쌀 한 가마니를 팔면 얼마 남는다는 것을 배웠죠 – 박혜린 옴니시스템 대표

- 엄마는 어릴 때부터 '꼭 네가 서울대를 갈 필요는 없다. 나중에 서울대를 다니는 사람을 부릴 수 있는 사람이 되면 된다'고 가르치셨어요 – 김소희 스타일난다 대표

- 아이들을 '입시 준비생'이나 '취업 준비생'이 아니라 '혁신 준비생'으로 키워야 한다. 그 핵심방법이 '창업 경험'이다 – 프라이머 권도균 대표

- 모범생이 아니라 모험생으로 키워라! 아이에게 인공지능을 이기는 모험지능을 길러줘라! 모험생 부모 밑에서 모험생 아이가 자란다
  - 『똑똑한 모험생 양육법 : KAIST 수석 졸업생 엄마가 왜 아이를 모험생으로 키울까?』 저자 김현정

- 창업자가 되는 것을 배우는 것보다 더 좋은 교육은 없다 – SunYoung Park

- 아이에게는 좋은 학교나 교사가 아니라 부모, 그중에서 특히 엄마가 무려 80% 이상 영향을 미친다. 엄마가 과거의 틀에 갇혀 시험 점수만 이야기해서는 아이가 새로운 생각을 할 수 없다. 엄마가 바뀌어야 세상이 바뀐다
  – 세계 창의력 교육의 노벨상 '토런스상' 수상자이자 『틀 밖에서 놀게 하라』 저자 김경희

> **책 속의 메시지**

13살에도 창업이 가능한 유대 자녀들!

우리나라 부모는 자녀에게 100만 원이 넘는 휴대폰을 졸업 혹은 입학 선물로 사주지만 유대인 부모는 자녀가 어릴 때 100만 원짜리 정기적금 통장을 만들어준다. 10살쯤 되면 통장에 제법 돈이 쌓이고, 성인식을 하는 13살 무렵에는 외부 친지들로부터 지원금도 받는다. 이 때문에 유대 자녀들은 나이가 13살 정도만 되어도 창업 가능한 정도의 자기 자본이 이미 형성되어 있고, 그때부터 이 돈으로 구체적으로 무엇을 할 것인지에 대해 부모와 토론하면서 고민하는 시간을 갖는다. 일찍부터 무엇으로 창업할지를 탐색하게 하는 것이다.

– 『차이나는 유대인 엄마의 교육법 : 자녀교육은 유대인 엄마처럼』 박기현, 메이트북스, 2019년

취업졸병을 만드는 교육에서
창업전사를 키우는 교육으로

　창업국가가 되기 위해서는 취업형 인간이 아닌 창업형 인간이 다수 배출되어야 한다. 취업형 인간은 기존의 직장에서 주어진 업무를 효율적으로 수행할 수 있도록 훈련된 인간이다. 반면 창업형 인간은 기존의 일자리에 맞추어 취업하는 인간이 아니라 새로운 일자리를 만드는 인간이다.

　일자리가 넘칠 때는 취업형 인간으로도 아무 문제가 없었다. 그러나 취업을 할 수 있는 일자리가 늘지 않는다면 딜레마에 빠진다. 교육기관에서 배출되는 인력은 많은데 취업할 일자리가 한정되어 있으면 실업자가 늘어난다. 누군가가 창업해야 누군가가 취업할 수 있는데 창업하겠다는 사람이 없으면 취업할 일자리가 생기지 않는다.

　이제는 취업할 일자리를 만드는 창업이 중요한 과제로 부각되고 있다. 정형화된 작업은 물론 창조적인 일자리도 대체할 수 있다는 인공지능 시대에는 더더욱 그렇다. 또 일자리가 줄어들면 취업형 인간은 "네가 취업하지 못해야 내가 취업할 수 있다"는 제로섬 게임식의 경쟁을 할 수밖에 없다. 일자리가 한정되어 있다보니 경쟁에서 이기기 위해 실제 업무수행에서는 별로 쓸모가 없는 스펙쌓기에 돈과 시간을 쏟아붓는 경우도 많다. 또 지식을 공급하는 역할을 하는 교육기관은 일방적인 주입식 교육으로 인공지능시대나 4차산업혁명 시대에 필요로 하는 지식과는 크게 괴리되어 있다는 비판을 많이 받고 있다. 다음카카오의 김범수 의장은 이같은 교육과정과 현실의 괴리를 "열심히 축구 경기를 준비한 선수가 경기장에 들어서는 순간 야구장으로 바뀐 것과 같다"고 비유한다.[8]

창업형 인간은 취업형 인간과 달리 주어진 업무를 효율적으로 수행하는 수준을 넘어 문제를 발견하고 해법을 찾아가는 인간이다. 주어진 업무를 효율적으로 수행하기 위해서는 실패를 최소화해야 하지만 문제를 발견하고 해법을 찾는 과정에서는 모험과 실패는 불가피한 것으로 인식된다. 또 문제의 해법을 찾기 위해서는 혼자의 힘만으로는 어려워 다른 사람의 협력을 구해야 하는 경우가 많다. 제로섬 게임식 경쟁형 인간이 아니라 비제로섬 게임의 협력형 인간이 요구되는 것이다. 요컨대 창업형 인간이란 다른 사람과 협력하면서 실패를 무릅쓰고 모험을 하며 새로운 해법을 찾는 '협력하는 괴짜'라고 할 수 있다.[9]

이런 창업형 인간은 어떻게 육성할 수 있을까? 무엇보다 중요한 것은 창업교육이다. 창업교육은 가정에서부터 시작되어야 하겠지만 교육기관의 역할이 매우 중요하다. 우리나라 교육기관은 창업형 인간을 키우고 있을까? 안타깝게도 그렇지 못하다. 대부분의 교육기관은 창업보다는 취업에 훨씬 더 많은 관심을 기울인다. 창업으로 생기는 일자리보다 기존의 직장에 취업할 일자리가 많으니 어쩌면 당연하기도 하다. 그러나 이제는 취업교육만으로는 일자리 문제를 해결할 수 없다. 따라서 먼저 창업교육부터 의무화할 필요가 있다. 초등학교부터 대학교까지 창업의 중요성, 창업정신, 창업국가 비전, 창업실습 등을 필수과목화하고 창업 아이템을 끊임없이 고민하도록 해야 한다. 각 학교단계별 졸업시에는 공동으로 창업 아이템에 관한 발표를 하도록 한다.

교육기관은 특히 앞으로 전개될 인공지능시대에 필요한 창업자의 육성에도 주목할 필요가 있다. 앞으로는 과거에 사람이 했던 일들의 상당부분이 인공지능으로 대체될 것이다. 이러한 인공지능시대에 필요한 능력은 인공지능이 할 수 없는 일들을 찾아내는 것이고, 이것이 바로 인공지능시대의 창업의 영역이 된다. 따라서 인공지능시대의 창업자는 인공지능을 활용할 수 있는 능력과 함께 인공지능으로 할 수 없는 일을 찾아내는 능력이 필요하다.

그렇다고 한다면 교육기관도 이러한 시대적 흐름에 맞추어 인공지능 활용능력과 인공지능으로 할 수 없는 일을 찾아내는 능력을 갖추도록 교육과정을 전면적으로 혁신할 필요가 있다. 그러나 우리나라의 교육기관은 아직도 여전히 인공지능으로 대체될 지식을 암기식으로 주입하는 교육방식에서 벗어나지 못하고 있다. 이제 이러한 교육방식에 완전한 결별을 선언해야 한다. 검색하면 바로 나오는 지식을 암기하기보다는 지식을 만드는 방법을 알려주는 교육, 인공지능으로 처리할 수 없는 인간 고유의 영역을 찾아내는 교육, 인간 고유의 영역에서 부가가치와 일자리를 만들어내는 교육을 해야 한다.

아울러 대학은 지식을 주입식으로 전달하는 곳이 아니라 인공지능시대에 살아남을 수 있는 지식을 생산하는 방법을 익히는 창업플랫폼으로 변화되어야 한다. 대학은 다양한 전공의 학생, 교수, 시설이 모여 있는 곳으로, 이들이 서로 융합하여 인공지능이 할 수 없는 일을 창조해내는 프로젝트를 수행하는 장이 되어야 한다. 창업 프로젝트에는 기술과 경영이 모두 필요하므로 문과와 이과의 융합수업이 필요하다. 기업은 프로젝트를 발주하고 교수와 학생은 프로젝트를 수행하는 산학협력이 일상화되어야 한다.

고급기술창업과 실전창업교육을 활성화하기 위해서는 대학창업의 활성화도 매우 중요하다. 미국의 스탠퍼드대나 하버드대, 중국의 베이징대나 칭화대는 대학내 혹은 대학 주변에 수많은 창업기업을 만들어 기술혁신을 선도할 뿐만 아니라 우수한 창업자를 훈련하여 배출해내고 있다. 반면, 한국을 대표하는 대학인 서울대나 KAIST는 대학내 혹은 대학 주변의 창업기업 활동이 매우 부진하다. 서울대 출신 창업기업의 매출액은 스탠퍼드대나 하버드대 출신 창업기업 매출액의 2% 수준에 불과하고,[10] 서울대 대학기업의 매출액은 베이징대나 칭화대 대학기업 매출액의 0.1% 수준에 불과하다.[11] 기업가형 대학을 지향하는 미국이나 중국과 달리 우리나라는 교육·연구형 대학을 지향한 데서 나온 결과다.

이런 현실을 개선하기 위해서는 교수에 대한 인센티브 시스템도 획기적으로 바꾸어야 한다. 현재 대학이나 대학원의 교수들이 가장 관심을 갖는 것은 학술지에 등재하는 논문수인데, 교수들이 창업에 적극적으로 뛰어들도록 하기 위해서는 논문보다 창업실적을 중시하는 방향으로 인센티브 시스템의 혁신이 필요하다.

대학입학시험에서도 발상의 전환이 필요하다. 현재의 대학입학시험은 크게 수시와 정시로 나뉘어 있다. 수시는 학교생활기록부를 통해 재학시절의 교과, 비교과 과정을 종합적으로 평가하는 것이고 정시는 학업성적을 전국적으로 시행되는 수학능력시험(수능)이라는 객관적 시험으로 평가하는 것이다. 수능에서는 창업과목은 물론 없고 학생종합부 전형에서는 비교과 과목도 보지만 여기에 창업활동은 들어가 있지 않다. 따라서 수능에는 창업탐구영역을 신설하거나 최소한 직업탐구영역에 창업영역을 높은 비중으로 포함시키는 방안 등을 검토할 필요가 있다. 학생종합부 전형에서도 창업 교과과정 의무화와 연동하여 창업교육과 창업경험에 대한 비중을 대폭 높일 필요가 있다.

교육과 연구의 궁극적 목적은 인간의 삶의 질을 높이는 것이고, 삶의 질의 최소요건은 일자리이다. 앞으로 일자리를 만드는 데 기여하지 못하는 대학은 더 이상 살아남기 어렵다. 많이 늦었지만 이제라도 우리나라의 대학은 창업을 최우선하는 기업가형 대학으로 환골탈태하지 않으면 안 된다.

책 속의 메시지

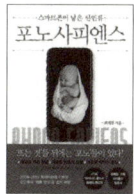

포노 사피엔스가 세상을 바꾸고 있다!
스마트폰을 신체의 일부처럼 여기는 인류, 포노 사피엔스가 대세가 되는 새로운 디지털 문명을 생각한다면 아이들에게 이렇게 이야기해야 합니다.
"스마트폰은 앞으로 필수니까 적절하게 잘 사용할 줄 알아야 한다. SNS는 이제 기본 커뮤니케이션 수단이니 어려서부터 활발하게 잘 쓸 줄 알아야 한다. 유튜브는 검색뿐 아니라 직접 방송도 해보고 경험을 많이 쌓아야 한다. 이제 게임은 하나의 스포츠란다. 어려서부터 인기 있는 게임은 좀 배워두고 방송도 볼 줄 알아야 한다."
나의 생활도 나의 업무도 이런 각도에서 다시 바라봐야 합니다. 고객을 모르고서는 그들을 사로잡을 수 없습니다. 포노 사피엔스 시대를 표준으로 삼고 그에 맞는 세계관을 가져야 합니다.
- 「포노 사피엔스 : 스마트폰이 낳은 신인류」, 최재붕, 쌤앤파커스, 2019

기업을
창업사관학교로

    삼성은 인재사관학교라고 불린다. 삼성 창업주인 이병철 회장 때부터 현재에 이르기까지 엄청난 투자를 하여 좋은 인재를 많이 육성했기 때문이다. 삼성이 육성한 인재는 삼성을 세계 글로벌 기업으로 만들었을 뿐만 아니라 우리나라 곳곳에 퍼져 경쟁력 있는 기업을 만들었다.

    인재를 육성하면 육성한 기업에 남아서 기여를 하는 경우도 많지만 회사를 떠나는 경우도 적지 않다. 많은 돈을 들여 육성한 인재가 회사를 떠나면 단기적으로는 손해인 것처럼 보인다. 그러나 삼성은 그런 수지타산을 하지 않았다. 삼성에서 육성된 인재가 삼성이 아닌 다른 어느 곳에 가더라도 결국 나라경제에 도움이 된다고 생각했다. 이병철 회장 때부터 삼성이 일관되게 지키고 있는 '인재보국'의 철학이다. 삼성은 육성된 인재에 대해 성과에 따라 공정하면서도 파격적인 보상을 했다. 인재를 육성하고 제대로 보상하는 기업에는 인재가 몰려간다. 육성된 인재가 떠나는 경우가 있어도 더 많은 우수한 인재가 몰려오니 인재육성은 결국 수

지맞는 장사다.

　삼성의 이병철 회장은 또 '인재보국'이라는 철학과 함께 '사업보국'이라는 철학도 갖고 있었다. 사업만이 일자리를 만들어 국민을 빈곤에서 구제하고 나라를 부강시키는 길이라고 생각했다. 이 사업보국이라는 말은 창업보국이라는 말로 바꾸어도 크게 다르지 않을 것이다.

　이제 삼성의 인재보국 철학에 창업보국 철학이 본격적으로 접목되어야 할 시기가 왔다. 300만 명이 넘는 실업자가 있고 일자리를 찾지 못한 청년들이 '헬조선'을 외치는 작금의 현실에서 창업만이 유일한 해법이라면 삼성이 인재보국과 창업보국의 철학에 입각하여 창업인재의 육성에 앞장설 필요가 있다는 것이다.

　창업인재라고 하면 언젠가 떠날 사람으로 인식되어 기업이 투자할 인재가 아니라고 생각하기 쉽다. 그러나 삼성은 떠날 인재라도 그 인재가 나라에 도움이 되기만 한다면 육성하기를 주저하지 않았다. 마찬가지로 오늘의 우리 현실에서 절실히 필요한 창업인재도 나라에 도움이 되기만 한다면 삼성은 육성에 주저하지 않을 것이다.

　삼성이 창업인재를 어떻게 육성하면 좋은가? 삼성이 이미 실행하고 있는 것으로는 사내벤처의 육성이 있다. 삼성의 사내벤처는 2012년 C랩이라는 이름으로 시작했는데, 매년 15~20개 팀을 선발하여 독립된 스타트업처럼 자율성을 부여하고 전폭적인 지원을 한다. 사업수행기간은 1년으로 사업기간이 끝나면 평가를 통해 신규사업부 신설을 통한 프로젝트 추진이나 독립분사 스핀오프를 결정한다.

　2018년 8월에는 창업을 통해 질 좋은 일자리 창출에 기여하기 위해 외부 스타트업 300개, 삼성전자 임직원 대상 스타트업 과제 200개를 육성

삼성전자 C-Lab 프로그램(https://samsungclab.com/)

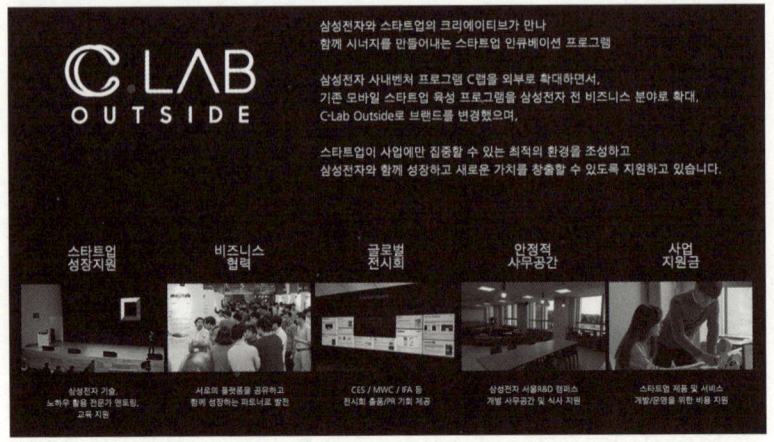

하는 지원방안이 발표되어 지원규모가 더욱 확대되고 있는데, 이러한 지원을 지속적으로 늘리면 창업인재의 육성에 크게 도움이 될 것이다. 그러나 진정으로 창업보국이 되려면 이 정도에 머물러서는 안 된다. 삼성이 우리 사회에 미치는 선도적 영향력을 감안한다면 패러다임을 바꿀 정도의 파격적 조치가 필요하다.

먼저 우리나라 교육기관들이 취업인재보다는 창업인재를 키우도록 시그널을 주는 조치가 있으면 좋을 것이다. 삼성의 채용제도는 우리나라 모든 교육기관이 주목하는데, 예컨대 삼성이 창업 경험자나 창업 교육훈련을 받는 것을 채용요건으로 한다면 학교에서의 교육 커리큘럼이나 사교육 시장은 창업을 중시하는 쪽으로 대변화가 일어날 것이다.

창업사관학교의 역할은 대기업에 한정되지 않는다. 중소기업도 창업사관학교의 역할을 해야 한다. 대기업도 중소기업도 기업경험은 중요한 창업자산이기 때문에 기업경험을 활용해 준비된 창업의 길로 가도록 해야 한다. 이렇게 말하면 중소기업은 인력확보도 어려운데 창업을 부추기면 있던 인력마저 나가 인력난이 더 심해질 수 있다는 우려가 제기되기도 한다. 그러나 이런 걱정은 하지 않아도 된다. 중소기업 입장에서도 근로자들이 창업비전을 갖는 것이 그렇지 않은 경우보다 훨씬 더 이익이 크기 때문이다. 중소기업에서 일정기간 경험을 쌓고 창업한다는 미래비전이 있으면 기업가정신을 가진 우수인재들이 중소기업에 유입될 가능성이 훨씬 더 커진다. 기업가정신을 가진 우수인재들은 창업하여 나중에 떠나더라도 적어도 근속한 기간만큼은 중소기업의 경쟁력 제고에 도움이 될 것이다.

그런데 중소기업 근무경험이 준비된 창업으로 이어지려면 좀 더 체계적인 경력관리가 필요하다. 중소기업은 일은 많은데 인력은 모자라고 이직도 잦아 근로자들이 매우 다양한 일을 해야 하는 경우도 적지 않기 때문이다. 다양한 일을 하는 것 자체는 창업준비에 도움이 되지만 차별화된 제품이나 서비스를 제공할 수 있는 창업으로까지 이어지기 위해서는 추가적으로 전문성의 제고와 창업에 필요한 별도의 스킬 축적이 필요하다.

이러한 추가적 부분을 교육훈련 및 경력관리 커리큘럼에 담아 '창업마이스터' 육성을 목표로 하는 제도를 도입하고 이 '창업마이스터'에 창업지원을 전폭적으로 해준다면 중소기업 근무경험은 준비된 창업으로 원활하게 이어질 수 있을 것이다. 여기서 중소기업 근로자들에게 창업마이스터의 비전을 제시하는 것의 장점을 정리해보면 다음과 같다.

첫째 중소기업에서 일정기간 경험을 쌓으면서 소정의 창업 커리큘럼을 이수하면 창업마이스터가 될 수 있다는 미래비전이 있기 때문에 우수인재들이 중소기업 입사에 적극적인 태도로 임할 수 있다.

둘째 중소기업 근로자 입장에서는 창업마이스터라는 명확한 목표가 있기 때문에 경력관리를 보다 체계적으로 할 수 있다. 중소기업 경력기간 동안 창업에 필요한 전문성과 창업스킬과 네트워크를 구축할 수 있다.

셋째 중소기업 경력을 살린 준비된 창업이기 때문에 실패확률이 낮아지고 견실한 기업으로 성장하여 양질의 일자리를 창출할 가능성이 높다.

큰 기업에 들어가서 작은 부품인간으로 지내다가 어느 순간 교체되는 슬픈 운명이 되기보다는, 작은 기업에 들어가서 자신도 기업도 크게 키우면서 100세시대와 인공지능시대에 대비하는 능력을 키우는 것이 훨씬 더 현명한 선택이지 않을까?

책 속의 메시지

30년 간 10만여 명의 사업가와 경영사례에서 뽑아낸 사업성공의 비결!
사업의 성패를 50% 이상 좌우하는 것은? _인생 성적표
사장 준비과정을 반드시 거쳐라 _사업준비는 일상에서부터
사람에게 투자하는 습관을 들여라 _투자 마인드
매 순간 배우는 사람보다 유능한 사람은 없다 _학습력
다른 사람이 가보지 않은 길을 가라 _혁신자
— 「CEO의 탄생 : 내 사업을 시작하고 성공시키는 모든 것」 이경희, 굿모닝미디어, 2017

점포형, 생계형 자영업에서
지식형, 사업형 자영업으로

앞에서 살펴본 것처럼 우리나라 자영업은 생계형이 대부분이고 과당경쟁으로 많은 어려움을 겪고 있다. 생계형 창업은 자신과 가족의 생계 정도를 꾸리겠다는 생각으로 하는 창업으로 경력과 무관하게 준비도 없이 나홀로 시작하는 경우가 많다. 또 생계형 창업은 퇴직금 등 생계유지에 중요한 돈으로 경험이나 지식 없이 오프라인에서 점포창업의 형태로 시작하는 경우가 많다. 경험이나 지식 없이도 창업하는 것이다보니 진입장벽이 낮아 '너죽고 나살기'식 경쟁이 이루어지는 경우도 많고, 입지가 중요한 점포형태로 창업하다보니 임대료 부담이 크고 때로는 임대인 요구로 사업장에서 쫓겨나는 젠트리피케이션을 겪기도 한다. 이러한 어려움은 자영업이 혁신 없이 지금의 모습 그대로라면 앞으로도 개선될 전망이 보이지 않는다. 개선되기는커녕 베이비부머 세대의 은퇴가 크게 늘어나고 이들이 창업시장에 뛰어들면서 더욱 심각해질 가능성도 있다. 이런 상황을 예방하기 위해서는 어떤 노력이 필요할까?

첫째 생계형 자영업을 지식형 자영업으로 바꾸어야 한다. 현재의 생계형 자영업은 대부분 자신만의 지식이나 기술이 없이 다른 경쟁자와 비슷한 수준의 아이템이거나 비싼 대가를 지불하고 프랜차이즈 본사에서 가져온 아이템으로 운영되고 있다. 그러니 과당경쟁이 되거나 프랜차이즈 본사의 갑질에 휘둘릴 수밖에 없다. 이런 문제점을 개선하기 위해서는 생계형 창업을 다른 경쟁자와 차별화된 자신만의 지식이나 기술을 경쟁력의 원천으로 하는 지식형 창업으로 바꿀 필요가 있다.

지식형 창업의 핵심은 경쟁기업과는 다른 지식의 차별화를 통한 경쟁우위의 확보다. 호떡가게 하나를 차려도 남과 똑같은 호떡을 만든다면 생계형 창업이지만 남다른 연구를 통해 남다른 레시피로 남다른 호떡을 만들면 지식형 창업이 될 수 있다. 현재 우리나라 생계형 자영업은 이런 지식축적의 노력이 거의 없어 어딜가나 비슷한 제품이나 서비스만 넘쳐 과당경쟁이 이루어지고 있는 것이 가장 큰 문제라고 할 수 있다.

음식업을 예로 들어보자. 집이나 주변에서 음식솜씨가 좋다는 이야기를 듣고 있는 주부가 가게를 냈다. 그럼 잘될까? 가게를 연 첫날, 새로 오픈한 가게에 호기심이 있거나 격려하기 위해 지인이나 동네사람들이 많이 찾아왔다. 예상 이상으로 몰려온 손님에 음식을 제 시간에 내놓을 수가 없었고 서빙도 제대로 할 수 없었다. 가게를 찾았던 사람들은 기대에 미치지 못한 가게의 음식과 서비스에 실망하여 돌아갔다. 뭐가 잘못된 걸까?

음식솜씨가 좋다고 칭찬을 받은 것은 가족 몇 명을 상대로 할 때였다. 가족이 어떤 음식을 선호하는가는 이미 잘 알고 있고 가족을 위한 음식이라면 들어가는 비용은 크게 신경쓰지 않아도 되었다. 그러나 불특정

다수의 고객을 대상으로 만드는 음식이라면 사정이 완전히 달라진다. 대상고객이 많아지면 먼저 음식을 만드는 속도가 훨씬 빨라져야 하고 고객별로 편차가 생기지 않도록 표준화가 이루어져야 한다. 또 이익을 남기려면 음식 재료비용에도 많은 신경을 써야 한다. 이미 잘 알고 있는 가족대상일 때와 달리 잘 알지 못하는 천차만별의 고객선호에 대해서도 주의 깊은 관찰과 분석이 필요하다. 또 자신의 가게와 비슷한 가게가 주변에 얼마나 있는지에 따라서도 가게의 매출과 이익은 크게 달라질 수 있다.

이것은 조그만 음식가게 하나를 운영하기 위해서도 가족대상의 음식을 만들 때와는 차원을 달리하는 다양한 지식이 필요하다는 것을 말해준다. 그런데 현실의 음식가게들은 어떨까? 백종원의 컨설팅 프로그램 '골목가게'에서도 자주 봤던 것처럼 많은 가게들은 음식의 품질도 서비스도 제대로 체계화되지 않은 상태로 내놓는 경우가 적지 않다. 음식이 최고의 맛을 내려면 재료 구성비를 어떻게 해야 하는가? 예상 고객은 몇 명 정도인가? 온라인 고객과 오프라인 고객은 각각 어느 정도인가? 예상 고객에 대응하려면 어느 정도의 인원이 필요한가? 비용에서 적정이익을 남기려면 가격은 얼마로 하는 것이 좋은가? 주변에 유사가게는 몇 개 있으며 나의 가게의 비교우위는 어디에 있는가? 이러한 질문에 대한 지식을 체계적으로 축적하고 활용할 수 있어야 비로소 생계형 자영업은 지식형 자영업으로 바뀔 수 있다.

그렇다면 생계형 자영업을 지식형 자영업으로 전환하기 위해 구체적으로 무엇을 어떻게 해야 할 것인가? 먼저 자영업 창업자들은 창업에 앞서 창업 아이템에 관한 자신의 지식을 기록하고 정리할 필요가 있다. 기록하고 정리할 지식에는 제품이나 서비스에 대한 지식뿐만 아니라 사람

관리나 마케팅, 시장환경에 관한 지식 등도 포함된다. 이런 내용들은 보통 사업계획서에 담기는데 대부분의 자영업 창업자들은 사업계획서 없이 주먹구구식으로 시작하여 실패의 늪에 빠지는 경우가 많다. 이제는 자영업을 하더라도 사업계획서는 물론 차별화된 지식을 개발하는 연구개발 R&D 파트를 두어 운영한다는 생각으로 창업준비를 할 필요가 있다. 자영업이 1인 기업의 형태로 시작되는 경우가 많은 만큼 창업자 본인이 연구개발 파트장의 역할도 수행한다고 생각하면 좋다.

둘째 생계형 자영업을 사업형 자영업으로 혁신해야 한다. 생계형 자영업은 자영업자가 자신의 노동을 투입하여 꾸려가기 때문에 1년 내내 장시간 노동을 하는 경우가 많고 자영업자 자신에 문제가 생기면 현상 유지도 어렵다는 문제점이 있다. 이런 문제점을 극복하기 위해서는 해당 자영업자가 없어도 꾸려갈 수 있는 시스템을 구축하는 노력이 필요하다. 업무매뉴얼을 만들고 매뉴얼대로 실행할 수 있는 분신을 육성하거나 업무시스템을 만드는 노력을 끊임없이 해나갈 필요가 있다. 이러한 노력에 위에서 말한 지식형 자영업을 접목시키면 생계형 자영업은 사업형 자영업으로 전환할 수 있다. 다음 사례를 한번 읽어보자.

'잉어빵의 아버지'라고 불리는 김인환 황금식품 대표는 생계형 붕어빵 장사를 '황금잉어빵'이라는 사업으로 전환시켰다. 맛있는 간식거리가 넘쳐나는 시대에 붕어빵 맛이 따라가지 못하고 있다고 판단한 김 대표는 기존 붕어빵과 차별화된 제품 개발에 들어갔다. 반죽에 마가린을 혼합하여 낸 바삭한 식감, 배에만 팥을 넣었던 기존 붕어빵과 달리 대가리에서 꼬리까지 팥앙금을 듬뿍 넣고, 굽는 틀도 바꿔서 납작하고 투박했던 붕어가 날씬하고 통통한 잉어로

탈바꿈했다. 구워냈을 때 황금빛을 띤다고 해서 이름을 '황금잉어빵'으로 지었다.

이렇게 탄생한 황금잉어빵은 신세대 입맛에 맞추기 위해 슈크림을 넣은 제품도 개발하고 밤을 넣은 제품도 개발했다. 크기도 미니 잉어빵, 월척수준 잉어빵 등 다양하게 개발했다. 또 황금식품이 황금잉어빵 특수반죽과 팥앙금을 모두 납품해주기 때문에 상인들은 직접 반죽하거나 팥을 쑬 필요도 없고 구워서 팔기만 하면 되었다. 이렇게 차별화되고 시스템화된 황금잉어빵은 전국에 매장을 열면서 수많은 일자리와 성공사례를 만들었다.[12]

셋째 점포입지에 의존하지 않는 자영업으로 바꾸어야 한다. 외식업과 숙박업이 압도적 비중을 차지하고 있는 현재의 자영업은 목이 좋은 곳을 찾는 입지중심의 점포형 자영업이 주종을 이루고 있다. 이 때문에 목이 좋은 곳은 장사가 잘 되면 임대료가 올라가고 그 결과 그곳에서 장사를 하던 사람이 임대료 부담에 못 견디고 쫓겨나가는 젠트리피케이션 현상이 생기고 있다.

이제는 이러한 입지 중심의 점포형 자영업에서 벗어나야 한다. 만약 외식업이나 숙박업이 아닌 지식서비스업 등으로 자영업을 한다면 점포

입지는 더 이상 중요하지 않고 지식서비스의 품질과 마케팅만이 경쟁력을 좌우하게 될 것이다. 외식업이나 숙박업을 하는 경우에도 품질이 일정수준에 이르고 입소문만 난다면 점포입지에 관계없이 경쟁력을 가질 수 있다. 디지털시대의 마케팅은 블로그, 카페, 유튜브, 페이스북 등 파급력이 크면서도 거의 무료로 활용할 수 있는 SNS의 활용능력에 따라 크게 달라지는 만큼 이에 대한 철저한 학습과 준비가 필요하다.

책 속의 메시지

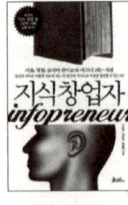

기술, 경험, 심지어 취미조차 지식이 되는 시대!

당신의 '지식'으로 '무엇'을 창업할 수 있는가? 대다수 한국 사람들은 자신의 경험과 축적해온 지식을 낮게 평가하는 경향이 있다. 그러나 실제로는 내가 쌓아온 경험은 오직 나한테만 있는 경험이고, 내가 축적해온 지식은 어느 누구에게 꼭 필요한 지식이 된다. 당신이 가장 잘 알고 잘 할 수 있는 것에 투자하라! 그것이 설령 엉뚱하고, 보잘것없어 보이는 지식일지라도 미래의 당신을 먹여 살릴 위대한 자산이다.

― 「지식창업자」, 박준기 김도욱 박용범, 쌤앤파커스, 2016

창업기업,
독일의 히든챔피언을 뛰어넘어
오픈챔피언으로

　우리나라에서 창업해서 성공한 기업 중 "이런 기업이라면 정말 자랑스럽고 모델로 삼을만한 기업"이라고 말할 수 있는 기업이 있을까? 곧바로 답변할 수 있는 사람이 많지 않을 것이다.

　미국이라면 어떨까? 윈도우라는 컴퓨터 운영체제를 개발하여 1인 1PC 시대를 연 마이크로소프트, 스마트폰 시대를 연 애플, 전 세계의 정보와 지식을 검색하고 축적하는 구글, 소셜 네트워크 서비스로 전 세계를 연결한 페이스북, 세상의 모든 것을 팔 수 있게 만든 아마존 등의 이름이 곧바로 줄줄이 나오지 않을까?

　독일은 어떨까? 기업간 거래의 비중이 높아 대중들에게는 이름이 널리 알려져 있지 않지만 독일경제를 든든히 떠받치고 글로벌시장에서 독보적 위상을 확보하고 있어 '히든챔피언'이라고 불리는 기업들을 자랑스럽게 말하지 않을까?

　중국은 어떨까? 흙수저 선생님이었던 마윈이 전자상거래 시장에 뛰어들어 20년 만에 중국시장을 평정한 알리바바, 좁쌀같은 스마트폰 제조사로 시작하여 10년 만에 삼성, 애플과 어깨를 겨루는 글로벌기업으로 성장한 샤오미, 미국도 맥을 못 추는 압도적 기술경쟁력으로 세계 드론 시장을 석권한 DJI를 비롯한 수많은 창업신화의 사례를 이야기하지 않을까?

우리나라도 맨주먹으로 시작하여 세계시장에서 존재감을 보이는 글로벌기업이나 기업가치 10억 달러(1조원) 이상의 유니콘 기업으로 성장한 기업이 없지 않다. 박사과정 학생 시절 벤처기업을 설립해 국내에서 불모지였던 셋톱박스 시장에 뛰어들어 매출 1조 원대의 중견기업으로 성장한 휴맥스, 자본금 3천만원으로 배달음식 전단지 입력부터 시작하여 창업 10년만에 4조 7천억원에 매각된 배달의민족, 전 세계에 K-팝 문화를 확산시키면서 기업가치 1조원대의 기업으로 성장한 JYP 등등. 문제는 창업하여 이런 기업들로 성장하는 기업이 다른 선진국에 비해 너무 적다는 것이고 이런 기업들마저 실상이 제대로 알려져 있지 않아 창업의 롤모델이 되고 있지 못하다는 것이다.

사실 창업해서 살아남고 어느 정도 규모가 되는 기업으로 성장하는 건 정말 어려운 일이다. 통계청의 「2018년 기준 전국사업체조사 잠정결과」에 따르면 410만 개의 전체 사업체 중 5인 미만이 79.8%이고 300인 이상 대기업은 4061개로 0.1%, 100인 이상 중기업을 합해도 1만 4905개로 0.5%에 불과한 것으로 나타나 있다. 한마디로 살아남기도 어렵고 살아남아도 영세한 기업이 너무 많은 것이 우리나라 중소기업의 현실이다. 그러다 보니 사람들은 중소기업이라고 하면 언제 망할지 모르고, 망하진 않더라도 미래를 기약하기 어려운 존재로 인식하는 경향이 있다. 기업

자신도 영세하다 보니 기술혁신이나 경영혁신은 뒷전으로 한 채 당장의 생존에만 관심을 기울이는 경우가 많다.

생존을 위한 창업기업의 노력을 기업경영의 5요소인 인력, 자금, 기술, 판로, 경영자 리더십의 측면에서 살펴보면 현재 어떤 상황에 있을까? 먼저 인력에서는 인건비 부담에 우수한 인재를 활용하거나 육성하기 어렵고, 자금에서는 투자를 받지 못하고 융자에만 의존하다 보니 만성적 자금부족에 시달린다. 기술에서는 연구개발 투자노력 대신 쉽게 모방할 수 있는 수준의 기술을 찾아 나서고 판로에서는 좁은 내수시장에서 다른 영세기업들과 처절한 싸움을 벌인다. 어려운 환경에서 어려운 싸움을 하는 경영자는 기업성장에 중요한 역할을 하는 직원이나 투자자에 경영의 실상을 제대로 알리지 않고 혼자 모든 것을 결정하고 실행하는 독불장군식의 원맨One-Man 경영을 하는 경우가 많다.

이런 경영으로 기업성장을 기대할 수 있을까? 당연히 처음부터 실패 가능성이 높고 실패하지 않더라도 성장의 정체에 빠져 있는 기업이 적지 않다. 기업의 목표가 생존을 넘어 지속적 성장을 통해 성공기업이 되는 것이라면 경영의 내용도 그에 걸맞게 전면적으로 혁신되지 않으면 안된다. 꿈이 있는 창업자들에게 롤모델이 될 수 있는 기업은 어떤 기업일까? 이것을 창업기업start-up이 가장 잘 성장scale-up하고 있다고 하는 미국과 독일을 벤치마킹하여 살펴보자.

먼저 미국의 실리콘밸리 모델에서는 창업자 혼자만의 능력이 아닌 외부의 자원을 최대한 활용하는 오픈경영에 주목할 필요가 있다. 전 세계 모든 인재들에 열려 있는 개방적 인적자원관리, 대학이나 연구기관과의 긴밀한 산학협력이나 다른 기업과의 협력을 통한 오픈 이노베이션,

창업기업 성장모델 오픈챔피언과 HITGO 경영

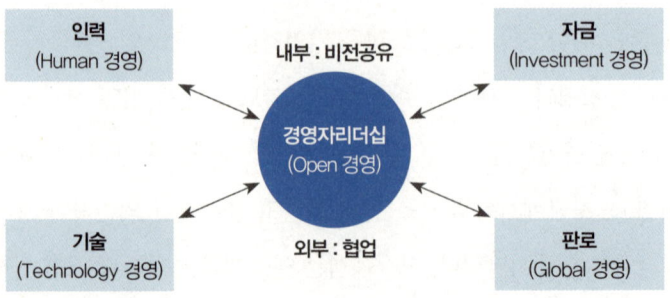

사업능력만 있으면 자금조달을 걱정하지 않아도 되는 엔젤투자나 크라우드펀딩, M&A의 발달, 창업 때부터 세계 시장을 타겟으로 한 글로벌 경영, 이러한 외부자원 활용의 전제조건으로서의 경영 투명성 확보 및 외부로의 정보공개 등의 노력이 바로 그것이다.

독일에는 '히든챔피언'이라는 기업모델이 있다. 독일의 경영학자 헤르만 지몬이 이름붙인 히든챔피언은 세상에 잘 알려져 있지 않지만 세계 시장에서 독보적 지위를 차지하는 글로벌 경쟁력을 가진 중견기업을 말한다. 히든챔피언의 특징을 기업경영의 핵심 5요소인 인력, 자금, 기술, 판로, 경영자 리더십의 측면에서 살펴보면 다음과 같다.

인력에서는 낮은 이직률로 나타나는 안정된 고용을 바탕으로 성과주의 인적자원관리를 통해 직원을 헌신적이고 경쟁력 있는 인재로 키우고 있다. 자금에서는 외부자금에 의존하지 않고 높은 수익률에 기초한 자체 자금조달방식을 통해 미래전략의 실행에서 자금제약의 리스크를 최소화하고 있다. 기술에서는 높은 R&D 투자비율을 바탕으로 대기업보다 훨씬 효율적이고 탁월한 기술혁신 능력을 보유하고 있다. 판로에서는 기업설립 초기부터 세계시장을 목표로 하여 평균수출 비율이 60%를 넘고 세계시장 점유율이 수십%에 이르는 탁월한 글로벌 경쟁력을 갖고 있다. 경영자 리더십에서는 경영자 재직기간이 평균 20년에 이르는 장기경영을 통해 한우물을 파면서 핵심역량을 축적하고 있다.[13]

미국의 실리콘밸리 모델과 독일의 히든챔피언 모델의 장점을 조합하여 우리나라 창업기업이 목표로 해야 할 롤모델 기업으로서의 특징을 정리해보면 다음과 같다.

먼저 인력에서는 사람이 경쟁력의 핵심이라는 인식 하에 인재를 확보하고 육성하는데 최우선의 관심을 기울이는 인재경영을 실행한다. 자금에서는 비올 때 우산을 뺏기는 설움과 리스크를 겪지 않고 성장에 필요한 자금을 안정적으로 확보하기 위해 융자보다는 투자 중심의 자금조달 시스템을 구축한다. 기술에서는 누구나 할 수 있는 기술이 아니라 도약이 가능한 차별화된 기술을 확보하기 위해 과감한 R&D 투자와 체계적인 기술경영 시스템을 구축한다. 판로에서는 경쟁력만 있으면 무한한 기회를 확보할 수 있는 글로벌 시장에 적극적으로 진출한다. 아울러 이런 혁신경영을 수행하기 위해 기업 내부적으로는 투명경영과 정보공유를 통해 임직원들과 비전을 공유하고, 대외적으로는 부족한 내부 자원을 보완하기 위해 외부의 자원도 효과적으로 활용하는 오픈 이노베이션을 수행할 수 있는 오픈 마인드를 가진 경영자 리더십이 필요하다.

요약해서 말하면, 창업기업이 성장하고 성공하기 위한 경영모델은 인재Human 중심경영, 투자Investment 중심경영, 기술Technology 중심경영, 글로벌Global시장 중심경영, 오픈Open경영이고, 영어 앞글자를 따서 말하면 'HITGO' 경영, 굳이 우리말로 번역한다면 '치고 나가는' 경영을 하는 것이다.

이 책에서는 이러한 경영모델을 미국의 실리콘밸리 모델과 독일의 히든챔피언 모델을 뛰어넘겠다는 비전과 목표를 담아 '오픈챔피언' 모델로 명명하고자 한다. 성공은커녕 생존조차 쉽지 않은 '죽음의 계곡'을 치고 나가는 'HITGO' 경영을 통해 하늘높이 날아오르는 '오픈챔피언', 이것이 우리나라 창업기업들이 목표로 하고 만들어가야 할 기업성장 모델이라고 할 수 있다.

책 속의 메시지

대한민국 기업의 희망이자 기업인의 표상, 진정한 의미의 투명경영
임직원들을 창업 초기부터 동업자로 여겼다. 동업의 기반은 회계의 투명성이다. 그래서 리베이트 없는 회사를 만들었다. 근로자가 동업자이니 노사가 따로 없다. 회사가 이익이 나면 동업자에게 나누어 주어야 한다. 그래서 임직원에게 배당을 주는 성과공유제를 채택했다. 이익배당금을 받는다는 것은 회사의 주인이 되었다는 뜻인데, 직원이 주인 대접을 받으니 누가 시키지 않아도 자발적으로 일하고 그 결과 이익은 더 커졌다. 상하차별이 사라지고 토론 문화가 왕성해지면서 인격적 평등도 이루어졌다. 회사 내에 지시나 명령이란 단어가 사라지고 그 대신 자율과 자유가 꽃피었다.

- 『직원이 주인인 회사 : 세상을 바꾸어 가는 KSS해운 이야기』 박종규, 홍성사, 2019

방탄소년단은 미래창업과 창업한류의 모델이다

독일의 히든챔피언을 뛰어넘는 오픈챔피언 모델을 생생하게 보여주는 기업이 우리나라에 있을까? 있다. 모든 국민이 알고 있는 방탄소년단을 키운 빅히트엔터테인먼트(이하 빅히트)다. 방탄소년단이 전 세계적인 아이돌로 부상하면서 폭발적인 관심을 끌었지만 이들을 키운 빅히트에 대해서는 사람들이 잘 모르고 있다.

여기에서는 빅히트가 오픈챔피언 모델의 특징인 'HITGO' 경영을 이미 잘 실행하고 있고 이 빅히트가 만든 방탄소년단 모델이 우리나라의 미래창업모델이자 창업한류의 원조가 될 수 있다는 점을 설명해보고자 한다.

첫째 빅히트는 사람중심의 창업모델이다. 빅히트는 뛰어난 리더가 뛰어난 재능을 가진 뮤지션을 발굴해 만든 회사이다. 그런데 여기서 뛰어난 재능은 화려한 스펙과 동의어는 아니다. 방탄소년단 멤버들은 지방의 이름 없는 흙수저 뮤지션들이었고 지금은 모두 작사작곡이 가능한 멀티플레이어들이지만 처음부터 그랬던 것은 아니다. 부단한 노력과 육성에 의해 오늘날과 같은 모습이 될 수 있었다. 그들의 잠재력을 발견하고 세계적 경쟁력을 가진 엔터테이너로 키운 것은 역시 사람 보는 재능을 지닌 탁월한 리더 방시혁이었다.

둘째 빅히트는 투자중심의 창업모델이다. 2005년 창업한 빅히트는 벤처캐피털 회사 SV인베스트먼트로부터 2011년 30억 원의 투자를 받았다. 투자 당시에는 BTS가 데뷔를 하기 전이었고 보이그룹 한 팀, 걸그룹 한 팀을 기획하는 단계에 있었던, 미래전망이 극히 불투명한 회사였다. 그럼에도 불구하고 SV인베스트먼트가 투자를 결정한 이유는 방시혁 대표의 가능성에 있었다. 방시혁 대표는 JYP에서 많은 히트곡을 작곡했고, 프로듀싱 능력은 업계 최고라고 할 정도로 탁월했기 때문에 분명히 일을 낼 거라 생각하고 투자결정을 한 것이다.

그러나 투자 후 1년 만에 빅히트는 자본잠식상태에 빠져 기업가치가 3천 원으로 추락했다. 이런 상황에서 보통의 벤처캐피탈회사라면 손을 털거나 일부 회수를 고려했겠지만 SV인베스트먼트는 오히려 10억 원을 더 추가 투자했다. 방시혁 대표의 능력이 부족해서가 아니라 돈이 없어 재능을 펼치지 못했다고 생각했기 때문이다. 이후 빅히트는 방탄소년단 신드롬과 함께 급성장 가도를 달리게 되었고, 그 결과 SV인베스트먼트는 원금대비 27배인 1088억 원을 회수하게 된다.[14]

어떻게 이런 투자가 가능했을까? 필요조건으로는 방시혁 대표의 경력과 성과에 대한 정보가 있었다. 일시적 부침은 있을 수 있지만 결국에는 성공할 수 있으리라는 믿음의 근거가 있었던 것이다. 충분조건으로는 방시혁 대표의 능력과 미래가능성을 파악하는 감식안이다. 창업기업 성패의 90%를 좌우한다는 창업자 리더십에 대한 평가는 평가자인 벤처캐피털 대표의 오랜 경험과 전문성이 있었기에 가능했다.

셋째 빅히트는 콘텐츠 중심의 창업모델이다. 방탄소년단의 노래, 가사내용, 칼군무는 경쟁자가 모방하기 어려운 고도로 정제된 차별화된 콘텐츠다. 이러한 콘텐츠는 인공지능이 아무리 발달해도 만들어내기 어려운 서비스로 미래에는 제조업의 기술보다 훨씬 더 경쟁력을 가질 것으로 전망된다. 우리나라는 그동안 제조업 중심으로 발전해왔지만 엔터테인먼트나 의료분야 등에 재능 있는 우수인재들이 대거 유입되면서 앞으로는 이러한 서비스 콘텐츠 중심의 창업이 훨씬 더 활성화될 것으로 전망된다.

넷째 빅히트는 글로벌 지향의 창업모델이다. 방탄소년단은 지방의 흙수저 출신으로 중소기획사 소속이라는 한계 때문에 공중파 방송에 진출하기 어려웠다. 그래서 공중파 방송 대신 유튜브라는 채널로 활동을 시작했다. 유튜브는 국내만이 아니라 전 세계로 열린 채널이었기 때문에 국적과 관계 없이 누구나 공감할 수 있는 콘텐츠를 가졌던 방탄소년단의 음악은 처음부터 글로벌화의 길을 걸어갈 수 있었다. 국내에서 활동이 어려웠던 태생적 한계가 글로벌화를 촉진해 텃세가 심한 미국과 영국의 음악시장을 뚫고 결국에는 빌보드 차트의 정상에 오르는 계기를 마련했다고 할 수 있다.

다섯째 빅히트는 오픈경영을 중시하는 창업모델이다. 기존의 아이돌은 기획사가 철저한 계획과 훈련을 통해 만들어내는 '공장형 아이돌'이었다. 그러나 빅히트가 만들어낸 방탄소년단은 구성원들에게 미션을 주고 그 미션에 적합한 능력과 역할을 스스로 알아서 찾아가도록 하는 자율성을 최대한 부여했다. 또한 스타로서 군림하거나 신비주의로 자신을 감추었던 기존의 아이돌과는 달리 자신의 일상을 SNS에 있는 그대로 오픈시켜 팬들과 수평적으로 소통하고 공감하는 모습을 보여주었다. 방탄소년단의 이러한 모습에 팬들은 열광하였고 팬클럽 '아미'를 만들어 서로 공감하고 응원하면서 함께 성장해가는 전례 없는 모델을 만들어나가고 있다.

방탄소년단은 또한 노래를 통해 대중들에게 즐거움을 준다는 보통의 목적을 넘어 상처받은 사람을 위로하고 부조리한 사회를 비판하고 새로운 세상을 만들기 위해 '선한 영향력'을 행사하겠다는 철학과 비전을 갖고 있다. 이러한 철학과 비전을 노래가사에 담아 전하고 팬클럽 아미와 함께 기부 등의 실천을 통해 사회적 가치의 실현에 앞장서고 있는 점도 미래의 창업모델을 생각할 때 방탄소년단에 주목해야 할 이유다.

'HITGO'경영을 선도적으로 실행하고 오픈챔피언 모델로 빅히트를 치고 있는 방탄소년단과 빅히트엔터테인먼트는 창업국가와 일자리 국가의 초석이 될 미래의 창업모델로 우리나라를 넘어 전 세계로 퍼져나갈 창업한류의 원조가 될 수 있을 것이다.

책 속의 메시지

방탄소년단의 성공요인 : 실력과 진정성과 소통
방시혁 대표가 방탄소년단에게 요구한 것은 "너희 자신의 이야기를 음악으로 만들 수 있는 역량을 키워야 한다"였다. 방탄소년단은 자신들의 일상생활에서 소재를 찾아 노래로 만드는 과제를 해결하며 연습생 시절을 보냈다. 유명 작사 · 작곡가의 도움을 받지 않았으며, 멤버끼리 서로 가르치고 배웠다. 그 결과 멤버 전원이 작곡 및 작사가 가능한 그룹이 됐다. 멤버들이 직접 앨범 작업에 참여하면서 진짜 젊은 세대의 느낌이 나올 수 있었다. 방탄소년단은 또한 SNS로 자신들의 일거수일투족을 모두 공개하고 소통하면서 팬들과 '수평적 연대'를 모색한다.
– 「BTS 마케팅 : 초연결시대 플랫폼 마케팅을 위한 완전한 해답」 박형준, 21세기북스, 2018

생계형 창업자도
오픈챔피언이 될 수 있다

앞에서 방탄소년단과 빅히트엔터테인먼트를 오픈챔피언의 모델로 제시했지만, 오픈챔피언은 첨단기술이나 획기적인 콘텐츠가 있어야만 창업할 수 있는 것은 아니다. 다음 사례를 살펴보자.

〈사례〉

가난해서 초등학교도 졸업하지 못했던 25세 청년 구자관은 제대한 후 먹고살기 위해 걸레와 빗자루를 들고 건물 화장실 청소를 시작했다. 무일푼에 저학력으로 할 수 있는 일은 청소밖에 없었기 때문이다. 혼자 하기 버거워지면서 아주머니 2명을 고용했다. 회사에서 청소수주를 받기 위해서는 회사이름이 필요했는데, 대서소 할아버지가 사업을 하려면 신용, 신뢰, 사람 세 가지만 지키면 된다면서 '삼구'라고 정해줬다. 1968년 삼구아이앤씨의 전신인 삼구개발의 시작이었다.

이렇게 구멍가게로 시작한 청소사업이었지만 그나마 1980년대초에 화재가 나 모든 재산을 잃고 화상을 입어 자살까지 시도하는 위기에 몰렸다. 가까스로 위기를 추스르고 다시 시작한 사업에 빛이 든 것은 1986년 아시안게임을 계기로 국내기업과 빌딩, 식당등이 해외 관광객을 맞이하기 위해 청결에 신경을 쓰면서 청소주문이 크게 늘어나면서부터이다. 이때부터 도약의 발판을 마련해 매출이 크게 늘어나기 시작했지만 1997년 외환위기가 터지면서 일감이 끊겨 다시 위기를 맞았다. 구조조정이 불가피한 어려운 상황이었지만, 구대표는 한사람도 해고하지 않고 버텼다. 임직원들은 스스로 일을 찾아 나섰고 이에 감동한 구대표는 자신의 주식지분을 직원들에게 나누어 주었다. 이런 과정을 겪으면서 삼구는 위기를 극복하고 다시 성장하기 시작했다.

    2000년대 들어서는 대기업과의 거래를 대폭 늘리고 사업 영역을 기존의 청소업무에서 보안, 시설관리, 인력지원, 외식사업 등으로 확대했다. 그리고 2010년대에는 2012년 카타르 진출을 시작으로 2015년 미국, 2016년 중국, 2018년 베트남 등으로 잇따라 진출하여 글로벌 기업으로 도약하고 있다. 삼구아이앤씨는 2018년 기준 자회사 24개, 매출 1조 1639억원, 임직원수 3만명에 이르는 국내 최대 건물 종합관리회사로 성장했다.

    1968년 먹고살기 위해 나홀로 생계형으로 창업한 기업이 50년만에 매출 1조원, 임직원 3만명이 넘는 글로벌 기업으로 성장한 것이다. 어떻게 이런 성장이 가능했을까?

    첫째 기업내부에서 설립초기부터 모든 재무관리를 오픈하는 투명경영과 함께 직원을 존중하고 육성하는 오픈경영이 실행되었다. 삼구아이앤씨에서는 부하직원이라는 말을 쓰지 않고 전 직원들을 동료, 구성원이라고 칭한다. 허드렛일을 하는 아주머니도 정규직으로 채용하여 '여사님'

이라는 호칭으로 정중하게 대우한다. 명장제도를 도입하여 직종별 최고 전문가를 발굴, 육성하고, 업무의 표준화와 질 높은 서비스를 제공하여 고객으로부터 신뢰를 받고 장기간의 지속적 거래관계를 확보함은 물론 대기업으로까지 거래를 확대시킬 수 있었다.

둘째 기업외부로 열린 오픈경영이 실행되었다. 삼구아이앤씨는 단순한 인력 공급 및 지원에 머무르지 않고 기업의 비효율적인 부분을 과감히 축소정리하고 사업장에 맞는 새로운 최적의 운영기법을 제안, 고객사로 하여금 원가절감의 효과를 가시적으로 제공한다. 삼구는 "사람들이 갖고 있는 기술과 능력을 개발해 끊임없이 일을 찾아내는 일이야말로 첨단산업"이라고 하면서, 삼구는 단순한 아웃소싱업체가 아니라 새로운 사업 분야를 만들어내는 '아웃소싱 디자인 회사'라고 말한다. 열린 오픈경영은 해외로까지 확대되어 2025년까지 국내 5만명, 해외 5만명 등 10만명의 직원이 함께 하는 글로벌 아웃소싱 전문 기업으로의 도약을 꿈꾸고 있다.

셋째 이렇게 내부, 외부로 열린 오픈경영이 실행될 수 있었던 가장 큰 원동력은 창업자 구자관 대표의 오픈 마인드와 오픈경영이었다. 구자관 대표는 스스로를 '책임대표사원'이라는 명칭으로 부르고, 조직도에도 가장 아래에 위치시켜 다른 사원들이 업무에 전념하면서 생긴 문제의 모든 책임을 지는 역할을 수행한다. 직원 90%를 정규직으로 채용하고 회사 주식 절반을 직원들에게 나눠 이익을 공유한다. 기업경영은 오랜 경험을 쌓은 내부승진 직원이 담당하고 가족은 전혀 경영에 관여하지 않는다.

요컨대 삼구아이앤씨는 오픈 마인드를 가진 CEO가 내부와 외부로 열린 오픈경영을 통해 나홀로 시작한 생계형 창업을 직원 3만명, 매출 1조원이 넘는 글로벌 기업으로 성장시킨 오픈챔피언 모델의 또 하나의 사레이다.

　시작은 더없이 미약하였지만 이제는 수많은 일자리를 만든 글로벌 기업으로 성장한 삼구아이앤씨는 생계형 창업으로 시작해도, 좋은 기업을 만들겠다는 꿈을 갖고 어려움을 견디면서 끈질기게 배우고 혁신해나간다면, 독일의 히든챔피언을 뛰어넘는 오픈챔피언 기업이 될 수 있다는 것을 생생하게 보여주는 사례라고 할 수 있다.

책 속의 메시지

1등 기업은 기능을 이야기하지만 1등 기업은 문화를 이야기한다!
살아남는 기업들의 유일한 공통점은 '자기다움'을 만들고 지켜낸다는 것이다.
"모든 일은 정의를 내리는 데서 출발합니다. 스스로를 정의하지 못하면 정의당합니다"
"저희는 누가 진정 우리의 고객이고 그 고객을 어떻게 해야 즐겁게 해줄 수 있는지만 고민했습니다."
"한 명만 감동시키면 모두를 감동시킬 수 있습니다."
"자유가 아닌 자율, 관리보다는 관심"
"창업자인 저의 관심은 배민스러움을 차곡차곡 쌓아가는 일입니다."
　　　　　　　　　－「배민다움 : 배달의민족 브랜딩 이야기」 홍성태, 북스톤, 2016

정책의 설계와 집행은
창업 마인드로

    수십 차례에 걸쳐 수십조 원의 국민세금이 투입된 일자리 대책이 일자리 만드는데 거의 기여하지 못한 것으로 나타났다. 그런데도 일자리 대책 예산은 계속 늘어만 가고 있다. 지난 10년 동안 저출산대책 관련예산으로 150조 원 이상을 쏟아부었음에도 불구하고 출산율은 1명에도 이르지 못하는 최악의 성적표를 받았다. 새 정부가 들어설 때마다 규제개혁이 최우선의 국정과제로 강조되었지만 규제는 줄기는커녕 오히려 늘어나고 있다. 문제해결에 무력한 관료공화국의 안타까운 모습이다. 왜 이런 일들이 벌어지는 것일까? 몇가지 이유를 생각해보자.

    첫째 정책실행에 사용되는 돈이 내 돈이라고 생각하지 않는다. 정책실행에 들어가는 예산이 내 돈이라면 정책설계부터 실행에 이르기까지 눈에 불을 켜고 살펴보겠지만 내 돈이 아닌 국민세금이라면 긴장감이 높지 않다. 특히 정책실행에 사용되도록 책정된 예산이 사용되지 않을 경우 예산 자체가 없어지거나 삭감될 수 있기 때문에 연말이면 예산잔액 사용을 위한 밀어내기식 낭비가 이루어지는 경우도 적지 않다.

둘째 정책설계나 실행에서 리스크를 감수하려고 하지 않는다. 이해관계자의 반발이 예상되는 정책은 개입하려고 하지 않는다. 규제가 좀처럼 없어지지 않는 이유다. 기존의 정책으로는 성과가 없어서 새로운 발상이 담긴 정책이 필요할 때도 새로운 정책의 성과가 불확실하기 때문에 도입에 주저한다.

선례나 외국 사례가 없으면 논리적으로 아무리 타당한 정책이라도 도입되기 힘들다. 새로운 정책이라고 내놓는 것들은 기존에 있었던 정책을 데이터와 포장만 바꾼 것들이 많다. 그러니 새로운 정책도 성과가 나오기 어려울 수밖에 없다. 방대한 예산을 들여 수십차례에 걸쳐 발표되었지만 별다른 성과가 없었다고 평가받는 일자리 대책과 저출산대책이 대표적이다.

셋째 정책실행의 결과에 책임지지 않는다. 정책은 보통 5~10년의 기간에 걸쳐 실행된다. 그런데 정책담당자가 해당정책을 담당하는 기간은 길어봐야 2~3년에 불과하다. 순환보직으로 다른 업무로 옮겨가는 경우가 많기 때문이다. 대부분의 정책담당자는 다른 담당자가 맡았던 업무를 인계받아 다시 2~3년 맡아 일한다. 담당자의 목표는 정책을 통해 뚜렷한 성과를 내기보다는 실수 없이 업무를 수행하고 다음 담당자에게 인계한 다음 다른 업무로 옮겨가 경력 관리를 하는 것이다.

넷째 정책은 한번 만들어지면 좀처럼 없어지지 않는다. 원래 정책은 시장실패가 있는 곳에 이를 보정하기 위해 실행되는 것이다. 시장실패가 없어지면 정책도 필요없게 된다. 그러나 정책은 한번 실행되면 이해관계자가 생겨난다. 정책이 없어지면 이해관계자의 기득권도 위협을 받게 되어 반발이 생긴다. 한번 만들어진 규제가 좀처럼 없어지지 않는 이유다. 이해관계자에는 정책담당자도 포함된다. 정책이 없어지면 정책담당자 자신의 입지가 사라지는 것이기 때문에 정책의 필요성이 없어도 정책유지를 위해 전력투구한다. 그래서 기존의 정책과 조직은 그대로 있고 새로운 정책과 조직이 만들어진다. 정치학자 파킨슨이 말한 조직확대의 파킨슨법칙이다.

이상의 이야기는 한마디로 말하면 정부정책의 설계와 실행에서 시장원리나 기업가정신이 결여되어 있다는 것이라고 할 수 있다. 정부정책은 시장의 실패가 있는 곳에 그것을 보정하기 위해 도입되고 실행되는 것이다. 시장의 실패를 보정하기 위해 정부가 개입하지만 정부의 개입방식은 시장친화적이어야 한다. 그렇지 않으면 시장실패보다 더 큰 정부실패가 생겨 정부가 개입하지 않은 것보다 더 나쁜 결과가 생길 수 있다. 위에서 논의한 몇가지 현상 진단은 우리나라도 시장실패보다 정부실패가 더 클 수 있다는 가능성을 보여준다.

이런 상황을 바꾸기 위해서는 무엇을 어떻게 해야 할까? 무엇보다 첫째 정책운영과 조직운영에서도 기업가정신과 시장원리가 접목되어야 한다. 공무원도 창업 마인드와 기업가정신을 갖고 정책설계와 실행에 전력투구해야 한다.

창업자들은 적정수준의 리스크를 감수하면서 자기 책임하에 사업을 설계하고 전력을 다하여 운영하고 결과가 성공이든 실패든 책임을 진다. 정책도 사업이라면 당연히 이런 방식으로 운영되어야 하지 않겠는가? 창업국가가 되기 위해서는 정책의 설계나 운영도 창업자가 하는 것과 비슷한 방식으로 실행되어야 한다. 위에서 말한 정책의 문제점들도 새로운 정책 패러다임을 만든다는 창업자정신을 갖고 혁신할 필요가 있다.

둘째 정책실명제를 전면적으로 도입할 필요가 있다. 정책이 성과를 내려면 책임지고 실행하는 사람이 있고 그 사람이 누구인지가 명확해야 한다. 정책을 설계한 사람과 실행한 사람을 모두 실명으로 기록에 남겨야 한다. 자기 이름이 걸린 정책이라면 설계와 실행의 모든 단계에서 제대로 된 성과를 내기 위해 전력투구하지 않겠는가? 특히 정책을 설계한 사람이 정책이 종료되기까지 업무를 수행하도록 하면 전문성과 책임의식을 높여 보다 좋은 성과를 낼 수 있을 것이다.

셋째 정책 공개제도를 도입할 필요가 있다. 중요한 정책결정이 밀실에서 이루어지고 공개되지 않으면 정책설계와 실행과정에서 잘못이 있어도 시정하기 어렵고 도덕적 해이가 일어날 가능성이 크다. 따라서 정책과 관련된 의사결정은 특별히 보안을 필요로 하는 경우를 제외하고는 원칙적으로 공개되어야 한다. 의사결정과정 자체를 녹화하고 공개요구가 있을 때 공개하도록 하면 정책의 설계와 실행이 훨씬 더 투명하고 책임감 있게 이루어질 것이다. 전국으로 분산된 정책관련기관들이 화상회의로 정책을 논의하고 결정하고 실행하면 정책의 투명성도 높이고 이동에 따른 비효율성도 최소화하면서 정책성과를 크게 높일 수 있다.

넷째 정책총량제도 도입할 필요가 있다. 정책은 한번 만들어지면 없애기 어렵고 새로운 정책과 조직만 확대되는 경향이 있다. 파킨슨법칙이라고 불리는 현상이다. 이런 현상을 억제하기 위해서는 정책총량에 한도를 정할 필요가 있다. 예컨대 정책총량을 100개로 하고 새로운 정책을 하나 추가하려고 하면 기존의 정책 중 하나나 둘을 없애는 방식이다. 이런 제도가 도입되면 정책이 무한정 늘어나지 않을 뿐만 아니라, 각 정책의 담당자들이 자신이 맡고 있는 정책이 없어지지 않도록 최선을 다해야 하기 때문에 정책성과가 저절로 높아지는 부수 효과를 얻을 수 있다.

다섯째 예산 사용방식도 전면적으로 바꿀 필요가 있다. 지금까지는 책정된 예산은 사용하지 않으면 예산이 축소되기 때문에 예산소진을 위해 연말이 되면 필요하지 않은 곳에도 돈을 낭비하는 일이 적지 않았다. 자신의 돈이라면 이렇게 하겠는가? 앞으로는 예산도 소진하는 게 목표가 아니라 필요한 곳에만 쓰고 필요하지 않은 곳에는 절약하는 것이 보상을 받도록 운영방식을 전면적으로 바꿀 필요가 있다.

창업국가의 건설에 필요한 인프라 구축이나 사회안전망의 구축 등 예산이 필요한 곳은 넘친다. 이에 필요한 재원을 어디서 마련할 것인가? 불필요한 예산은 줄이고 필요한 예산을 늘릴 수 있는 시스템이 만들어지면 창업국가의 실현도 더욱 빨라지고 정책의 성과도 크게 높아지지 않겠는가?

지금까지 창업국가를 만들기 위한 정책 패러다임의 전환을 이야기했다. 이런 이야기를 하면 항상 나오는 반론이 있다. 다른 나라에서 이런 시도를 한 비슷한 사례가 있느냐는 것이다. 사례가 있다면 벤치마킹할 수 있지만 그렇지 않다면 아무리 논리적으로 옳은 이야기라도 실행이 어렵다는 것이다. 그러나 창업정신이란 유사 사례를 찾는 것이 아니라 새로운 사례를 창조하는 정신이다.

새로운 사례가 시장친화적이고 논리적으로 합당한 것이라면 다른 나라에 사례가 없더라도 과감히 도입해 운영하고 우리 스스로가 새로운 모델을 만들어 정착시킬 필요가 있다. 우리는 이제 남을 벤치마킹하기보다는 우리가 벤치마킹의 대상이 되어야 한다. 빠른 추격자 fast follower 가 아니라 최초 선도자 first mover가 되어야 한다는 것이다. 정책에서도 세계 최초의 혁신을 만들어내겠다는 창업정신이 필요하다.

창업자 어록

- 경제가 버려지고 잊혀진 자식이 되면 기업들은 어떻게 살아야 하나? 기업활동과 직간접적으로 연관된 국민들의 살림살이는 어떻게 해야 하는가? – 박용만 대한상공회의소 회장

- 혁신은 이전의 시스템을 파괴하기 때문에, 기존의 것을 지키기 위해 만들어진 법·제도와 부딪칠 수밖에 없다. 법과 제도를 잘 지키면서 혁신을 하는 것은 어려울 수밖에 없다. 법과 제도는 습관과 문화에 후행할 수밖에 없기 때문에, 일단 기업들에게 나와서 우선 해보고 이후 법과 제도에 반영하도록 해야 한다 – 이재웅 쏘카 대표

- 민간은 뛰고 있는데 여전히 정부의 속도는 그렇지 못하다. 지금처럼 급변하는 사회에 일률적인 정책을 사회 전체에 강요하는 것은 문제다. 청와대 참모들 중 저의 쓴소리를 불편해하는 사람들이 있다 – 장병규 4차산업혁명위원회 위원장

- 대통령은 혁신형 경제를 내세우지만 부처에서 제대로 지원 하지 못하고 있다. 혁신형 경제로 가려면 시스템을 포지티브 시스템에서 네거티브 시스템으로 바꾸는 것이 필요하다 – 고영하 한국엔젤투자협회 회장

- 기업가는 경제전쟁을 수행하는 사람이라고 할 수 있다. 전쟁에 이기려고 애쓰다 보면 작은 잘못을 저지르지 않을 수 없는데 사회는 큰 기여는 보지 않고 작은 잘못만 탓한다 – 변대규 휴맥스 창업자

책 속의 메시지

정부의 문화적 유전자를 바꿔야 한다!

국민들은 공무원과 정부의 변화를 강력히 원하고 있다. 세월호 사건을 통해 정부의 무능함을 새삼 확인했고, 이후에도 정책의 실패가 계속 이어지고 있기 때문이다. 국가 재정도 무너지고, 신뢰도 무너지고, 희망도 같이 무너지는 위기를 맞고 있다. 변화를 위해서는 우리 정부조직에 내재한 문화적 유전자를 바꿔야 한다. 일시적 처방이 아니라 근본적 치료가 필요하기 때문이다. 혁신의 키워드는 공유·개방·협력이다.

– 「대한민국 정부를 바꿔라 : 위기의 정부, 어디로 갈 것인가」 이창길외, 올림, 2015

창업국가의 비전과
목표를 명확히 하자

　　창업국가가 되기 위해서는 정부의 역할도 중요하다. 정부는 창업국가의 명확한 그림을 그리고 국민 개개인, 기업, 교육기관 등 다양한 참여 주체들이 각자의 역할을 적극적으로 수행할 수 있도록 공정한 운동장을 만들고 목표와 전략을 수립하여 공유하도록 하는 노력을 기울일 필요가 있다.

　　첫째 정부는 창업국가의 비전을 명확히 제시해야 한다. 박근혜 정부의 창조경제라는 용어가 얼마나 많은 논란을 겪었던가? 그것은 창조경제라는 용어 자체가 다양한 의미와 해석을 내포하는 애매모호한 말인 것에 연유한 바 크다. 문재인 정부의 국가비전도 소득주도성장 정책이 논란을 빚으면서 포용경제라는 용어를 사용하고 있지만 애매모호하다는 점에서는 마찬가지다. 창조경제나 포용경제와 같은 다양한 해석이 가능한 국가비전으로는 불필요한 논란만 야기할 뿐 대다수 국민이 이해하는 비전이 되기 어렵다. 국가비전은 알기 쉽고 단순명확하게 제시되어야 한다. 일자리를 만드는 창업국가, 얼마나 알기 쉽고 단순명확한가?

둘째 창업국가의 실현을 위해서는 당연히 창업주도성장이 되어야 한다. 논란이 많았던 소득주도성장은 달리 표현하면 (고용×임금) 주도성장이다. 여기서 어디에 중점을 두느냐에 따라 고용주도성장이 될 수도 있고 임금주도성장이 될 수도 있다. 임금주도성장이 이론적으로나 현실적으로 벽에 부닥쳤다고 한다면, 대안은 고용주도성장밖에 없다. 고용주도성장은 일자리 국가를 선언한 문재인 정부의 기조와도 부합된다. 그 일자리를 무엇으로 만들 것인가? 창업밖에 없지 않은가? 소득주도성장은 창업주도성장으로 명칭과 내용을 바꾸어야 한다.

셋째 창업주도성장의 목표를 명확히 해야 한다. 창업주도성장은 무작정 창업수를 늘리자는 것이 아니다. 살아남기 어려운 준비 안 된 창업, 생계형 창업이라면 오히려 줄여야 한다. 대신 성장해서 좋은 일자리를 만들 수 있는 준비된 창업, 혁신형 창업, 지식형 창업, 힘모아 창업이라면 대폭 확대시켜야 한다. 창업해서 적어도 30명 이상의 일자리를 만들 수 있는 창업전사 10만 명 키우기를 목표로 해야 한다. 10만×30명=300만 명의 일자리를 만들 수 있다면 평균수명 100세 시대가 와도, 인공지능 시대가 와도 모든 문제는 어렵지 않게 풀릴 수 있다.

넷째 창업국가의 비전과 목표는 부처조직에도 반영되어야 한다. 창업정책을 총괄하는 부처를 두고 창업이라는 말이 명확하게 부처 이름으로 들어가야 한다. 창업을 통한 고용창출이 중요한 만큼 창업고용부라는 명칭이 창업국가의 비전을 구현하는데 가장 적합한 용어일 수도 있다. 현재의 고용노동부는 고용을 하는 사용자 입장과 고용되는 근로자 입장이 상반되어 이해충돌을 일으킬 가능성이 크다. 따라서 창업을 통한 일자리 창출을 명확히 한다는 의미에서 창업고용부를 두고 고용노동부에서 노동부를 떼내어 따로 근로자의 권리보호에 집중하는 쪽이 논리적으로 현실적으로도 타당할 것이다. 중소벤처기업부 역시 창업과 고용 창출에 관한 업무는 창업고용부에 맡기고 중소벤처기업의 성장과 경쟁력 강화, 중소기업중심 경제구조 구축에 주력하는 쪽으로 업무재편을 하는 방안을 검토할 필요가 있다. 나아가 장관이나 유관 공공기관의 리더의 선정부터 경영평가에 이르기까지 공공 부문의 의사결정이나 운영과정 전체가 창업국가의 비전과 목표에 맞추어 이루어져야 한다.

책 속의 메시지

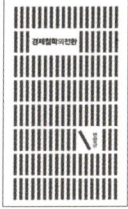

4차산업혁명 시대의 경제철학

저성장 장기 불황 시대에 접어든 우리 경제의 활로는 무엇인가?
이제까지 우리 경제정책의 기조였던 케인스식 금융 재정 중심의 단기 정책에서 벗어나 '슘페터식 혁신'으로 경제정책의 기본방향을 전환해야 한다. 4차 산업혁명 시대의 새로운 성장은 창의적인 기업가들이 '창조적 파괴'를 활발히 실행하여 새로운 수요를 창출할 때 가능하기 때문이다.
이러한 국가혁신시스템을 구축하기 위해서는 노동의 자유, 토지의 자유, 투자의 자유, 왕래의 자유라는 '4가지 자유'의 패키지 딜이 필요하다.

– 『경제철학의 전환』, 변양균, 바다출판사, 2017

창업지원 정책의
패러다임을 바꾸자

　창업국가가 되기 위해서는 정부의 창업지원 정책도 확 바꾸어야 한다. 첫째, 준비 안 된 창업에 대한 지원을 대폭 축소하고, 대신 준비된 창업에 대한 지원을 대폭 확대해야 한다. 청년창업이라고 해서 무조건 지원해서는 안 된다. 준비된 창업을 하는 청년이라면 적극적으로 지원해야 하겠지만 그럴듯한 아이디어로 포장만 잘 하는 청년 창업자라면 경계할 필요가 있다.

　문제는 준비됐느냐 아니냐를 어떻게 알 수 있느냐는 거다. 창업동아리 경험, 창업 교육훈련 이력, 창업경진대회 참가 이력, 제품이나 서비스 개발경력이나 판매경력 등 창업과 관련된 준비나 시행착오를 많이 했다는 것을 입증할 수 있는 예비창업자라면 지원을 받을 자격이 있다. 그러나 이런 창업준비에 관한 정보를 제시할 수 없는 창업자라면 보다 충실한 창업준비 정보를 제시할 수 있을 때까지 지원을 유예하는 게 좋다.

　시니어 창업지원도 마찬가지다. 오랜 경력을 살리면서 창업에 필요한 준비를 보여주는 창업자라면 지원을 받을 자격이 있다. 그러나 경력과 무관한 아이템으로 창업준비도 부실한 창업자라면 지원을 하지 않는 게 좋다. 요컨대 창업지원의 기준은 그럴듯한 아이디어나 창업 아이템이 아니라 창업준비의 정도를 보여주는 정보가 되어야 한다는 것이다.

둘째, 생계형 창업에 대한 지원을 대폭 축소하고, 대신 기술형 창업 혹은 지식형 창업에 대한 지원을 대폭 확대해야 한다. 기술형 창업 혹은 지식형 창업은 혁신형 창업이라고도 하는데, 생계형 창업과 혁신형 창업의 차이는 무엇인가? 그것은 한마디로 말하면 창업자의 역량의 차이다. 생계형 창업은 자신과 가족의 생계를 유지하는 수준으로 경영을 하겠다는 것이고, 혁신형 창업은 자신과 가족을 넘어 더 많은 사람을 고용하는 수준으로 경영을 하겠다는 것이다.

이러한 창업자의 역량의 차이는 흔히 기술이나 지식의 차이에서 생기는 것으로 생각하지만 반드시 그게 전부는 아니다. 탁월한 기술이 있어도 창업자의 능력에 따라 강소기업이나 중견기업으로 성장할 수도 있지만 영세기업에 머무르거나 부도기업이 될 수도 있다. 성공과 실패를 가르는 요인이 기술이 아니라 경영능력이라는 것이다. 따라서 혁신형 창업의 지원기준은 기술보다는 경영능력에 훨씬 더 큰 비중을 두어야 한다.

그런데 경영능력을 어떻게 평가할 것인가? 이것 역시 앞서 준비된 창업과 마찬가지로 창업준비와 시행착오의 이력을 통해 파악할 수밖에 없다. 변화속도가 너무 빨라 파악이 쉽지 않은 기술보다 창업자의 준비된 역량에 관한 정보를 평가하여 지원하는 것이 혁신형 창업의 확산과 정착에 훨씬 더 효과적일 것이다.

셋째, 나홀로 창업에 대한 지원을 대폭 축소하고 대신 함께 하는 창업에 대한 지원을 대폭 확대해야 한다. 우리나라에서 혼자 하는 창업은 얼마든지 자유롭게 할 수 있다. 그러나 함께 하는 창업은 동업 경험을 축적하지 못한 오랜 관행 때문에 제대로 이루어지지 않고 있다. 우리 창업 현실에서 꼭 필요하지만 잘 안 되고 있는 '시장의 실패'가 있는 곳이야말로 정책지원이 필요한 부분이다. 이를 위해 개별 창업에 대한 지원비중을 줄이고 동업 창업이나 협동조합 창업 등 함께 하는 창업에 대한 지원 비중을 대폭 늘릴 필요가 있다.

이렇게 창업지원이 준비된 창업, 혁신형 창업, 함께 하는 창업을 지원하는 쪽으로 방향을 바꾸면 우리나라 창업의 질은 획기적으로 좋아질 것이고 양질의 일자리도 많이 생길 것이다. 또 탄탄한 창업은 탄탄한 기업 성장으로 이어져 우수인재들이 몰려가는 강소기업, 중견기업이 다수 출현하게 될 것이다. 대기업 중심 경제구조는 강소기업 중심 경제구조로 바뀌고 대기업 중소기업간 격차 문제도 개선될 것이다. 창업현실을 바꾸는 창업지원 정책의 패러다임 전환으로 우리나라는 다시 한 번 도약의 기회를 갖게 될 것이다.

책 속의 메시지

이스라엘 전 총리 에후드 올베르트의 메시지
나는 한국의 독자들이 이스라엘의 성공이 정부의 잘된 정책에 의존했기 때문이라고 오해하지 않기 바랍니다. 우리는 그들에게 전혀 간섭하지 않았습니다. 그 점이 우리나라의 국가경영에 있어서 가장 잘한 일이라고 생각합니다. 국민들이 성공을 이루어낸 주연이 되도록 항상 그들의 이야기를 귀담아 듣고 격려했을 뿐입니다.

- 「창업국가 : 21세기 이스라엘 경제성장의 비밀」, 댄 세노르, 사울 싱어, 다할미디어, 2010

창업이 두렵지 않은
안전망을 만들자

창업은 왜 두려울까? 실패했을 때 헤어날 길 없는 나락에 빠진다는 공포 때문일 것이다. 이런 공포는 창업비용이 크게 하락한 디지털시대에는 더 이상 갖지 않아도 되는 것이지만 기존의 고비용 창업 패러다임에 사로잡혀 있는 많은 사람들은 여전히 창업을 두려워한다. 물론 업종에 따라서는 여전히 막대한 비용을 필요로 하는 창업도 있다. 또 예상하지 못했던 요인으로 인해 예상 외의 비용이 들어가는 경우도 있다. 이런 경우까지 포함하여 어떻게 하면 창업실패로 예상되는 타격을 최소화하여 창업을 두렵지 않게 할 수 있을까? 실패해도 회복할 수 없을 정도의 나락으로 빠지지 않고 다시 재도전할 수 있도록 해주는 창업안전망이 있다면 창업에 좀더 쉽게 도전할 수 있을 것이다. 그런 창업안전망으로는 어떤 것들이 있을까?

첫째 창업자가 실패의 부담 없이 창업에 도전할 수 있도록 창업자 연대보증을 없애야 한다. 연대보증은 과거 기업이 부도나기 전에 재산을 빼돌려 "기업은 망해도 기업인은 살아남는다"는 도덕적 해이를 방지하기 위해 창업자는 물론 창업자 가족이나 관계인까지도 채무책임을 지도록 한 제도이다. 그러다보니 창업에 실패하면 창업자 본인은 물론 주변 사람까지 나락으로 몰아넣는 제도로 창업을 기피하게 만드는 핵심요인으로 지적되어 왔다. 이 때문에 그동안 창업 활성화를 위해 연대보증 폐지의 필요성이 꾸준히 제기되어 왔다. 그 결과 현재는 정책 금융기관에서의 연대보증은 폐지되고 있지만 민간 금융기관은 대출부실을 우려하여 여전히 폐지에 소극적인 태도를 보이고 있다. 창업의 시대를 열기 위해서는 민간 금융기관도 창업자 입장에서 고위험 고비용의 담보나 연대보증에 의존하는 방식에서 창업자의 신용이나 경영능력을 중시하는 방향으로 평가시스템을 바꿀 필요가 있다.

둘째 창업자에 필요한 자금조달을 상환의무가 있는 융자중심 방식에서 상환의무가 없는 투자중심 방식으로 바꾸어갈 필요가 있다. 융자가 창업자의 담보나 연대보증을 중시한다면 투자는 창업자의 신용이나 경영능력을 중시한다. 융자 대신 투자가 활성화되려면 창업자의 신용이나 경영능력에 대한 정보가 투명하게 공개되어야 하고, 이러한 정보에 대한 평가의 전문성도 크게 높여야 한다. 이러한 인프라가 갖춰지기까지 시간이 걸리겠지만 민간 투자기관에 앞서 정책자금으로 공급되는 창업자금부터 융자에서 투자로 바꾸어 나간다면 추가비용 없이 창업 안전망을 빠른 속도로 구축할 수 있을 것이다.

셋째 창업 실패자의 재도전을 지원하는 정책의 재구축이 필요하다. 최근 창업 실패자의 재도전을 지원하기 위해 재창업 지원예산 등이 크게 확대되고 있다. 실패 기업인의 재도전을 지원하는 재도전종합지원센터도 전국에 설치되어 있다. 그런데도 불구하고 재도전 성공사례는 잘 나오지 않고 있다. 실패원인이 파악되어도 제대로 보완이 이루어지지 않고 보완이 이루어져도 제대로 지원이 이루어지고 있지 않는 경우가 많기 때문이다. 거친 사막을 자동차로 건너려는데 드라이버도 자동차도 부실하고 충분히 주유도 받지 못한 상태에서 출발하는 것과 비슷한 상황이다. 재도전 지원정책이 제대로 성과를 내기 위해서는 실패원인 진단→실패원인 보완→실패기업 지원의 일련의 프로세스가 지금보다 훨씬 체계적이고 충실하게 레벨업될 필요가 있다.

실패원인을 진단하여 부족한 부분을 보완하고 체계적인 지원으로 연결시키는 패자부활센터와 같은 전담조직도 검토할 필요가 있다. 이러한 조직에서 실패의 경험이 데이터베이스로 축적되고 실패원인에 대한 제대로 된 진단과 보완과 지원시스템을 통해 재도전 성공사례를 많이 만들어내면 창업자들은 더 이상 창업을 두려워하지 않고 과감히 도전하는 창업문화가 만들어질 수 있을 것이다.

넷째 최근 논의가 본격화되고 있는 기본소득제를 창업과 연동하여 운용할 필요가 있다. 기본소득제란 '재산이나 소득의 유무, 노동 여부나 노동 의사와 관계없이 사회 구성원 모두에게 최소생활비를 지급하는 제도'[15]로 정의되는데, 최근 인공지능에 의한 일자리 소멸 가능성과 연동하여 마이크로소프트의 빌 게이츠, 페이스북의 마크 저커버그, 테슬라의 일론 머스크 등이 도입 필요성을 주장하고 스위스, 핀란드 등에서 도입 실험을 하고 있다.

우리나라에서도 '다음' 창업자인 이재웅 대표가 도입 필요성을 주장하고 이재명 경기도 지사가 청년배당, 박원순 서울시장이 청년배당 등의 이름으로 청년을 대상으로 한 제도도입 실험을 하고 있다.

기본소득제는 자본주의 유지를 위한 수요창출과 양극화 개선을 위해 도입 필요성이 인정되지만 시행에 필요한 방대한 재원마련이 쉽지 않고 자산이나 소득이 많은 사람에게까지 줄 필요가 있느냐는 비판을 받고 있다. 이러한 문제점을 개선하고 기본소득제의 도입취지를 살리면서 가성비 높은 성과를 거두기 위해서는 기본소득제를 창업안전망으로 활용하는 방안을 생각해볼 수 있다. 예컨대 실업상태에서 창업교육을 받거나 창업활동을 하는 사람에게 창업도전 수당의 형태로 일정금액을 일정기간 지급하는 것이다. 이런 방식으로 기본소득제를 도입하면 창업에 따른 리스크를 줄이고 한정된 재원을 일자리를 만드는 창업활동에 투입하여 재원활용의 효율성을 높이면서 제도도입에 대한 비판을 완화하고 제도 정착의 가능성을 높여줄 것이다.

다섯째 창업경험이 취업걸림돌이 아니라 디딤돌이 되도록 기업의 채용제도와 공무원 채용제도를 창업친화적 방향으로 바꿀 필요가 있다. 현재 기업의 채용제도는 취업에 필요한 스펙을 갖춘 사람에게는 유리하지만 창업경험을 한 사람에 대해서는 조직에 대한 충성심이 의심되어 불리하게 되어 있다. 또 공무원 채용제도도 학과목 공부 위주의 시험중심으로 창업경험은 전혀 고려의 대상이 되지 못하고 있다. 공무원채용은 공개경쟁 채용시험 외에 민간경력자 채용제도도 있지만 여기서도 창업경험은 중시되고 있지 않다. 그러다보니 창업경험자는 실패시에도 갈 곳이 많지 않다. 창업경험이 경력발전의 디딤돌이 아니라 걸림돌이 되고 있는 것이다.

창업이 활성화되기 위해서는 창업경험이 기업가정신을 보여주는 소중한 자산으로 존중되어야 한다. 이를 위해 먼저 공무원채용의 민간경력자 채용에서부터 창업경력자의 비중을 대폭 높일 필요가 있다. 또 기업들도 채용기준에서 창업경험을 조직충성의 관점보다는 기업가정신의 관점으로 인식을 전환할 필요가 있다. 이를 통해 창업에 실패해도 받아주는 곳이 많은 창업 안전망이 확보된다면, 창업에 대한 두려움이 크게 완화되면서 취업과 창업의 세계를 자유롭게 넘나들며 창업의 신대륙을 적극적으로 개척해나가는 창업전사들이 곳곳에서 출몰하게 될 것이다.

책 속의 메시지

기본소득, 왜 절박해졌을까?

첫째, '알파고'로 상징되는 인공지능 기술의 발전과 그로 인한 일자리 감소 문제다.
둘째, 경제성장률의 저하와 양극화다. 성장 자체가 저조한 상태인데, 그마저도 '고용 없는 성장'이다. 게다가 그 성장 과실조차 소수에게 집중되는, 역사상 유례없는 불평등 세상을 맞이하고 있다.
셋째, 현행 복지 시스템의 붕괴다. 안정적인 소득을 가진 정규직 노동자가 다수고, 복지 대상자가 소수일 때 잘 돌아가는 복지 시스템이 이제 한계에 부딪쳤다. 점점 더 많은 이들이 노동시장에서 충분한 소득을 얻지 못하는 상황이다 보니 복지 대상자를 선별하는 데 쓰는 비용은 점점 더 늘며, 혜택을 받지 못하는 복지 사각지대도 더 커진다. 비용은 비용대로 더 드는데 효과는 없는 것이다..

- 『기본소득이 세상을 바꾼다 : 기본이 안 된 사회에 기본을 만드는 소득』
오준호, 개마고원, 2017

양질의 일자리
개념을 바꾸자

　일하는 사람이면 누구나 양질의 일자리를 원한다. 일자리를 가진 근로자 입장에서는 고용상태가 좋아지는 비정규직의 정규직화나 임금상태가 좋아지는 최저임금 인상은 무조건 좋은 일이다. 그러나 매일매일 생존의 위협에 놓여 있는 사용자 입장에서는 해고하기 어려운 정규직만을 고용하거나 생산성 향상이 수반되지 않는 임금인상은 감당하기 어려운 부담이 되어 고용을 기피하거나 최악의 경우에는 폐업을 할 수도 있다. 또 근로자들 사이에서도 비정규직의 정규직화에 따른 부담을 줄이기 위해 정규직에 임금양보를 요구하면 수용할 수 없다며 반발이 거세게 일어난다.

　이런 이해상충과 갈등을 해소하기 위해서는 무엇을 어떻게 해야 할까? 가장 시급한 일은 노사와 노노 간이 '양질의 일자리'에 관한 인식의 타협이 이루어져야 한다는 것이다. 일자리는 일자리의 질을 결정하는 핵심요소인 고용과 임금의 관점에서 생각하면 4가지 형태로 구분할 수 있다. 고용과 임금 모두 안정성이 높은 일자리, 고용의 안정성은 높지만 임금의 안정성은 낮은 일자리, 고용의 안정성은 낮지만 임금의 안정성은 높은 일자리, 고용과 임금 모두 안정성이 낮은 일자리. 이중 고용과 임금 모두 안정성이 높은 일자리가 양질의 일자리이고 고용과 임금 모두 안정성이 낮은 일자리가 열악한 일자리라는 것에는 모두 동의할 것이다.

문제는 고용과 임금 어느 한 쪽이 불안정한 일자리를 어떻게 볼 것이냐이다. 대부분의 사람들은 고용과 임금 양쪽 다 안정성이 높아야만 양질의 일자리라고 생각한다. 그런데 기업경영의 관점에서 생각해보면 고용과 임금을 함께 보호하는 방식으로는 무한경쟁시대에 살아남기 어렵다. 변화무쌍한 경쟁환경에 유연하게 대응하기 위해서는 고용과 임금 어느 한 쪽은 유연해질 필요가 있다. 고용보호가 강력하면 임금의 유연성이 높고 임금보호가 강력하면 고용의 유연성이 높아야 기업경영이 가능하다.

이런 관점에 선다면 고용과 임금 어느 한쪽만이라도 안정적이면 양질의 일자리라고 생각할 수 있고 기존의 양질의 일자리 개념을 전면적으로 바꿀 필요가 있다. 양질의 일자리 개념을 고용도 임금도 보장되는 일자리로 정의하면, 정의상 소수일 수밖에 없는 한계에서 벗어나 다수의 근로자에게 실질적인 혜택을 줄 수 있는 새로운 양질의 일자리 개념의 구축이 필요하다는 것이다. 그리하여 고용과 임금의 안정성이 모두 높은 일자리만이 아니라 고용의 안정성은 낮아도 임금의 안정성이 높거나 반대로 임금의 안정성은 낮아도 고용의 안정성은 높은 일자리도 양질의 일자리에 포함시킬 필요가 있다. 이런 일자리의 대표모델로는 전자는 기간제 교사로 이미 광범위하게 시행되고 있고, 후자는 '광주형 일자리'라는 이름으로 자동차산업에서 실험단계에 있다.

고용과 임금 중 어느 쪽이 안정적인 게 바람직한가? 인공지능 등의 기술혁신이 기하급수적 형태로 발전하여 직장과 직업의 변동이 격심해지는 상황에서는 고용의 안정성은 기대하기 어렵다는 냉엄한 현실을 고려한다면, 근로자 측은 임금의 안정성을 택하는 전략이 현실적이다. 그렇다면 일자리 정책의 바람직한 방향은 분명해진다. 고용은 보장되지 않지만 일하는 동안만큼은 제대로 보상을 받는 기간제 교사와 같은 일자리 모델을 정착시키는 것이다. 기업에게는 해고와 고용을 할 수 있는 고용의 유연성을, 근로자에게는 일한 만큼의 대가를 정당하게 지불하는 임금의 안정성을 주는 모델이다. 비정규직의 정규직화와 같은 지속가능하지 않은 방안을 추진하기보다는 비정규직의 대세화를 현실로 인정하고 비정규직의 고용가능성과 임금안정성을 어떻게 높일까를 고민하는 것이 훨씬 더 현실적인 대책이라는 것이다.

임금안정성은 어떻게 높일 것인가? 최저임금인상? 기업의 지불여력이 충분하고 혁신성장을 통한 고용창출이 원활히 이루어져 고용이 줄어들지만 않는다면 생각해볼 수 있는 대안이다. 그러나 우리나라는 영세자영업자 비율이 매우 높아 지불여력이 취약하고 혁신성장의 부진으로 최저임금 인상으로 인한 고용감소를 상쇄할 만큼의 고용창출이 이루어지지 않았다. 이런 상황에서 최저임금 인상은 당연히 고용감소로 이어질 가능성이 크고, 일자리를 잃은 사람들은 고용도 임금도 잃어버려 이전보다 더욱 열악한 처지가 되어버린다.

고용감소 없이 임금의 안정성을 확보하려면 생산성 향상이 수반되어야 한다. 생산성 향상은 기업의 생산성 향상과 근로자의 생산성 향상이 함께 이루어져야 한다. 전자는 기업 혁신이고 후자는 근로자 혁신이다. 혁신성장은 새로운 일자리를 창출하는 창업과 기업 혁신, 근로자 혁신이 이루어질 때 가능한데 이에 대한 명확한 비전과 전략 없이 비정규직의 정규직화와 최저임금인상만 너무 빠른 속도로 밀어붙이다보니 엇박자가 생기게 된 것이다.

이상의 논의를 바탕으로 양질의 일자리 개념의 전환과 실행가능한 노동시장 유연화 방안을 요약정리해보면 다음과 같다.

첫째 양질의 일자리 개념을 고용 & 임금에서 고용 or 임금으로 전환한다.

둘째 다가오는 인공지능시대, 긱 경제시대에는 고용 or 임금 중에서 고용유연성+임금안정성의 길을 선택해야 한다.

셋째 임금안정성은 생산성 향상과 연동하여 이루어져야 한다.

넷째 생산성 향상을 위해서는 기업 혁신+근로자 혁신이 필요하다

다섯째 정부정책은 창업을 통한 일자리 창출+기업 혁신+근로자 혁신, 즉 혁신성장의 지원에 집중되어야 한다.

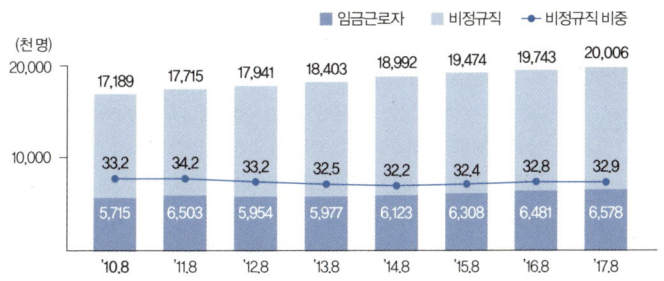

출처: 통계청, 「2019년 8월 경제활동인구조사 근로형태별 부가조사 결과」

여섯째 고용안정성을 높이는 정책, 예컨대 비정규직의 정규직화, 정년연장 등은 더 이상 추진해서는 안 된다. 임금과 생산성을 연동시키는 임금체계혁신 등의 노력은 적극 추진되어야 한다.

일곱째 대기업과 공공기관 근로자의 창업지원을 통한 중장년 고용축소 및 고용유연화에 주력해야 한다. 이것은 경력형 창업을 통한 일자리 창출의 길이기도 하다.

> **국제노동기구 ILO에서 정의하는 '양질의 일자리 decent work'**
> 1. 생산적인 일을 할 수 있는 기회가 제공되고
> 2. 공정한 임금을 받으며
> 3. 고용이 보호되고
> 4. 가족을 위한 사회적 보호장치가 있으며
> 5. 자기개발과 사회적 통합을 위한 보다 나은 전망이 있으며
> 6. 관심사를 표현할 자유가 보장되고
> 7. 개인의 삶에 영향을 미치는 결정을 내리고 그에 참여할 수 있으며
> 8. 남녀가 평등한 기회와 대우를 받는 일자리

책 속의 메시지

정규직이 사라져 가는 시대!

프리랜서, 독립계약자, 임시직 등의 대안적 근로형태를 일컫는 '긱 경제gig economy'가 대세다. 〈이코노미스트〉는 "10년 후 세계 인구의 절반이 프리랜서로 살아가게 될 것"이라고 했다. 이렇게 '직장이 없어지는 시대'는 누군가에게는 자유와 유연성, 경제적 이익이 보장되는 삶이고, 또 누군가에게는 실업에 대한 차악의 선택일 뿐이다.

－『직장이 없는 시대가 온다 : 경제적 자유인가, 아니면 불안한 미래인가』
새라 케슬러, 더퀘스트, 2019

공정사회, 오픈사회 되어야 창업국가로 가는 길이 열린다

취업준비생이라면 누구나 가고 싶어하는 대기업이나 공공기관의 채용이 실력이 아니고 힘 있는 사람들의 전화 한통으로 결정된다. 채용비리가 확인되어도 채용을 부탁한 힘 있는 실세는 법망을 피해간다.

거래를 트기 위해 요청받은 기술개발자료를 대기업에 제출했더니 그 대기업은 다른 하청 거래기업에 그 자료들을 넘기거나 일부 내용만 바꿔 자신들이 개발한 것으로 한다. 피해를 입은 중소벤처기업이 기술탈취소송을 내면 거래를 끊고 망할 때까지 괴롭힌다.

판사, 검사를 지낸 전관 변호사의 전화 한 통으로 유죄가 무죄가 되고 무죄가 유죄가 된다. 전화건 전관은 1년에 수십억 원의 수임료를 챙기고 법을 만드는 국회의원이 된다.

수십억에서 수천억 원에 이르는 예산을 사용하는 공공기관의 기관장이 정권실세와 친하다는 이유만으로 결정된다. 자기편의 사람을 임명하기 위해 블랙리스트나 체크리스트를 만들기도 한다.

공정거래질서를 만드는 책임을 가진 부처가 '고시 출신은 연봉 2억 5000만 원, 비고시 출신은 연봉 1억 5000만 원' 등의 가이드라인까지 제시하면서 기업을 압박해 퇴직 간부들을 재취업시킨다. 재취업한 간부는 해당기업의 불공정 거래행위를 덮어주는 로비를 한다.

불공정한 사회의 몇 가지 대표사례들이다.

왜 이렇게 불공정한 거래가 만연되어 있는가? 불공정 거래를 통한 부당이득은 매우 큰데 이런 부당이득을 감시하고 제재하는 시스템은 거의 마련되어 있지 않기 때문이다. 이런 불공정한 사회에서라면 경쟁이 공정하게 이루어져도 성공이 쉽지 않은 창업에 뛰어들려고 하는 사람이 얼마나 되겠는가?

불공정한 사회는 기회를 차단한다. 설령 기회를 잡았다 해도 불공정한 사회에서는 성공할 수 있다는 보장이 없다. 공정한 경쟁을 압도하는 이권이나 편법이 끼어들 여지가 많기 때문이다. 그런 의미에서 불공정한 사회는 창업을 죽이는 사회다.

불공정 거래는 어떻게 이루어지고 지속되는가? 모든 사람에게 오픈된 장에서는 불공정 거래가 이루어지기 어렵다. 불공정 거래에 대한 감시와 제재가 이루어지기 때문이다. 불공정 거래는 대부분 오픈되지 않은 은밀한 곳에서 이루어지는 경우가 많다. 감시와 제재가 없으니 도덕적 해이, 갑질, 유착, 담합, 독불장군식 경영, 사익편취 등이 거리낌없이 행하여진다. 따라서 이런 불공정 거래를 없애려면 거래과정을 모두 기록하고 공개하도록 할 필요가 있다.

논란이 많은 공공기관 낙하산 인사를 예로 들어 살펴보자. 공공기관

기관장을 낙하산 방식으로 채용할 수는 있다. 국정철학을 공유하고 전문성을 갖고 있다면 내부 이해관계에서 자유롭지 않은 내부인사보다는 외부인사가 보다 합리적이고 개혁적으로 운영할 수 있는 측면이 있기 때문이다. 정부가 그런 외부인사를 기관장으로 선택하고 싶다면 공모과정에 추천할 수는 있다. 그러나 정부의 역할은 딱 거기까지다. 자유공모를 통해 응모한 후보자들의 심사는 심사위원들의 판단에 전적으로 맡겨야 한다. 심사위원들의 심사과정은 CCTV로 기록해 남기면 된다. CCTV로 기록된다는데 외부입김에 좌우되어 소신 없이 무책임하게 심사할 심사위원들이 있을까? 낙하산 인사가 '내로남불' 논쟁이나 블랙리스트나 체크리스트를 만드는것 같은 구시대적 행태에서 벗어나려면 누가 봐도 납득할 수 있는 시스템을 마련하면 된다. 심사과정을 기록하여 언제든 공개될 가능성에 대비하여 책임 있는 논의를 하게 만드는 CCTV가 바로 그러한 시스템이다.

수십억 원에서 수천억 원까지의 예산이 소요되는 정책결정과 실행과정도 깜깜이 블랙박스다. 누가 어떤 논의를 거쳐 정책을 결정했는지, 정책은 어떤 방식으로 집행되고 있는지, 정책은 어떤 성과를 내고 있는지 아무런 정보가 없다보니 천문학적인 혈세가 묻지마 지원형태로 낭비되고 있고 잘못되어도 책임을 물을 방법도 없다.

만약 정책결정과 실행과정이 모두 기록된다면 어떤 일이 벌어질까? 가장 먼저 정책결정과 실행과정의 도덕적 해이가 사라질 것이다. 기록이 공개되면 처벌될 것이 뻔한데 도덕적 해이의 행동을 저지를 만큼 간 큰 사람은 거의 없을 것이기 때문이다. 또 정책결정과 실행과정이 훨씬 더 진지해지고 원래의 정책취지에 부합하는 방향으로 진행될 것이다. 기록

속에 누가 책임자인지를 명확히 알 수 있어 국민의 세금을 허투루 쓰고 공무수행에 무책임한 사람은 제재를 받을 가능성이 크기 때문이다.

도덕적 해이가 없어지고 정책의 목적을 달성하기 위해 담당공무원이 진정성을 발휘한다면 정책의 성과는 당연히 좋게 나오지 않겠는가? 창업과 중소벤처기업을 지원하는 정책도, 창업과 중소벤처기업의 성장에 걸림돌이 되는 규제를 개혁하는 정책도 지금보다 훨씬 더 좋은 성과를 낼 수 있을 것이다.

이렇게 될 수 있도록 무엇을 어떻게 하면 좋을까? 대통령이 딱 한 가지 지시만 내리면 된다. 앞으로 모든 정책결정회의는 기록으로 남기고 고도 보안사항을 제외하고는 모두 공개하라고. 그리고 서로 멀리 떨어져 있는 기관끼리의 정책협의는 화상회의로 하라고.

한 마디로 말하면 정책결정과 실행과정을 모두 투명하게 기록하고 공개하라는 것이다. 화상회의를 통한 정책협의는 정책결정과 실행의 투명성을 획기적으로 제고할 뿐만 아니라, 지역균형발전을 위해 전국 각지로 분산된 정책기관간의 커뮤니케이션 효율성 제고를 위해서도 필수불가결하다. 세종시 공무원들이 정책협의를 위해 서울을 오고가며 낭비하는 시간과 비용의 비효율성 문제도 화상회의로 간단히 해결할 수 있다.

우리 사회의 오랜 적폐인 정책결정과 실행과정의 도덕적 해이를 방지하고 정책성과를 획기적으로 높일 수 있는 이런 간단한 해법이 있는데도 실행되지 않는 이유는 무엇일까? 그것은 기록과 공개가 기득권을 위협하는 최대의 위험요인이기 때문이다.

공공기관 채용비리의 추악한 실상이 공개된다면?

황제경영과 갑질경영의 실상이 공개된다면?

수십억 원의 전관예우 수임료 내역이 공개된다면?

복마전같은 낙하산 인사의 실상이 공개된다면?

엄청난 이권이 걸려있는 정책결정과정이 공개된다면?

기득권자들의 입장에선 절대 용납해서는 안 될 일들이다. 그러나 촛불을 들었던 대다수 국민들은 간절히 원했던 바람들이다. 그렇다면 촛불정신을 대변한다고 하는 문재인 정부는 이러한 바람을 실행에 옮겨야 하지 않겠는가?

문재인 대통령은 취임사에서 "기회는 평등하고 과정은 공정하고 결과는 정의로울 것이다"라고 말했다. 공정한 사회가 되려면 기록과 공개가 필수불가결하다. 공정사회가 되려면 오픈사회가 되어야 한다. 특히 국민의 삶에 커다란 영향을 미치는 정책결정 및 실행과정과 공공기관 리더의 결정과정은 반드시 오픈되어야 한다. 그것은 적폐청산을 위한 시스템적 해법이기도 하고 촛불정신을 구현하라는 국민의 준엄한 명령이기도 하다. 오픈사회를 통해 공정사회가 되면 창업 DNA가 내재된 우리나라 사람들은 기회를 찾아 저절로 일을 벌일 것이다. 오픈사회가 되어야 공정사회가 될 수 있고 공정사회가 되어야 창업국가가 될 수 있다.

책 속의 메시지

투명국가, 오픈국가, 협력국가 핀란드

핀란드는 어느 분야든 투명성과 공개주의가 절대 원칙이다. 세금도 옆집 납세내역부터 집행과정까지 모두 투명하게 공개되어 누구든 언제든 열람할 수 있다. 핀란드 사람들은 또한 어릴 적부터 열린 마음으로 협력하는 것을 배우며 성장한다. 열린 마음은 열린 사회를 만든다. 투명하고 열린 정부 역시 당연히 따라온다. 투명사회에서는 한국사회처럼 공무원 비리, 눈먼 돈, 편법, 불공정 같은 단어는 발붙일 곳이 없다.

- 「핀란드에서 찾은 우리의 미래」, 강충경, 맥스미디어, 2018

물꼬만 트이면 고인물은
폭포로 바뀔 수 있다

 일자리가 크게 부족한 나라, 저출산공화국, 스펙공화국, 꼰대공화국, 마초공화국, 재벌공화국, 부동산공화국, 규제공화국 등의 많은 문제를 안고 있는 나라. 이런 문제를 개선하기 위해 한국은 일자리 국가, 창업국가를 만드는 것이 무엇보다 중요한 과제가 되었다. 그러나 창업현실을 보면 준비 안 된 창업, 생계형 창업, 나홀로 창업으로 생존도 성장도 쉽지 않고 일자리도 제대로 만들지 못하고 있다. 이런 현실을 극복하고 우리나라는 창업국가가 될 수 있을까? 먼저 우리나라가 창업국가가 될 수 있는 잠재적 자원으로 무엇이 있는지 살펴보자.
 첫째 우리나라에는 창업을 경험한 사람들이 많다. 현실의 창업에 문제가 많은 것은 사실이지만 창업을 해본 사람은 안 해본 사람에 비해 창업국가로 가는 마라톤에서 적어도 몇 킬로미터는 앞서 있는 사람이다. 다만 준비되지 않은 창업이다보니 도중에 주저앉아 앞으로 못가고 있을 뿐이다. 이런 창업 경험자에 마라톤의 결승점까지 완주할 수 있는 동기부여와 기회와 전략을 줄 수 있다면 창업국가의 실현은 한층 빨라질 수 있을 것이다.

둘째 우리나라 발전의 원동력인 '극성 DNA'는 창업국가로 가는 길에서도 강력한 힘을 발휘할 수 있다. 끝장을 볼 때까지 앞뒤 가리지 않고 저돌적으로 돌진하는 극성 DNA는 우리나라의 독특한 기업가정신이라고 할 수 있다. 문제는 이 극성 DNA가 창업에서는 준비 안 된 창업, 생계형 창업, 나홀로 창업의 저수지에 갇혀있다는 것이다. 만약 이 극성 DNA 저수지의 물꼬가 터져 준비된 창업, 지식형 창업, 힘모아 창업의 길로 향한다면 저수지의 물은 폭포로 바뀌어 주변의 모습을 모두 바꿔놓을 수 있다. 일자리 없는 '헬조선'의 황량한 모습이 일자리 넘치는 창업국가의 모습으로 바뀔 수 있다는 것이다.

셋째 우리는 심각한 일자리 부족과 양극화 심화의 문제에 시달리고 있다. 사실 이 문제는 우리나라만의 문제는 아니다. 전 세계의 많은 나라들이 이미 직면하고 있는 문제이고 향후 도래할 인공지능시대에는 더욱 더 심각해질 문제들이다. 위기는 잘 극복해서 보다 좋은 길로 갈 수 있다면 기회가 될 수도 있다. 우리는 그런 면에서 기회가 될 수 있는 위기에 직면해 있다. 우리나라가 이 책에서 말하는 것처럼 창업국가를 통해 일자리 부족과 양극화 심화 문제를 극복할 수 있는 새로운 모델을 제시할 수 있다면 우리나라 문제의 해결은 물론 공통적인 문제를 겪고 있는 다른 나라에도 좋은 모델이 될 수 있을 것이다.

이렇게 하여 우리나라의 창업국가 모델은 창업 한류를 만들어낼 수도 있다. 우리나라는 전쟁 폐허국에서 60여 년이라는 짧은 기간동안에

산업화, 민주화, 정보화라는 어려운 과제를 모두 성공시키고 선진국에 진입한 세계사에 유례없는 저력의 나라이다. 모두가 무에서 유를 만들어 내는 극성 DNA 덕분이었다. 그래서 많은 개도국들에 희망을 주고 벤치마킹의 대상이 되고 있다.

창업국가 모델도 무에서 유를 만들어내는 작업이다. 지금까지 그래왔던 것처럼 이 작업도 극성 DNA를 가진 우리라면 충분히 해낼 수 있다. 창업국가 모델인 한국을 찾아 전 세계에서 많은 사람들이 벤치마킹하러 오는 모습을 머릿속에 그려보면서 조동화 시인의 시 한편으로 글을 맺는다.

나 하나 꽃피어

나 하나 꽃피어
풀밭이 달라지겠냐고
말하지 말아라

네가 꽃피고
나도 꽃 피면
결국 풀밭이 온통
꽃밭이 되는것 아니겠느냐
나하나 물들어

산이 달라지겠냐고

말하지 말아라

내가 물들고

너도 물들면

결국 온 산이 활활

타오르는 것 아니겠느냐

책 속의 메시지

세계가 놀란 한국의 기적, 또 한 번의 기적을 위하여!
한국은 어느 기준으로 보더라도 선진국이다. 삼성전자 스마트폰은 세계 1위이고, 세계 TV시장에서 한국제품 점유율은 46%이고, 4차산업혁명 시대 '산업의 쌀'이라 불리는 반도체는 한국 기업이 23%를 생산하고 있다. 한국의 1인당 국민소득은 3만 달러를 넘어섰고 고등교육 이수 비율은 OECD 평균과 10% 포인트 가량 차이가 날 만큼 월등하고 G20 국가가 되었다.
그러나 문제도 적지 않다. 청년층의 기업가정신은 세계 최하위 수준이고 출산율은 세계 최저이고 고령화는 가장 빠른 속도로 진행되고 있다. 기업가정신을 되살려 재도약하기 위해서는 미국이나 이스라엘 등 창업 강국과 같이 실패해도 얼마든지 재기할 수 있고 성공에 큰 보상이 약속되는 시스템을 구축할 필요가 있다. 정부 간섭이나 개입은 최소화되어야 한다. 이 과정에서 갈등은 '용서와 화해'를 통해 긍정과 융합의 에너지로 바꿔야 한다.
  - 『우리가 모르는 대한민국 미라클 코리아 70년』, 장대환, 매일경제신문사, 2019

나가는 말

우리 앞에 놓인 두갈래 길
창업코리아·성장코리아 vs 실업코리아·송장코리아

미래에 대한 의견이 분분하다. 전 세계적으로 저성장이 고착화되는 뉴노멀 시대의 도래를 주장하는 사람이 있는가 하면 기술혁명을 통해 새로운 성장이 시작되는 4차산업혁명 시대를 이야기하는 사람도 있다. 또 인공지능 등의 발전으로 대부분의 일자리가 사라질 것이라고 말하는 사람이 있는가 하면 새로운 산업이 생겨 일자리 걱정은 기우라고 말하는 사람도 있다.

우리나라에 대해서도 일본형 장기불황이나 제2의 경제위기가 다가오고 있다고 경고하는 사람이 있는가 하면, 예고된 위기는 오지 않는 경우가 많고 위기를 기회로 활용해 한 단계 더 발전할 수 있으리라는 희망적인 관측을 내놓는 사람도 있다.

어느 쪽 말이 맞을까? 결론부터 이야기하면 어느 쪽 말도 맞다. 미래는 정해진 것이 아니라 만들어가는 것이기 때문이다. 낙관적 시나리오와 비관적 시나리오의 차이는 무엇에 의해 생기는가? 그것은 한마디로 말하면 기업가정신이다. 기업가정신이 발휘되면 저성장도 극복할 수 있고 일자리도 만들 수 있고 제2의 경제위기도 극복할 수 있다. 반대로 기업가정신이 죽으면 저성장을 넘어 마이너스성장이 될 수 있고, 일자리가 사라져 사회가 붕괴될 수 있고 제2의 경제위기가 현실화될 수 있다.

우리 앞에도 두 갈래 길이 놓여 있다. 하나는 창업전사들이 넘치도록 좋은 일자리를 많이 만들고, 청년들은 밝은 미래를 기대하고, 중장년들은 노후를 걱정하지 않고, 기업들은 몽골기병처럼 전 세계를 무대로 뛰어다니는 나라. 창업코리아, 성장코리아로 가는 길이다.

또 하나는 열악한 일자리도 찾기 어려워 실업자가 넘치고, 청년들은 '헬조선'을 외치며 절망하고, 중장년들은 노후대책을 마련하지 못해 빈곤의 나락에 빠지고, 기업들은 패잔병처럼 투지를 잃고 좁은 국내시장에서만 서로 아옹다옹 싸우는 나라. 실업코리아, 송장코리아로 가는 길이다.

이중 어느 길을 선택할 것인가? 답은 묻지 않아도 명확하다. 그런데도 우리는 두 갈래 길에서 멈칫거리고 있다. 실업코리아·송장코리아의 그림자가 이미 길게 드리워지고 있는데도 불구하고, 창업코리아·성장코리아로 가는 길에 뛰어들기를 주저하고 있다. 막연하게 위기가 온다고 느끼고 있지만 당장 불똥이 떨어지는 위기가 아니다보니 대응이 굼뜨다. 서서히 데워지는 물속에서 삶아지고 있는 개구리 꼴이다.

세상은 기하급수적으로 바뀌고 있다. 인공지능 시대가 되면서 하루가 다르게 일자리가 사라지고 직무가 변하는 세상이 되고 있다. 살아온 시간보다 살아갈 시간이 더 많이 남아있는 평균수명 100세 시대가 되면서 모두가 일생에 한번 이상은 창업을 해야 하는 세상이 되고 있다. 인공지능 시대와 평균수명 100세 시대에 우리가 할 수 있는 일은 인공지능이

할 수 없는 일을 찾아 일자리를 만드는 것, 달리 말하면 창업밖에 없다. 그리하여 앞으로의 세상은 창업을 한 사람과 그렇지 않은 사람으로 양극화되는 시대가 될 것이다. 또 창업을 나라정책의 중심에 둔 나라와 그렇지 않은 나라로 양극화되는 시대로도 될 것이다.

머지 않은 미래에 다가올 이런 상황에 대비하여 우리는 어떤 준비를 하고 있는가? 초등학생들은 입학 때부터 경쟁하는 법만 배우고 꿈과 아이디어와 사람의 힘을 모으는 창업훈련은 대학교를 졸업할 때까지도 제대로 배우지 못한다. 실시간으로 통역해주는 앱이 나오는데, 몇 십 년 공부해도 버벅대는 영어공부에 목을 매고 있다. 수십만 명의 청년들은 공무원 시험을 보겠다고 공시촌에서 케케묵은 공부를 하고 있다.

대기업이나 중소기업에 가는 사람도 창업의 꿈을 가진 사람은 많지 않다. 대기업은 급여가 많아서, 중소기업은 대안이 없어서 갈 뿐 기업경력을 창업훈련 기간으로 생각하는 사람은 드물다. 그러니 기업에 몇십 년 근무해도 주어진 일만 할 뿐 스스로 새로운 일을 만들어본 경험이 없어 자녀나 청년에게 창업을 권유할 만한 용기도 능력도 갖고 있지 못하다. 오랫동안 축적한 경험과 네트워크를 살려 다른 사람에게 일자리를 주어야 할 사람들이 스스로의 일자리조차 지키지 못하고 초라한 노년을 맞는 경우가 많다. 엄청난 국민세금이 들어가는 정부의 일자리 대책도 민간의 일자리는 늘리지 못하고 공무원 일자리만 늘리고 있다.

이제 현실을 냉철하게 인식하고 서둘러야 한다. 우리의 마인드, 시스템, 정책 모두를 창업중심으로 바꾸어야 한다. 지금까지는 대기업이나 공무원 취업에 목을 매는 취업경제, 취업사회였다면, 앞으로는 기존의 얼마 되지 않는 일자리 대신 새로운 일자리를 만들어 자신과 남에게 일자리를 줄 수 있는 창업경제, 창업사회를 만들어야 한다.

청년의 꿈이 공무원이 아니라 창업자인 나라, 중소기업에 가는 이유가 대기업에 못가서가 아니라 창업훈련을 하기 위해서라고 말하는 나라, 창업훈련이나 창업경험이 최고의 스펙이 돼 온국민이 창업교육에 몰두하는 나라, 교육도 연구도 창업이 궁극적 목적이고 학교기업을 통해 창업을 훈련하고 일자리도 창출하고 재정도 넉넉해지는 학교들로 넘치는 나라, 나라정책이 부실 대기업 살리기가 아니고 혁신 창업기업 가꾸기에 올인해 있는 나라, 한마디로 창업코리아를 만들어야 한다.

이를 위해 먼저 청년 세대, 386 세대, 베이비부머 세대 모두 평균수명 100세시대, 인공지능 시대에는 취업마인드로는 더 이상 생존이 어렵다는 현실을 직시하고 창업 마인드로 DNA를 바꾸어야 한다.

언젠가 일생에 한번 이상은 창업해야 한다고 한다면 준비는 빠르면 빠를수록 좋다. 가훈을 창업으로 하여 유아 때부터 창업 마인드를 키우고 초등학교 때부터 창업교육을 의무화해야 한다. 엄마들이 사교육을 창업교육으로 할 수 있도록 기업과 공무원의 채용기준에서 창업교육과 창업경험을 최우선에 두어야 한다. 채용기준이 바뀌면 교육기관의 커리큘럼은 자동적으로 창업중심으로 바뀔 것이다. 또 새로운 채용기준으로 선발된 정책담당자는 창업 마인드로 무장하여 창업을 옥죄는 규제개혁에 앞장설 것이다.

이렇게 되면 청년들에게도, 386 세대에게도 베이비부머 세대에게도 좋은 일자리가 넘치는 창업국가, 일자리 국가는 저절로 되지 않겠는가? 해외에서도 일자리를 찾아, 혹은 창업국가 한국을 벤치마킹하기 위해 사람들이 몰려오지 않겠는가? 활기 넘치고 행복한 창업코리아, 성장코리아의 미래를 기대하면서 글을 맺는다.

주석

1장. 왜 창업인가?

1. 「말라버린 젊은 일자리… 청년 취업자 '세 번의 눈물'」 조선일보, 2019. 7. 17
2. 「"우리 아들만 보고 살았는데…" 외아들 잃은 부모는 절규했다」 한겨레신문, 2018. 12. 13
3. 「"삼식씨 이젠 그만 좀"… 중년 남성 퇴직자, 천덕꾸러기 취급받지 않으려면?」 동아일보, 2018. 7. 23
4. 「자영업에 내몰린 40~50대… "일자리가 없다"」 아시아경제, 2018. 7. 18
5. 『의자놀이』 공지영, 휴머니스트, 2012, 17~21쪽
6. 「근로시간 줄여 일자리 창출? 선진국은 실패했다」 한국경제신문, 2018. 7.13
7. 『88만원 세대』 우석훈·박권일, 레디앙, 2007, 288~290쪽, 326~327쪽
8. 『박막례, 이대로 죽을 순 없다』 박막례·김유라, 위즈덤하우스, 2019
   「우리에겐 '막례'라는 이름의 희망이 필요했다」 대학내일, 2019. 6. 11
   「실버 크리에이터, 유튜브시장 强者로 뜬다」 한국경제신문, 2019. 6. 12에서 인용
9. 「나이 들수록 인생이 점점 재밌어지네요」 와카미야 마사코, 가나출판사, 2019
   「'오늘'을 잘 살자… 마짱의 인생철학」 경향신문, 2019. 3. 22에서 인용
10. 「국민 57% 노후자금 준비 부족…은퇴부터 사망까지 4억 원 모자라」 한국금융신문, 2018. 11. 2
11. 「OECD 경제보고서: 한국」 OECD, 2018
12. 「노인 빈곤층이 OECD 1위 46%? 자산 따지면 21%」 조선일보, 2018. 3. 21
13. 「한국 노인 취업률 세계 1위인데… 빈곤율도 압도적 1위 왜」 중앙일보, 2018. 9. 28
14. 『일자리 혁명 2030』 박영숙·제롬 글렌, 비즈니스북스, 2017, 206쪽
15. 「인공지능에 의한 일자리 위험 진단」 김건우, LG경제연구원, 2018
16. 『기술 변화에 따른 일자리 영향 연구』 박가열·천영민·홍성민·손양수, 한국고용정보원, 2016

17. 『공부의 미래』 구본권, 한겨레출판, 2019. 79쪽
18. The Future of Jobs Report, World Economic Forum, 2018
19. 「페북—구글—MS "AI, 사람 일자리 빼앗진 않는다"」 www.zdnet.co.kr/view/?no=20180222103707
20. 「일자리 감소, 산업혁명 때와 AI 시대 달라」 www.bloter.net/archives/249730
21. 「로봇은 일자리 파괴자인가 아니면 일자리 메이커인가」 조선일보, 2018. 5. 28
22. 「전 세계 7세 아이들 65%는 지금 없는 직업 가질 것」 중앙일보, 2016. 1. 20
23. 『일자리 혁명 2030』 박영숙·제롬 글렌, 비즈니스북스, 2017
24. 「우울한 한국… '직장인 스트레스' OECD 1위」 SBSCNBC 2014. 1. 15
25. 「김범수·김정주 벤처 슈퍼스타가 던지는 화두 '하고 싶은 일을 해라'」 전자신문, 2012. 6. 7
26. 「김범수 카카오 의장 "게임 룰이 바뀐다, 직업 찾지 말고 스타트업하라"」 한국경제신문 2016. 5. 26
27. 「창업은 자신을 발견하는 과정, 돈 버는 것보다 경영을 배우는 것이 중요하다」 전자신문, 2014. 8. 25
28. 「맛집 찾고 레시피 주고 모두가 외식업 성장 돕기 위한 거죠」 서울경제신문, 2018. 10. 26
29. 『제발 그대로 살아도 괜찮아』 표철민, 링거스group, 2011, 264~265쪽
30. 「덕후 전성시대-'덕업일치' 한 우물 판 덕후가 성공한다 꿈도 이루고 짭짤한 수익까지 '일석이조'」 매경이코노미 제2013호(2019. 6. 19.~2019. 6. 25)
31. 「무신사 '10번째 유니콘' 됐다… 기업가치 2.2兆」 한국경제신문, 2019. 11. 12.
32. 「신혼부부 결혼비용 2억3천만 원… 주택자금 73% 차지」 연합뉴스, 2018. 2. 6
33. 「독박육아 vs 공동육아 당신의 선택은?」 연합뉴스, 2018. 10. 18
34. 「대기업 신입 평균연봉 3893만 원… 중소기업과 격차 더 커져」 매일경제신문, 2016. 3. 7

35. 「월평균 육아비용 107만 원… 10명 중 9명 "부담된다"」 한겨레신문, 2017. 2. 13
36. https://blog.naver.com/philosophy22/221378335234
37. 「아빠 45분 vs 엄마 4시간… 한국 사회 '독박육아' 현실」 국민일보, 2018. 7. 26
38. 「"여성은 집안 일을 날 때부터 할 줄 알았나요?"… 男 가사노동 참여율 미혼 때부터 낮아」 서울신문, 2018. 11. 3
39. 『386 세대유감』 김정훈·심나리·김항기, 웅진지식하우스, 2019, 30쪽
40. 「권력 장악 '막강 386 세대' 양보해야 자녀 세대가 산다」 한겨레신문, 2019. 8. 12
41. 『386 세대유감』 김정훈·심나리·김항기, 웅진지식하우스, 2019, 4~5부
42. 『불평등의 세대』 이철승, 문학과지성사, 2019, 7장
43. 『여자의 미래』 신미남, 다산북스, 2017, 208쪽
44. 『그녀의 창업을 응원해』 정민정, 스마트북스, 2017. 9~11쪽
45. 「그녀가 고른 동대문 옷, K패션이 되다」 조선일보, 2018. 2. 3
46. 「마흔에 시작한 가발 사업, 주부에서 매출 70억 CEO로」 조선일보, 2019. 9. 21
47. 『한국경제를 만든 이 순간』 한국CCO클럽편, 더벨, 2018, 68~71쪽
48. 「[한진그룹 갑질총정리] '물컵갑질'서 무혐의까지… '사법불패' 신조어도」 wikitree, 2018.10.15.
   「'남매의 난' 이어 '모자의 난'… 한진가 상처뿐인 봉합」 중앙일보, 2019. 12. 31
49. 「피터 드러커가 극찬했던 한국 기업가정신, 왜 주저앉았나」 아시아경제, 2018. 1. 5
50. 「그 많은 토지 불로소득은 누가 가져갔나」 오마이뉴스, 2017. 4. 2
51. 「중산층 기준… 한국과 선진국들은 무엇이 다른가?」 http://pub.chosun.com
52. 「10년 뒤, AI 변호사·의사 등과 경쟁하려면… 내 핵심 역량은」 중앙일보, 2018. 1. 14
53. 「AI가 전문직도 대체?… 5년간 일자리 510만 개 사라진다」 한국경제신문, 2018. 3. 10
54. 『잡킬러』 차두원·김서현, 한스미디어, 2016, 152쪽

55. 「10년내 회계사 94%는 AI가 대체」 매일경제신문, 2019. 4. 13
56. 『제4의 실업』 MBN 일자리보고서팀, 매일경제신문사, 2017, 137~139쪽
57. 「4차 산업혁명의 시대에서 묻는 교육의 미래」 글로벌평생교육동향 2호, 국가평생교육진흥원, 2016
58. 「10년 뒤, AI 변호사·의사 등과 경쟁하려면… 내 핵심 역량은」 중앙일보, 2018. 1. 14
59. 「사라지는 '좋은 일자리'… SKY 졸업생 취업률 60%대로」 조선일보, 2018. 12. 28
60. 「"우리 소관 아닌데요" "전례가 없어요"… 공무원들 앵무새 답변」 동아일보, 2019. 4. 27
61. 「20년째 '규제개혁' 외쳤지만… 규제 1만개→1만4000개 오히려 늘었다」 한국경제신문, 2018 10. 11
62. 「송파 세 모녀의 죽음, 가난한 이에게 칼 겨눈 정부」 프레시안, 2014. 3. 3
63. 「탈북 모자의 비극이 드러낸 복지의 민낯… 우리는 어디 있었나」 연합뉴스, 2019. 8. 15
64. 「나더러 일자리 만들려고 빵 굽는 이상주의자래요」 한겨레신문, 2018. 2. 10
65. 「청년이 산다, 시골이 살아났다」 한국일보, 2019. 10. 28
66. 「사회적기업가' 최태원의 Deep Change」 Insight, 2017. 9. 29
67. 「신경영 선언, 무엇을 바꿨나」 전자신문, 2018. 6. 4
68. 「이건희 '신경영' 20년… 삼성의 빛과 그림자」 한겨레신문, 2013. 6. 7
69. 「3대 걸친 家業의 변신… 삼성출판사 김진용·김민석 父子 | 잘 키운 '핑크퐁' 덕에 콘텐츠 최강자 부상」 매경이코노미 제1976호(2018. 09. 19~10. 02일자), 매일경제신문사 「매진… 매진… 미국 간 아기상어, 이 정도면 BTS급」 조선일보, 2019. 10. 22
70. 「박용준 삼진인터내셔널 대표 "쇠락하던 70년 어묵시장 확 바꿨죠"」 한경비즈니스 제1238호(2019. 8. 19~2019. 8. 25)
「가업승계로 성장하는 기업, 삼진어묵 젊은 감각을 더하다」 중소기업 CEO REPORT VOL 170_April, IBK경제연구소, 2019

71. 「슬지네찐빵, 생계형 찐빵장사가 일본 수출까지」 내일신문, 2017. 7. 26
    슬지네찐빵 홈페이지(www.zzinbbang.kr)
72. 『서울 평양 스마트시티』 민경태, 미래의창, 2018. 82쪽
73. 위의 책 49쪽
74. 「북한 급변사태 가능성과 경제적 파급영향」 윤병수·장보형·노진호, 하나금융정보,
    2011. 12. 26

2장. 창업이 두렵고 어렵다고?

1. 『나는 미래를 창조한다』 정문술, 2016, 나남, 25쪽
2. 「실패에서 배워라"… 개그맨 김학래씨의 생존 창업기 "아는 사람 믿지 말고, 창업하려면 목숨 걸어라"」 조선일보 2017. 11. 10
3. 「매년 50% 성장… '아동복 쇼핑몰 1위' 오즈키즈의 성장 비결은?」 사례뉴스, 2018. 8. 29
4. 『배민다움』 홍성태, 북스톤, 2016, 25쪽
5. 「치킨집 차리기 전에 공유주방에서 먼저 해봐라?」 한겨레신문, 2019. 1. 19
6. 『오리지널스』 애덤 그랜트, 한국경제신문사, 2016, 44쪽
7. 「직장 다니면서 창업하는 '하이브리드 기업인' 유행… 일반 창업보다 생존율 높아」 매일경제신문, 2018. 8. 12
8. 『골목의 전쟁』 김영준, 스마트북스, 2017, 240쪽
9. 「광고만 월 4000만 원… '유튜브계 유재석'이 수입 공개한 이유」 jobsN, 2018. 5. 8
10. 「올해 대졸 신입사원 100명 중 2.8명 합격… 대기업 취업 경쟁률 '38.5 대 1'」 한국경제신문, 2017. 6. 19

11. 『직업의 종말』 테일러 피어슨, 부키, 2017, 50~53쪽
12. 「82세 최고령 앱 개발자 "호기심 가졌더니 60세부터 인생이 즐거워져"」 한국일보, 2019. 3. 21
13. 「시니어들은 왜 '주특기' 놔두고 치킨집만 차릴까」 국민일보, 2018. 7. 16
14. 「창업 10명 중 8명은 40대 이상… 5년 생존율 청년창업보다 높아」 한국일보, 2019. 4. 17
15. 「주민등록통계」 행정안전부
16. 「"왜 66 사이즈는 안 팔지?"… 중3 때 창업해 500억 매출 올린 '육육걸즈'」 한국경제신문, 2018. 10. 25
17. 「'20만 원대 노트북'에 5500명 투자… 크라우드 펀딩 키우는 '덕투'」 동아일보, 2019. 2. 13.
18. 「델의 성공을 이끈 공급망관리 더 빨리, 더 싸게, 더 끈끈하게」 전자신문, 2013. 7. 7
19. 「패션계 뒤흔든 보정 속옷 '스팽스'의 CEO 사라 블레이클리」 위클리비즈, 2012. 4. 28
20. 『CEO 박도봉의 현장인문학』 김종록·박도봉, 김영사, 2016, 서문.
21. 「미래를 보는 경영자 김범수 NHN대표이사 사장」 문화일보, 2005. 8. 16
22. 「명문대·유학파 창업 늘었다… 요즘 스타트업 '급'이 달라졌다」 매일경제신문, 2015. 12. 5
23. 『공유플랫폼 경제로 가는 길』 이민화, KCERN, 2018, 201쪽
24. http://platum.kr/archives/27911
25. 『창업가의 일』 임정민, 북스톤, 2017, 25쪽
26. 「'배틀그라운드' 장병규 "돈 없어 창업 못해? 반 맞고 반 틀려"」 매일경제신문, 2017. 12. 31
27. 『공유플랫폼 경제로 가는 길』 이민화, 창조경제연구회, 2018, 105쪽
28. 「[MT리포트] 111조 시장 만든 中 1인마켓 '웨이상'」 머니투데이, 2019. 1. 30
29. 「그녀가 고른 동대문 옷, K패션이 되다」 조선일보, 2018. 2. 3
30. 『오리지널스』 애덤 그랜트, 한국경제신문사, 2016, 19~20쪽
31. 「"얼마예요?" 질문 귀찮아 무조건 "100엔" 대답… 다이소 창업자 야노 히로타케 회장」 한국경제신문, 2018. 10. 5

32. 「마윈 세상에 어려운 비즈니스는 없다」 류스잉 펑정, 열린책들, 2015, 29쪽
33. 「편견에 맞선 바이오시밀러 '이단아'… 반대의 길 걸어 일군 셀트리온 신화」 머니투데이, 2017. 5. 18
34. 「"아마존이 뭔지도 몰랐죠" 미국서 대박 난 '한류 호미'」 중앙일보, 2019. 3. 22
35. 「'꽃 정기배송'으로 年매출 40억 일군 공대 청년」 한국경제신문, 2018. 9. 28
36. 「쇼핑정글 생존기… 그들은 시작부터 아마존으로 갔다」 조선일보, 2019. 7. 17
37. 「면도기가 왜 이렇게 비싸야 하지? 고정관념 밀어버린 '1달러의 기적'… 면도날 배달로 1조 번 이 남자」 한국경제신문, 2017. 6. 30
38. 「김원길 바이네르 대표 "품질엔 변명 없다"… 좋은 신발 제작 41년 걸어온 '구두왕'」 헤럴드경제, 2019. 8. 16
39. 『업스타트』 브래드 스톤, 21세기북스, 2017, 19~20쪽
40. 「우버(Uber)의 출현과 택시 시장의 변화 : 시장의 교란자인가, 새로운 서비스 모델인가」 강상욱·서영욱·이민호, 한국교통연구원, 2015
41. 「에어비앤비 스토리」 레이 갤러거, 다산북스, 2017, 164쪽
42. 「혁신 비즈니스, 정부 규제와 싸우다 골든타임 지나갔다」 중앙일보, 2019. 1. 1
43. https://twitter.com/StartupAllKorea/status/796524815968571394
44. https://www.ebn.co.kr/news/view/861012
45. 『우리는 그들을 신화라 부른다』 조미나·신철균·김용성, 쌤앤파커스, 2013
46. 「켈로그와 포스트 꺾은 '토종 시리얼'」 한국경제신문, 2018. 11. 17
47. 「이민화의 창조경제론 : '창조경제와 가벼운 창업'」 헤럴드경제, 2013. 4 .2

3장. 창업자는 타고난다고?

1. 『당신은 사업가입니까』 캐럴 로스, 알에이치코리아, 2014, 53쪽
2. 「창업가에 관해 잘못 알려진 오류와 진실들」 이민주, http://bizbuzz.co.kr/entrepreneur-myth-reality/
3. 『창업가체질』 마쓰오 아키히토, 매경출판, 2017, 6~7쪽
4. 「당신도 맥도날드를 만들 수 있다」 이지나, http://bizbuzz.co.kr/book-entrepreneurs-are-made-not-born/
5. 「거북이 CEO… 맨손에서 매출 5조 일본 가구업계 No.1 니토리 이야기」 미래한국, 2017. 06. 28.
6. 「이수진 야놀자 대표 "30억원 들인 사물인터넷 객실관리시스템, AI와 결합해 시너지 낸다"」 조선일보, 2017. 2. 7
7. 「[스토리텔링] 스님에게 빗을 팔다」 https://blog.naver.com/khk629105/221448123885
8. 『시련은 있어도 실패는 없다』 정주영, 제삼기획, 1991, 82~83쪽
9. 「그녀가 고른 동대문 옷, K패션이 되다」 조선일보, 2018. 2. 3
10. 『나는 사업이 가장 쉬웠어요』 최인규, 이코노믹북스, 2018, 82~83쪽
11. 『회복탄력성』 김주환, 위즈덤하우스, 2011, 17쪽
12. 『쫄지 말고 창업』 이희우, 이콘, 2014, 78쪽
13. 『회복탄력성』 김주환, 위즈덤하우스, 2011, 8쪽
14. 『나는 99번 긍정한다』 송경애, 위즈덤하우스, 2011, 40~41쪽
15. 『쫄지 말고 창업』 이희우, 이콘, 2014, 78~79쪽
16. 『오리지널스 : 어떻게 순응하지 않는 사람들이 세상을 움직이는가』 애덤 그랜트, 한국경제신문사, 2016, 52~53쪽

17. 「미국 VC가 보는 '좋은 창업자' 6대 조건」 ZDNet Korea, 2017.01.20
18. 『배민다움』 홍성태, 북스톤, 2019, 35쪽, 57쪽
19. 『손정의 제곱법칙』 이타가키 메이켄, 한국경제신문사, 2015, 194~196쪽
20. 『승려와 수수께끼』 랜디 코미사, 이콘, 2013, 242쪽
21. 『열정이 있다면 무모한 도전은 없다』 신창연, 위즈덤하우스, 2008, 238쪽
22. The importance of passion in business, Richard Branson, https://www.virgin.com/entrepreneur/richard-branson-the-importance-of-passion-in-business
23. 「몸값 '30조' 에어비앤비 성공 비결?… "바퀴벌레 정신"」 머니투데이, 2015. 10. 22
24. 「주52시간 근로 vs 몰입의 시간」 매일경제신문, 2018. 6. 25
25. 『그릿』 앤절라 더크워스, 비즈니스북스, 2016, 23~30쪽
26. 『몰입』 황농문, 랜덤하우스, 2007, 240쪽
27. 『당신은 사업가입니까 : 창업 전 스스로에게 물어야 할 질문들』 캐럴 로스, 알에이치코리아, 2014, 156~160쪽
28. 『언더독 레볼루션』 전종하, 미래의창, 2017, 44~45쪽
29. 「김흥국 회장 "2003년 익산공장 화재로 망할 뻔했지만… 절대 포기할 수 없다는 일념으로 재기했죠"」 한국경제신문, 2019. 1. 1
30. 「'500억 창업 대박' 30대男 대표, 매형 병원서」 중앙일보, 2012. 6. 12
31. 『하버드 창업가 바이블』 다니엘 아이젠버그, 다산북스, 2014, 71쪽
32. 『제임스 다이슨 자서전』 제임스 다이슨, 미래사, 2017, 37~38쪽
33. 「마윈 "난 기술·법 몰라… 아는 건 사람뿐"」 연합뉴스, 2019. 5. 21
34. 『에어비앤비 스토리』 레이 갤러거, 다산북스, 2017, 38쪽
35. 『배민다움』 홍성태, 북스톤, 2016, 30쪽

36. 『하버드 창업가 바이블』 다니엘 아이젠버그, 다산북스, 2014, 33~49쪽
37. 『마녀체력』 이영미, 남해의봄날, 2018

4장. 창업 어떻게 준비할 것인가?

1. 「멤버십 북클럽 '트레바리' 인기비결은」 한경 매거진, 2017. 10. 30
2. 「돈 내는 독서모임… 회원 4600명 '빅 비즈니스' 키운 청년」 중앙일보, 2019. 2. 25
3. 「안철수 "내가 아닌, 남들이 원하는 걸 찾아 창업하세요"」 중앙일보, 2015. 7. 1
4. 「안철수 "비타민보다 타이레놀 같은 창업해야"」 한국경제신문, 2016. 8. 31
5. 「어깨 힘 빼고 '잽을 날린다'는 맘으로 창업, 너무 재지 말라」 중앙선데이, 2018. 9. 29
6. 「스타트업은 돌다리 두드리는 과정」 중앙일보, 2016. 4. 30
7. 「일주일 100시간 일할 가치 있어야 창업 성공」 조선일보, 2014. 4. 25
8. 『권도균의 스타트업 경영수업』 권도균, 로고폴리스, 2015, 44~48쪽
9. 『꾸준함을 이길 그 어떤 재주도 없다』 문용식, 21세기북스, 2011, 295쪽
10. 「권도균 "스타트업, 사업놀음이 아닌 본질에 집중하라"」 http://ch.yes24.com/Article/View/28961
11. 『권도균의 스타트업 경영수업』 권도균, 로고폴리스, 2015, 157~158쪽
12. 『리스타트』 이수진, 클라우드나인, 2015, 52~55쪽
13. 『권도균의 스타트업 경영수업』 권도균, 로고폴리스, 2015, 159쪽
14. 「"당신의 광고는 틀렸다… 익명의 대중보다 50명 열성팬을"」 조선일보, 2019. 6. 22
15. 『에어비앤비 스토리』 레이 갤러거, 다산북스, 2017, 67~68쪽
16. 『장사의 기본』 오카무라 요시아키, 부키, 2019, 3장

17. 『장병규의 스타트업 한국』 장병규, 넥서스BIZ, 2018, 86쪽
18. 「창업대중화의 주역, 액셀러레이터」 Entrepreneurship Korea Vol.1, 2016.
19. 「일단 만들면 완판 보장… '소상공인 성지' 된 카카오」 한국일보, 2018. 6. 25
20. 「소상공인 무료 교육 '배민아카데미'… 상생을 배달합니다」 파이낸셜뉴스, 2018. 3. 15
21. 『파리에서 도시락을 파는 여자』 켈리 최, 다산북스, 2017, 3~8쪽
22. 「준비 안 된 창업, 우왕좌왕하다 끝났다」 한국경제신문, 2012. 2. 26
23. 『왜 사업하는가 : 사람도 사업도 다시 태어나는 기본의 힘』 이나모리 가즈오, 다산북스, 2017, 114쪽
24. 『권도균의 스타트업 경영 수업』 권도균, 로고폴리스, 2015, 15~16쪽
25. 『아이디어가 자본을 이긴다 : 유러피언 창업 성공 모델』 귄터 팔틴, 한겨레출판, 2015, 98~99쪽
26. 『2017 재창업 우수사례집』 중소벤처기업부·창업진흥원, 2018, 8~15쪽
27. 「실패를 관리하고, 정직한 실패로 재기하라」 Greg Moon, 2010, http://blog.softbank.co.kr/?p=95
28. 위 자료와 동일
29. 「배달의민족 넘어, 한국 최고 푸드테크 기업 되겠다」 조선일보, 2015.12. 30
「지난해 배달의민족 거래액 5조2천억원… 73% 증가」 매일경제신문, 2019. 3. 22
30. 「숙박 앱 야놀자…7호 유니콘 됐다」 한국경제신문, 2019. 2.15
31. 「격(格) 다른 경영, 준오헤어의 성공 스토리에서 배우자」 머니투데이, 2018. 1. 15
「헤어디자이너 자부심으로 아카데미 건립… 미용韓流 이끄는 강윤선 준오헤어 대표」 매일경제신문, 2017. 12. 16
32. 『파리에서 도시락을 파는 여자』 켈리 최, 다산북스, 2017

5장. 창업국가, 일자리 국가로 가는 길

1. 「청년 전태일의 50년 전 '사업계획서'」 경향신문, 2019. 4. 11
2. 「노동운동가 전태일은 창업을 꿈꿨다. 그러나 돈이…」 이코노텔링, 2019. 5. 28
3. 『전태일 평전』 조영래, 2017, 224~225쪽
4. https://platum.kr/archives/93876
5. 「부모가 희망하는 자녀 직업 1위 '공무원'」 법률저널, 2018. 1.25
6. 「'공시족'의 그늘… 일 안 하는 대졸 인력 400만 명 육박」 조선비즈, 2019. 3. 18
7. 『경제 읽어주는 남자의 디지털 경제지도 : 디지털 트랜스포메이션의 현장을 가다』 김광석, 지식노마드, 2009, 311~313쪽
8. 「경험쌓고 창업해라… 뒤처진 한국교육선 배울 것이 없다. 대학 졸업하고 창업하려는 한국 청년에게 던지는 김범수의 고언」 매일경제신문, 2016. 6. 13
9. 『협력하는 괴짜』 이민화, 시그니처, 2017, 105~109쪽
10. 「서울대 창업기업 年 41조 vs 하버드 4447조」 매일경제신문, 2016. 5. 5
11. 「대학기업 매출 격차 '서울대 154억 vs 베이징대 14조'… "기업가형 대학으로 바꿔야 산다"」 한국경제신문, 2016. 3. 21
12. 「김인환 황금식품 대표 '잉어빵 아버지'로 불리는 사나이」 내일신문, 2019. 1. 16
13. 『히든 챔피언 글로벌 원정대』 헤르만 지몬, 흐름출판, 2014
14. https://platum.kr/archives/123625
15. https://namu.wiki/w/기본소득제

왜 창업인가?
창업국가·일자리 국가로 가는 길

초판 1쇄 발행 2020년 2월 15일

지은이 백필규

펴낸이 백범현
펴낸곳 백문백답
디자인 d'age
교열 이정선
마케팅 지경진

출판등록 제 396-2019-000148호
전화 070-7670-9080
휴대폰 010-4682-0815
팩스 070-4105-9080
E-mail 100QAnswer@gmail.com
주소 서울시 마포구 마포대로4길 90 보성아파트
상가동 카운트북 내

ISBN 979-11-969287-0-4

값 20,000원